Bibliografische Information der Deutschen Nationalbibliothek:

Die Deutsche Bibliothek verzeichnet diese Publikation in der Deutschen National-
bibliografie; detaillierte bibliografische Daten sind im Internet über http://dnb.d-
nb.de/ abrufbar.

Impressum:

Copyright © 2010 GRIN Verlag, Open Publishing GmbH
Druck und Bindung: Books on Demand GmbH, Norderstedt Germany
ISBN: 9783640517190

Dieses Buch bei GRIN:

http://www.grin.com/de/e-book/143353/einfuehrung-in-die-hypnotherapie

Björn Riegel

Einführung in die Hypnotherapie

Wissenschaftliche Fundierung und praktische Anwendung

GRIN Verlag

GRIN - Your knowledge has value

Der GRIN Verlag publiziert seit 1998 wissenschaftliche Arbeiten von Studenten, Hochschullehrern und anderen Akademikern als eBook und gedrucktes Buch. Die Verlagswebsite www.grin.com ist die ideale Plattform zur Veröffentlichung von Hausarbeiten, Abschlussarbeiten, wissenschaftlichen Aufsätzen, Dissertationen und Fachbüchern.

Besuchen Sie uns im Internet:

http://www.grin.com/

http://www.facebook.com/grincom

http://www.twitter.com/grin_com

Inhaltsverzeichnis

Vorwort

Dieses Skript soll einen Überblick über die Entwicklung und die wichtigsten Anwendungsgebiete der Hypnotherapie geben. Dabei wurde auf eine Mischung aus praktischen Beispielen und wissenschaftlichen Texten geachtet, um den universitären Anspruch, aber auch den studentischen Erwartungen an „Handwerkszeug" gerecht zu werden. Solch ein Spagat ist sicherlich nur durch die Akzeptanz von Redundanz möglich, kann aber gerade deswegen Neugier wecken, sich daran anschließend vertieft mit speziellen Gebieten dieses kreativen und konstruktiven Ansatzes zu beschäftigen.

Die vorliegende Version dieses Skriptes kann auf die Erfahrung von mehreren Semestern des Seminars „Einführung in die Hypnotherapie" an der Universität Hamburg zurückblicken. In der ursprünglichen Fassung befanden sich mehr Artikel und weniger praktisch orientierte Texte – das aber auf immerhin mehr als 170 Seiten.

Meine Beobachtung der Nutzung dieser ersten Fassung zeigte, dass sich die vorwiegend studentischen Leser aber weniger interessiert auf die (z.T. englisch sprachigen) Forschungsberichte stürzten, sondern für die größtenteils sehr guten Präsentationen die Anwendung bei den verschiedenen Störungsbildern fokussierten. Auch die fruchtbaren Diskussionen, Fragen und kritischen Einwände in den Seminaren flossen in diese überarbeitete Fassung ein.

Solch ein umfassendes Skript – und insbesondere die Überarbeitung in Buchform – bedeutet eine Menge Arbeit, stellt aber dafür auch eine fundierte Grundlage für die fachliche Auseinandersetzung mit der Hypnotherapie dar. Neben dem Leserkreis der Seminarteilnehmer ist dieses Buch auch für die selbstständige Auseinandersetzung mit dem Thema gedacht, zumal es nur an wenigen Universitäten eine Veranstaltung zur Hypnotherapie im Vorlesungsplan enthalten ist.

Ich möchte daher für die Erstellung des Skriptes den Herausgebern der beiden Journals („Hypnose und Kognition" der Milton Erickson Gesellschaft Deutschland und „American Journal of Clinial Hypnosis" von der American Society of Clinical Hypnosis) danken, die mir den Nachdruck der Artikel erlaubten, die ich für hilfreich hielt, um ein grundlegendes Verständnis für die Hypnotherapie zu erhalten. Ich habe mich bewusst dafür entschieden, englisch sprachige Artikel aufzunehmen und auf eine Übersetzung zu verzichten, da im anglo-amerikanischen Raum eine konstruktive Forschungskultur herrscht, die in Deutschland zumindest im Hypnose-Bereich noch am Entstehen ist.

Und ich möchte all den Autoren danken, die ebenfalls einer erneuten Veröffentlichung ihrer Werke zustimmten. Die Danksagung ist jedoch nicht hierarchisch geordnet, denn auch die Teilnehmer meines Einführungsseminars an der Universität Hamburg haben seit der ersten Veranstaltung im Oktober 2007 einen großen Einfluss auf die Entwicklung dieses Skripts gehabt. Selbst die Idee, ein solches Überblickswerk zu schaffen, entstammt der ersten Seminargruppe, die noch nicht den Vorzug hatten, auf ein Skript zurückzugreifen. Nicht zuletzt möchte ich meiner lieben Elena für die Mitarbeit in der Erstellung und Bearbeitung des Manuskriptes danken.

Nun bleibt es mir noch, dem Leser oder der Leserin viel Freude und vor allem viele anregende Gedanken mit dem vorliegenden Buch zu wünschen.

Ellerau im Januar 2010   Björn Riegel

Geschichte der Hypnose

Die Geschichte der Hypnose ist eng mit der Geschichte der Psychotherapie, wie wir sie heute kennen, verwoben. Erste Beschreibungen hypnotischer Techniken reichen bis weit vor Christi Geburt zurück, z.B. in China oder in Griechenland. Zahlreiche Autoren (s. Peter, 2000) bezeichnen die Behandlungsmethoden des bayrischen Pater Gassner als den Beginn der modernen Hypnose. Diese wiederum hatte bedeutsame Einflüsse auf die Entwicklung der Psychoanalyse, wie im Folgenden aufgezeigt wird.

Pater Gassners hypnotische Techniken der Scherzkontrolle

Pater Johann Joseph Gassner (1727 - 1779) ist in der heutigen Hypnoseliteratur nur noch wenig beachtet. Er vertrat eine magisch-mystische Krankheitslehre, die auf einer externen Verursachung von Krankheiten basierte: für natürliche Krankheiten waren stellare Krankheitskeime verantwortlich; übernatürliche (aus heutiger Sicht „seelische") Krankheiten waren durch Diaboli verursacht. Damit konstituierte er das sogenannte therapeutische Tertium, jene „dritte Figur", die Therapeut und Patient gemeinsam konstruieren, um sich auf sie als die eigentliche heilende Kraft beziehen zu können. Wohl und Wehe des Menschen hängen ab vom Kampf der guten gegen die bösen Mächte dieser Welt. Gassner verhilft seinen Patienten dazu, sich mit den himmlischen Mächten zu verbünden und so den Kampf gegen das Böse zu gewinnen. In Bezug auf Gassners Exorzismus muss man den soziokulturellen Kontext des ausgehenden 18. Jahrhunderts betrachten: Gassner und seine "altgläubigen", d.h. orthodox-religiösen Anhänger lebten im Gedankengebäude des fundamental-katholischen Mittelalters. Der entsprechende zeitgemäße Rahmen war der Exorzismus. Die folgenden Ausführungen über Gassners Psychotherapie, bei der es sich um Einübung von Selbstkontrolltechniken handelt sind in Teilen der umfangreichen Darstellung von Peter (2000) entnommen.

Beschreibung des Vorgehens

„Ueber Gassners Heilmethoden" von C.A. von Eschenmayer, abgedruckt in Band 8, Heft 1 des Archiv für den Thierischen Magnetismus von 1820 (S. 86 ff): „Er sitzt auf einem Schlafsessel mit einer Stole über seine Kleider angethan, an seinem Halse hängt ein Kreuz, an seiner Seite steht ein Tisch, worauf ein Krucifix sich befindet und um den Tisch herum steht eine Reihe Sessel für die hohen Standespersonen [welche den Behandlungen beiwohnten und sie bezeugten]. Ein Aktuarius muss die merkwürdigen Vorgänge protokollieren. Die dem Priester vorgestellte kranke Person kniet nieder, er fragt sie über die Gattung und Umstände ihrer Krankheit. Hat er genug um ihren Zustand sich erkundigt, so spricht er einige Worte zu Erweckung des Vertrauens an sie und ermahnt sie, ihm innerlich beizustimmen, dass alles geschehe, was er befehle. Ist alles so vorbereitet, so spricht er: Wenn in dieser Krankheit etwas Unnatürliches [d.h. sie psychisch bedingt] ist, so befehle ich im Namen Jesu, dass es sich sogleich wieder zeigen solle [...] Diess Verfahren nennt der Priester den Exorcismum probativum, um zu erfahren, ob die Krankheit unnatürlich oder natürlich ist [psychogen oder somatogen], und zugleich hat er die Absicht, durch diese Uebereinstimmung der Erscheinungen mit seinen Befehlen das Vertrauen der Kranken zu vermehren und allen Anwesenden die Kraft des heiligen Namen Jesu offenbar zu machen. Wenn sich das Uebel auf den ersten gegebenen Befehl nicht zeigt, so wiederholt er denselben immer steigend wohl bis zehnmal. Erfolgt dann keine Wirkung, so verschiebt er diese Person auf den anderen Tag oder noch später, oder er schickt sie auch ganz zurück, mit der Aeusserung, dass ihr Uebel natürlich [d.h. körperlich bedingt] sey, oder sie nicht hinreichend Vertrauen besitze. Wenn der Priester durch den Exorcismum probativum das Uebel zum erstenmal kommen lässt, so lässt er gewöhnlich die Zufälle [Symptome] etliche Minuten fortdauern; dann lässt er sie wieder verschwinden und wiederkommen immer unter den gleichen Befehlen. Ist der Kranke von der Ursache des Uebels und der Kraft des Mittels dadurch überzeugt, so lehrt er ihn, sich künftighin selbst zu helfen und lässt ihn in seiner Gegenwart die Probe machen. Zu diesem Zweck befihlt er der Krankheit wiederzukommen und nun muss der Kranke durch einen entgegengesetzten Befehl, den erinnerlich im Namen Jesus giebt, den Ausbruch verhindern, oder, wenn der Anfall schon da ist, ihn vertreiben."

Nach Exploration und Diagnose erfolgte die eigentliche Therapie des Pater Gassner in drei Schritten:

1. Zunächst war es Pater Gassner selbst, der die Symptome absichtlich und willkürlich bei seinen Patienten sowohl provozierte als dann auch „durch einen entgegengesetzten Befehl" wieder zum Verschwinden brachte. Dieses Provozieren und darauffolgende „Austreiben" der Symptome dauerte gelegentlich mehrere Stunden mit Wiederholungen am gleichen oder an anderen Tagen.

2. Dann unterwies er die Kranken, ihre Symptome auf die gleiche Weise wie er, also mit Hilfe der (Exorzismus-)Formeln, selbst zum Verschwinden zu bringen, nachdem er, Pater Gassner, sie zuvor provoziert hatte. Auch dies geschah mehrere Male hintereinander.

3. Zur Übertragung auf den Alltag, gewissermassen als posthypnotische Suggestion oder verhaltenstherapeutische Hausaufgabe für den Fall, dass Symptome unprovoziert auftauchten sollten, lehrte er die Kranken, das gleiche Verfahren anzuwenden, um die Symptome auch zu Hause wieder zum Verschwinden zu bringen.

1774 bis 1777 fand die bedeutendste Auseinandersetzung der Aufklärung im süddeutschen Raum statt. Im Zentrum stand Gassner und sein „Exorzismus"; zu den beteiligten Personen gehörte u.a. auch Franz Anton Mesmer, der von einigen aufgeklärten Mitgliedern der Bayerischen Akademie der Wissenschaften in München instrumentalisiert wurde, gegen Gassner Stellung zu beziehen. Gassners therapeutische Erfolge sind nicht zu leugnen, wenn sich auch nur als Kurieren am Symptom – also nicht als „kausale Therapie" anzusehen sind –, denn mit seiner Theorie könne er die „Ursachen" nicht erkennen. Also wurde aufgrund dieser Stellungnahme Mesmers vor der Bayerischen Akademie der Wissenschaften in München Gassners Exorzismen in Bayern untersagt. Mesmer konnte damals natürlich nicht wissen, dass ihm 1784 in Paris ein ähnliches Urteil ereilen sollte wie Pater Gassner 1775 in München: Nicht zu leugnende therapeutische Erfolge, aber theoretischer Unsinn. Unterschiede zwischen Gaßner und Mesmer Gassners relativ differenziertes diagnostisches und therapeutisches Vorgehen steht natürlich in offenkundigem Gegensatz zu Mesmers Universalsystem, welches besagt, dass alle Krankheiten, seelische wie körperliche, durch eine einzige Ursache – nämlich die Störung des thierisch-magnetischen Gleichgewichts – bedingt und in Folge dessen auch durch eine einzige Methode, die des Mesmerisierens, zu behandeln seien.

Gemessen an Gassner muss Mesmers Praxis als Rückschritt betrachtet werden. Gassners spezielle Form von Einübung in Selbstkontrolle steht unseren heutigen Vorstellungen von Hypnotherapie und Psychotherapie wesentlich näher als Mesmers Methoden der (anfänglichen) Applizierung von Eisenmagnete, der passes („Luftstriche") oder des magnetisierten Baquets („Gesundheitszuber"). Mesmers Behandlung fusste auf eher physikalische Annahmen zur Wirkung der Magnetkräfte: Krankheiten entstehen durch Störungen des animalischen Magnetfeldes. Jeden Menschen durchfliesst ein universelles Fluidum, welches durch den Einfluss der Himmelskörper in Gleichgewicht gehalten wird.

Da zu der damaligen Zeit die Imagination oder Einbildungskraft als Wirkmechanismus verpönt war, stellte Mesmers Theorie eine quasi naturwissenschaftliche Erklärung dar, zumal der Magnetismus zu den bedeutensten Strömungen der Zeit gehörten. Nachdem Mesmer in Wien praktizierend in einer aufsehenerregenden Behandlung die psychogene Blindheit der bekannten Kühstlerin Maria Paradies nicht langfristig heilen konnte, geriet er ins Kreuzfeuer der Kritik und wanderte schließlich ins liberalere Paris aus. Dort war er in den oberen Gesellschaftsschichten äusserst beliebt, jedoch wurde auch in Frankreich die Theorie eines animalischen Fluidums 1784 von der wissenschaftlichen Kommission verworfen. Als neue Erklärung seelischer Erkrankungen diente – man staune – die Einbildung, also eine rein psychologische Komponente. Nachdem Mesmers Theorien mehr als zwei Jahrzehnte in Ungnade fielen, wurde der Magnetismus zu Beginn des 19. Jh. als „wichtige Naturbeziehung" für die praktische Heilkunde wieder entdeckt, was als späte Rehabilitation des inzwischen verstorbenen Mesmers gesehen werden kann.

Die Wirkung des Magnetismus wird folgendermassen beschrieben, wobei man die Analogien zur klassischen Hypnose beachten sollte:
Störfeldortung: „Es geschieht mit der Hand die erste Anwendung, indem man dieselbe über den in Stockung geratenen Theil, welcher sich gemeiniglich durch eine leichte im Innern der Hand wahrgenommene Wärme merkbar macht, führt und alldas verweilen lässt."
Störfeldbeeinflussung: „Hat man sich vorläufig darin sicher gestellt, so berühre man beständig die Ursache der Krankheit, unterhalte die symptomatischen Schmerzen bis man sie in kritische verwandelt. Hierdurch unterstützt man die Anstrengung der Natur gegen die Ursache der Krankheit, und führt sie zu einer heilsamen Krise, das einzige Mittel, von Grund aus zu heilen."

In den 80er Jahren des 18. Jahrhunderts machte der Marquis de Pyuségur, ein Schüler Mesmers, bei seinen Behandlungsversuchen Beobachtungen, die sich nicht mit den beim Magnetisieren beobachteten Phänomenen Mesmers deckten. Er berichtete von einem Bauern, der nach dem Magnetisieren überhaupt nicht die hysterische Verhaltensweise zeigte, die er von Patienten Mesmers her kannte. Vielmehr blieb der Bauer ruhig und überlegt. In diesem traumwandlerischen, somnabulen Zustand glaubte dieser, er könne in seinen eigenen Körper und in den anderer Menschen sehen und dort Krankheiten diagnostizieren und die nötigen Heilmittel verordnen. Ein Teil der in dieser Zeit praktizierenden Ärzte und Heilern folgte den naturwissenschaftlich anmutenden Theorien Mesmers, andere waren den sprituellen Erklärungsversuchen des "Somnabulismus" zugetan, die dem Wirken der Somnabulen einer göttlichen Kraft zuschrieben. Letztlich bekam die Seele durch diese Entwicklung eine vom Leib unterschiedene Identität. Ab 1850 ließ der Einfluss des Magnetismus in Deutschland nach, da der Aufwand der Heilung zu groß und damit unwirtschaftlich war. Zudem waren die Gefahren bekannt und der wissenschaftliche Rationalismus hielt Einzug, bei dem der Somnambulismus keinen Bestand haben konnte. In der Psychiatrie wurden in der zweiten Hälfte des 19. Jahrhunderts Krankheiten nahezu ausschließlich somatisch betrachtet und behandelt.

Die Epoche des Hypnotismus und der Suggestion

Der schottische Chirurg James Braid prägte 1843 den Begriff des Monoideismus (=Konzentration auf einen Gedanken), nachdem er der Vorstellung eines Laien-Magnetiseurs beiwohnte. Der Terminus „Hypnose" entstammt der Ansicht, dass es sich bei dem „magnetisierten" Zustand um eine Art des Schlafes handelt. Die Ideen Braids wurden erst ca. 30 Jahre später in Deutschland bekannt, jedoch wurde insbesondere die Fixationsmethode (z.B. die klassische Tranceinduktion mit einem Pendel) mit dem Magnetismus verwoben und der Scharlatanerie zugeschrieben. Hypnose bildete demnach das Gegenstück zur physikalischen Fluidumstheorie Mesmers.

Braid identifizierte Reizmonotonie als wesentliche Bedingung für Hypnose. Der induzierte Zustand wurde vorrangig neurophysiologisch mit Tierexperimenten erforscht, hatte in dieser Phase aber nur geringen praktischen Wert. Eine fruchtbare und einflussreiche Debatte fand Ende des 19. Jahrhunderts in Frankreich zwischen den Schulen von Nancy (Bernheim & Liébault) und der Salpétriére (Charcot) statt. Charcot beschäftigte sich mit der Schreckhypnose, also dem evozieren hysterischer Phänomene, während in Nancy Liébeault und Bernheim die psychotherapeutische Anwendung lehrten (autoritäre Hypnose).

Es galt als state of the Art, beide Schulen besucht zu haben. Freud war bei Charcot, den er sehr bewunderte, übersetzte aber auch Bernheims „Die Suggestion und ihre Heilwirkung" ins Deutsche. Der Begriff der Suggestion lässt sich aus dem Latein am ehesten als 'Einflüsterung' oder aus dem Englischen als ‚Vorschlag' übersetzen.

Theorie der Schule von Nancy:

1. Suggestion als Akt, durch den eine bestimmte Idee dem Gehirn aufgedrängt und von diesem akzeptiert wird.
2. Wenn eine Idee akzeptiert wird, so besteht entsprechend dem Gesetz der Ideodynamik (vgl. bspw. die Schriften von William James) eine unmittelbare Tendenz zu ihrer Verwirklichung.
3. Da im normalen Zustand die Idee nur „sub beneficio inventarii" (also nach Zensur) angenommen wird, ist eine bestimmte suggestible Disposition des Empfängers nötig (Befehlsgehorsam, Gehirngefügigkeit, Gläubigkeit).

Der artifizielle, hypnotische Schlaf fördert die Suggestibilität, wobei Bernheim davon ausgeht, dass der hypnotische Zustand mit Schlaf nichts gemein hat, der Hypnotisierte jedoch aufgrund einer posthypnotischen Amnesie denkt, er habe geschlafen. Zudem erfuhr der Rapport-Begriff eine Umwandlung: Während Mesmer die Wirkung des Kontakts zwischen Behandler und Krankem als rein physiologische Reaktion ansah, bezogen sich die Theoretiker des ausgehenden 19. Jahrhunderts auf die psychische Einwirkung. Seelische Vorgänge können nun in bewusste und unbewusste Prozesse unterteilt werden, so dass sich bspw. Ober und Unterbewusstsein; Wach- und Traumbewusstsein unterscheiden lassen.

Nach dem Magnetismus und dem Somnambulismus entstand zum dritten Mal die Hoffnung, den Menschen im Ganzen erklären zu können, was von den Pionieren der Psychologie (z.B. Wundt) harsch kritisiert wurde, da eine physiologische Psychologie Hypnose nicht erklären könne.

Nachdem Freud infolge seiner Hospitation bei Charcot ein bekannter Bewunderer des französischen Arztes wurde, spielte er eine bedeutsame Rolle im Niedergang der Hypnose zu Beginn des 20. Jahrhunderts. In den „Studien zur Hysterie" beschreibt er 1893 noch sein Vorgehen mittels Hypnosetechniken zur Aufdeckung verdrängter Erlebnisse. Jedoch erkannte er schnell, dass sich die gewünschten Resultate auch in einem konzentrierten Wachzustand erreichen lassen. Somit wurde aus der Hypnose die Technik des Freien Assoziierens geboren. Gleichzeitig wendete sich Freud von der Hypnose ab. Ein anderer Grund für das zurückgehende Interesse kann auch in der Konzentration auf die neurophysiologische Forschung gesehen werden, die zur damaligen Zeit nicht in der Lage war, hypnotische Prozesse zu erfassen und zu erklären.

Die Epoche der deutschen ärztlichen Hypnose und des autogenen Trainings

Der Erste Weltkrieg sorgte für eine partielle Renaissance der Hypnose, da bspw. ein junger Arzt namens Johannes H. Schultz die Erfahrung machte, mit Hypnose die traumabedingten Störungen der Frontkämpfer effektiv heilen zu können. Schulz identifizierte dabei basale Wirkmechanismen, die als Axiome des neu entstandenen Autogenen Trainings gelten können. ‚Schwere' wird mit dem Erleben von Muskelentspannung gleichgesetzt und ‚Wärme' als Erweiterung der Kapillaren angesehen. Dies bildet den Ansatzpunkt einer übenden Form der Autohypnose, welches die Heterohypnose nach und nach ersetzte. Das Anliegen von Schultz war es, eine Art Psychotherapie für die Massen anzubieten, da es zu Beginn des 20. Jahrhunderts lediglich die Psychoanalyse gab, die jedoch nicht flächendeckend angeboten wurde und teuer war. Das nationalsozialistische Regime integrierte diesen Ansatz in den damaligen Zeitgeist, indem das Autogene Training „zur Gesundung des Volkskörpers" dienen sollte. Obwohl sich das Autogene Training steigender Beliebtheit erfreute, ist Hypnose bis in die 1970er in Deutschland praktisch nicht existent (Ausnahmen: z.B. D. Langen „gestufte Aktivhypnose" oder H. Leuner „Katatymes Bilderleben").

In den 60er Jahren löste die Verhaltenstherapie den alleinigen Anspruch der Psychoanalyse ab, ehe es in den 70er Jahren zu einem regen Import psychotherapeutischer Methoden aus den USA kam, v.a. humanistische Verfahren. 1978 erschien die deutsche Übersetzung eines einflussreichen Buchs Ericksons („Die Psychotherapie Milton H. Ericksons"), die der deutschen Therapieszene zeigte, wie effektiv man mit hypnotherapeutischen Techniken arbeiten kann. Die herausragenden Merkmale ericksonianischer Psychotherapie sind Patientenzentriertheit, Ressourcenorientierung statt Pathologiefixierung, Flexibilität und Kreativität, Reziproke Beziehungsgestaltung statt Machtgefälle sowie Betonung der Fähigkeiten des Unbewussten. Ab 1977 findet in Deutschland eine Ausbildung in klinischer Hypnose nach Erickson, 1978 kam es zur Gründung der deutschen Milton Erickson Gesellschaft.

Hypnose ist also...
...eines der ältesten Heilverfahren der Menschheit
...wissenschaftlich fundiert (Hypnotherapie)
...relativ einfach zu erlernen
...die Bezeichnung für Techniken zum Erreichen des Trance-Zustandes

Trance ist...
...ein alltäglicher Zustand
...Aufmerksamkeitsfokussierung
...ein produktiver Zustand
...von nahezu jedem Individuum erreichbar

Moderne Hypnotherapie nach Milton Erickson

Der moderne Ansatz hypnotherapeutischen Vorgehens geht auf den amerikanischen Psychiater Milton Hyland Erickson zurück, der bereits in seiner Studienzeit in den frühen 1920ern bei Clark Hull erste Erfahrungen sammelte und Studien zur Wirkung der Hypnose durchführte. Trotz seiner lebenslangen Lehrtätigkeit zu diesem innovativen Vorgehen wollte er nie eine eigene Therapieschule gründen, sondern propagierte eine integrative Psychotherapie.

Über Milton Erickson
- Geboren am 5.12.1901, aufgewachsen in einer ländlichen Gegend, was sich zeitlebens in seiner Arbeit ausdrückte („ländliche Einstellung").
- einer der bedeutendsten Praktiker und Lehrer neuer und wirksamer Formen der Kurzzeitpsychotherapie und Hypnose.
- Bachelor und Magistergrad in Psychologie, Doktorgrad in Medizin.
- Gruhdungspräsident der amerikanischen Gesellschaft für Hypnose, Mitglied in zahlreichen psychologischen und psychiatrischen Vereinigungen.
- Professor für Psychiatrie an der Wayne State University.
- Wesentliche Aspekte seiner psychotherapeutischen Vorgehensweisen hat er in seinen über 140 wissenschaftlichen Veröffentlichungen und in mehreren Büchern beschrieben.
- Erickson war dem Gedanken der Beweglichkeit, Einzigartigkeit und Indivualität verpflichtet.
- 1948 zog er nach Phoenix und gründete eine Privatpraxis.
- Zahllose Reisen zu Lehrveranstaltungen über Hypnose. Als er zu schwach zum Reisen war, lud er Interessierte in sein Haus und unterrichtete sie dort.
- Gesundheitliche Probleme: mit 17 erste Polioinfektion („Der Junge erlebt den Morgen nicht mehr"); seit 1967 im Rollstuhl aufgrund der Spätfolgen der Kinderlähmung. Diese Krankheit war sein wichtigster Lehrer: Erickson musste sich auf seine Beobachtungsgabe verlassen, las viel und konnte sich selbst beobachten, wie er ein zweites Mal laufen lernte.
- Schmerzen als Spätfolgen der Kinderlähmung. Diese bewältigte er mittels Selbsthypnose. Er litt stets unter neue Gebrechen (Lähmungen, Farbwahrnehmung beeinträchtigt) und musste immer wieder neu lernen, damit umgehen zu können.
- Er betrachtete die Fähigkeit, andächtig zu staunen, als grundlegend für jeden Therapeuten. Er sah immer das Gute im Menschen und konnte stets staunen und stolz auf den Patienten sein, selbst wenn der Fortschritt sehr gering war.
- Haltung zum Patienten: „Du wirst Dein Ziel, Deine Absicht schon erreichen, da bin ich mir meiner Sache sicher. Ich wirke zuversichtlich, spreche zuversichtlich, und im Allgemeinen wird der Patient mir glauben. Ein guter Therapeut sollte sich seiner Sache ganz sicher sein."
- Am 23.3.1980 fiel er ins Koma und am 25. 3.1980 starb Milton H. Erickson.

Beziehung zwischen Bewussten und Unbewussten
Das Unbewusste findet am ehesten Entsprechung im Unterbewussten (Freud) oder im impliziten Wissen (kognitive Psychologie). Im Unbewussten sind alle Potentiale und alle Ressourcen gelagert, zudem noch Wissen, welches dem bewussten Verstand nicht zugänglich ist. Während das Bewusstsein im Wachzustand „bewusst" gelenkt und gesteuert wird, arbeitet das Unbewusste autonom. Als Beispiel lassen sich Vorgänge im autonomen Nervensystem des Körpers oder die Steuerung physiologischer intracorporaler Prozesse nennen.
Der theoretischen Annahme Erickons folgend, regiert das Bewusstsein im Wachzustand, ist rigide und eingeschränkt. Das Bewusste hat nicht die Möglichkeit auf das unbewusste Wissen zurückzugreifen und sich dessen Vorteile nutzbar zu machen. Raucher haben beispielsweise alle nötigen Potentiale zur Abstinenz in sich, aber das rigide Bewusstsein hat Schwierigkeiten, diese abzurufen.

Diese Rigidität in Denk- und Verhaltensmustern gilt es mittels hypnotherapeutischer Techniken zu unterbrechen und zu modifizieren.

Erickson (1989) über Hypnotherapie:
„Lernprozeß, ein Umerziehungsverfahren für den Patienten. Dauerhafte Resultate ergeben sich in der Hypnotherapie nur durch die Aktivität des Patienten. Der Therapeut stimuliert den Patienten lediglich zur Aktivität, oft ohne zu wissen, welcher Art diese Aktivität sein mag, und dann leitet er den Patienten und bestimmt aufgrund seines klinischen Urteils, wieviel Arbeit geleistet werden muss, um die gewünschten Resultate zu erzielen. Die richtige Leitung und Beurteilung ist das Problem des Therapeuten, während der Patient die Aufgabe hat, durch eigene Anstrengungen seine Erlebniswelt auf neue Weise verstehen zu lernen. Eine solche Umerziehung muß natürlich in Einklang mit den Lebenserfahrungen, den Erkenntnissen Erinnerungen, Einstellungen und Ideen des Patienten stehen und darf nicht von den Vorstellungen und Meinungen des Therapeuten diktiert sein."

"Trance als schöpferischer Augenblick tritt ein, wenn ein gewohntes Assoziationsmuster unterbrochen wird; es kann sich um eine spontane Unterbrechung oder Lockerung des gewohnten Assoziationsprozesses handeln; der Auslöser kann ein psychischer Schock, ein überwältigendes sensorisches oder emotionales Erlebnis sein. Er ist als Augenblick der „Faszination" oder des „Sich-Verliebens" erlebbar, in dem die Lücke im Bewußtsein durch das Neue ausgefüllt wird. Bartlett hat beschrieben, wie man sich die Genese des originalen Denkens vorstellen kann: Als das Füllen geistiger Lücken. Das Neue, das in schöpferischen Augenblicken entsteht, ist somit die Grundeinheit des originalen Denkens und der Einsicht sowie der Persönlichkeitsentwicklung."

Wissenschaftlichkeit / kassenärztliche Anerkennung

Untersuchungen der Split-Brain-Forschung haben gezeigt, dass in Trance die Hemisphärenaktivität verschoben ist. Die Hypothese dazu besagt, dass der dominante Denkstil verlassen wird und die räumliche, bildhafte, musikalische, ganzheitliche intuitive Verarbeitung mehr zur Geltung kommt (rechte Hemisphäre). Es zeigte sich, dass Personen mit langjähriger Erfahrung in Selbsthypnose imstande waren, schon nach wenigen Sekunden eine Gedankenleere, Gedankenstille einkehren zu lassen. Alle Endhirnzonen waren deaktiviert oder ausgeschaltet, die Zonen, auf die wir nicht unsere Aufmerksamkeit gerichtet hatten. Unter Hypnose nehmen wir nur das wahr, worauf wir uns gerade konzentrieren. Alles andere, so auch der Schmerz, wird ausgeblendet.

Es existieren zahlreiche Studien zur Effektivität hypnotherapeutischer Behandlungsverfahren. Eine Zusammenstellung findet sich bei Revenstorf (2003). Diese Wirksamkeitsforschungen hat auch das Bestreben, eine Anerkennung zum kassenärztlichen Verfahren zu erwirken. Derzeit ist das Fortbildungscurriculum für Ärzte und Psychologen anerkannt und kann als Zusatzleistung (u.a. im Rahmen einer Verhaltenstherapie) bei den Krankenkassen abgerechnet werden.

Literatur
Erickson, MH & Rossi, E (1989). Hypnotherapie: Aufbau-Beispiele-Forschung. München: Pfeiffer
Peter, B (2000). Die wirksame Psychotherapie des Teufelsbanners Johann Joseph Gassner um 1775. Hypnose und Kognition 17(1+2), 19-34
Revenstorf, D (2003) Gutachten zur wissenschaftlichen Anerkennung des Verfahrens Hypnotherapie; zu finden auf www.meg-hypnose.de

Bühnenhypnose und Konzepte moderner Hypnotherapie

Bühnen- und Showhypnose

Klienten haben häufig eine überhöhte Erwartung an die Wirkung von Hypnose, die der vielmals einseitigen Darstellung verschiedener Medien und dem Ruf der Bühnenhypnose entstammt. Daher weisen zahlreiche Autoren auf eine Klärung von Vorurteilen vor Beginn der Therapie hin.

Das Ziel des Showhypnotiseurs ist Entertainment, mit dem er seinen Lebensunterhalt verdient. In der Selbstdarstellung und Werbung behaupten sie, über Fähigkeiten zu verfügen, die eine Willenskontrolle ermöglichen. Dagegen ist „Macht" kein Wesenszug der Hypnose und existiert lediglich in der Vorstellung derer, die daran glauben. Der Wirkmechanismus der Bühnenhypnose kann als unterhaltsam verpackter Suggestibilitätstest gesehen werden, in dessen Verlauf die scheinbare Macht des Hypnotiseurs demonstriert wird und all jene Versuchspersonen aussortiert werden, die zu den Hochsuggestiblen gehören. Mit diesen Teilnehmern werden dann Experimente und Vorführungen durchgeführt.

Die so demonstrierten Phänomene können jedoch auch ohne Anwendung von Hypnose bei Versuchspersonen hervorgerufen werden. Wenn der Kontakt und die Kommunikation zwischen dem Entertainer und dem Probanden abreissen, wandeln sich die hypnotischen Phänomene in klinische Symptome um und es bedarf einer (hypno-)therapeutischen Bearbeitung, welche wiederum Zeit und entsprechende Kompetenz voraussetzt. Beides ist auf der Bühne und beim Bühnenhypnotiseur in der Regel nicht gewährleistet. So kommt es immer wieder zu „Unfällen" bei der Bühnenhypnose, was auch der Grund für gesetzliche Verbote bspw. in Großbritannien oder skandinavischen Ländern ist.

Missbrauch und Willenlosigkeit unter Hypnose

Befragt man potentielle Klienten nach dem bestehenden Wissen über hypnotherapeutische Verfahren, so wird die Angst vor Missbrauch am häufigsten genannt. Man befürchtet, dass man in Trance willenlos wird und zu Handlungen bewegt wird, die man nicht kontrollieren kann oder die im schlimmsten Fall gegen die bewusst bestehenden Überzeugungen und Werte sind. Im Folgenden sind je zwei Zitate aufgeführt, die für bzw. gegen diese Vorurteile sprechen.

Liébeault (1893): „Das hervorstechende Charakteristikum dieses Zustandes (des hypnotischen Schlafes) ist die absolute Unfähigkeit des Individuums, sowohl die Verbindung mit der Außenwelt durch seine Sinne, als die mit sich selbst durch Nachdenken aufrechtzuerhalten. Nicht einmal der Versuch hierzu ist ihm möglich. Der Patient ist eine Marionette mit einer einzigen Vorstellung geworden und hat seine Willenskraft verloren."

Tourette (1889): „Das Individuum in Katalepsie und besondere in Lethargie kann sehr leicht der Lüsternheit des Magnetiseurs zum Opfer fallen; der Somnambule kann in den Händen eines Gewissenlosen zum unbewussten Werkzeug werden, das nicht zur Verantwortung gezogen und unter Umständen sehr gefährlich werden kann; denn er ist leicht für die verschiedensten Befehle zugänglich."

Delboef (1896): „...es scheint mir nicht möglich, ein Subjekt zu Handlungen zu veranlassen, welche es nicht einmal im Traum begehen würde."

Schilder und Kauders (1926): „...der Hypnotisierte, der Beeinflusste sind also keineswegs willenlose Werkzeug des Beeinflussenden. Verlangt man von einer tief hypnotisierten Person Unbilliges, was ihrem Gesamtwillen, ihrer Gesamtpersönlichkeit widerspricht, so... verweigert (sie) trotz der tiefen Hypnose...(oder) wacht aus der Hypnose auf."

Die Frage, ob man einen Menschen unter Hypnose zu Handlungen verleiten kann, die seinem Willen widersprechen und möglicherweise ihm oder anderen schaden bzw. dem Hypnotiseur nützen, beschäftigt Psychiater und Psychologen immer wieder in theoretischer und empirischer Hinsicht. Die Frage ist nicht leicht entscheidbar, denn:

- die eine Seite behauptet, dass man Personen unter Hypnose einen fremden Willen aufzwingen kann, und
- wenn es in der Überprüfung nicht gelingt, dann liege es daran, dass keine hinreichende Trancetiefe vorgelegen habe.
- die andere Seite behauptet, dass jeder Mensch, der unter Hypnose befremdliche Dinge tut, dazu ein (wenn auch zurückgedrängtes) Bedürfnis hat, das auszuleben ihm die Hypnose Gelegenheit gibt (z.B. Erickson 1939).

Fazit der Forschung ist jedoch: Die hypnotische Trance als solche macht nicht willenlos und zwingt Patienten nicht unter die Gewalt des Hypnotiseurs. Allerdings gibt es Momente, die bei einer Grenzüberschreitung wirksam werden:

- die Überraschung durch ein Verhalten eines Behandlers, das im völligen Widerspruch zur therapeutischen Erwartung steht, und – besonders bei Entspannungshypnosen – eine motorische Verlangsamung aufgrund Tiefenentspannung mit erniedrigtem Muskeltonus und tophotroper Umstellung
- die therapeutische Beziehung macht insbesondere die Patientin vulnerabel für die Einflussnahme durch den Behandler. Diese Vulnerabilität löscht den Widerstandswillen nicht aus aber schwächt ihn, was eine einmalige Überrumpelung begünstigt.

Barabasz, A. F. (2004). Hypnose-Konzepte: Fragen und Durchbrüche in der Forschung

Hypnose und Kognition. Band 21 (1+2); 139-155
Nachdruck mit Genehmigung der M.E.G.: Hypnose und Kognition (www.meg-hypnose.de)

Zusammenfassung

Man hat behauptet, Hypnose sei nichts weiter als soziale Beeinflussung, auf Suggestionen könne mit oder ohne Hypnose reagiert werden (Kirsch & Lynn, 1995). Allerdings wurde auch zugestanden: "Sollten physiologische Kennzeichen der Hypnose entdeckt werden, so könnte das den Gedanken unterstützen, dass Hypnose ein einzigartiger veränderter Bewusstseinszustand ist" (S. 855). Der vorliegende Beitrag soll Licht in diese Sache bringen, indem zunächst einmal gewisse fortbestehende Irrtümer über "spontane Hypnose" (Hilgard & Tart, 1963) ausgeräumt werden ebenso wie die märchenhafte Vorstellung, Hypnose müsse ein "besonderer Vorgang" (Spanos, 1982) sein, wenn sie als veränderter Bewusstseinszustand aufgefasst wird. Der Schwerpunkt liegt auf jüngst replizierten Untersuchungen, die sich mit Problemen der experimentellen Kontrollparadigmen auseinandersetzen. Wenn wir mögliche Entspannungseffekte, Erwartungen an die Hypnose und den Untersuchungskontext mit einbeziehen, so weisen die Fakten überzeugend auf subtile, doch eindeutige physiologische Kennzeichen der Hypnose hin, welche zeigen, dass Suggestion allein oft nicht ausreicht, um eine diffizile Reaktion herbeizuführen, wenn Hypnose als solche nicht induziert ist. Hypnotisch hervorgerufene Hinweise im EEG spiegeln Bewusstseinsveränderungen wider, die mit dem subjektiven Erleben von Wahrnehmungsveränderungen der Versuchspersonen übereinstimmen und durch Suggestion allein oder durch Rollenspiel nicht wiederholt werden können.

Annäherung der Theorien

Nach frühen Versuchen von Spanos und Barber (1974, S. 508) regten Irving Kirsch und Steven Jay Lynn neues Interesse an einer Theorie der Hypnose an, indem sie den Versuch unternahmen, die verschiedenen Hypnosetheorien miteinander in Einklang zu bringen. Ihr Beitrag "The altered state of hypnosis" erschien im American Psychologist (Kirsch & Lynn, 1995) und wurde häufig zitiert. Er trug viel dazu bei, Autoren von Einführungen in die Psychologie von dem herkömmlichen, allzu vereinfachenden Weg abzubringen, dieses Gebiet als von zwei einander diametral entgegen gesetzten Lagern beherrscht darzustellen, meist als Zustands- und Nicht-Zustands-Theorie der Hypnose bezeichnet.

Kirsch und Lynn stellten fest, dass "eigentlich alle wesentlichen Unterschiede zwischen (unter) den Theoretikern bei diesem einen offensichtlichen Punkt liegen", wobei eine genauere Beschreibung zeigen würde, dass man die beiden Standpunkte: Trance-Zustand versus Trance als sozialpsychologisches Phänomen, als "Punkte auf einem Kontinuum" (S. 846) zu betrachten habe. Viele auf dem Gebiet der Hypnose tätigen Fachleute könnten in dem Beitrag von Kirsch und Lynn einiges finden, mit dem sie übereinstimmen bezüglich dessen, was Hilgard (1972) als "die Domäne der Hypnose" bezeichnet hat - das heisst: Das, was geschieht, wenn versucht wird, bei einer dazu bereiten Versuchsperson Hypnose zu induzieren.

Allerdings würden doch viele auch erkennen, dass dieser Aufsatz, den zwei der bekanntesten soziokognitiven Theoretiker geschrieben haben, etwas zu sehr vereinfacht, wenn er versucht, die Zustands-Theorie in die soziokognitive Theorie einzubinden. Die heute zur Verfügung stehenden Fakten (Altena, 2003; Barabasz et al., 1999; Barabasz, 2000, 2002; Barnier & McConkey, 2003; Gruzelier, Gray & Horn, 2002; Koch, Lang, Hatsiopoulou, Berbaum, Anderson & Spiegel, 2003; Killeen & Nash, 2003; Ray & Tucker, 2003; Vermetten & Bremner, 2003; Woody & McConkey, 2003) zeigen, dass die komplexen Faktoren der Hypnose weit mehr sind als bloße Reaktion auf Suggestion, sozialen Einfluss oder Erwartungen.

Barnier und McConkey (2003) folgerten, dass es in den Theorien nun fast ebenso viel Widerspruch wie Übereinstimmung gebe. Erhärtet hat sich die Theorie vom sozialen Einfluss und Rollenspiel (Sarbin, 2002). Gleichzeitig wurden in der neuen Gehirnforschung physiologische Kennzeichen gefunden, die mit dem hypnotischen Zustand übereinstimmen. Kirsch und Lynn haben dankenswerterweise die Aufmerksamkeit auf ungelöste Themen und Fragen gelenkt. Die Eile jedoch, mit der der Annäherung innerhalb kurzer Zeit Beifall gezollt wurde, hat dazu geführt, kritische Seiten jenes Phänomens zu verschleiern, das es uns ermöglicht, die Probleme der Wechselwirkung zwischen bewusstem und unbewusstem geistigem Leben ernsthaft zu studieren.

Um weiter Licht in die Angelegenheit zu bringen, müssen wir uns auf drei bedeutsame Themen konzentrieren und dabei versuchen, einige der verbleibenden Mythen und irrigen Auffassungen zu zerstreuen, die unnötigerweise zur Spaltung beitragen. Zwar wurden schon durch die Untersuchungen von Kinnunen, Zamansky und Nordstrom (2001) erneut Zweifel am Konzept der Compliance bzw. der Erwartungshaltung laut. Auch die Verfahren zur Erfassung der subjektiven Erfahrungen wurden kritisiert (Milling, Kirsch & Burgess, 1999). Ich schätze aber, dass viele auf die Position des Trance-Zustandes zurückverwiesen wurden aufgrund der zahlreichen neuen Forschungsergebnisse auf diesem Gebiet.

Jüngste Untersuchungen haben sich direkt mit den Beschränkungen auseinandergesetzt, mit denen frühere Experimente zu Anzeichen der hypnotischen Trance behaftet waren. Es wurden besondere Kontrollbedingungen eingeführt, und die Forscher profitierten von dem exponentiellen Zuwachs an Messverfahren und Computer-Technologien, die vor einem Jahrzehnt noch nicht zur Verfügung gestanden hatten. Was einst als "unwahrscheinlich zu finden" galt, auch wenn man sich "die Möglichkeit, dass subtile Indikatoren tatsächlich noch gefunden werden" (Hilgard, 1973, S. 978) noch offen hielt, nämlich messbare, wiederholbare und einer einfachen Logik folgende Marker für Hypnose, war schließlich vorhanden, um die Wirklichkeit von Trance als einem subtilen, aber doch klar identifizierbaren veränderten Bewusstseinszustand nachzuweisen. Gut kontrollierte Experimente, die wieder und wieder in über einem Dutzend Forschungseinrichtungen in England, Italien, Neuseeland und den USA wiederholt wurden, haben substanzielle Erkenntnisse über die physiologischen Zeichen von Hypnose zu Tage gefördert.

Die Wiederbelebung der Theorie vom veränderten Bewusstseinszustand

Die erste bedeutsame Erwiderung auf den Aufsatz von Kirsch und Lynn kam von John Kihlstrom (1997). Kihlstrom klärte über die Gründe für das Fortbestehen der Kontroverse zwischen der Zustands- und der Nicht-Zustands-Position auf. Erkennen wir an, dass selbst ohne physiologische Kennzeichen die von Kirsch und Lynn geleugneten Trance-Zustände eines veränderten Bewusstseins existieren, und dies nachweislich für die überwältigende Mehrheit der anerkannten Theoretiker auf diesem Gebiet (zur Übersicht vgl. A. Barabasz & J. Watkins, im Druck). Kihlstrom erinnert uns überzeugend, dass es in Hypnose tatsächlich einen veränderten Bewusstseinszustand gibt, und es spielt nicht die geringste Rolle, ob dieser auch ohne formelle Induktion eintreten kann. "Amnestische Versuchspersonen können Dinge nicht erinnern, die sie erinnern sollten; analgetische Versuchspersonen können Schmerzen nicht spüren, die sie spüren sollten; Versuchspersonen, die gebeten wurden, ‚blind' oder ‚taub' zu sein, können Dinge nicht sehen oder hören, die sie sehen oder hören sollten." Selbst einfache motorische Reaktionen sind Bewusstseinsveränderungen unterworfen: "Wir spüren schwere Gegenstände in Händen, die nicht vorhanden sind und die unseren ausgestreckten Arm nach unten zwingen; wir fühlen magnetische Kräfte, die nicht existieren und die unsere ausgebreiteten Hände zusammen ziehen" (Kihlstrom, 1997, S. 326).

Die Anzeichen für Verhaltensänderungen im Bewusstsein (während der Hypnose) sind schlicht "Highlights" für das, was für viele Kliniker und Forscher ganz offensichtlich ist. Schon seit langem erfreuen solche Hinweise im Verhalten die Experimentatoren und dienen dem Wohlbefinden der Patienten. Nun hat es die neuere Wissenschaft ermöglicht, zusätzlich zur langen Liste von Verhaltenskennzeichen einige eher subtile, aber doch deutliche physiologische Kennzeichen hypnotischen Reagierens zu identifizieren, die von Menschen ohne hypnotische Fähigkeiten oder allein durch Entspannung oder Suggestion nicht hervorgebracht werden können.

Kirsch und Lynn (1995) gestanden zu: "Sollten physiologische Kennzeichen der Hypnose identifiziert werden können, dann würde das die Idee stützen, dass Hypnose ein einzigartiger veränderter Bewusstseinszustand ist" (S. 855). Im gleichen Aufsatz beharrten sie allerdings weiter auf ihrer soziokognitiven Position, indem sie behaupteten, "Hypnose" sei nichts weiter als soziale Beeinflussung, Suggestionen könnten mit oder ohne Hypnose befolgt werden und eine hypnotische Induktion vergrößere die Suggestibilität lediglich in geringem Masse. In ihrem Bemühen um Unterstützung für ihre skeptische Position bezüglich der Existenz physiologischer Kennzeichen der Hypnose zitierten sie Dixon und Laurence (1992, S. 50), die glaubten, dass der Rückschluss auf die "physiologische Besonderheit eines angeblichen hypnotischen Zustands" keine Unterstützung finde aufgrund des "unglücklichen, aber üblichen Fehlens von Replikationen". Vielleicht überzeugte Dixons und Laurences Kritik an den psychophysiologischen Hypnose-Untersuchungen, bei denen versäumt worden war, eine "nicht-hypnotische Entspannungsgruppe" einzubeziehen, diejenigen mehr, die ausschließlich auf harte experimentelle Daten fixiert sind.

Diese Art der Fehlersuche stellt jedoch für den unvorsichtigen Forscher, der die Arbeit von Hilgard und Tart (1966) nicht kennt, eine mögliche Falle dar. Hilgard und Tart nutzten die nunmehr fast vergessene experimentelle Kontrolle der "Zustandsberichte", um die hypnotische Tiefe in ihren Forschungsreihen festzustellen, und bestätigen so das Phänomen spontaner Trance (vgl. auch H. Spiegel & D. Spiegel, 1977; H. Spiegel, 1998). Bei hypnotisierbaren Personen kann und wird spontane Trance in vielfältigem Kontext auch ohne formale Induktion eintreten, wie z. B. als Reaktion auf Entspannungsanweisungen oder auf Traumata. Indessen haben Dixon und Laurence ein weiteres, in diesem Zusammenhang konstruktives Element beigetragen. Ihrer Meinung nach bedarf es eher einer auf Aufmerksamkeit statt auf Entspannung beruhenden Induktion der Hypnose, um "wirklich physiologische Korrelate der Hypnose ausfindig zu machen". Dankenswerterweise sind diese wichtigen Probleme von der derzeitigen Forschung aufgegriffen worden.

Der Mythos des "besonderen Prozesses" und die hypnotische Tiefe

Ehe wir uns den Fakten über die hier hervorgehobenen Punkte zuwenden, ist es wichtig, den "besonderen Prozess", den Nick Spanos vor 15 Jahren initiiert hat, seines Nimbus zu entkleiden. Die Bezeichnung "besonderer Prozess" impliziert, dass ein hypnotischer Zustand etwas völlig Einzigartiges sein muss. Ungeachtet der Fülle an Fakten aus Hilgards Forschung, die zeigen, dass Hypnose für hypnotisch befähigte Menschen Teil des alltäglichen Lebens ist, konnte sich das Phantasiebild vom "besonderen Prozess" durchsetzen. Wie Kirsch und Lynn betonten, ließ man im soziokognitiven Lager die Etiketten "Zustand" und "Nicht- Zustand" in dem Moment weitgehend fallen zugunsten der Begriffe "spezieller Prozess" und "sozialpsychologisch", wo Nick Spanos (1982) den Ausdruck "spezieller Prozess" als Bezeichnung für den Trancezustand in Hilgards Neo-Dissoziationstheorie der Hypnose prägte.

Diese Fehlbezeichnung "spezieller Prozess" ist sowohl für die Neulinge auf diesem Gebiet als auch für diejenigen, die seither versuchen, hypnotische Phänomene zu verstehen, ein Ärgernis. Das Etikett "spezieller Prozess" legt zu Unrecht einen Zustand nah, der im Alltag unter normalen Bedingungen nicht erreicht werden kann, und trübt so dem Forscher den Blick für spontane Hypnose und die Notwendigkeit, "Zustandsberichte" von Versuchspersonen zu erhalten (vgl. LeCron, 1953; Hatfield, 1961; Tart, 1963).

Solche Berichte über die Tiefe der Hypnose fanden fruchtbare Verwertung in den klugen Untersuchungen der sechziger Jahre und sind jüngst in ausgeklügelterer Form von McConkey, Wende und Barnier (1999) wieder aufgenommen worden. Die Untersuchung von Hilgard und Tart (1966), die den signifikanten Effekt einer hypnotischen Induktion auf die Ansprechbarkeit durch Suggestion im Gegensatz zu bloßer Suggestion im Entspannungszustand zeigt, ist nur eines von mehreren hervorragenden Beispielen.

Zustandseinschätzungen auf einer Skala von 0 bis 3 ermöglichen es, die hypnotische Reaktion zu untersuchen. Versuchspersonen sollten die Frage nach ihrem "Zustand" mit "0" beantworten, wenn sie sich im üblichen, normalen, hellwachen Zustand fühlten, mit "1", wenn sie sich sehr entspannt oder "weggedämmert" fühlten, so, als würden sie gleich einschlafen, mit "2", wenn sie ihren Zustand als leicht hypnotisiert empfanden, und mit "3", wenn sie sich tiefer hypnotisiert fühlten. Da die Tiefe der Hypnose im Verlauf einer Sitzung oft schwankt, wurden die Aussagen während der Sitzung oft wiederholt erbeten, gewöhnlich vor und nach einer Test-Suggestion. In der Studie von Hilgard und Tart (1966) beispielsweise wurden die Testpersonen, wenn sie wach waren und sich mit "1" einstuften, so lange weiter geweckt, bis ihre Einstufung bei "0" lag. Beim jüngsten, von McConkey und Kollegen (McConkey, Wende & Barnier, 1999; McConkey, Szeps & Barnier, 2001) entwickelten Versuch, hypnotische Tiefe zu messen, wurden die Versuchspersonen gebeten, auf einer Wählscheibe ihre unterschiedlich stark erlebte hypnotische Tiefe einzustellen, so, wie sie sie während des Verlaufs der Hypnose bei den Test-Aufgaben empfanden. Die Versuchspersonen wählten eine hohe Zahl, wenn sie anzeigen wollten, dass sie tiefere Hypnose erlebten, und eine kleinere Zahl, wenn ihre Hypnose weniger tief war.

Da Angaben zur Verfügung stehen für die Induktion, also das Erteilen der Suggestion, für die Reaktion der Teilnehmer auf die Suggestion, für die Rücknahme der Test-Aufgaben und für das Erwachen aus der Hypnose, ist die Möglichkeit gegeben, Spielarten der physiologischen Anzeichen hypnotischer Erfahrung festzuhalten. Eine überarbeitete Version dieser klug durchdachten und viel versprechenden Technik wird derzeit bei uns und in anderen Forschungseinrichtungen verwandt. Endlich beginnen wir mit dem Versuch, hypnotische Reaktionen in ihrer Komplexität biologisch zu quantifizieren.

Natürlich vergewissern sich Therapeuten routinemässig, dass eine angemessene hypnotische Tiefe erreicht ist, ehe sie von einer Person schwierige Reaktionen verlangen, wie sie beispielsweise bei medizinischen Eingriffen nötig werden können. Unglücklicherweise haben Forscher Berichte über die Erlebnisstärke und über spontane Hypnose ignoriert, aus denen man von der Suggestion auf die genaue hypnotische Reaktion hätte rückschließen können.

Jack und Josephine Hilgard, Herb und Dave Spiegel, Erika Fromm, Ron Shor, Jack und Helen Watkins, Michael Nash, Marianne Barabasz und ich wie auch viele andere haben immerzu das Kontinuum von hypnotischen Trancezuständen und Alltagserfahrungen gesehen. So weiss man seit langem, dass schlichte Dissoziationen wie absorbierende Vorstellungen z. B. und komplexere Phänomene wie spontane Hypnose existieren und dass diese immer wieder von uns, die wir mit klinischer Hypnose zu tun haben, sowohl unter Versuchsbedingungen als auch im Alltag festgestellt worden sind. Die Tatsache, dass hypnotische Trance-Erlebnisse im Alltag vorkommen, sollte nicht dahingehend gewertet werden, dass hypnotische Trance sich nicht auf besondere Weise von nicht vorhandener Trance oder von dem unterscheiden liesse, was oft als Wachzustand bezeichnet wird. Die Fülle alternativer Bewusstseinszustände bedeutet nicht, dass diese sich gleich seien. Schließlich handelt es sich auch bei Äpfeln und Orangen um verschiedene Früchte, selbst wenn sie im gleichen Obstkorb liegen.

Die neue Hirnforschung bringt neue Erkenntnisse

Etliche neuere Untersuchungen widerlegen Kirsch und Lynn's (1995) Behauptungen, dass 1) Hypnose nichts weiter sei als soziale Einflussnahme, dass es 2) keine physiologischen Kennzeichen hypnotischer Reaktion gebe und dass 3) die Struktur hypnotischer Kommunikation unwichtig sei bei der Bestimmung hypnotischer Reaktionen.

Zunächst einmal muss betont werden, dass der Schwerpunkt der heutigen Erforschung von Reaktionen des Gehirns auf Hypnose nicht dem Versuch gilt, eine vereinfachende eindimensionale EEG-"Signatur" eines einzigen, besonderen hypnotischen Zustands per se aufzudecken. Hypnose ist derart komplex, dass wir stattdessen sowohl das Besondere als auch das Individuelle des Reagierens auf Hypnose in Betracht ziehen müssen. Mit dem Begriff einer einzigartigen Hirn-"Signatur" der Hypnose wie dem eines "speziellen Prozesses" wird ein Strohmann aufgebaut, und zwar von denjenigen, die Hypnose wieder als soziales Konstrukt etablieren möchten. Indem man eine eindimensionale "Signatur" fordert, trivialisiert man Bedeutung und Komplexität hypnotischer Reaktionsweisen.

Ernest R. Hilgard (persönliche Mitteilung etwa 1989) fragte sich, ob sie (Chaves, Kirsch, Lynn und Spanos) vielleicht erwarteten, dass auf der Stirn desjenigen, der Hypnose erlebt, ein Licht aufblitze, damit die Existenz des hypnotischen Zustands zu verstehen sei. Überraschenderweise wurde durch EEG und bildgebende Verfahren Licht in diese Problematik gebracht. Die überzeugend und positiv beantwortete Frage lautet: Gibt es physiologische Kennzeichen, die unmittelbar den vom Subjekt empfundenen Zustand wiedergeben, wenn dieses auf eine hypnotische Induktion reagiert, sei sie nun formell durch einen Hypnotiseur erfolgt, selbst eingeleitet oder spontan eingetreten.

EEG-Untersuchungen ereignisbezogener Potentiale

Die Richtung der EEG-Untersuchungen in der Gruppe um Barabasz spiegelte die Interessen von Dave Spiegel, Jack Hilgard und anderen wider. Es ergab sich Übereinstimmung hinsichtlich der Frage, ob hypnotisierbare Personen, die einer hypnotischen Induktion unterzogen werden (in hinreichender Tiefe, um der speziellen Aufgabe gerecht zu werden), im EEG Veränderungen in ereignisbezogenen Potentialen (ERP) zeigen, die ihrem subjektiven Erleben entsprechen.

Derartige ERP-Veränderungen können physiologisch von den Effekten der Suggestion, der Entspannung und der Erwartungshaltung unterschieden werden. Jüngst gipfelte unsere (A. Barabasz, M. Barabasz, Jensen, Calvin, Trevisan &Warner, 1999) über 20 Jahre dauernde EEGereignisbezogene Hypnose-Forschung darin, den Mythos der Nicht-Replizierbarkeit (Dixon & Laurence, 1992;

Spanos & Coe, 1992) physiologischer Kennzeichen der Hypnose zu zerstören.

Die Daten haben klar gezeigt, dass die offensichtlichen Unstimmigkeiten in der ERP-Hypnoseliteratur auf unterschiedliche Formulierungen der hypnotischen Suggestionen zurückgeführt werden können. Suggestionen unter Hypnose zur Nicht-Wahrnehmung eines Reizes vergrößerten die ERP-Reaktion, während Suggestionen zum Blockieren (zur Dämpfung) eines Reizes die ERP-Reaktion abschwächten, im Gegensatz zu Suggestionen ohne Hypnose.

Die Ergebnisse waren außergewöhnlich (vgl. Abb. 1). Nachdem die Formulierung als we-

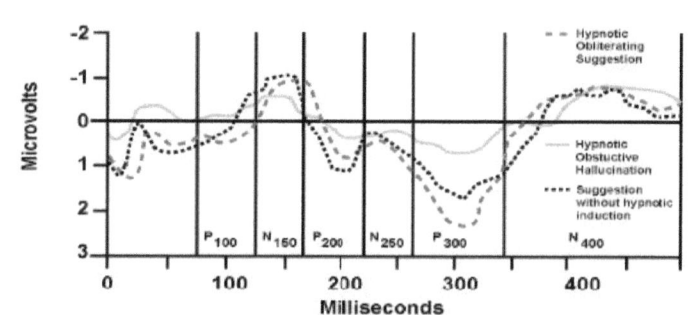

Abb. 1: Hypnotische Veränderung von EEG-ereignisbezogenen Potenzialen typisch für hoch Hypnotisierbare: Suggestion allein versus behindernde (obstructive) und auslöschende (obliterating) hypnotische Suggestionen.

sentlich für das Ergebnis erkannt worden ist, sind die physiologischen Kennzeichen der Trance konsistent, logisch und dauerhaft interpretierbar. Es wurden die Auswirkungen positiver behindernder (Blockieren eines Reizes ["… stell Dir vor, ein Pappkarton blockiert Deine Sicht auf den Bildschirm …"]) und negativer auslöschender (völlige Reizunempfindlichkeit ["… nun kannst Du nichts mehr sehen, überhaupt nichts mehr …"]) Anweisungen auf visuelle und auditive P300 ERPs untersucht (Barabasz et al., 1999). Zwanzig Versuchspersonen wurden streng nach Hypnotisierbarkeit ausgewählt, indem sowohl die Harvard Group Scale of Hypnotic

Susceptibility (HGSHS) (Shor & Orne, 1962) als auch die Stanford Hypnotic Susceptibility Scale, Form C (SHSS:C) zum Einsatz kamen. Durch wiederholten Einsatz von Hypnose wurde der Versuch unternommen, die Hypnotisierbarkeit der Teilnehmer vor der Einzeltestung und zwischen den Testsitzungen zu maximieren und zu stabilisieren. Alle hoch Hypnotisierbaren (mit Testwerten zwischen 9 und 12) erledigten die auditiven und visuellen Halluzinationsaufgaben des SHSS:C, was keinem schwach Hypnotisierbaren (mit Testwerten zwischen 0 und 3) gelang.

Hoch und gering Hypnotisierbare müssen sorgfältig voneinander unterschieden werden, damit die möglichen Unterschiede zwischen hypnotischem und nicht-hypnotischem Zustand zu Tage treten. Über hypnotische Reaktionen kann wenig gesagt werden, wenn die hoch und gering Hypnotisierbaren lediglich operational durch den Medianwert voneinander getrennt werden, insbesondere dann, wenn nur Gruppenwerte (typisch dafür die Harvard Group Scale) oder psychometrisch schwache individuelle Masse für Hypnotisierbarkeit benutzt werden (wie z. B. bei der Carlton University Suggestibility Scale). Die einfache Trennung nach hohen und niedrigen Testwerten ergibt für die Hypnoseforschung ein spezielles Problem, denn die Verteilung der Hypnotisierbarkeit in der Bevölkerung ist leptokurvig [eine nur schwach gekrümmte Normalverteilung; Anm. Hrsg.], was bedeutet, dass die meisten Versuchspersonen sich im Cluster um den Mittelwert gruppieren.

So ist es wahrscheinlich, dass eine Unterteilung am Median wohl Gruppen hoch und gering Hypnotisierbarer produziert, die sich nicht signifikant voneinander unterscheiden, womit der Unterschied zwischen hypnotischer und nicht hypnotischer Reaktion nicht entdeckt wird. Der Unachtsame kann dann fälschlicherweise den Schluss ziehen, die Befunde seien nicht der Hypnose, sondern bloss der Suggestibilität oder vielleicht auch nur der subjektiven Erwartung zuzuschreiben.

Hat man die Versuchspersonen erst einmal nach strengen Kriterien ausgewählt, dann werden sowohl die hoch als auch die gering Hypnotisierbaren gebeten, identische Aufgaben unter Wachsuggestion und unter Aktiv-Wachhypnose in ausgeglichener Form zu erledigen (Barabasz & Barabasz, 1996; Barabasz & Barabasz, 2000). Eine Aktiv-Wachhypnose-Induktion wurde anstelle einer traditionellen Entspannungsinduktion gewählt, um EEG-Effekte auszuschließen, die lediglich der Entspannung zuzuschreiben wären.

Ornes (1979) "Real Simulator Design" [das "Wirkliche-Simulatoren-Design" vergleicht Nicht-Hypnotisierbare, die gebeten werden, dem Versuchsleiter echte Hypnose vorzuspielen, mit hoch Hypnotisierbaren, die tatsächlich in Trance sind; Anm. Hrsg.] wurde eingesetzt, um bei den hypnotisierbaren Versuchspersonen jene Effekte zu untersuchen, die eher der hypnotischen Reagibilität zuzuschreiben sind, als jene, die eher reine "Artefakte" aus dem experimentellen sozialpsychologischen Kontext oder situationale Variablen darstellen oder die auf die Erwartungen sowohl der Versuchspersonen als auch der Versuchsleiter zurückzuführen sind.

Hoch Hypnotisierbare zeigten signifikant größere ERP-Amplituden, während sie negative Halluzinationen erlebten, und signifikant niedrigere ERP-Amplituden während positiver, blockierender Halluzinationen, im Gegensatz zu den gering Hypnotisierbaren, (die versuchten, hypnotische Reaktionen auf Suggestionen vorzugeben) und im Vergleich zu ihren eigenen Imaginationen im Wachzustand. Die Daten zeigten, dass eher stärkere physiologische Kennzeichen der Hypnose auftauchen, wenn die Reaktionen zeitlich mit den Ereignissen verknüpft sind. Diese nach zwei Seiten ausgerichteten ERPs, im Gegensatz zu einer einseitigen ‚Signatur' des hypnotischen Zustands, variierten ständig je nach Art der Suggestion im Anschluss an die hypnotische Induktion und zeigten unmittelbare Veränderungen im Bewusstsein an, die dem subjektiven Erleben der Wahrnehmungsveränderungen bei den Teilnehmern deutlich entsprachen. Die ERP-Effekte zeigten sich nicht bei gering Hypnotisierbaren, nicht aufgrund von sozialem Einfluss (indem sie Reaktionen auf Suggestionen vorzugeben versuchten) und auch nicht bei den hoch Hypnotisierbaren im Wachzustand.

Diese Ergebnisse wurden in anderen Untersuchungen von Calvin (2000) und Jensen (2001) zur Gänze repliziert. Die Forschung hat also gezeigt: Berücksichtigt man die Art der Suggestion [negativ versus positiv blockierend] nach der hypnotischen Induktion, so ergibt sich bei Dutzenden von Forschern weltweit eine bemerkenswerte Konsistenz der Ergebnisse.

Kirsch und Lynn (1995) zielten auf die Ericksonsche Hypothese bezüglich der Unterschiede in der Effektivität direkter versus permissiver Suggestionen und behaupteten, die Struktur hypnotischer Kommunikation sei von geringer Bedeutung. Die Untersuchung von A. Barabasz et al. (1999) sollte aber nicht unmittelbar Ericksonsche indirekte im Gegensatz zu autoritären Suggestionen untersuchen. Wie Peter und Revenstorf (2000) indessen schlüssig hervorheben, ist die den Stimulus verdrängende Suggestion "Sie können nichts sehen" gewiss eine direkte Suggestion, während der "die Sicht blockierende Pappkarton" als indirekte Suggestion angesehen werden kann. "Indirektheit ist weit umfassender als bloß permissive Kommunikation" (Peter & Revenstorf, 2000).

In Übereinstimmung mit Hoppe (1985) und Bongartz (1997) machen unsere replizierten Ergebnisse deutlich, dass das überlieferte klinische Wissen um die Bedeutsamkeit der Suggestionsformulierung nunmehr durch zahlreiche psychophysiologische Untersuchungen gestützt wird.

Das nächste Forschungsvorhaben sollte die Untersuchungen von Barabasz et al. (1999) sogar noch weiter untermauern. Es wurde das gleiche grundsätzliche Vorgehen befolgt wie in der Untersuchung von 1999. Hier (Barabasz, 2000) wurde nun 1) der Hypnotisierbarkeits-Test völlig getrennt von der Untersuchungs-Durchführung; 2) wurden die ERP-Reaktionen auf die Suggestionen sowohl mit als auch ohne formelle Hypnose-Induktion untersucht, und 3) wurde spontane Hypnose berücksichtigt (wenn hypnotisierbare Versuchspersonen ihre hypnotischen Fähigkeiten einsetzen und auf ihre eigene Art und Weise auf Suggestionen reagieren, auch ohne formelle Induktion, oder anders geartete hypnotische Reaktionen zeigen, d. h. Reaktionsweisen, die sich von den vom Versuchsleiter vorgegebenen unterschieden); diese spontane Hypnose wurde durch unabhängige postexperimentelle Befragung ermittelt. Trotz der bescheidenen Anzahl von Testpersonen (N=10), die für diese Studie zur Verfügung standen, zeigten die Ergebnisse, dass nur die hypnotisierbaren Probanden, im Gegensatz zu den nicht hypnotisierbaren, in der Lage waren, ihr EEG und ihre ERPs als Reaktion auf eine hypnotische Induktion und Suggestion abzuschwächen, was völlig übereinstimmt mit den vorangegangenen Untersuchungen, die wir an der Washington State Universität durchgeführt haben (Barabasz et al. 1983, 1999, 2000), denen von DePascalis in LaSapienza in Rom (DePascalis, 1999) sowie David Spiegels in Stanford (Jasiukaitis, Nouriani & Spiegel, 1996; Spiegel et al. 1985, 1989).

Die Untersuchung (Barabasz, 2000) zielte darauf ab, die Hypnotisierbarkeitstests (6 bis 9 Monate zuvor) völlig vom Untersuchungszusammenhang zu trennen. Wie konnten die hoch Hypnotisierbaren ihr Bestes in der Suggestionsbedingung "zurückhalten" (Zamansky, Scharf & Brightbill, 1964), wenn sie keine Kenntnis hatten, dass es sich um ein Hypnose-Experiment handelte oder dass

14

[Monate später] Hypnose eingesetzt werden sollte, wenn nach der Suggestion nur Messungen vorgenommen wurden? Die Werte zeigten, dass lediglich die hypnotische Induktion mit Massnahmen zur Absicherung angemessener hypnotischer Tiefe es den hoch Suggestiblen, nicht aber den gering Hypnotisierbaren ermöglichte, ihre ERPs als Reaktion auf die hypnotische Induktion plus Suggestion signifikant abzuschwächen. Dies war jedoch als Reaktion auf eine alleinige Suggestion nachweisbar. Darüber hinaus trägt der Einsatz von Aktiv-Wachhypnose dazu bei, sicherzustellen, dass die Befunde auf Hypnose und nicht auf nicht-hypnotische Entspannung zurückzuführen sind.

Im Licht der Untersuchungsergebnisse, dass ERP-Werte unter Hypnose signifikant verändert werden konnten, nicht jedoch mittels identischer Suggestionen ohne hypnotische Induktion, scheint doch die soziokognitive Auffassung widerlegt, dass das, was mit Hypnose erzielt werden kann, allein der Suggestion zu verdanken ist. Während es scheint, als müsse eine angemessene hypnotische Tiefe gewährleistet sein, ehe von einer Versuchsperson zu erwarten ist, dass sie in Hypnose eine schwierige Aufgabe erfüllt (Barabasz & Barabasz, 1992), zeigte eine hoch hypnotisierbare Versuchsperson in der Studie von Barabasz (2000) fast identische Reaktionen unter beiden Bedingungen. Die Befragung nach der Untersuchung ergab, dass keine der Versuchspersonen sich bewusst gewesen war, an einer Hypnose-Untersuchung teilzunehmen, ehe nicht die zweite Einverständniserklärung gegeben wurde, in welcher die Hypnose-Induktion beschrieben war.

Aufschlussreich war die Befragung allerdings für jene hoch hypnotisierbare VP, die sowohl mit als auch ohne Hypnose ähnliche ERP-Werte gezeigt hatte. Sie bemerkte: "Als ich die Anweisung erhielt, so zu tun, als hätte ich Stöpsel in den Ohren, tat ich einfach das, was ich als Kind gelernt hatte." "Erzählen Sie mir etwas darüber", meinte der unabhängige postexperimentelle Befrager (der mit keinem weiteren Teil der Untersuchung etwas zu tun hatte). "Also, wenn ich von meinem Vater für irgendetwas einen Klaps bekam, konnte ich den Schmerz ausschalten, indem ich geistig an einen anderen Ort ging. Das habe ich auch während der Suggestion gemacht - genau so wie im Hypnoseteil." Diese Antwort scheint das klassische Beispiel einer spontanen Hypnose mit offensichtlicher Dissoziation zu schildern, wie sie erstmalig vor annähernd 40 Jahren von Hilgard und Tart (1966) beschrieben und von Josephine Hilgard (1974) näher erklärt wurde.

Therapeuten, die Hypnose konsequent bei schwierigen Fällen einsetzen, beobachten häufig, dass hypnotisierbare Patienten den hypnotischen Zustand in ihrer ganz eigenen Weise nutzen, anstatt sich sklavisch an die Anweisungen zu halten. Diese eine hoch hypnotisierbare Versuchsperson reagierte sowohl auf die Suggestion ohne Hypnose als auch auf die Hypnose plus Suggestion, indem sie sich mittels einer früher erlernten dissoziativen Reaktion in einen selbsthypnotischen Zustand begab, um die Reize einfach abzuschwächen, statt sich die Verwendung von Ohrstöpseln vorzustellen. Wie Kihlstrom (1987) schon beobachtete, können individuelle Unterschiede über eine experimentelle Maßnahme hinausgehen. Allerdings sollte dieses Beispiel einer spontanen Selbsthypnose keinesfalls als Begründung dafür genommen werden, dass Therapeuten sich nicht um eine angemessene hypnotische Tiefe bemühen sollten, ehe sie schwierige Suggestionen zu geben versuchen.

Die Ergebnisse zeigen, dass Suggestion und Erwartung nicht ausreichend waren, um ohne Hypnose eine schwierige Reaktion hervorzurufen. Nur diejenigen, die ihre Fähigkeit zur Hypnose gezeigt hatten, waren in der Lage, solche Veränderungen zu erzielen, die mit starken physiologischen Kennzeichen der Hypnose einhergingen. Diese Kennzeichen spiegelten direkt eine Veränderung des Bewusstseins wider, die dem subjektiven Erleben der Wahrnehmungsveränderung der Teilnehmer entsprach.

Bildgebende Verfahren zeigen spezifische Effekte im Gehirn

Unsere oben angeführten EEG-Untersuchungen sind offenbar als Durchbruch in der Forschung angesehen worden, was eine Reihe von Auszeichnungen belegt. Dennoch wurden sie von der Positronen-Emissions-Tomographie (PET) abgelöst, einem bildgebenden Verfahren, durch das sich die Wirkungen der Hypnose im Gehirn deutlicher darstellen lassen. Diese ebenfalls mit Auszeichnungen bedachte Forschungsrichtung würdigt und bestätigt unsere ERP-Untersuchungen, da sie konsistent diejenigen Konzepte widerlegt, die Hypnose als bloßes soziales Geschehen oder als ein Arrangement von Erwartungen im Zusammenhang mit Placebo-Reaktionen darstellen. Die Positronen-Emissionstomographie (PET) hat unser Verständnis hypnotischer Zustände erhellt, indem sie zeigte, dass sich die Auswirkungen von Trance in neuronaler Aktivität im Gehirnstamm, im Thalamus und im anterioren cingulären Cortex widerspiegeln. Es wurde immer wieder gezeigt, dass hypnotische Analgesie die Aktivität des anterioren cingulären Cortex reduziert, den somatosensorischen Cortex, in welchem die sensorischen Schmerzempfindungen verarbeitet werden, indessen unbeeinflusst lässt. So wird erkennbar, dass die analgetischen Effekte der Hypnose in höheren Hirnzentren ablaufen (Rainville, Duncan, Price, Carrier & Bushnell, 1997; Rainville, Hofbauer, Paus, Duncan, Bushnell & Price, 1999; Rainville, Hofbauer, Bushnell, Duncan & Price, 2002; Szechtman, Woody, Bowers & Nahmias, 1998).

Die Ergebnisse stützen Herbert und David Spiegels (1978, S. 23) Konzept der Hypnose als eines „Zustands aufmerksamer, rezeptiver, intensiver fokussierter Konzentration bei gleichzeitig herabgesetzter peripherer Bewusstseinslage ... eine Funktionsweise des wachen Individuums, das seine Kapazität einsetzt, um sich maximal einem einzigen Punkt in Raum und Zeit zu widmen und dabei die Hinwendung zu anderen Punkten in Raum und Zeit zu minimieren." Die Veränderungen in Hypnose finden auf der exekutiven Funktionsebene statt, eine Sicht, die mit Hilgards (1977, 1989) Neo-Dissoziationstheorie übereinstimmt. Der anteriore cinguläre Cortex ist bei solchen exekutiven Funktionen beteiligt, die es einem Menschen erlauben, die Aufmerksamkeit auf eine bestimmte Reizkonstellation zu konzentrieren (Awh & Gehring, 1999). Beispielsweise kann man so vollständig in einen Vortrag, einen Film oder die Lektüre eines Buchs vertieft sein, dass man völlig dissoziiert ist von ablenkenden Reizen, die andernfalls Erregung hervorrufen könnten (Barabasz, 1982; Hilgard, 1974, 1979).

EEG- und PET-Befunde stimmen überein

Die Daten aus EEG-Untersuchungen ereignisbezogener Potentiale (ERP) (Barabasz & Lonsdale, 1983; Barabasz et al., 1999; Barabasz, 2000; Gruzelier, Gray & Horn, 2002; Spiegel et al., 1985; Spiegel & Barabasz, 1989) zeigen nach einer Hypnose-Induktion zur blockierenden Halluzination visueller wie auditiver Reize anhand der ERPs Bewusstseinsveränderungen, die stark den subjektiv erfahrenen Wahrnehmungsveränderungen der Teilnehmer entsprechen. Diese Entdeckung stimmt mit den Forschungen von Szechtman et al. (1998) überein, wonach bei Versuchspersonen mit hypnotischen Fähigkeiten der anteriore cinguläre Cortex an den Halluzinationen beteiligt ist, nicht aber an der einfachen Vorstellung von äußeren Reizen.

Weiterhin zeigten die Befunde der Untersuchungen von Rainville et al. (1997) über den anterioren cingulären Cortex, dass dessen Aktivität eng mit der subjektiven Erfahrung des emotionalen Anteils eines experimentell induzierten Schmerzreizes übereinstimmt, nicht aber mit dem sensorischen Anteil. Auch der überzeugendste, mit den neuesten Ergebnissen aus ganz verschiedenen Forschungseinrichtungen wiederum völlig übereinstimmende Beweis, der die alte Argumentation sozialer Einflussnahme ausser Kraft setzt, entstammt der brillianten und preisgekrönten Farbwahrnehmungs-PET Untersuchung von Kosslyn, Thompson, Costantini-Ferrando, Alpert und D. Spiegel (2000). Nur in Hypnose waren die links- und rechtshemisphärischen Farbwahrnehmungszentren aktiviert, wenn Farbe wahrgenommen werden sollte, und zwar unabhängig davon, ob tatsächlich Farbe gezeigt wurde oder lediglich ein grau abgestufter Reiz. Anders als in einer Reihe weiterer bildgebender Hirnuntersuchungen wurden in der Studie von Kosslyn et al. nur jene Hirnareale analysiert, die man von vornherein für wesentlich hielt. Typischerweise werden bei Hirnuntersuchungen mittels bildgebender Verfahren Daten über das gesamte Hirn erhoben, was die Wahrscheinlichkeit statistischer Signifikanz erhöht, die - wie zahlreiche Vergleiche ergaben – bedeutungslos sein kann. Die Ergebnisse von Kosslyn et al. können nun bloß noch von Engstirnigen ignoriert werden.

Der springende Punkt ist der: Wenn die hypnotisierte Person die suggerierte hypnotische Halluzination als real wahrnahm, beeinflusste das die Durchblutung in der farbverarbeitenden Gehirnregion. Genau so verhielt es sich auch in unserer ERPUntersuchung einer auditiv blockierenden Halluzination (A. Barabasz, 2000). Kosslyns Suggestion zur Farb-Halluzination gelang nur nach einer Hypnoseinduktion. Für die bloße Imaginations-Instruktion, für welche die gleiche Suggestion wie in der nicht-hypnotischen Bedingung benutzt wurde, waren die Effekte im PET anders. Der einzige Unterschied in den beiden Untersuchungen bestand also im Einsatz von Hypnose-Suggestionen und soziale Anforderungen zur Durchführung der Aufgaben waren identisch. So zeigte sich eine unterschiedliche Aktivierung des Gehirns, welche die subjektive Wahrnehmung der Versuchspersonen widerspiegelte. Das heisst, die Suggestion zur Farb-Halluzination nach einer Hypnose-Induktion zeigte entsprechend unseren ERP-Befunden nur in Hypnose Veränderungen im subjektiven Erleben, die sich in der veränderten Hirnfunktion widerspiegelten.

Hieraus lässt sich der Schluss ziehen, dass Hypnose ein psychologischer Zustand mit unterscheidbaren neuronalen Indikatoren ist und nicht einfach das Ergebnis einer Rollenübernahme unter sozialem Einfluss. Wie William James (1890) schrieb: "Um zu widerlegen, dass alle Krähen schwarz sind, muss man nur eine einzige weiße Krähe finden." A la longue sieht es so aus, als hätten wir schon einen ganzen Schwarm weißer Krähen, was selbst der Kurzsichtigste zugeben muss.

Die Rolle des sozialen Einflusses

Es ist wichtig, anzuerkennen, dass all diese hoch konsistenten Ergebnisse nicht der Auffassung widersprechen, sozialer Einfluss, Erwartung und Kontext könnten von Nutzen dabei sein, die Behandlungsergebnisse bei Patienten zu verbessern. Entscheidend ist einfach, dass Hypnose per se bestimmte Reaktionen von größerer Reichweite ermöglichen kann, die sich auf physiologischer Ebene unterscheiden von solchen, die nur mittels "Suggestibilität" oder sozialer Einflussnahme erreicht werden.

Die Ergebnisse verdeutlichen konsistent, dass Hypnose viel mehr ist als schlichte oder auch komplexe sozial und durch Erwartung beeinflusste Reaktion auf Suggestion. Killeen und Nash (2003) erinnerten die wissenschaftliche Gemeinschaft an Ergebnisse, die zeigen, dass Reaktionen auf Hypnose mit den meisten Arten von Suggestibilität nicht korrelieren. Diejenigen, die auf Hypnose reagieren, sind nicht üblicherweise leichtgläubig und sie reagieren auch nicht bereitwilliger auf Placebos, sozialen Druck oder Autoritätspersonen. Es ist nun mehr als klar, dass es wissenschaftlicher Überprüfung nicht standhält, wenn man darauf beharrt, der "Suggestibilität" all das zuzuschreiben, was durch Hypnose zustande gebracht werden kann, wie beispielsweise der Glaube, die Erde sei eine Scheibe. Es ist an der Zeit, die Realität von Trancezuständen anzuerkennen, und das gerade auch dann, wenn wir uns weiterhin für unsere Patienten so gut wie möglich in der Kunst üben wollen, in angemessener Weise sozialen Einfluss, Erwartungshaltung, Kontext und zahlreiche andere Variablen für optimale Ergebnisse zu nutzen.

Schlussfolgerung

Im Licht der nunmehr vorliegenden überwältigenden neurophysiologischen Daten muss sich das ausschließliche "Nicht-Zustands"-Konzept wie der Elefant in der Fabel in irgendeinen entlegenen Urwald zum Sterben zurückziehen, wenn die Hypnose für die Forschung im Allgemeinen und für Psychologie und Medizin im Besonderen glaubwürdig sein soll.

Killeen und Nash (2003) folgern, wir sollten uns nunmehr auf die "hypnotische Situation" konzentrieren. Sie meinen den "hypnotischen Zustand" (HS), in welchem die Reaktionen des Probanden charakteristisch sind und sich unterscheiden von Reaktionen außerhalb dieses Zustandes." Die Argumentation Zustand versus Nicht-Zustand müsse dem Studium der "verschiedenen Kombinationen von notwendigen Ursachen, die das Phänomen hervorbringen" (Killeen & Nash, 2003) den Vorrang geben. Der wirkungsvollste Einsatz der Hypnose bei der Behandlung unserer Patienten wird vermutlich immer ein vielschichtiges Zusammenspiel verschiedenster Gebiete beinhalten, sowohl was hypnotische Zustände als auch was sozialen Einfluss und andere Bedingungen anbetrifft.

Des ungeachtet zitieren Killeen und Nash (2003) William James (1890, S. 600): "Selbst die besten hypnotischen Probanden gehen durchs Leben, und niemand vermutet, dass sie eine derart bemerkenswerte Empfänglichkeit (Fähigkeit) besitzen, bis sie durch ein entsprechendes Experiment zutage tritt." Dann sind sie hypnotisiert, und "keine gewöhnliche Suggestion des wachen Lebens hat jemals eine derartige Kontrolle über ihren Geist übernommen."

Literatur

Awh, E. & Gehring, W. (1999). The anterior cingulate cortex lends a hand in response selection. Nature Neuroscience, 2, 853-854.

Barabasz, A. (2000). EEG markers of alert hypnosis: The induction makes a difference. Sleep and Hypnosis, 2, 4, 164-169.

Barabasz, A., Barabasz, M., Jensen, S., Calvin, S., Trevisan, M. & Warner. D. (1999). Cortical event related potentials show the structure of hypnotic suggestions is crucial. International J of Clinical and Experimental Hypnosis, 47, 1, 5-22.

Barabasz, A. & Barabasz, M. (1992). Research Design Considerations. In E. Fromm & M. Nash (Eds.) Contemporary Hypnosis Research, New York: Guilford Press, 173-200.

Barabasz, A. & Lonsdale, C. (1985). EEG evoked potentials, hypnotic and transient olfactory stimulation in high and low susceptibility subjects. Modern Trends in Hypnosis. New York, NY: Plenum, 139-148.

Barabasz, A. & Lonsdale, C. (1983). Effects of Hypnosis on P300 olfactory evoked potential amplitudes. J of Abnormal Psychology, 92, 520-525. Bongartz, W. (1997, June). Direct and indirect suggestions: A physiological comparison. Paper presented at the 14th International Congress of Hypnosis, San Diego, CA.

Calvin, S. (2000). ERP markers of Barabasz' instant alert hypnosis: Inductions and instructions make a difference. Presented at the 51st Annual Scientific Meeting of the Society for Clinical and Experimental Hypnosis, Seattle, October, 25-29.

Dixon, M. & Laurence, J. (1992). Two hundred years of hypnosis research: Questions resolved? Questions Unanswered! In E. Fromm and M. Nash (Eds.) Contemporary hypnosis research (pp.34-66) New York: Guilford Press.

Freeman, R., Barabasz, A., Barabasz, M. & Warner, D. (2000). Hypnosis and distraction differ in their effects on cold pressor pain. American J of Clinical Hypnosis, 43, 2, 137-148.

Hatfield, E. C. (1961). The validity of the LeCron method of evaluating hypnotic depth. International J of Clinical and Experimental Hypnosis, 9, 215-221.

Hilgard, E.R. (1973). The domain of hypnosis: With some comments on alternate paradigms. American Psychologist, 28, 972-982.

Hilgard, E.R. (1977). Divided consciousness: Multiple controls in human thought and action. New York: John Wiley.

Hilgard, E. R. (1989). Eine Neo-Dissoziationstheorie des geteilten Bewusstseins. Hypnose und Kognition, 6(2), 3-20.

Hilgard, E.R. & Tart, C.T. (1966). Responsiveness to suggestions following waking and imagination instructions and following induction of hypnosis. J of Abnormal Psychology, 71, 3, 196-208.

Hilgard, J.R. (1974). Imaginative involvement: Some characteristics of he highly hypnotizable and nonhypnotizable. International J of Clinical and Experimental Hypnosis, 22, 138-156,

Hoppe, F. (1985) Direkte und indirekte Suggestionen in der hypnotischen Beeinflussung chronischer Schmerzen: Empirische Untersuchungen. In B. Peter (Hrsg.) Hypnose und Hypnotherapie nach Milton H. Erickson (pp.58-75). Mühchen, Germany: Pfeiffer.

Jensen, S., Barabasz, A., Barabasz, M., & Warner, D. (2001). EEG P300 event related markers of hypnosis. American J of Clinical Hypnosis, 44, 2, 127-139.

Kinnunen, T., Zamansky, H.S. & Nordstrom, B.L. (2001). Is the hypnotized subject complying?International J of Clinical and Experimental Hypnosis, 49,2,83-94.

Kihlstrom, J. (1997). Convergence in understanding hypnosis? Perhaps, but perhaps not quite so fast. International J of Clinical and Experimental Hypnosis, 45, 324-332.

Killeen, P. & Nash, M. (2003) The four causes of hypnosis. International J of Clinical and Experimental Hypnosis, 51, 195-231.

Kirsch, I. & Lynn, S.J. (1995). The altered state of hypnosis. American Psychologist, 50,10, 846-858.

Kosslyn, S., Thompson, W., Costantini, -Ferrando, M. Alpert, N., & Spiegel, D. (2000) Hypnotic visual illusion alters color processing in the brain. American J of Psychiatry, 157,1279-1284.

LeCron, L. M. (1953). A method of measuring the depth of hypnosis. J of Clinical and Experimental Hypnosis, 1, 4-7.

Milling, L.S., Kirsch, I., & Burgess, C/A. (1999). Brief modification of suggestibility and hypnotic analgesia: Too good to be true? International J of Clinical and Experimental Hypnosis, 47, 91-103.

Orne, M.T. (1979). On the simulating subject as a quasi-control group in hypnosis research: What, why, and how. In E. Fromm & R.E. Shor (Eds.) Hypnosis: Developments in research and new perspectives (2nd ed., pp.519-566). New York: Aldine.

Peter, B., & Revenstorf, D. (2000) Commentary on Mathews's "Ericksonian approaches to hypnosis and therapy: Where are we now?" International J of Clinical and Experimental Hypnosis, 48, 433-437.

Rainville, P., Duncan, G., Price, D. Carrier, B., & Bushnell, M., (1997) Pain affect encoded in human anterior cingulate but not somatosensory cortex. Science, 277, 968-971.

Rainville, P., Hofbauer, R., Paus, T. Duncan, G., Bushnell, M., & Price, D. (1999) Cerebral mechanisms of hypnotic induction and suggestion. J of Cognitive Neuroscience,11, 110-125.

Shor, R.E., & Orne, E.C. (1962). The Harvard Group Scale of Hypnotic Susceptibility, Form A. Palo Alto, CA: Consulting Psychologists Press.

Smith, J.T., Barabasz, A. & Barabasz, M. (1996). A comparison of hypnosis and distraction in severely ill children undergoing painful medical procedures. J of Counseling Psychology, 43, 2, 187- 195.

Smith, P.R., Barabasz, A., Barabasz, M. & Warner, D. (1995). Effects of hypnosis on the immune response: B-cells, T-cells, helper and suppressor cells. American J of Clinical Hypnosis, 38, 2, 71-79.

Spanos, N. P., & Barber,, T.X. (1974). Toward a convergence in hypnosis research. American Psychologist, 29, 500-511.

Spanos, N.P. & Coe, W.C. (1992). A socio-psychological approach to hypnosis. In E. Fromm & M. Nash (Eds.) Contemporary hypnosis research (pp. 102-129). New York: Guilford.

Spiegel, D. & Barabasz, A. (1990). In R.G. Kunzendorf & A.A. Sheikth (Eds.), Psychophysiology of hypnotic hallucinations, Psychophysiology of Mental Imagery: Theory, Research and Application. Boston, MA: Baywood Publishing, 133-146.

Spiegel, D. & Barabasz, A. (1988). Effects of hypnotic hallucination on P300 evoked potential amplitudes: Reconciling conflicting findings. American J of Clinical Hypnosis, 331, 11-17.

Spiegel, H. & Spiegel, D. (1978/1987). Trance and Treatment-Clinical uses of hypnosis. New York: Basic Books; Washington, D.C.: American Psychiatric Press.

Szechtman, H., Woody, E., Bowers, K.S., Nahmias, C. (1998) Where the imaginal appears real: A positron emission tomography study of auditory hallucinations. Proceedings of the National Academy of Science, USA, 95(4), 1956-1960.

Tart, C. (1963). hypnotic depth and basal skin resistance. International J of Clinical and Experimental Hypnosis, 11, 81-92.

Weitzenhoffer, A. M. & Hilgard, E.R. (1962.) Stanford Hypnotic Susceptibility Scale: Form C. Palo Alto, CA: Consulting Psychologists Press.

Zamansky, H.S., Scharf, B., & Brightbill, R. (1964). The effect of expectancy for hypnosis on prehypnotic performance. J of Personality, 32, 236-248.

Spiegel, D & Kosslyn, S (2004) Glauben ist Sehen: Die Neurophysiologie der Hypnose.

Hypnose und Kognition, 21 (1+2), 119-137
Nachdruck mit Genehmigung der M.E.G.: Hypnose und Kognition (www.meg-hypnose.de)

Zusammenfassung

Dieser Artikel stellt grundlegende Gedanken zu einer Theorie der Hypnose vor und fasst neurowissenschaftliche Befunde, die für diese Ansicht sprechen, zusammen. Die Theorie basiert auf dem Gedanken, dass Hypnose die Aufmerksamkeit moduliert. Hierdurch wird a) das Gleichgewicht zwischen den Komponenten der Aufmerksamkeit derart verlagert, dass das exekutive System eine intensive Fokussierung auf internal erzeugte Vorstellungsbilder ermöglicht; b) das Gefühl, Verursacher von Handlungen zu sein, durch die Veränderung in der aufmerksamkeitsgerichteten Verarbeitung reduziert; c) die Erwartungshaltung während der Wahrnehmungsverarbeitung durch die Vorstellungsbilder, auf die fokussiert wird, beeinflusst, was wiederum die Wahrnehmung selbst beeinflussen kann. Die hypnotisch induzierte Fokussierung auf die Erwartung, spezifische Stimuli zu erhalten, ist so stark, dass sie zu stabilen Illusionen führen kann oder dass vorhandene Wahrnehmungsobjekte in den Bereich außerhalb der bewussten Wahrnehmung verlegt werden. d) Das Ergebnis einer derartigen Verarbeitung ist, dass Personen unter Hypnose eher Wahrnehmungen manipulieren und auf Wörter reagieren, als Wörter zu manipulieren und auf Wahrnehmungen zu reagieren, wie das üblicherweise der Fall ist. Übereinstimmende Forschungsergebnisse bekräftigen die Tatsache, dass hypnotische Instruktionen, die Wahrnehmung zu verändern, zu kongruenten Veränderungen in den entsprechenden sensorischen Cortices führen, so dass die wahrgenommenen Veränderungen als real erscheinen. Ferner beeinflussen hypnotische Instruktionen zur Änderung der Reaktion auf sensorischen Input die Aktivierung der anterioren und mittleren Bereiche des Gyrus cinguli, was wiederum darauf Einfluss nimmt, wie die Aufmerksamkeit auf Stimuli und ihre Bedeutung gerichtet wird.

1. Einführung

Hypnose ist ein Zustand hoch-fokussierter Aufmerksamkeit, verknüpft mit einer Ausschaltung der peripheren Wahrnehmung. Diese Fähigkeit zu intensiver Aufmerksamkeit unter gleichzeitiger Reduktion des Bewusstseins für das Umfeld kann nicht nur die hypnotischen Erfahrungen intensivieren, sie ermöglicht außerdem, dass sich die Bedeutung dieser Erfahrungen abändert, indem das Assoziations-Gefüge, welches Wahrnehmung und Kognition verbindet, verändert wird.

Hypnose als solche bringt eine Bündelung des Aufmerksamkeits-Fokus mit sich (Spiegel, 1998), vergleichbar mit dem Blick durch ein Tele- statt durch ein Weitwinkelobjektiv. Zusätzlich bringt Hypnose eine Aufhebung des kritischen Urteilsvermögens mit sich, was zu einer Verminderung der Genauigkeitsbewertung führt. In der Tat stärkt hypnotisch induzierte Hypermnesie eher das Vertrauen in die Erinnerung als die Genauigkeit derselben. Sie stärkt das Vertrauen auf das Gedächtnis mehr, als dass sie tatsächlich die Produktion neuer Erinnerungen bewirken würde (Dywan & Bowers, 1983; Spiegel & Scheflin, 1994; Spiegel, 1998).

Zudem verändert hypnotische Erfahrung sowohl Kontext wie Inhalt, das Assoziations-Gefüge für die Wahrnehmung (ihre Bedeutung) wie die Wahrnehmung selbst, analog der Veränderung sowohl des Leidens wie der Schmerzempfindung [des affektiven und sensorischen Aspekts] bei der Analgesie. Obwohl wir keine "Gehirn-Signatur" des hypnotischen Zustands per se identifiziert haben - falls eine solche überhaupt existiert -, nimmt die Überzeugung zu, dass Hypnose eine Aktivierung im anterioren Aufmerksamkeits-System, insbesondere im anterioren Gyrus cinguli, mit sich bringt, und dass hypnotische Veränderung der Wahrnehmung eine Änderung der elektrischen Gehirnaktivität und der Durchblutung in den entsprechenden sensorischen Cortices erzeugt.

In diesem Artikel stellen wir eine Theorie der Hypnose vor, die teilweise durch jüngste neurowissenschaftliche Erkenntnisse begründet ist, und besprechen neuere, diese Theorie stützende Untersuchungen zur hypnotischen Veränderung von Wahrnehmung. Wir behaupten, dass Hypnose die aufmerksamkeitsbezogene und perzeptuelle Verarbeitung im Gehirn verändern kann. Für manche Menschen gilt dann zumindest zeitweise: Glauben ist Sehen.

2. Handlung und Kontrolle

Die Begriffsvorstellungen von Handlung und Kontrolle stellen den Kern unserer Theorie dar, die wir in den folgenden Abschnitten darlegen werden. Wir erläutern, wie hypnotische Veränderung der sensorischen Verarbeitung sowohl die verbale Verarbeitung als auch das Verursachergefühl ["sense of agency": Gefühl, Verursacher eines Gedankens oder einer Handlung zu sein; im Folgenden kurz als "Verursachergefühl" bezeichnet] beeinflusst.

2.1 Verbale versus sensorische Verarbeitung unter Hypnose

Hypnotische Veränderung der Wahrnehmung scheint eine erstaunliche Verbesserung der Kontrolle über Wahrnehmungsprozesse, die normalerweise als automatisch betrachtet werden, mit sich zu bringen. Allerdings wird Hypnose häufig so dargestellt, dass sie eine gesteigerte Automatisierung mit sich bringt, eine "Empfänglichkeit" für externe Kontrolle und die Erfahrung der Unwillkürlichkeit (Hilgard, 1965; Spiegel & Spiegel, 1987). Um dieses offenkundige Paradoxon aufzulösen, kann man sich zunächst vorstellen, dass das Gehirn in zwei sehr großskalige Systeme unterteilt ist: ein anteriores Effektor-System, das eine Interaktion mit der Umwelt ermöglicht, und ein posteriores rezeptives System, welches auf die Umwelt reagiert: motorische Aktivität versus Wahrnehmungsreaktion. Aus unserer Sicht ist die Interaktion zwischen diesen beiden großen Systemen der Schlüssel zum Verständnis der Hypnose.

Betrachten wir zunächst die Forschungsergebnisse auf dem Gebiet des autobiografischen Gedächtnisses, die nahelegen, dass dieses auf einer hohen Aktivität im Frontallappen beruht, verknüpft mit einer Suchstrategie, die ihren Weg posterior, in Richtung auf eine Aktivierung von Vorstellungsbildern im Okzipitallappen nimmt (Maquet, Faymonville et al., 1999). Diese kontrollierte, gewünschte Aktivität ist absichtsvoll und mit dem Verursachergefühl assoziiert. Im Gegensatz dazu scheint bei der posttraumatischen Belastungsstörung (PTB) die Aktivierung von hinten nach vorne zu drängen, verbunden mit ungebetenen intrusiven Vorstellungsbildern, welche als unkontrollierbar und unwillkommen erfahren werden (Horowitz, Field et al., 1993). Bildgebende Verfahren haben gezeigt, dass die Gehirne von PTB-Betroffenen (Rauch & Shin, 1997) eine außergewöhnliche Aktivierung des Hippocampus (verantwortlich für die Kodierung neuer Informationen in Gedächtnisinhalte), der Amygdala (spielt eine Schlüsselrolle bei der Wahrnehmung und der Entstehung von Emotionen) und des okzipitalen Cortex (ist in die visuelle bildhafte Vorstellung von Objekten involviert) aufweisen, jedoch eine Hypoaktivierung des Brocaschen Zentrums, in dem Sprache vermittelt wird. Folglich sind tiefliegende und posteriore Anteile des Gehirns aktiviert, während ein großer Teil des Effektor-Systems, der Sprache, gehemmt ist, was sich zu dem bei PTB auftretenden Gefühl von Hilflosigkeit und Unwillkürlichkeit addieren könnte. Diese Betroffenen fühlen sich bewegungsunfähig und erneut traumatisiert durch ihre eigenen Erinnerungen.

2.2 Verursachergefühl und Wahrnehmung

Auf den ersten Blick mag der Gedanke, dass Handlung mit Wahrnehmung verbunden ist, kontraintuitiv erscheinen: Man könnte denken, dass das Verursachergefühl eher mit efferenter Aktivität als mit Wahrnehmung assoziiert werden sollte. Viele Menschen sind sich ihrer motorischen Leistung nicht bewusst, während sie diese ausführen: Schauspieler, Athleten, Menschen in "Flow"- Zuständen (Csikszentmihalyi, 1991). Folglich geht das Verursachergefühl nicht einheitlich mit Aktivität einher, auch nicht mit freiwilliger Aktivität. Diese Beobachtung legt nahe, dass wir das Gefühl der Handlungsverursachung am besten als eine Form von Wahrnehmung auffassen sollten - und nicht als Form motorischer Kontrolle. Auch wenn dieses Verursachergefühl am ehesten durch Handeln zum Ausdruck gebracht wird, wird es nicht als solches wahrgenommen, wenn die Wahrnehmung gehemmt ist. Gemäß dieser Sichtweise sollte das Verursachergefühl abnehmen, wenn die Wahrnehmungsverarbeitung mit intrusiven bildhaften Vorstellungen gesättigt ist – oder durch eine hypnotische Instruktion zurückgelenkt wird. Tatsächlich kann es unter Hypnose zu Körperbewegungen kommen (Hilgard, 1977), ohne dass dabei eine Handlung wahrgenommen wird.

Die gut nachgewiesene Fähigkeit der Hypnose, Wahrnehmung zu verändern (wie beispielsweise Schmerzwahrnehmung), könnte für ihre weniger gut verstandene Eigenschaft verantwortlich sein, Identität, Gedächtnis, Bewusstsein und Selbstwahrnehmung zu verändern. Die Wahrnehmung motorischer Aktivität ist jedoch ein komplexer Prozess. Sie ist nicht nur einfach eine passive Bottom-up-Aufnahme kinästhetischer Signale, sondern bringt auch die aktive Bildung von Topdown-Signalen mit sich, d.h. die Erwartung, eine motorische Handlung wahrzunehmen, die man initiiert hat (aus diesem Grund können wir uns nicht selbst kitzeln). Folglich könnte eine sich verändernde Wahrnehmung zahlreiche Folgen haben, die Selbstwahrnehmung und Verursachergefühl in Bezug auf die eigenen Handlungen abändern, was von einer Störung des Empfangs sensorischer Signale bis hin zu einer Veränderung eigener Erwartungen reicht. Ausserdem kann Hypnose zu einer derart intensiven Erwartungshaltung gegenüber Stimuli führen, dass man den Stimulus tatsächlich selbst erzeugt, beruhend auf denselben Mechanismen, die zur Bildung mentaler Vorstellungsbilder verwendet werden (von Kosslyn (in Druck) als "Hyperpriming" bezeichnet).

Wie wird Wahrnehmung tatsächlich verändert? Nach unserer Auffassung vollziehen sich derartige Veränderungen indirekt, und zwar als Folge einer sich verändernden Aufmerksamkeit. Bei der Aufmerksamkeit handelt es sich nicht um einen einzelnen Prozess. Viele Wirkungen der Hypnose beruhen darauf, dass das Gleichgewicht der Aktivierung unter den verschiedenen Aufmerksamkeits-Systemen verlagert wird. Folglich müssen wir zunächst die Natur der Aufmerksamkeit näher betrachten, um Hypnose zu verstehen.

3. Aufmerksamkeits-Systeme

Posner und Kollegen (Posner & Petersen, 1990; Fan, McCandliss et al., 2002; Raz & Shapiro, 2002) schildern drei Aspekte der Aufmerksamkeit: exekutive, wachsame und orientierende Aufmerksamkeit. Die exekutive Aufmerksamkeit, die man benötigt, wenn man sich auf eine besondere Stelle konzentriert und darauf wartet, etwas zu entdecken, gleicht einem Scheinwerferlicht. Es handelt sich um gerichtete Aufmerksamkeit, die teilweise mit dem anterioren Gyrus cinguli und dem dorsolateralen präfrontalen Kortex zu tun hat. Die wachsame Aufmerksamkeit bringt eine schnelle Reaktion und die Inkaufnahme einer hohen Fehlerrate mit sich. Dieser Aspekt der Aufmerksamkeit ist an den rechten medialen Bereich des Frontallappens gebunden. Der dritte Aspekt der Aufmerksamkeit umfasst die Orientierung, die man benötigt, um ein aufblitzendes Signal zu orten, das zunächst im Augenwinkel gesehen wird. Dieses System betrifft die anterioren okzipital/posterioren parietalen Cortices. Diese Bereiche haben starke Verbindungen von und zu dem superioren Colliculus und dem Thalamus. Läsionen dieser Verbindungen führen zu Schwierigkeiten bei der Orientierung, beim Richten von Aufmerksamkeit auf ein Ziel und bei der Vermeidung von Zerstreutheit.

Walter und Mitarbeiter (Walter, Podreka et al., 1990) verglichen hypnotische Halluzinationen mit psychotischen Halluzinationen und fanden eine erhöhte Aktivität im Thalamus und eine verminderte Aktivität im Hippocampus (unter Einsatz von Einzelphotonemissions-Computer-Tomographie SPECT während hypnotischer Halluzinationen). Weiterhin gibt es Unterschiede in der Art der Orientierung mit einer rechtshemisphärischen Grundaktivität bezüglich globaler Verarbeitung und einer linkshemisphärischen Grundaktivität bezüglich lokaler Verarbeitung. Ein wichtiger (wenngleich nicht notwendiger) Aspekt des Hypnose-Induktions-Rituals sind die geschlossenen Augen des Teilnehmers. Ein Schließen der Augen kann wichtige Bereiche des posterioren Aufmerksamkeits-Systems hemmen (Marx, Stephan et al., 2003). Bahnen, die vom Thalamus in diese Region führen, sind eindeutig nachgewiesen worden, und der Thalamus spielt eine entscheidende Rolle bei der bewussten Wahrnehmung (Hobson, 2001). Folglich können die meisten hypnotischen Lidschluss Induktionen das Gleichgewicht der Aufmerksamkeit nach vorn in Richtung derjenigen Mechanismen verlagern, die das anteriore Cingulum betreffen, mit einer Bündelung der Aufmerksamkeits-Ausrichtung, wie sie typisch ist für die "Suchscheinwerfer"-Funktiondes exekutiven Systems (Posner & Petersen, 1990).

Diese Verlagerung in den entsprechenden Aktivitätsebenen der unterschiedlichen Aufmerksamkeits-Systeme würde die Aktivierung auf Kosten der (orientierenden) Erregung verstärken. Indem man das exekutive Aufmerksamkeits-System während des hypnotischen Rituals in Anspruch nimmt, ist es nicht länger für externe Stimuli aufnahmebereit. Diese Vorstellung könnte erklären, warum hypnotisierte Menschen visualisieren oder sich vorstellen können, dass sie an komplexen physikalischen Aktivitäten teilnehmen, sich aber gleichzeitig in Zuständen auffälliger körperlicher Entspannung befinden, in denen sie unempfänglich für Umweltreize sind und durch diese auch nicht erregt werden (Spiegel & Maldonado, 1999). Die Intensität der bildhaften Vorstellung, die trotz des Mangels an entsprechender körperlicher Aktivität vorhanden ist, wird durch eine Studie verdeutlicht, in welcher die hypnotisch-induzierte Aufnahme einer vorgestellten Speise zu einer 247%igen Steigerung der Magensäureproduktion führte, wohingegen hypnotische Entspannung ohne Essensaufnahme zu einer signifikanten Reduktion der Magensäure-Sekretion führte, und das sogar nach Verabreichung von Pentagastrin, das die Produktivität der Parietalzellen anregt (Klein & Spiegel, 1989).

Unserer Auffassung nach ist das Besondere bei der Hypnose, dass man nicht nur einfach auf internal erzeugte Vorstellungsbilder bei Ausschluß externer Stimuli fokussiert, sondern auch, dass diese internal erzeugten Vorstellungsbilder verarbeitet werden, als seien sie von außen empfangen worden - daher die Lebhaftigkeit hypnotischer bildhafter Vorstellung und das Phänomen der hypnotischen Halluzination, welche aus einer Ab- oder Zunahme der sensorischen kortikalen Aktivierung resultieren kann. Hypnose scheint in der Tat eine Umkehrung unserer üblichen Verarbeitung von Wörtern und Vorstellungsbildern mit sich zu bringen (Spiegel, 1998). Im Allgemeinen manipulieren wir Wörter und reagieren auf Vorstellungsbilder. Unsere verbalen Fähigkeiten sind Teil des anterioren Effektor-Systems und werden dazu benutzt, der Umwelt Reaktionen zu entlocken. Unter Hypnose jedoch reagieren wir auf Wörter und manipulieren Vorstellungsbilder. In hypnotischer Trance akzeptieren wir verbalen Input verhältnismässig unkritisch (was das Wesen der hypnotischen Suggestibilität darstellt). Gleichzeitig sind hypnotisierte Personen in besonderem Masse dazu fähig, Vorstellungsbilder und Wahrnehmungen zu transformieren.

Ein erheblicher Teil der Macht des hypnotischen Zustands umfasst die unkritische Akzeptanz von unplausiblen Dingen, wie beispielsweise die Fähigkeit, Schmerz zu reduzieren oder auszuschalten, auch wenn derselbe schmerzhafte Stimulus weiterhin vorhanden ist, oder sich das Unvorstellbare vorzustellen, visuelle Halluzinationen entstehen zu lassen oder im Lebensalter zu regredieren oder zu progredieren. In diesem Fall setzt sich die verbale Instruktion, die Erfahrung entsprechend zu verändern, über die kognitive Verarbeitung der Wahrscheinlichkeit, dass sich eine solche Erfahrung tatsächlich ereignet, hinweg. Dieses Suchscheinwerfer- oder Fokussierungs-Konzept der Hypnose wird von neueren Forschungsergebnissen untermauert, die darauf hinweisen, dass Hypnose lexikalische Wahrnehmung wirksam aus dem Zusammenhang reißen und sogar die Verzögerung in der Reaktionszeit eliminieren kann, wie sie beim klassischen Stroop-Effekt auftritt.

In einem Experiment wurde hoch hypnotisierbaren Versuchspersonen suggeriert, dass die ihnen dargebotenen Wörter in einer Fremdsprache geschrieben seien und keine Bedeutung hätten (Raz, Shapiro et al., 2002). Dies eliminierte die normale Stroop-Verzögerung (verursacht durch die konkurrierende Verarbeitung der Inkongruenz zwischen Wortbedeutung und der Farbe, in der das Wort gedruckt ist [das Wort ROT in grüner Farbe geschrieben verursacht normalerweise eine kurze Verzögerung in der Aussprache; Anm. d. Hrsg.]). In einer weiteren Studie kam man zu ähnlichen Ergebnissen, und zwar unter Verwendung der hypnotischen Instruktion, nur einen Teil des Geschriebenen zu fokussieren (Nordby, Hugdahl et al., 1999), was mit früheren Arbeiten von Sheehan und Kollegen (Sheehan, Donovan et al., 1988) übereinstimmt. Die Änderung der Wahrnehmung hat also Vorrang vor der lexikalischen Verarbeitung. Kurz gesagt führt uns diese theoretische Betrachtungsweise zu den beiden folgenden Aussagen: Die Fähigkeit hoch hypnotisierbarer Personen, im hypnotischen Zustand ihre Wahrnehmung zu verändern (1) betrifft Gehirnstrukturen, die sowohl der Wahrnehmung, als auch der Aufmerksamkeit unterliegen und (2) steigert das Verursachergefühl bei der Manipulation von Empfindungen und Bildern, verringert das Verursachergefühl aber in Bezug auf verbale Verarbeitung. Die erste Aussage wird durch eine ganze Reihe von Studien belegt, nicht jedoch die zweite. Folglich können wir nun beweisen, dass Hypnose in der Tat Gehirnstrukturen in Anspruch nimmt, die der Wahrnehmung und Aufmerksamkeit unterliegen.

4. Hypnotische Veränderung der Wahrnehmungsverarbeitung

Immer mehr Befunde sprechen dafür, dass es zu einer Veränderung in den primären sensorischen Assoziations-Cortices kommt, wenn hypnotisierte Personen ihre visuelle, somatosensorische, auditive oder sogar ihre olfaktorische Erfahrung verändern. Ältere Studien zeigten unter Nutzung ereigniskorrelierter Potentiale, dass beispielsweise Instruktionen zur hypnotischen Schmerzunempfindlichkeit die Amplitude der somatosensorischen Reaktion im parietalen Cortex reduzieren.

Jüngere Studien haben mithilfe von fMRI und PET eine bessere anatomische Lokalisierung und zeigen, dass zusätzlich zu den hypnotischen Effekten auf den sensorischen Cortex auch andere Teile des Gehirns involviert sind, die an selektiver Aufmerksamkeit beteiligt sind. Es handelt sich hier v. a. um Teile des anterioren und mittleren Gyrus cinguli, die bei der hypnotischen Analgesie und anderen sensorischen Veränderungen eine Rolle spielen.

4.1 Studien unter Nutzung ereigniskorrelierter Potentiale

Ereigniskorrelierte cortikale Potentiale (ERPs) haben eine weit verbreitete Anwendung gefunden bei der Untersuchung von Wahrnehmungs- und Aufmerksamkeits-Verarbeitung. Diese Technik bewertet cortikale elektrische Reaktionen auf eine Reihe von Stimuli und liefert eine exzellente zeitliche Auflösung der Gehirn-Reaktion auf sensorischen Input, zeigt aber die räumliche Lokalisation weniger präzise, da die Messung durch die Pachymeninx [Hirnhaut], das Cranium und die Kopfhaut erfolgt. Die Amplitude der frühen Komponenten des ERP (100-200 ms nach dem Stimulus) gibt die Stärke und die Art (beispielsweise visuell versus auditiv) des Input-Signals wieder. Die Amplitude späterer Komponenten (200-500 ms nach dem Stimulus) wird durch Neuartigkeit, bewusste Wahrnehmung und Relevanz der Aufgabe erhöht (Hillyard & Munte, 1984; Ford et al., 1984). Die entscheidende Hypothese der mittels ERP untersuchten Hypnose besagt, dass es zu einer entsprechenden Abnahme der Amplitude des ERP-Antwortsignals gegenüber Stimuli kommen sollte - falls Hypnose eine Person dazu bringt, den perzeptuellen Input zu blockieren.

In der Tat haben ERP Studien über die Wirkungen von Hypnose auf die Wahrnehmungsverarbeitung gezeigt, dass hypnotische Instruktionen zur Wahrnehmungsveränderung bei hypnotisierbaren und hypnotisierten Personen entsprechende Veränderungen in der Reaktion des Gehirns auf Stimuli in der entsprechenden sensorischen Modalität hervorrufen. ERP Studien deuten darauf hin, dass die Veränderung der Wahrnehmung unter Hypnose die Anteile der Wellenform verändert, welche sowohl von Aufmerksamkeit als auch von Bedeutung beeinflusst sind. Insbesondere führt eine hypnotische Halluzination, welche die Wahrnehmung von visuellen und somatosensorischen Stimuli hemmen soll, zu einer Abnahme der Amplitude der frühen (P100)- und späteren (P300) Komponenten der Wellenform-Reaktion (Barabasz & Lonsdale, 1983; Spiegel, Cutcomb et al., 1985; Spiegel, Bierre et al., 1989; Jasiukaitis, Nourini et al., 1996; De Pascalis & Carboni 1997; Barabasz, Barabasz et al., 1999; De Pascalis, Magurano et al., 1999).

So bringt beispielsweise die subjektiv reduzierte Schmerzwahrnehmung, typisch für hypnotische Analgesie, eine verminderte ERP-Amplitude bezüglich somatosensorischer Stimulation mit sich. Für das visuelle System ist der gleiche Befund am linken okzipitalen Cortex lokalisiert worden (Jasiukaitis, Nouriani et al., 1996). Dies steht in Übereinstimmung mit Farahs Arbeit (Farah, Weisberg et al., 1990), die zeigt, dass die Erzeugung eines Vorstellungsbildes auf Prozessen beruht, die in dieser Region ausgeführt werden.

Zusätzliche Untersuchungen haben gezeigt, dass hypnotisch blockierende Halluzinationen die Amplitude der Komponenten verringert, die aufmerksamkeitsbezogen sind (wie P100), sowie anderer, die es nicht sind (P200 und P300) (Spiegel, Cutcomb et al., 1985; De Pascalis & Carboni, 1997; Barabasz, Barabasz et al., 1999; Nordby, Hugdahl et al., 1999). Folglich scheint es während der hypnotischen Reduktion der frühen (P100)-Komponente der ERPReaktion keinen besonderen Prozess zu geben, der sich von Unaufmerksamkeit während blockierender Halluzination unterscheidet (Hillyard & Munte, 1984; Jasiukaitis, Nouriani et al., 1996).

Einfache gerichtete Unaufmerksamkeit und Hypnose sind jedoch nicht genau dasselbe: Gerichtete Unaufmerksamkeit erhöht die Amplitude der P200- und P300-Komponenten, wohingegen die hypnotische Hemmung sie verringert. Hypnose besteht also nicht aus einer schlichten Unaufmerksamkeit gegenüber einem Stimulus, sondern lässt vielmehr eine Konkurrenz zwischen internal erzeugter bildhafter Vorstellung und perzeptueller Verarbeitung entstehen, welche anschließend die Amplitude der ERP-Reaktion auf sensorischen Input reduziert (Spiegel, 2003).

4.2 Studien unter Nutzung der Positronen-Emissions-Tomographie und der funktionellen Magnetresonanz-Tomographie

Positronen-Emissions-Tomographie (PET) und funktionelle Magnetresonanz-Tomographie ["functional magnetic resonance imaging" fMRI] liefern Gehirnfunktionsmessungen mit weitaus größerer anatomischer Präzision, als sie durch elektrophysiologische Techniken erhalten werden können. Kosslyn und Kollegen (Kosslyn, Thompson et al., 2000) haben ein Experiment entworfen, um eine konkurrierende Hypothese auszuschließen, die behauptet, dass die Effekte hypnotischer Wahrnehmungsreduktion auf die Gehirn-Aktivität einfach nur das Ergebnis der Abwendung von Aufmerksamkeit von sensorischen Stimuli seien. Das Experiment verlangte fortwährende Aufmerksamkeit auf einen visuellen Stimulus und auf Veränderung in zwei entgegengesetzte Richtungen: das Hinzufügen von Farbe in ein Grauskalen-Muster, oder das Herausnehmen von Farbe aus einem ähnlichen farblichen Muster.

Kosslyn und Mitarbeiter fanden heraus, dass hypnotisch induzierte Illusionen, welche die Farbwahrnehmung beeinflussen, entgegengesetzte Durchblutungsveränderungen in jenem Cortex-Areal zur Folge haben, das für Farbwahrnehmung zuständig ist. Von acht hoch hypnotisierbaren Versuchspersonen wurde während eines PET-Scans (unter Nutzung von 15O-CO2) verlangt, ein Farbmuster in Farbe zu sehen, dann ein ähnliches grauskaliertes Muster in Farbe, ein Farbmuster als Grauskala und schließlich das grauskalierte Muster als Grauskala. Das klassische "Farben-Areal" im fusiformen/lingualen Bereich des Cortex wurde dadurch identifiziert, indem dieselben Versuchspersonen ohne Hypnose gebeten wurden, Farbe als Farbe und dann Grau als Grau wahrzunehmen. Als diese hoch hypnotisierbaren Personen dann hypnotisiert und gebeten wurden, Farbe zu sehen, waren sowohl das linksals auch das rechtshemisphärische Farb-Areal aktiviert, gleichgültig, ob ihnen tatsächlich das farbliche oder das grauskalierte Muster dargeboten wurde.

Im Gegensatz dazu zeigte diese Gehirnregion verminderte Aktivierung, als die Versuchspersonen in Hypnose angewiesen wurden, dem Muster die Farbe zu entziehen, gleichgültig ob ihnen tatsächlich das farbliche oder das grauskalierte Muster dargeboten wurde. Die Versuchspersonen wurden auch gebeten, dieselbe Aufgabe auszuführen, während sie nicht hypnotisiert waren, also unter ausschließlicher Nutzung ihrer Imaginationsfähigkeit. Bildhafte Vorstellung ohne Hypnose führte aber zu keiner Veränderung der Aktivierung im linkshemisphärischen Farb-Areal, wohingegen Hypnose mit bildhafter Vorstellung derartige Veränderung bewirkte. Im Gegensatz dazu haben sowohl "bildhafte Vorstellung ohne Hypnose" als auch "Hypnose mit bildhafter Vorstellung" die Aktivierung in der rechten Hemisphäre verändert. Folglich spiegelten sich Veränderungen in den subjektiven Erfahrungen während eines hypnotischen Zustandes in Veränderungen der Gehirnfunktion wider, vergleichbar mit solchen Veränderungen im Gehirn, die sich während tatsächlicher Wahrnehmung ereigneten - in diesem Fall war Glauben gleich Sehen. In einer Reihe von Studien untersuchten Rainville und Kollegen (Rainville, Duncan et al., 1997; Rainville, Hofbauer et al., 1999; Hofbauer, Rainville et al., 2001; Rainville, Bushnell et al., 2001; Rainville, Hofbauer et al., 2002) die Gehirn-Korrelate der hypnotischen Analgesie.

Insbesondere haben sie Unterschiede in der Gehirn- Aktivierung identifiziert, die sich ereignen, wenn Hypnose verwendet wird, um die Schmerzempfindung zu dämpfen, versus wenn Sie verwendet wird, um durch Schmerz verursachten Stress zu reduzieren: die häufig angewandte klinische Unterscheidung zwischen sensorischer und affektiver Schmerzempfindung. In einer frühen PET-Studie (Rainville, Duncan et al., 1997) verwendeten sie eine hypnotische Intervention, die weniger auf die sensorische Schmerzwahrnehmung gerichtet war, als vielmehr darauf, den durch Schmerz verursachten affektiven Stress zu verändern. Sie suggerierten unter Hypnose ein gesteigertes bzw. ein vermindertes Unwohlsein durch Schmerz (Seite 970, Fusszeile 7) und beobachteten Unterschiede in der regionalen cerebralen Durchblutung ["regional cerebral blood flow", rCBF] im anterioren Gyrus cinguli, aber nicht im primären sensorischen Assoziations-Cortex.

In einer nachfolgenden Arbeit (Hofbauer, Rainville et al., 2001), die weniger Instruktionen hinsichtlich einer Reduzierung des affektiven Unwohlseins, als vielmehr Instruktionen zur Reduzierung der sensorischen Schmerzintensität beinhaltete, fanden sie während hypnotischer Analgesie eine reduzierte Aktivität im S1- Bereich des somatosensorischen Cortex. Als sie aber hypnotische Instruktionen zur Erhöhung der Schmerzintensität gaben, beobachteten sie gesteigerte Aktivität in den Bereichen S1, S2, im anterioren Gyrus cinguli und im insularen Cortex. Die Autoren zogen es vor, die Bedingungen nicht abwechselnd [counter-balanced] darzubieten, sondern den hypnotischen Zustand immer an zweite Stelle zu setzen: Sie waren verständlicherweise um die möglichen Nebeneffekte der Hypnose besorgt, für den Fall, dass diese als erstes dargeboten wurde. Es ist nun aber möglich, dass die immer gleiche Reihenfolge sowohl Sensibilisierung als auch Habituation hervorgerufen hat - folglich ist es schwierig, diese Befunde zu erklären.

Diese Arbeiten liefern weitere Beweise dafür, dass hypnotische Veränderung der Wahrnehmung entsprechende Veränderung der Aktivierung in den primären sensorischen Assoziations-Cortices hervorruft, so dass der Schmerz-Stimulus sich tatsächlich anders anfühlt. Zusätzlich hat sich das alte klinische Sprichwort, dass man dem Schmerz Aufmerksamkeit schenken muss, damit er schmerzt (Spiegel & Spiegel, 1987), durch den Nachweis einer Assoziation zwischen reduzierter Aktivität des anterioren Gyrus cinguli und der Schmerzwahrnehmung bestätigt. Faymonville und ihre Kollegen (Faymonville, Roediger et al., 2003) haben weitere Gehirnbahnen, die mit hypnotischer Analgesie assoziiert sind, aufgedeckt. Unter Verwendung von PET haben sie herausgefunden, dass Schmerzreduktion unter Hypnose durch eine Zunahme der funktionalen Verbindungen zwischen Anteilen des mittleren cingulären Cortex und anderen Strukturen vermittelt wird, die mit der Schmerzwahrnehmung verbunden sind, eingeschlossen die Insula, frontale Bereiche, insbesondere auf der rechten Seite, ebenso Hirnstamm, Thalamus und die Basalganglien. Sie behaupten, dass der mittlere cinguläre Cortex die Interaktion zwischen Anteilen des Gehirns erhöht, welche Sensorik sowie affektive, kognitive und behaviorale Aspekte der Schmerzwahrnehmung vermitteln.

Die Ergebnisse einer frühen Studie von Crawford und Mitarbeitern (Crawford, Gur et al., 1993) unter Verwendung des 133Xeregionalencerebralen- Blutfluss (rCBF) Verfahrens mögen Einblick in einen weiteren Aspekt jener Mechanismen gewähren, die der Hypnose unterliegen. Sie fanden während hypnotischer Analgesie eine erhöhte regionale cerebrale Durchblutung im somatosensorischen Cortex zusammen mit einer erhöhten Durchblutung im orbito-frontalen Cortex, und kamen zu dem Schluß, dass für die Analgesie der frontal hemmende Input verantwortlich ist, ungeachtet der erhöhten Durchblutung im somatosensorischen Cortex. Auf den ersten Blick sind diese Befunde inkonsistent mit denen von Rainville et al., ebenso wie mit anderen ERP-, PET- und fMRIBefunden, die zeigen, dass hypnotische Analgesie die Aktivität im somatosensorischen Cortex reduziert. Es ist jedoch durchaus möglich, dass die Frontallappen in der Tat Aufmerksamkeits-Mechanismen in anderen Bereichen des Gehirns dirigieren und dass die Versuchspersonen dieser Studie aktiv den Schmerz erwartet haben. Falls dem so ist, könnte diese Erwartung den somatosensorischen Cortex aktiviert haben - in gleicher Weise, wie eine bildhafte Vorstellung die frühen sensorischen Cortices aktivieren kann.

5. Hypnose und geistige Vorstellung

Unsere Theorie beruht auf dem Grundgedanken, dass bildhafte Vorstellungen zu dem Operationsmechanismus, welcher der Hypnose zugrunde liegt, beitragen, nicht aber, dass sie durch diesen Mechanismus hervorgerufen oder verändert werden. (Zu beachten ist, dass Hypnose und bildhafte Vorstellungen nicht dasselbe sind, wie aus unserer jüngeren PET-Studie über Farb-Halluzinationen [Kosslyn et al., s.o.] hervorgeht). Nichtsdestoweniger ist es möglich, dass auch bildhafte Vorstellungen durch den Akt der Hypnose verändert werden, falls diese bildhaften Vorstellungen auf Aufmerksamkeits- und Wahrnehmungs-Mechanismen beruhen.

In der Tat haben Forscher gezeigt, dass visuelle bildhafte Vorstellungen und visuelle Wahrnehmung auf einem gemeinsamen Kern derselben Gehirn-Systeme beruhen (Kosslyn, Ganis et al., 2001). In einer Studie waren über 90% der Voxel, die während der Wahrnehmung aktiviert waren, auch in einer vergleichbaren Aufgabe zur bildhaften Vorstellung aktiviert (Ganis, Thompson et al., in Druck). Nahezu alle Untersuchungen über die Wirkungen von Hypnose und Hypnotisierbarkeit auf bildhafte Vorstellungen befassten sich schwerpunktmäßig mit der Lebhaftigkeit der Vorstellung oder erforschten anhand von Selbsteinschätzungen, wie häufig bildhafte Vorstellung genutzt wird. Die Ergebnisse waren widersprüchlich (zum Überblick siehe Holroyd, 1992; Kogon, Jasiukaitis et al., 1998), was nicht weiter überrascht, denn diese Rating-Skalen hatten in allen Anwendungen eine jeweils widersprüchliche Geschichte (für einen Überblick siehe beispielsweise Kosslyn, 1980; Kosslyn,1994) und sind beeinflusst durch die jeweiligen Aufgabencharakteristika, durch Verzerrungseffekte hinsichtlich sozialer Erwünschtheit und durch die Wirkung unterschiedlicher Erwartungen (z.B. DiVesta, Ingersoll et al., 1971). Nur wenige Studien nutzten objektive Messwerte, um die Effekte der Hypnose auf die Verarbeitung bildhafter Vorstellungen per se zu untersuchen, und kamen dabei zu ganz unterschiedlichen Ergebnissen.

T'Hoen (1978) kam zu dem Schluß, dass sich hoch hypnotisierbare im Vergleich zu niedrig hypnotisierbaren Versuchspersonen an mehr Wortverbindungen erinnerten, wenn diese sehr bildhaft waren, doch waren die Probanden nicht wirklich hypnotisiert. Darüber hinaus könnte dieser Unterschied auch andere Faktoren widergespiegeln, wie zum Beispiel die Tatsache, dass sich die hoch hypnotisierbaren Versuchspersonen einfach mehr angestrengt haben (Kirsch, 1999). Sweeny und Mitarbeiter (1986) baten Versuchspersonen, sich benannte Objekte vorzustellen, die miteinander interagierten, und fanden dabei keine Effekte auf die Erinnerung, und das unabhängig vom Grad der Hypnotisierbarkeit und unabhängig davon, ob die Versuchspersonen tatsächlich während des Lernens hypnotisiert waren. Smith und Weene (1991) fanden, dass Wörter von besonderer Bildhaftigkeit besser im Gedächtnis blieben, wenn die Versuchspersonen während des Lernens hypnotisiert waren, im Vergleich zu dem Fall, dass sie nicht hypnotisiert waren, doch stellten sie den Grad der Hypnotisierbarkeit nicht fest. Sie versuchten auch nicht, mögliche Unterschiede auf der motivationalen Ebene zu kontrollieren, so dass dieses Ergebnis vielleicht einfach nur widerspiegelt, wie sehr sich die Versuchspersonen bei der Lösung der Aufgabe angestrengt hatten.

Crawford und Allen (1996) fanden in einer gut kontrollierten Studie heraus, dass Hypnose das Erlernen konkreter Wortpaare bei hoch hypnotisierbaren Personen erleichtert (jedoch nicht bei niedrig hypnotisierbaren), selbst wenn die Versuchspersonen nicht erwarten, an einem Hypnose-Experiment teilzunehmen, und die Versuchsleiter keine Kenntnis von dem Hypnotisierbarkeits-Grad der Versuchspersonen haben. Crawford und Allen gaben in ihrer Studie allerdings keine expliziten Anweisungen, bildhafte Vorstellungen zu benützen, und es gab keine Wechselwirkung zwischen konkreten und abstrakten Wörtern – was die Ergebnisse zweifelhaft erscheinen lässt, vorausgesetzt, bildhafte Vorstellung beeinflusst nur das Lernen konkreter Wörter. Studien über die Effekte der Hypnose auf kognitive Möglichkeiten haben häufig zwei große Mängel: Es mangelt ihnen am Vergleich zwischen Hypnose und derselben Aufgabenstellung ohne Hypnose, und es mangelt ihnen an einer Kontrollbedingung bezüglich Motivation.

Barabasz (1980) hat beispielsweise gezeigt, dass das Hypnotisieren von Versuchspersonen mit dem Ziel der Steigerung ihrer Aufmerksamkeit in der Tat deren Fähigkeit verbessert hat, Ziele zu entdecken, und dies um so mehr, je höher hypnotisierbar sie waren. Eine Vergleichsbedingung für den Nicht-Hypnose-Fall gab es jedoch überhaupt nicht, geschweige denn eine, in der die Versuchspersonen motiviert wurden, sich sehr anzustrengen, um gut abzuschneiden.

Vor dem Hintergrund dieser unterschiedlichen Ergebnisse würden wir das Verhältnis zwischen der Fähigkeit zu bildhafter Vorstellung und Hypnotisierbarkeit wie folgt interpretieren: Die hypnotische Komponente der Fähigkeit zu bildhafter Vorstellung scheint in dem Moment eine Rolle zu spielen, wo Versuchspersonen gebeten werden, etwas mit dem Vorstellungsbild anzufangen (es beispielsweise in Widerspruch zu einer Wahrnehmung zu setzen, um diese zu verändern). Wie wir oben ausgeführt haben, sind Versuchspersonen unter Hypnose erstaunlich effektiv beim Manipulieren von Vorstellungsbildern und beim einfachen Reagieren auf Wörter. Der hypnotische Effekt liegt also nicht so sehr darin, Vorstellungsbilder zu besitzen, als vielmehr darin, diese zur Wahrnehmungsveränderung zu verwenden, indem von einer afferenten Reaktion auf ein Vorstellungsbild zu einem efferenten Akt der Wahrnehmungsmodulierung gewechselt wird. Gleichwohl ist dies eine Post-hoc-Annahme, und es ist evident, dass es noch viel mehr rigoroser Nachforschung bedarf zur Erforschung der zentralen Frage, ob und in welcher Weise Hypnose bildhafte Vorstellungen moduliert und wie Hypnose bildhafte Vorstellungen dazu nutzen kann, Wahrnehmung zu verändern.

6. Hypnotische Veränderung der Wahrnehmung motorischer Aktivität

Unsere Analyse hat sich auf Veränderung der Wahrnehmung unter Hypnose konzentriert. Andere Forscher haben ebenfalls hypnotische Prozeduren benutzt für die Untersuchung hypnotisch vorgestellter motorischer Aktivität. Unter Nutzung der PETFluorodeoxyglykosemessung fanden Grond und Mitarbeiter (Grond, Pawlik et al., 1995), dass eine hypnotische Instruktion zur Katalepsie tatsächlich den okzipitalen Cortex deaktivierte und die Aktivierung in jenen Bereichen erhöhte, die für sensomotorische Funktionen zuständig sind. Diesen Befund interpretierten sie als Hinweis darauf, dass unter Hypnose die Aufmerksamkeit von der normalen sensorischen Verarbeitung abgezogen wird. Morgan und Mitarbeiter (Morgan, Hirta et al., 1976) fanden, dass hypnotische Instruktionen mehr die wahrgenommene Anstrengung verändern als Herzfrequenz und Atemfrequenz, obgleich in einer anderen Studie auch gewisse ventilatorische Unterschiede beobachtet werden konnten (Morgan, Raven et al., 1973). Thornton und Mitarbeiter (Thornton, Guz et al., 2001) untersuchten mit Hilfe von PET Gehirnregionen, die während hypnotischer Vorstellung von anstrengender Aktivität aktiviert waren (bergauf versus bergab Fahrrad zu fahren). Sie kamen zu dem Ergebnis, dass die hypnotische Erfahrung einer Körperübung mit einer erhöhten Aktivität im dorsolateralen präfrontalen Cortex, in unterstützenden motorischen Bereichen, dem prämotorischen Bereich auf der rechten Seite, den superolateralen sensomotorischen Bereichen, dem Thalamus und dem Cerebellum (bilateral) assoziiert war. Hypnotisch vorgestellte Körperübungen aktivierten also eine Anzahl von Gehirnregionen, die auch bei einer realen Körperübung involviert gewesen wären.

In der Tat fanden Williamson et al., dass die hypnotische Halluzination, auf ansteigendem Weg Fahrrad zu fahren, tatsächlich den Herzschlag und den Blutdruck erhöhte und zwar in Verbindung mit erhöhter regionaler Gehirndurchblutung (rCBF) unter Verwendung von SPECT im rechten insularen Cortex und Thalamus. Im Gegensatz dazu liess eine hypnotisch-induzierte Reduktion der Aktivität die Durchblutung im anterioren cingulären Cortex und im linken insulären Cortex abnehmen. Diese Gruppe verglich bei hoch und niedrig hypnotisierbaren Versuchspersonen auch einen realen Händedruck mit einem hypnotisch vorgestellten (Williamson, McColl et al., 2002). Ähnliche Steigerungen der Herzfrequenz und des Blutdrucks wurden beobachtet für hoch Hypnotisierbare unter realen und vorgestellten Händedruck-Bedingungen, aber nicht bei niedrig Hypnotisierbaren während der vorgestellten Bedingung. Eine verminderte rCBF im anterioren Gyrus cinguli und in den insularen Cortices (bilateral) ließ die Autoren zu dem Schluß kommen, dass diese Regionen an realen und hypnotisch vorgestellten Körperübungen beteiligt sind. So legen diese Studien nahe, dass - ähnlich zur hypnotischen Veränderung der Wahrnehmung - hypnotische Illusionen von Körperübungen jene Gehirnregionen aktivieren, die mit Körperübungen assoziiert sind. Weiterhin scheint das anteriore Cingulum eine allgemeine Rolle bei der hypnotischen Veränderung sowohl von Wahrnehmung als auch von motorischer Aktivität zu spielen.

7. Hypnotische Veränderungen in Aufmerksamkeits-Systemen

Wir behaupten, dass Hypnose auf Veränderungen in den Aufmerksamkeits-Systemen beruht. Es gibt reichlich Befunde dafür, dass dies zutrifft. Die Ergebnisse von Rainville helfen zu verstehen, wie das exekutive Aufmerksamkeits-System während hypnotischer Instruktionen zur Reduktion von schmerzassoziiertem Stress beeinflusst werden könnte: Die Aktivität im anterioren Gyrus cinguli wird reduziert. Wenn jedoch Schmerzempfindung per se unter Hypnose verändert wird, ist es der somatosensorische Cortex, der eine Veränderung der Durchblutung zeigt. Die Konkurrenz zwischen einem internal erzeugten Vorstellungsbild und einem Input aus der Wahrnehmung könnte die Reaktion des Gehirns auf eine Wahrnehmung reduzieren, wenn kein frontaler oder anderweitiger Input vorhanden ist.

Welche Neurotransmitter-Systeme könnten mit hypnotischer Erfahrung verknüpft sein? Hobson und Stickgold (1995) konnten nachweisen, dass im Schlaf eine Verlagerung von noradrenerger zu cholinerger Aktivität stattfindet, insbesondere während der REM-Schlafphase. Spiegel und King (1992) zeigten, dass eine starke Korrelation zwischen der Hypnotisierbarkeit und den jeweiligen Homovanillin-Säurespiegeln, einem Dopamin-Metaboliten im CSF, existiert. Der anteriore Gyrus cinguli besitzt viele dopaminerge Neuronen (Williams & Goldman-Rakic, 1998). Nach dem Aufmerksamkeitsmodell von Posner beinhaltet das exekutive Aufmerksamkeits- System Aktivierung und Fokussierung, was mit dem anterioren Gyrus cinguli verknüpft ist. Das wachsame Aufmerksamkeits-System umfasst den rechten frontalen Cortex. Diese Bereiche besitzen viele dopaminerge Neuronen. Obwohl die Befunde zur Rolle der Frontallappen während des hypnotischen Vorgangs äußerst widersprüchlich sind (Kallio, Revonsuo et al., 2001), scheint 132 das Dopamin-System eindeutig beteiligt zu sein. Gemäß unserer Auffassung erlaubt Hypnose eine lebhafte geistige Aktivität, während man unerregt bleibt im Sinne von unempfänglich für übliche Umweltreize. Erregbarkeit kann als andauernde Aufmerksamkeit oder als Erregungssystem betrachtet werden, das hauptsächlich noradrenerg ist (Robertson, Tegner et al., 1995), im Gegensatz zu einem gerichteten Aufmerksamkeitssystem, das auf dem anterioren cingulären Cortex beruht. Es gibt Befunde, die darauf hindeuten, dass das cereuleo-cortikale noradrenerge System Aspekte von selektiver Aufmerksamkeit vermittelt und dass dopamin-gesteuerte mesostriatale und mesolimbische Bahnen bestimmte Komponenten von Verhaltensreaktionen kontrollieren (Robbins, 1997).

Dopaminreiche frontale Bahnen kontrollieren Verhaltensreaktionen auf Stress und positive Stimuli (Taber & Fibiger, 1997) und vermitteln auch Hemmung des Verhaltens (Trinh, Nehrenberg et al., 2003), welche typisch ist für hypnotisierte Personen.

8. Schlussfolgerungen

Der Grundlage unserer theoretischen Sichtweise zufolge moduliert Hypnose die Aufmerksamkeit derart, dass a) das Gleichgewicht innerhalb der Aufmerksamkeit verlagert wird, so dass das exekutive System eine starke Ausrichtung auf internal hervorgebrachte Vorstellungsbilder ermöglicht; b) die Veränderung der Aufmerksamkeitsverarbeitung das Verursachergefühl reduziert; c) die Vorstellungsbilder, auf die fokussiert wird, wiederum die Erwartungshaltung während der Wahrnehmungsverarbeitung beeinflussen, was zur Folge hat, dass die betreffende Person spezielle Stimuli so stark erwartet, dass sie sie halluzinatorisch wahrnimmt - oder umgekehrt, dass die Person spezielle Stimuli nicht so stark erwartet und dann tatsächlich keine solchen empfängt; d) das Ergebnis einer solchen Verarbeitung ist, dass Personen unter Hypnose ihre Wahrnehmung manipulieren und auf Wörter reagieren, anstatt wie üblich Wörter zu manipulieren und auf Wahrnehmung zu reagieren.

Die neurophysiologischen Befunde, die in den letzten Jahrzehnten gewonnen wurden, sind mit dieser Anschauung konsistent. Diese Befunde zeigen deutlich, dass Hypnose sowohl ein neuronales als auch ein mentales Phänomen darstellt. Explizite hypnotische Instruktionen, die Wahrnehmung zu verändern, führen zu übereinstimmenden, kongruenten Veränderungen in den entsprechenden sensorischen Cortices, was die wahrgenommene Veränderung real erscheinen lässt. Außerdem beeinflussen hypnotische Instruktionen, die Reaktion auf sensorischen Input zu verändern, die Aktivierung anteriorer und mittlerer Anteile des Gyrus cinguli, was wiederum darauf Einfluss nimmt, wie die Aufmerksamkeit auf Stimuli und deren Bedeutung gerichtet wird.

Hypnose bringt nicht so sehr Erregbarkeit als vielmehr Aktivierung mit sich, was es ermöglicht, Wahrnehmung zu manipulieren und sensorische Verarbeitung zu verändern, indem relativ automatisch auf verbale Anweisungen reagiert wird. Folglich kann hypnotische Veränderung von Wahrnehmung sowohl das Verursachergefühl als auch die Kontrolle über lexikalische Verarbeitung beeinflussen.

Hypnose verlagert weiterhin das Gleichgewicht vom anterioren Effektor- zum posterioren sensorischen Verarbeitungssystem, was dazu führt, dass die Kontrolle über die Verarbeitung von Wahrnehmung zunimmt und das Gefühl der Kontrolle über verbale Aktivität und motorische Funktion abnimmt. Diese im Gehirn erfolgte Verlagerung der Erwartungshaltung und sensorischen Verarbeitung ist ein sich selbst verändernder Prozess; er könnte das Wesen des therapeutischen Potentials der Hypnose bei der Schmerz-, Stress- und Angstbewältigung darstellen.

Literatur

Barabasz, A. F. (1980). Effects of hypnosis and perceptual deprivation on vigilance in a simulated radar target-detection task. Perceptual and Motor Skills, 50, 19- 24.

Barabasz, A., M. Barabasz, et al. (1999). Cortical event-related potentials show the structure of hypnotic suggestions is crucial. International J of Clinical & Experimental Hypnosis 47(1): 5-22.

Barabasz, A. & C. Lonsdale (1983). Effects of hypnosis on P300 olfactory-evoked potential amplitudes. J of abnormal psychology 92: 520-523. Crawford, H. J., R. C. Gur, et al. (1993). Effects of hypnosis on regional cerebral blood flow during ischemic pain with and without suggested hypnotic analgesia. International J of Psychophysiology 15(3): 181-95.

Csikszentmihalyi, M. (1991). Flow : the psychology of optimal experience. New York, Harper Perrenial.

De Pascalis, V. (1999). Psychophysiological correlates of hypnosis and hypnotic susceptibility. International J of Clinical & Experimental Hypnosis 47(2): 117- 43.

De Pascalis, V. & G. Carboni (1997). P300 event-related-potential amplitudes and evoked cardiac responses during hypnotic alteration of somatosensory perception. International J of Neuroscience 92(3-4): 187-207.

De Pascalis, V., M. R. Magurano, et al. (1999). Pain perception, somatosensory eventrelated potentials and skin conductance responses to painful stimuli in high, mid, and low hypnotizable subjects: effects of differential pain reduction strategies. Pain 83(3): 499-508.

DiVesta, F. J., G. Ingersoll, et al. (1971). A factor analysis of imagery tests. J of Verbal Learning and Verbal Behavior 10: 471-479.

Dywan, J. & K. Bowers (1983). The use of hypnosis to enhance recall. Science 222(4620): 184-5.

Fan, J., B. D. McCandliss, et al. (2002). Testing the efficiency and independence of attentional networks. J of Cognitive Neuroscience 14(3): 340-7. Farah, M. J., L. L. Weisberg, et al. (1990). Brain activity underlying imagery: Eventrelated potentials during mental image generation. J Cognit Neurosci 1(302-316).

Faymonville, M. E., L. Roediger, et al. (2003). Increased cerebral functional connectivity underlying the antinociceptive effects of hypnosis. Brain Res Cogn Brain Res 17(2): 255-62.

Ganis, G., W. L. Thompson, et al. (in press). Brain areas underlying visual mental imagery and visual perception: An fMRI study. Cognitive Brain Research. Hilgard, E. (1965). Hypnotic Susceptibility. New York, Harcourt, Brace & World.

Hilgard, E. (1977). Divided Consciousness: Multiple Controls in Human Thought and Action. New York, Wiley-Interscience.

Hillyard, S. A. & T. F. Munte (1984). Selective attention to color and location: an analysis with event-related brain potentials. Percept Psychophys 36(2): 185-98.

Hobson, J. A. (2001). Out of Its Mind: Psychiatry In Crisis. New York, Perseus Books.

Hobson, J. A. & R. Stickgold (1995). Sleep. Sleep the beloved teacher? Current Biology 5(1): 35-6.

Hofbauer, R. D., P. Rainville, et al. (2001). Cortical Representation of the Sensory Dimension of Pain. J Neurophysiol 86: 402-411

Hofbauer, R. K., P. Rainville, et al. (2001). Cortical representation of the sensory dimension of pain. J of Neurophysiology 86(1): 402-11.

Holroyd, J. (1992). Hypnosis as a Methodology in Psychological Research. Contemporary Hypnosis Research. E. Fromm & M. Nash. New York, Guilford: 201-226.

Horowitz, M. J., N. P. Field, et al. (1993). Stress response syndromes and their treatment. Handbook of stress. L. Goldberger & S. Breznitz. New York, The Free Press: 757-773.

Jasiukaitis, P., B. Nouriani, et al. (1996). Left hemisphere superiority for eventrelated potential effects of hypnotic obstruction. Neuropsychologia 34(7): 661-669.

Kallio, S., A. Revonsuo, et al. (2001). Anterior brain functions and hypnosis: a test of the frontal hypothesis. Int J of Clinical & Experimental Hypnosis 49(2): 95-108.

Klein, K. B. & D. Spiegel (1989). Modulation of gastric acid secretion by hypnosis. Gastroenterology 96(6): 1383-7.

Kogon, M., P. Jasiukaitis, et al. (1998). Imagery and hypnotizability revisited. International J of Clinical and Experimental Hypnosis 46(4): 363-370. Kosslyn, S. (1980). Image and mind. Cambridge, MA, Harvard University Press.

Kosslyn, S. (1994). Image and brain. Cambridge, MA, MIT Press.

Kosslyn, S. M., G. Ganis, et al. (2001). Neural foundations of imagery. Nature Reviews Neuroscience 2: 635-642.

Kosslyn, S. M., W. L. Thompson, et al. (2000). Hypnotic visual illusion alters color processing in the brain. American J of Psychiatry 157(8): 1279-1284.

Maquet, P., M. E. Faymonville, et al. (1999). Functional neuroanatomy of hypnotic state. Biol Psychiatry 45(3): 327-33.

Marx, E., T. Stephan, et al. (2003). Eye closure in darkness animates sensory systems. Neuroimage 19(3): 924-34.

Nordby, H., K. Hugdahl, et al. (1999). Effects of hypnotizability on performance of a Stroop task and event-related potentials. Perceptual & Motor Skills 88(3 Pt 1): 819-30.

Posner, M. I. & S. E. Petersen (1990). The attention system of the human brain. Annu Rev Neurosci 13: 25-42.

Rainville, P., M. C. Bushnell, et al. (2001). Representation of acute and persistent pain in the human CNS: potential implications for chemical intolerance. Annals of the New York Academy of Sciences 933: 130-41.

Rainville, P., G. H. Duncan, et al. (1997). Pain affect encoded in human anterior cingulate but not somatosensory cortex. Science 277(5328): 968-71. Rainville, P., R. K. Hofbauer, et al. (2002). Hypnosis modulates activity in brain structures involved in the regulation of consciousness. J Cogn Neurosci 14(6): 887- 901.

Rainville, P., R. K. Hofbauer, et al. (1999). Cerebral mechanisms of hypnotic induction and suggestion. J of Cognitive Neuroscience 11(1): 110-25. Rauch, S. L. & L. M. Shin, Eds. (1997). Functional Neuroimaging Studies in Posttraumatic Stress Disorder. Psychobiology of Posttraumatic Stress Disorder. New York, New York Academy of Sciences.

Raz, A. & T. Shapiro (2002). Hypnosis and neuroscience: a cross talk between clinical and cognitive research. Archives of General Psychiatry 59(1): 85-90.

Raz, A., T. Shapiro, et al. (2002). Hypnotic suggestion and the modulation of stroop interference. Arch Gen Psychiatry 59(12): 1155-61.

Ritter, W., J. M. Ford, et al. (1984). Cognition and event-related potentials. I.The relation of negative potentials and cognitive processes. Ann NY Acad Sci 425:24- 38.

Robbins, T. W. (1997). Arousal systems and attentional processes. Biol Psychol 45(1-3): 57-71.

Robertson, I. H., R. Tegner, et al. (1995). Sustained attention training for unilateral neglect: theoretical and rehabilitation implications. J Clin Exp Neuropsychol 17(3): 416-30.

Sheehan, P. W., P. Donovan, et al. (1988). Strategy manipulation and the Stroop effect in hypnosis. J of abnormal psychology 97: 455-460.

Smith, R. T. & K. A. Weene (1991). The effects of hypnosis on recall of high and low imagery paired-associated words. J of Mental Imagery 15: 171-176.

Spiegel, D. (1998). Hypnosis and Implicit Memory: Automatic Processing of Explicit Content. American J of Clinical Hypnosis 40(3): 231-240.

Spiegel, D. (2003). Negative and positive visual hypnotic hallucinations: attending inside and out. Int J Clin Exp Hypn 51(2): 130-46.

Spiegel, D., P. Bierre, et al. (1989). Hypnotic alteration of somatosensory perception. Am J Psychiatry 146(6): 749-54.

Spiegel, D., S. Cutcomb, et al. (1985). Hypnotic hallucination alters evoked potentials. J Abnorm Psychol 94(3): 249-55.

Spiegel, D. & R. King (1992). Hypnotizability and CSF HVAlevels among psychiatric patients. Biological Psychiatry 31: 95-98.

Spiegel, D. & J. Maldonado (1999). Hypnosis. American Psychiatric Press Textbook of Psychiatry. R. E. Hales, S. Yudofsky & J. Talbott. Washington, D.C., American Psychiatric Press.

Spiegel, D. & A. Scheflin (1994). Dissociated or Fabricated? Psychiatric Aspects of Repressed Memory in Criminal and Civil Cases. International J of Clinical and Experimental Hypnosis 42(4): 411-432.

Spiegel, H. & D. Spiegel (1987). Trance and treatment: Clinical uses of hypnosis. Washington, DC, American Psychiatric Press.

't Hoen, P. (1978). Effects of hypnotizability and visualizing ability on imagery-mediated learning. International J of Clinical & Experimental Hypnosis 26: 45-54.

Taber, M. T. & H. C. Fibiger (1997). Activation of the meso-cortical dopamine system by feeding: lack of a selective response to stress. Neuroscience 77(2): 295-8.

Trinh, J. V., D. L. Nehrenberg, et al. (2003). Differential psychostimulant-induced activation of neural circuits in dopamine transporter knockout and wild type mice. Neuroscience 118(2): 297-310.

Williams, S. M. & P. S. Goldman-Rakic (1998). Widespread origin of the primate mesofrontal dopamine system. Cerebral Cortex 8(4): 321-45.

Halsband, U. (2004). Mechanismen des Lernens in Trance: funktionelle Bildgebung und Neuropsychologie.

Hypnose und Kognition (HyKog), 21 (1+2), 11-37
Nachdruck mit Genehmigung der M.E.G.: Hypnose und Kognition (www.meg-hypnose.de)

Zusammenfassung

Mit dem Befund, dass eine hypnotische Trance-Induktion zu plastischen Veränderungen im menschlichen Gehirn führt, gelang ein wesentlicher Durchbruch in der Erforschung der neuronalen Grundlagen der Hypnose. Wir untersuchten zunächst mit Sauerstoff 15-PET in einem Within-Subject-Design die neuronalen Mechanismen beim hochbildhaften Wortpaar Assoziationslernen unter Hypnose und im Wachzustand. Versuchspersonen waren hochsuggestible rechtshändige Normalprobanden. In der Lernphase wurde ihnen auf einem Bildschirm eine Liste von schwer assoziierbaren Wortpaaren mit hoher Bildhaftigkeit präsentiert, beim Abruf erschien jeweils nur das erste Wort, und der hiermit assoziierte Terminus sollte aus dem Gedächtnis reproduziert werden. Die Ergebnisse zeigten in der Enkodierungsphase in Hypnose verstärkte occipitale und präfrontale Aktivierungen. In der Abrufphase (Wachzustand) zeigten sich in beiden Versuchsbedingungen Aktivierungen bilateral präfrontal, im anterioren Cingulum, sowie im Präcuneus. Beim Abruf der Inhalte, die zuvor unter Hypnose erlernt wurden, wurden zusätzliche Aktivierungen im Sehzentrum, sowie erhöhte neuronale Aktivitäten im präfrontalen Cortex und Cerebellum sichtbar.

Auf behavioraler Ebene wurde in einer zweiten Versuchsreihe, einem Within-Subject-Design, das Lernverhalten von Wortpaarassoziationen unterschiedlicher Bildhaftigkeit (hochbildhaft/abstrakt) und Schwierigkeit (leicht/schwer) in Trance und im Wachzustand bei Hochsuggestiblen und Niedrigsuggestiblen untersucht. In der Lernphase (Enkodierung) wurde den Probanden eine Liste von Wortpaaren visuell (Versuch 1) oder auditiv (Versuch 2) präsentiert. In der Abrufphase (Wachzustand) wurde in randomisierter Reihenfolge jeweils nur das erste Item der Wortpaare präsentiert, und die Probanden sollten das zweite Wort aus dem Gedächtnis assoziieren. Hochsuggestible Probanden erzielten in der schweren bildhaften Assoziationsbedingung einen Lernvorteil in Trance, und das sowohl in der visuellen als auch in der auditiven Versuchsbedingung. Hingegen zeigten die niedrigsuggestiblen Versuchspersonen bei hochbildhaften Wortpaaren keine Unterschiede im Lernverhalten in Hypnose und im Wachzustand. Interessanterweise waren die Hochsuggestiblen auch im Wachzustand den Niedrigsuggestiblen überlegen. Die Lerneffekte waren auch nach einer 10-minütigen Interferenz nachweisbar. Die Befunde sind relevant für unser Verständnis der neuronalen Grundlagen der Hypnose und der neuropsychologischen Mechanismen der Hypnotisierbarkeit.

Einleitung

Hypnotische Tranceinduktion stellt ein neurobiologisch erfassbares Korrelat der Hirnfunktion in einem veränderten Bewusstseinszustand dar (Rainville et al., 2002). Ein spannendes neurowissenschaftliches Thema in der Tranceforschung ist die Fragestellung, welche neurobiologischen Mechanismen diesem veränderten Bewusstseinszustand zugrunde liegen und ob in der Trance veränderte Lernleistungen nachweisbar sind.

Ein wesentlicher Durchbruch gelang der modernen Hirnforschung mit der Einführung der Verfahren der dynamischen Bildgebung. Hierzu zählen die Positronen-Emissions-Tomographie (PET) und die funktionelle Magnet-Resonanz-Tomographie (fMRT), die die Darstellung funktionsabhängiger Veränderungen mit einer hohen räumlichen Auflösung ermöglichen. Somit gelang es, Aktivierungen im Gehirn gewissermassen "online" zu analysieren. Hierbei misst die PET den regionalen Blutfluss im Gehirn unter Verwendung radioaktiv markierter Substanzen, sog. Positronenstrahler.

Im Gegensatz hierzu handelt es sich bei der fMRT um ein nicht-invasives Verfahren, das auf den magnetischen Eigenschaften des Gewebes beruht. Von essentieller Bedeutung ist hierbei das BOLD-Verfahren (Blood Oxygenation Level Dependent), das auf den unterschiedlichen elektromagnetischen Eigenschaften des mit Sauerstoff beladenen Hämoglobins basiert und Veränderungen des Blutes im Gehirngewebe misst, die durch erhöhte Neuronenaktivität ausgelöst werden. Logothetis et al. (2001) gelang es nachzuweisen, dass mit BOLD-fMRT tatsächlich Veränderungen der Neuronenaktivität gemessen und vor allem Eingangssignale aus anderen Hirnarealen und ihre lokale Verarbeitung erfasst werden.

Unsere Untersuchungen der neuronalen Grundlagen deklarativen Lernens mittels funktioneller Bildgebung ergaben eine weitgehende Übereinstimmung der PET- und fMRT-Befunde (z.B. Halsband et al., 1998, 2002a; Krause et al., 1999a,b; Mottaghi et al., 1999, 2000; Schmidt et al., 2002); auch von anderen Forschergruppen wurde über eine weitgehende Übereinstimmung der PET und fMRT Ergebnisse berichtet (z.B. Schall et al., 2003). Obwohl die fMRT als nicht-invasives Verfahren diverse Vorteile gegenüber der PET aufweist (Otte & Halsband, 2004), hat dennoch die Mehrzahl der Forschungsarbeiten auf dem Gebiet der Hirnmechanismen der Hypnose die PET als geeignetes Instrumentarium gewählt, da es sich hierbei um eine geräuscharme und somit leise Versuchsanordnung handelt, die einer Trance-Induktion nicht negativ entgegenwirkt.

Im Gegensatz hierzu ist der Proband im fMRT einem konstanten Geräuschpegel von ca. 100 Dezibel ausgesetzt, der zwar mittels fMRT-tauglicher Spezialkopfhörer auf ca. 70 Dezibel gesenkt werden kann, aber immer noch ein starkes interferierendes Hintergrundsgeräusch bildet. Um eine möglichst entspannte Lernbedingung unter Hypnose schaffen zu können, haben wir uns in der hiesigen Untersuchung ebenfalls für die PET als geeigneter Untersuchungsmethode entschieden.

Es konnte von unterschiedlichen Forschergruppen gezeigt werden, dass eine hypnotische Trance-Induktion zu plastischen Veränderungen im menschlichen Gehirn führt (z. B. Crawford et al., 1998; Faymonville et al., 2000; Grond et al., 1995; Kosslyn, et al., 2000; Maquet et al., 1999; Rainville et al., 1997, 1999, 2002; Spiegel & Kosslyn, 2006; Szechtman et al., 1998). In der Tranceinduktion erfolgt durch die Fokussierung der Aufmerksamkeit deren Hinlenkung nach innen, was dann zumeist eine intensive Vorstellung und Beschreibung eines inneren Bildes nach sich zieht. Im veränderten Bewusstseinszustand in Hypnose weitet sich die Aufmerksamkeit auf möglichst viele Aspekte des Erlebens aus, so dass der entstandene Erlebnisraum subjektiv "farbig und erlebbar, zu einer Form der Wirklichkeit wird" (Revenstorf, 1999). Hierbei scheint dem Faktum des farbigen Erlebens eine besondere Bedeutung zuzukommen. Diese Interpretation wird durch neueste Ergebnisse aus der Hirnforschung gestützt, die zeigen konnten, dass mit einem intensiveren Farb- und Bilderleben unter Hypnose plastische Veränderungen in der Hirnaktivität einhergehen, die charakterisiert sind durch zusätzliche linksseitige Aktivierungen im Fusiform (Brodmannsches Gebiet 19) und inferioren temporalen Cortex (Gebiet 20). Die linksseitigen Aktivierungen waren dabei interessanterweise nur unter Hypnose beobachtbar (sowohl wenn der Farbstimulus real präsentiert wurde als auch bei der Suggestion der reinen Vorstellung desselben Stimulus) und im normalen Wachzustand der Probanden nicht registrierbar (Kosslyn et al., 2000). Spezifische neurophysiologische Veränderungen unter Hypnose konnten nicht nur im visuellen Bereich, sondern auch in anderen Sinnesmodalitäten nachgewiesen werden (z. B. Szechtman et al., 1998, Walter et al., 1990). Die Ergebnisse sprechen somit für eine vermehrte Nutzbarmachung multimodaler sensorischer Verarbeitungsstrategien unter Hypnose.

Es stellt sich nun die Frage, inwieweit eine vermehrte Einbindung sensorischer Parameter sich positiv auf die Bewältigung von Lernprozessen unter Hypnose auswirkt und somit zu einer verbesserten Umsetzung bildhafter Assoziationen in Hypnose führt (Bongartz, 1985; Crawford & Allen, 1996). Somit berichteten Crawford und Allen (1996) bei Personen mit hoher hypnotischer Suggestibilität über einen verbesserten Abruf bildhafter Wortpaarassoziationen. Bislang blieb es jedoch weitgehend ungeklärt, welche Hirnmechanismen dem Lernen unter Hypnose zugrunde liegen und inwieweit eine vermehrte Nutzung bildhafter Enkodierungsstrategien sich positiv auf die Bewältigung von Lernprozessen unter Hypnose auswirkt.

In unserer Studie wurden die neuronalen Grundlagen des Lernens mit der PET untersucht. In der Lernphase (Enkodierung) wurde den Probanden auf einem Bildschirm eine Liste von 12 Wortpaaren mit hoher Bildhaftigkeit präsentiert (Beispiele: Affe-Kerze, Sonne-Vogel), die sie innerlich nachsprechen und lernen sollten. Das Lernverhalten wurde in Trance und im Wachzustand untersucht. In der Abrufphase (Wachzustand) wurde in randomisierter Reihenfolge nur jeweils das erste Item der Wortpaare präsentiert, und die Probanden sollten das zweite Wort aus dem Gedächtnis assoziieren. Es stellt sich nun die Frage, inwieweit die in der visuellen Darbietung nachgewiesene Lernleistung von hochbildhaften Wortpaaren in Trance modalitätsspezifisch ist oder als modalitätsübergreifendes Phänomen zu betrachten ist. Zur Klärung dieser Frage wurde in einer zweiten Versuchsreihe untersucht, welche Effekte bei einer auditiven Präsentation der Wortpaare nachweisbar sind. Wie in der o. g. Versuchsbedingung beschrieben, wurden die Versuchspersonen im Wachzustand und unter hypnotischer Trance untersucht. Es wurde die Hypothese aufgestellt, dass die o. g. Befunde auf andere Modalitäten übertragbar sind, und eine verbesserte Lernleistung bildhafter Wortpaarassoziationen unter Hypnose auch in der auditiven Modalität nachweisbar ist.

Versuch 1: Visuelles Wortpaarassoziationslernen

Methoden
Versuchspersonen
15 rechtshändige männliche Versuchspersonen wurden mit einer modifizierten Version der Harvard Group Scale of Hypnotic Susceptibility (HGSHS, Form A) auf hohe vs. niedrige Suggestibilität hin getestet. Sieben Versuchspersonen mit den höchsten Suggestibilitätswerten wurden für die Teilnahme an der PET-Untersuchung ausgewählt. Die hochsuggestiblen Versuchspersonen wiesen einen Mittelwert auf der HGSHS-Skala > 7.0 auf. Ihr durchschnittliches Alter betrug 25.4 Jahre (+- 3.1), und keiner wies eine neurologische oder psychiatrische Erkrankung auf. Die Versuchspersonen wurden gemäß den Richtlinien der Erklärung von Helsinki informiert; und alle gaben ihre schriftliche Einwilligung zur Teilnahme an dieser Studie. Bei allen Teilnehmern wurde das Gehirn zuvor kernspintomographisch untersucht (1.5 T), wobei man keine pathologischen strukturellen Auffälligkeiten entdeckte.

Positronen-Emissions-Tomographie (PET)
Die PET erlaubt die absolute Quantifizierung des regionalen cerebralen Blutflusses, rCBF (Frackowiak et al., 1980; Herzog et al., 1996). Der rCBF-Wert wurde bestimmt, indem der Positronen-emittierende Tracer O-15-H2O intravenös appliziert und dann die Verteilung über zwei Minuten im Gehirn gemessen wurde. O-15-H2O wurde mit Hilfe des energiearmen Deuteronen-Beschleunigers Cyclone 3 (Ion Beam Application, Inc., Louvain-la-Neuve, Belgien) erzeugt. Cyclone 3 ist ein kompakter Zyklotron, der zur Erzeugung von Sauerstoff-15 (15O) für PET-Applikationen positiv geladene Deuteronen bis auf 3.8 MeV beschleunigt. Dieses Gas wurde unter Einsatz von Wasserstoff auf dem Palladium-Katalysator in Wasserdampf umgewandelt. Unter Einsatz von Dialyse-Techniken wurde der Wasserdampf dann mit steriler Kochsalzlösung in einem Wassermodul gemischt (Clark et al., 1987). Die Halbwertzeit von Sauerstoff-15 liegt bei 123 Sekunden.

Die Hirndurchblutungsmessungen wurden mit einem GE Advance PET Scanner (General Motors Medical Systems, Milwaukee; Wisconsin, US) durchgeführt. Der Scanner besitzt 18 Detektor-Ringe mit 672 Kristallringen (6 x 6 Blöcken) und liefert 35 Querschnitte durch das Gehirn im Abstand von 4.25 mm (center to center/axial sampling interval), die 152 mm axial (axiales Gesichtsfeld) mit einer Blendenöffnung von 550 mm erfasst werden. Die genauen technischen Details dieser PET-Kamera wurden von Lewellen et al. (1996) beschrieben. Um 15 transverse Schichtbilder im Abstand von 6.5 mm, 27 mm oberhalb der Cantomeatallinie akquirieren zu können, wurde der Kopf des Probanden mit einem Laser-Positionierungssystem auf der Cantomeatallinie markiert. Zum Bildaufbau verwendete man einen gefilterten Rück-Projektions-Algorithmus (back-projection algorithm) auf einer 128 x 128 Matrix. Die räumliche Auflösung ("full-width half maximum") betrug 8 mm. Während der Präsentation jeder kognitiven Stimulationsaufgabe wurde der rCBF gemessen, indem man die Verteilung der Radioaktivität im Gehirn nach einer intravenösen Injektion von 300 MBq Wasserstoff-15 (10 ml in 10-15 s), verabreicht durch eine Unterarm-Kanüle, aufzeichnete. In einer zweistündigen Sitzung wurden insgesamt acht Aufgaben durchgeführt. Der Mindestabstand zwischen den Wasserstoff-15-Injektionen betrug 10 min. Bei jedem der acht Scans wurden die kognitiven Stimulationsparameter jeweils 15 s vor Injektion des radioaktiven Tracers Wasserstoff-15 präsentiert. Emissionsdaten wurden im dreidimensionalen Modus für 90 s gewonnen und einem statischen Rahmen zugeordnet (Holm et al., 1995).

Experimenteller Versuchsaufbau: Visuelles Wortpaarlernen

Es wurde eine verbale Gedächtnisaufgabe verwendet. Den Versuchspersonen wurde in der Lernphase (Enkodierung) auf einem Bildschirm eine Liste von 12 semantisch nicht verknüpften Wortpaaren mit hoher Bildhaftigkeit präsentiert (Beispiele: Affe - Kerze, Sonne - Vogel), die sie lernen (Enkodierungsphase) und später wieder abrufen sollten (Abrufphase). Es wurden ausschließlich zweisilbige Worte verwendet. Die Wortpaare standen in keinem direkten semantischen Zusammenhang, waren also logisch unverbunden und deshalb schwierig zu assoziieren. Es handelte sich somit um sog. schwierige Wortpaarassoziationen ("hard word associations") nach dem Wechsler-Gedächtnistest (Untertest VII).

Wir verwendeten ein "Within-Subject-Design", was bedeutet, dass jede Versuchsperson unter zwei Bedingungen getestet wurde, a) in Trance und b) im Wachzustand. Die Stimuli wurden auf einem 21-Zoll-Computerbildschirm dargeboten. Der Monitor befand sich in 70 cm Abstand von den Augen der Testpersonen (Schriftart: Times New Roman, Größe: 72). Die Probanden erhielten die Instruktion, die Worte zu lesen (Dauer der Präsentation: 4 s, Pause: 1 s) und sich die Wortpaarassoziationen einzuprägen. Beide Worte erschienen zentriert in schwarzen Buchstaben auf weißem Hintergrund. Zur Vermeidung von Lateralisierungseffekten wurde das zweite Wort immer unterhalb des ersten präsentiert. Zwischen den Scans der Enkodierungs- und der Abrufphase wurden in einer Übung die jeweils gleichen Wortpaarassoziationen den Versuchspersonen in randomisierter Reihenfolge visuell präsentiert. Die Übungsphase diente dazu, sicherzustellen, dass alle Probanden mindestens 80% der Wortpaarassoziationen korrekt wiedergeben konnten. In der Abrufphase wurde den Versuchspersonen jeweils das erste Wort gezeigt. Dieser Teil der Untersuchung befasste sich somit mit den Hirnmechanismen der Lern- bzw. Enkodierungsphase. In der gleichen PET-Untersuchung haben wir jedoch auch die Mechanismen der Abrufphase analysiert. Hierzu fand eine erneute PET-Untersuchung statt, in der jeweils das erste Item der Wortpaare präsentiert wurde. Die Probanden sollten dann das fehlende Wort aus dem Gedächtnis reproduzieren (Abrufphase).

Während der Referenzbedingungen wurden den Probanden 12 Nicht-Wort-Paare präsentiert, die sie lesen sollten (Kontrollbedingung: Enkodierungsphase). Die zweisilbrigen Pseudowörter wurden so gewählt, dass sie der Lautsprache des Deutschen entsprachen, jedoch keinen Sinngehalt aufwiesen, Beispiele: Huka-Balok, Mafe-Bedu, Pire-Zulag). In einer zweiten Referenzbedingung wurden den Versuchspersonen 12 einzelne Pseudo-Worte (s.o.) präsentiert (Kontrollbedingung: Abrufphase). Die bedeutungslosen Wörter waren ebenfalls zweisilbig und nach den phonetischen Regeln der deutschen Sprache gebildet. Die Probanden sollten die Pseudo-Wörter lesen, ohne sie sich einzuprägen.

Datenanalyse

Die Daten wurden zunächst in das ANALYZE-Format transformiert unter Verwendung eines Konvertierungsprogramms. Die Auswertung der PET-Daten wurde auf einer SPARC 20-Workstation unter MatLab (Version 4.2.c) mit der Statistischen Parametrischen Mapping (SPM 96)-Software durchgeführt (The Wellcome Department of Cognitive Neurology, London, UK). Jeder rekonstruierte PET-Scan wurde der Kommissurenlinie entlang in einen stereotaktischen Raum entsprechend dem Talairach-Tournoux-Atlas (Talairach & Tournoux, 1988) angeordnet. Es wurden räumliche Transformationen durchgeführt, um die durch individuelle Unterschiede der Geometrie des Gehirns bedingte Inter-Subjekt-Variabilität auszugleichen und damit Analysen über Probandenpopulationen zu erlauben, die das individuelle Hirn in einen standardisierten anatomischen Raum überführen. Dieses Prozedere ermöglicht die Durchführung von Gruppenanalysen und die Ausgabe standardisierter räumlicher Koordinaten, was somit einer räumlichen Normalisierung entspricht. Die Transformationen der PET-Daten wurden mittels hoch aufgelöster anatomischer MRT-Aufnahmen durchgeführt. Eine Glättung der Bilddaten erfolgte, um Inter-Subjekt-Unterschiede zu kompensieren und das Signal/Rausch-Verhältnis zu erhöhen. Unterschiede im mittleren globalen Fluss wurden mittels einer Kovarianzanalyse (ANCOVA) auf einer Voxel-für-Voxel-Basis korrigiert, wobei die globale Zählrate als Kovariante der regionalen Blutflusswerte über alle Probanden für jeden Datensatz eingesetzt wurde. Die ANCOVA berechnet für jede Aktivierungsbedingung und für jeden Voxel im stereotaktischen Raum einen adjustierten mittleren regionalen cerebralen Blutflusswert (normalisiert auf einen mittleren cerebralen Blutfluss von 50 ml/ 100 g/ min) und einer adjustierten Varianz. Die ANCOVA beinhaltet t-Tests zwischen den Scans verschiedener Bedingungen und somit einen direkten Mittelwertsvergleich.

Die statistischen Parameter wurden dann in einem Bild zusammengeführt, der SPM (Friston et al., 1995a). Signifikant aktivierte

Tab. 1: Encodieren der Wortpaare mit hoher Bildhaftigkeit MINUS Referenz. Koordinaten (x, y, z) nach dem Atlas von Tailarach & Tournoux (1988), die Regionen sind nach Brodmann (BA) benannt.

x	y	z	Z	BA	Region
Hypnose					
-36	-56	18	8.09	19	Occipitaler Cortex, links
15	74	4	7.73	18	Occipitaler Cortex, rechts
36	42	36	7.46	10	Präfrontaler Cortex, rechts
-26	54	12	6.90	10	Präfrontaler Cortex, links
63	-21	38	4.36	46	Lateraler frontaler Cortex, links
-6	14	39	3.95	32	anteriores Cingulum, links
Wachzustand					
10	-96	4	5.13	17/18	Occipitaler Cortex, links u. rechts
18	52	-4	4.08	10/11	Präfrontaler Cortex, rechts
-21	48	0	3.71	10	Präfrontaler Cortex, links
-12	24	21	4.39	32	anteriores Cingulum, links

Tab. 2. Abruf der Wortpaare mit hoher Bildhaftigkeit MINUS Referenz. Koordinaten (x,y,z) nach dem Atlas von Tailarach & Tournoux (1988), die Regionen sind nach Brodmann (BA) benannt.

x	y	z	Z	BA	Region
Hypnose					
-12	-71	0	8.72	18	Occipitaler Cortex, links
43	-84	8	8.34	19	Occipitaler Cortex, rechts
-20	48	0	8.92	10	Präfrontaler Cortex, links
-14	57	12	6.68	10/11	Präfrontaler Cortex, links
9	-68	40	6.95	7	Präcuneus, rechts
-12	-69	42	6.23	7	Präcuneus, links
2	-53	-8	5.50		Cerebellum, rechts
-20	30	16	4.97	29	anteriores Cingulum, links
Wachzustand					
0	-79	44	5.19	7	Präcuneus, bilateral
36	48	33	5.94	9	Präfrontaler Cortex, rechts
36	46	32	4.37	9	Präfrontaler Cortex, links
-2	-44	19	4.13	29	anteriores Cingulum, links
2	-53	-8	4.03		Cerebellum, rechts

Voxel wurden mit dem Allgemeinen Linearen Modell bestimmt (The Wellcome Department of Cognitive Neurology, London, UK). Es wurde eine Design-Matrix definiert, welche Kontraste für signifikante Aktivierungen beinhaltete zwischen den Lernbedingungen (Wachzustand vs Hypnose) und der Referenzbedingung I (Präsentation von Pseudo-Wort-Paaren) bzw. der Abfrage und der Referenzbedingung II (einzelne Pseudo-Wörter). Voxel wurden als signifikant betrachtet, wenn sie ein Signifikanzniveau von $Z = 3.72$ ($P < 0.0001$) überschritten und einer Mindestclustergröße von 33 aktivierten Voxeln angehörten ($P < 0.05$, korrigiert für multiple Vergleiche) (Friston et al., 1994). Die Ergebnisse wurden analysiert, indem einerseits ein Vergleich mit der Referenz-Aufgabe gezogen, andererseits die Trancebedingung von der Wachbedingung subtrahiert wurde und vice versa. Letzteres Verfahren wird als kognitive Subtraktionsmethode bezeichnet.

Ergebnisse

In der Enkodierungsphase waren in beiden Versuchsbedingungen (Hypnose und Wachzustand) bilaterale Aktivierungen im präfrontalen Cortex (Brodmann Areale 9/45/46) und im anterioren cingulären Cortex nachweisbar. Unter Hypnose zeigten sich die Unterschiede in einer zusätzlichen occipitalen und verstärkten präfrontalen Aktivierung. In der Abrufphase (Wachzustand) zeigten sich bilaterale präfrontale und anteriore cinguläre Aktivierungen sowie Aktivierungen im medialen parietalen Cortex (Brodmann Areal 7, Präcuneus) und im Cerebellum. Beim Abruf der Inhalte, die zuvor unter Hypnose erlernt wurden, waren stärkere Ausprägungen der Aktivierungen im präfrontalen Cortex und Cerebellum, sowie zusätzliche Aktivierungen im Sehzentrum nachweisbar (s. Abb. 1, Tab. 1 und 2). Eine nach der Studie erfolgte Befragung der Probanden nach der Lernstrategie ergab, dass unter Hypnose alle Versuchspersonen die Wortpaare in Form von Bildern gelernt hatten. Auf behavioraler Ebene wurde die Lernleistung hoch bildhafter im Vergleich zu abstrakten Wortpaaren untersucht, der Versuchsaufbau ist in Abb. 2 dargestellt. Es konnte gezeigt werden, dass sich unter Hypnose der Abruf von abstrakten Wortpaaren (Moral - Busse) verschlechterte, wobei sich die Reproduktionsleistung bei Wortpaaren mit hoher Bildhaftigkeit (Affe - Kerze) hingegen verbesserte (Halsband, 2001) (s. Abb. 3).

Schlussfolgerung

Die Ergebnisse sprechen für eine vermehrte Einbindung occipitaler und präfrontaler Strukturen in Trance beim Erlernen und Abruf hochbildhafter Wortpaare.

Versuch 2: Auditives Wortpaarassoziationslernen

Es stellt sich nun die Frage, inwieweit die in der visuellen Darbietung nachgewiesene verbesserte Behaltensleistung in Trance von hochbildhaften Wortpaaren modalitätsspezifisch ist oder als ein modalitätsübergreifendes Phänomen zu

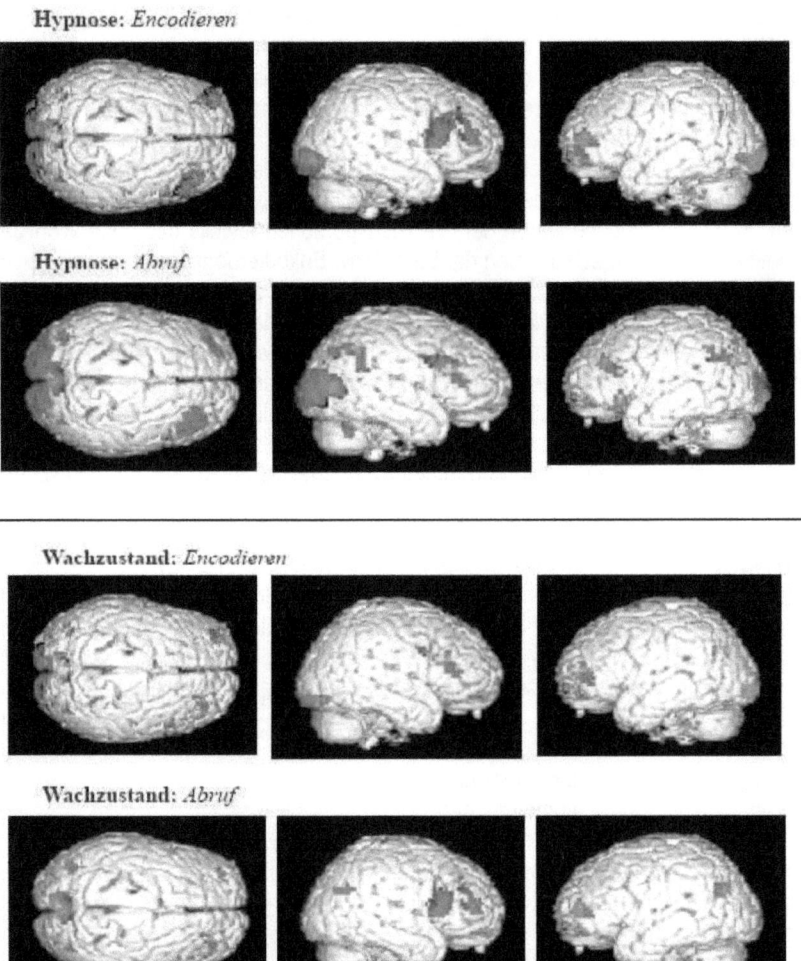

Abb. 1: PET Aktivierungen beim Abruf von Wortpaaren mit hoher Bildhaftigkeit nach vorherigem Lernerwerb unter Trance (oben) im Vergleich zum Wachzustand (unten).

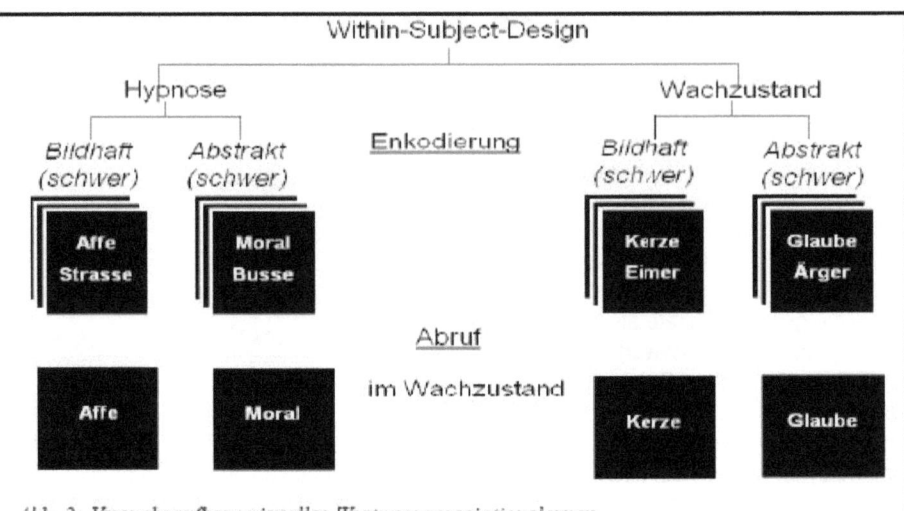

Abb. 2: Versuchsaufbau: visuelles Wortpaarassoziationslernen

betrachten ist. Zur Klärung dieser Fragestellung wurde in einer neuen Versuchsreihe untersucht, welche Effekte bei einer auditiven Präsentation der Wortpaare nachweisbar sind. Wie in der o. g. Versuchsbedingung beschrieben, wurden die Versuchspersonen im Wachzustand und unter hypnotischer Trance untersucht. Es wurde die Hypothese aufgestellt, dass die o.g. Befunde auf andere Modalitäten übertragbar sind, und dass eine verbesserte Lernleistung bildhafter Wortpaarassoziationen unter Hypnose auch in der auditiven Modalität nachweisbar ist.

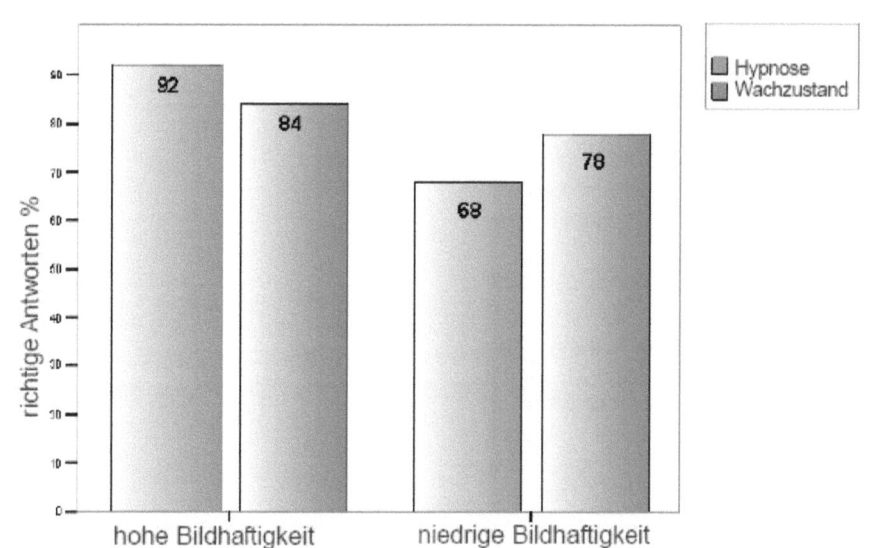

Abb. 3: Korrekte Antworten (in %) beim Abruf von Wortpaaren mit hoher im Vergleich zu niedriger Bildhaftigkeit. Das Erlernen von Wortpaaren erfolgte in hypnotischer Trance oder im Wachzustand

Methoden
Vorversuch
Stichprobe Vortest

Die Stichprobe für den Vortest umfasste 34 rechtshändige studentische Versuchspersonen mit Deutsch als Muttersprache (Alter 24 Jahre, SD 6.2). Bei keinem der Probanden lag eine psychische Störung oder neurologische Erkrankung vor. Alle Probanden waren gegenüber der Hypnose sehr aufgeschlossen; es handelte sich somit um eine motivierte Versuchspersonengruppe. Die Probanden wurden anhand einer modifizierten Version der Harvard Group Scale of Hypnotic Susceptibility (HGSHS Form A) auf hohe vs. niedrige Suggestibilität hin untersucht. Die Trancetiefe wurde anhand einer 7-stufigen Ratingskala aus der HGSHS Form A erfasst. Als hochsuggestibel wurden Versuchspersonen mit einem Mittelwert auf der HGSHS-Skala > 7.0, als Niedrigsuggestible jene mit einem Skalenmittelwelt < 4.0 klassifiziert. Im zweiten Teil des Vortests wurden den Probanden je vier Wortpaarlisten mit jeweils 18 Wortpaaren mit hoher und niedriger Bildhaftigkeit auditiv im Wachzustand präsentiert, um die Behaltensleistung im Wachzustand als Baseline zu erfassen. Die Wortpaarbedingungen waren unterteilt in: 1. eine leichte bildhafte, 2. eine schwere bildhafte, 3. eine leichte abstrakte sowie 4. eine schwere abstrakte Wortpaarbedingung. In der leichten bildhaften Bedingung (Beispiele: Wasser -Tropfen, Kerze - Flamme) waren die Items jedes Wortpaares logisch-semantisch miteinander assoziiert; hingegen wiesen in der schweren bildhaften Bedingung (Beispiele: Blume - Tasche, Asche - Vorhang) die Wortpaare keinen direkten Bezug zueinander auf. Auch die abstrakte Wortpaarbedingung wurde in zwei Schwierigkeitsstufen unterteilt: eine leichte abstrakte Bedingung (Beispiele: Problem - Lösung, Freude - Lächeln) sowie eine schwere abstrakte Bedingung (Beispiele: Friede - Adel, Idee - Sitte), die nach denselben Assoziationsregeln wie die Wortpaare der bildhaften Bedingung gebildet worden waren.

In der Abrufphase sollten die Probanden nach einmaliger auditiver Präsentation jeweils das zweite Wort ergänzen, nachdem das jeweils erste Item vorgegeben worden war. Der Cut-off-Wert für die Teilnahme am Versuch lag bei 80% richtig erlernter Wortpaare.

Hauptversuch
Versuchspersonen

Für den Hauptversuch wurden aufgrund der Ergebnisse des Vorversuches (Suggestibilitätsscore, Gedächtnisleistung) 22 Versuchspersonen, 11 Hochsuggestible, HGSHS-Wert > 7.0 und 11 Niedrigsuggestible, HGSHS-Wert < 4.0, ausgewählt. Das durchschnittliche Alter der Versuchspersonen betrug 25.5 Jahre (SD 6.8).

Versuchsaufbau

Die Versuchspersonen wurden in 90-minütigen Einzelsitzungen getestet. Der Versuchsablauf setzte sich aus sechs Teilabschnitten zusammen: 1) Fokussierung und Tranceeinleitung, 2) Stufeninduktion, 3) metaphorische Geschichte, 4) Vorbereitung auf den Lernversuch, 5) Vorlesen der Wortpaare, 6) Ausleitung der Trance, Rückkehr in den Wachzustand. Die Tranceeinleitung erfolgte nach einer modifizierten Induktion von Revenstorf (persönliche Kommunikation). Ausgangspunkt für die Tranceeinleitung war eine Bündelung der Aufmerksamkeit mittels direkter Induktion durch Fixation auf einen Gegenstand am Fussboden bzw. am Körper des Probanden. Des Weiteren wurden Ruhe- und Entspannungssuggestionen gegeben. Im nächsten Induktionsschritt wurde eine Stufen-Induktion durchgeführt, welche die Versuchspersonen in jeweils zehn Schritten tiefer in die Trance führen sollte. In einer der Induktionen stiegen sie z.B. in zehn Schritten mit einem Ballon in die Höhe, in einer anderen gingen sie zehn Stufen eine Treppe hinunter, eine weitere Induktion thematisierte wiederum in zehn Abschnitten eine Bootsfahrt über einen See bzw. die Probanden tauchten in der Vorstellung in zehn-Meter-Schritten in der Südsee in die Tiefe. Den einzelnen Themen zugeordnet erhielten die vier Induktionen ihre jeweilige Benennung: 1. Ballon-Induktion, 2. Stufen-Induktion, 3. Boots-Induktion, 4. Tiefsee-Induktion (s. Abb. 4). Die Stufen-Induktionen erfolgten in randomisierter Reihenfolge. Um eine Trance-Vertiefung zu erreichen, wurde im Anschluss eine kurze allegorische, bildhaft gut umsetzbare Geschichte vorgelesen. Dabei handelte es sich um

- die Weisheit des Meisters (aus Peseschkian, 2003. Der Kaufmann und der Papagei.)
- die Löwengeschichte (Trenkle, 2002. Die Löwengeschichte.)
- die Geschichte vom Adler, der sich für ein Huhn hielt (übernommen von Revenstorf, persönliche Kommunikation)
- die Traktor-Geschichte (Peseschkian, s. o.).

Die Auswahl der Geschichten erfolgte ebenfalls in randomisierter Reihenfolge. Somit wurde gewährleistet, dass keine der einzelnen Lernversuchsbedingungen einem Artefact unterlag, indem eine spezifische Tranceinduktionkombination (z.B: Treppe -

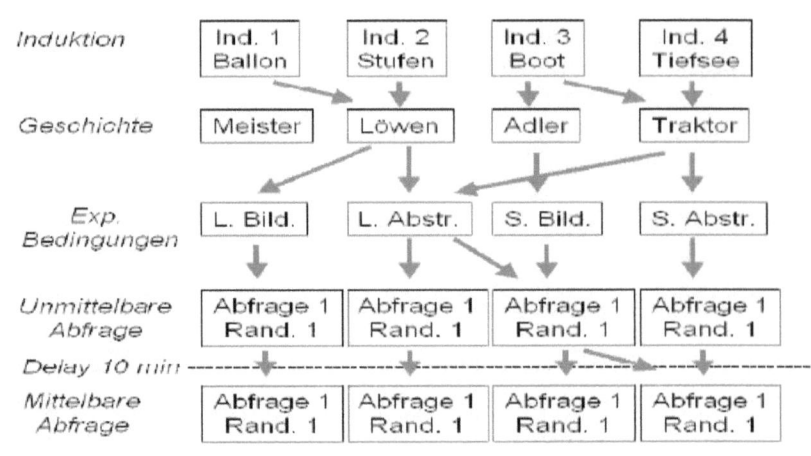

Abb. 4: Übersichtsschema des Versuchsaufbaus auditiv präsentierter Wortpaarassoziationen

Adler) eine bessere Trancevoraussetzung ergab als eine Alternativkombination. Im Anschluss an die Geschichten folgte eine standardisierte Vorbereitung auf den darauf folgenden Lerndurchgang. Es wurde den Probanden suggeriert, dass es ihnen leicht fallen werde, im jetzigen entspannten Zustand die nun folgende Wortpaarliste zu erlernen. In randomisierter Reihenfolge wurde eine der 18-Item-Wortpaarlisten (leicht bildhaft, schwer bildhaft, leicht abstrakt, schwer abstrakt) langsam und betont vorgelesen. Danach erfolgte mittels einer standardisierten Ausleitung (Revenstorf, persönliche Kommunikation) die Rückführung aus der hypnotischen Situation und die erste Abfrage im Wachzustand. Im Anschluss daran füllten die Probanden zehn Minuten lang einen Fragebogen aus, dann erfolgte die zweite, mittelbare Abfrage derselben Wortpaare (s. Abb. 4).

Wortpaarlisten

Den Probanden wurden jeweils 18 hochbildhafte sowie 18 abstrakte Wortpaare vorgelesen. Die Bedingungen waren in sich nochmals unterteilt in eine leichte bildhafte Wortpaarbedingung, bei der sich die Worte sachlich - logisch aufeinander beziehen (z.B. Himmel-Wolke, Hafer-Pony) und eine schwere bildhafte Wortpaarliste, in der beide Begriffe hochbildhaft, jedoch ohne Bezug zueinander sind (z.B. Apfel-Löwe, Sichel-Tanne). Die abstrakte Wortpaarbedingung war analog in eine leichte abstrakte Bedingung (z.B. Lehre-Bildung, Frage-Antwort) sowie eine schwere abstrakte Bedingung (z.B. Eignung-Geruch, Erfolg-Busse) unterteilt.

Somit gab es vier Versuchsbedingungen, in denen die Versuchspersonen jeweils einmal eine der Wortpaarlisten in Hypnose hörten und sie anschließend im Wachzustand unmittelbar wiedergeben sollten. Dazu wurde ihnen in der Abrufphase in randomisierter Reihenfolge jeweils das erste Wort des Wortpaares vorgegeben, das sie mit dem richtigen Item ergänzen sollten. Die richtigen und falschen Antworten wurden auf einer Abfrageliste markiert.

Anschließend füllten die Versuchspersonen einen Fragebogen zur zuvor gehörten Induktion aus (Trancetiefe, Geschichte), um einen zehnminütigen Delay zu erreichen. Dann wurden wiederum die ersten Items der zuvor gelernten Wortpaarlisten, nochmals randomisiert, wie zum ersten Abfragezeitpunkt vorgegeben, und von den Probanden mit dem zweiten Wort ergänzt. Die richtigen und falschen Antworten wurden wie zuvor auf einer Liste vermerkt. Dieses Vorgehen wurde über alle vier Wortpaarbedingungen hin gleich gehalten. Die Bedingungen sowie die Induktionen und die Geschichten innerhalb der Induktion wurden bei jeder Versuchsperson neu randomisiert dargeboten.

Die Trancebedingung und die Kontrollbedingung (Wachzustand) fanden an zwei aufeinander folgenden Tagen statt. In der Kontrollbedingung beschäftigte sich der Experimentator für genau die gleiche Zeitspanne mit den Probanden wie in der Trancebedingung. Statt den Stufen-Tranceinduktionen wurden den Versuchspersonen jedoch einfache arithmetische Rechenaufgaben vorgele-

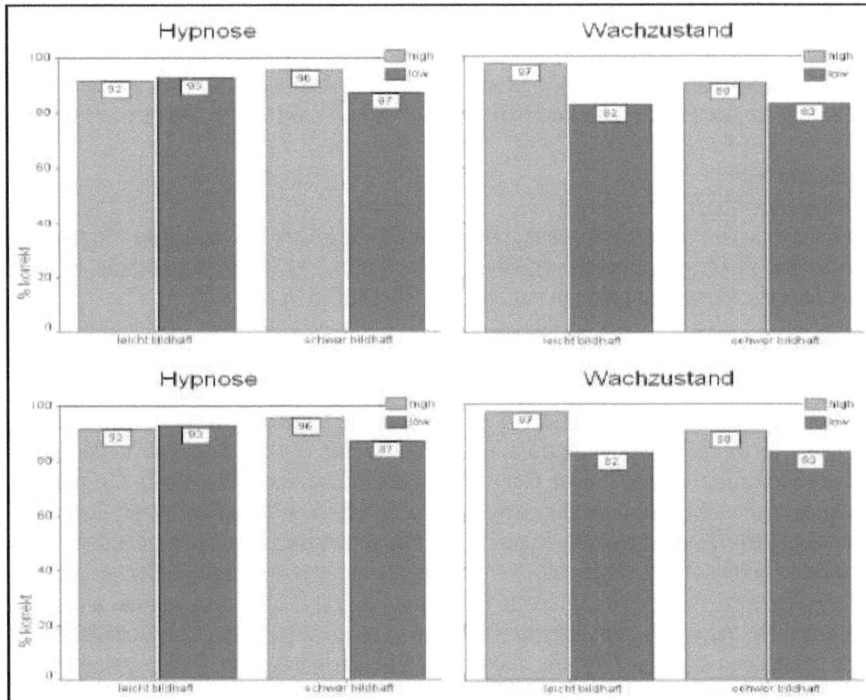

Abb. 5 A: Unmittelbarer Abruf auditiv präsentierter Wortpaarassoziationen (leichte und schwere bildhafte Wortpaarbedingungen), im Wachzustand und unter Hypnose. In der oberen Zeile dargestellt ist die Lernleistung der bildhaften Wortpaare, in der unteren Zeile die Reproduktionsleistung der abstrakten Wortpaare.

sen (z. B. 8+5=13). Im Anschluss hieran wurde ein kurzer Reisebericht zitiert. Die Randomisierung und Abfrage der Lernversuche erfolgte wie im Trancezustand (bildhaft leicht/schwer, abstrakt leicht/schwer). 50% der Versuchspersonen nahmen zuerst an der Kontrollbedingung und danach am Lernversuch in Trance teil, bei den anderen Probanden war die Reihenfolge umgekehrt.

Ergebnisse
Es wurde eine ANOVA für Wiederholungsmessungen (repeated measurement design) durchgeführt.

Unmittelbares Reproduzieren
Bildhafte Wortpaare
Die Ergebnisse zeigen, dass hochsuggestible Probanden in Trance die Wortpaare in der schweren bildhaften Bedingung besser lernten als die Niedrigsuggestiblen (p<0.05). Des Weiteren zeigten die Hochsuggestiblen in dieser Versuchsbedingung bessere Lernleistungen als im Wachzustand (p<0.05). Somit lag die Lerneffektivität der Hochsuggestiblen unter Hypnose bei der Reproduktion der schwer bildhaften Wortpaare bei durchschnittlich 96%, im Wachzustand erzielten dieselben Probanden ein durchschnittliches Lernergebnis von 90%. Hingegen war in dieser Versuchsanordnung für die niedrigsuggestiblen Probanden kein signifikanter Unterschied in der Reproduktionsleistung nachweisbar (s. Abb. 5A). Im Gegensatz dazu waren in der leichten bildhaften Lernbedingung in Trance keine signifikanten Unterschiede zwischen den Hoch- und den Niedrigsuggestiblen nachweisbar. Dies könnte u. U. auf einen Deckeneffekt zurückzuführen sein, da beide Versuchsgruppen in dieser leichtesten Lernbedingung mühelos den 90%- Performanz-Level überschritten. Interessanterweise zeigten jedoch im Wachzustand die Hochsuggestiblen bessere Leistungen beim Erlernen der leichten bildhaften Wortpaare als die niedrigsuggestiblen Probanden (p<0.01). Im Wachzustand ergab sich in der schwer bildhaften Versuchanordnung zwischen den hoch- und niedrigsuggestiblen Probanden ebenfalls ein signifikanter Unterschied (p<0.05), der jedoch weniger schwer ausgeprägt war als in der leicht bildhaften Bedingung.
Die Ergebnisse sind im Einklang mit einer mündlichen Befragung der Versuchspersonen, wonach die Hochsuggestiblen vermehrt dazu tendierten, die optimale Lernstrategie zu verwenden, d.h. die jeweiligen Wortpaare in ein einziges mentales Bild zu transferieren (Beispiel: ein Affe, der eine Banane ißt). Diese Strategie war besonders effektiv in der leicht bildhaften Bedingung anzuwenden.

Abstrakte Wortpaarassoziationen:
In allen Versuchsbedingungen wurden die leicht abstrakten Wortpaarassoziationen signifikant besser reproduziert als die schwer abstrakten Wortpaarassoziationen (p<0.01).
Auffallend war, dass unter Hypnose die schwer abstrakten Wortpaare signifikant schlechter erlernt wurden als im Wachzustand. Die schlechtesten Lernleistungen zeigten die hochsuggestiblen Probanden in der Versuchsbedingung schwer abstrakt / Lernen unter Hypnose. Hier lag die durchschnittliche Reproduktion nur bei 9%. Hingegen waren dieselben Probanden in der Lage, schwer abstrakte Wortpaare, die sie im Wachzustand erlernten, mit 35% korrekt wiederzugeben. Als sehr interessantes Ergebnis dieser Verhaltensstudie ist festzustellen, dass sich für die unter Hypnose erlernten Wortpaare ein gravierender Nachteil für die hochsuggestiblen Probanden hinsichtlich der Wiedergabeleistung abstrakter Wortpaare ergab. Bei den schwer bildhaften Wortpaarassoziationen hingegen wirkte sich das Lernen unter Hypnose positiv auf die Wiedergabeleistung aus. Die hoch- und niedrigsuggestiblen Probanden unterschieden sich nicht in ihrer Lernleistung abstrakter Wortpaare, wenn diese zuvor im Wachzustand erlernt wurden.

Mittelbares Reproduzieren
Bildhafte und abstrakte Wortpaare
In keiner der Versuchsbedingungen war nach einer 10-minütigen Verzögerung ein signifikanter Verlust in der Lernleistung nachweisbar. Weder in der bildhaften noch in der abstrakten Versuchsanordnung war ein Lernverlust beim mittelbaren Reproduzieren nachweisbar. Abb. 5B zeigt die Ergebnisse in der bildhaften Versuchsanordnung; die Lernleistung konnte jedoch auch in der abstrakten Bedingung aufrechterhalten bleiben. Die Lerneffekte in den entsprechenden Versuchsanordnungen konnten somit ohne jegliche

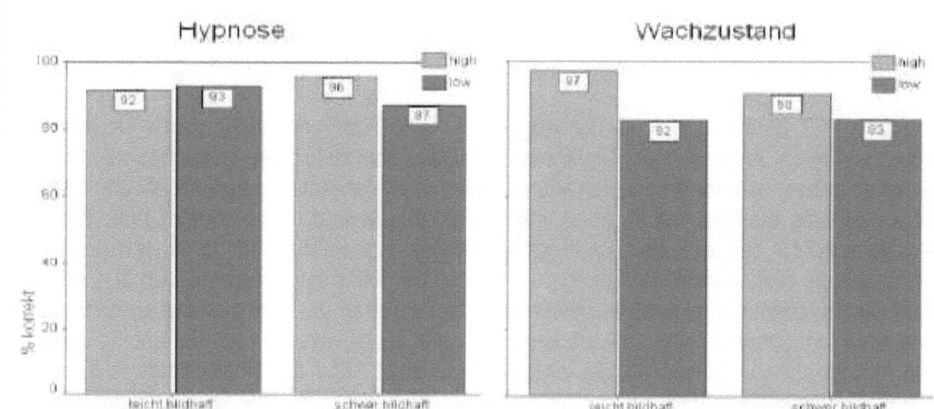

Abb. 5B: Mittelbares Reproduzieren der bildhaften Wortpaarassoziationen nach einer zehnminütigen Verzögerung.

Einschränkung über die 10-minütige Unterbrechung hinweg beibehalten bleiben.

Schlussfolgerung
Hochsuggestible Probanden können hochbildhafte Wortpaarassoziationen besser lernen als Niedrigsuggestible. Den größten Lernvorteil erzielten sie in Trance, sowohl in der visuellen als auch in der auditiven Versuchsbedingung. Die Hochsuggestiblen waren auch im Wachzustand den Niedrigsuggestiblen im Erlernen der bildhaften Wortpaare überlegen.

<u>Diskussion</u>
1. PET-Studie
Ein interessanter Befund unserer PET-Untersuchung ist der, dass unter Hypnose sowohl in der Lern- als auch in der Abrufphase vermehrte Aktivierungen im Occipitalbereich (Sehzentrum) nachweisbar sind. Diese Ergebnisse sind im Einklang mit der Studie von Kosslyn et al. (2000; vgl. Spiegel & Kosslyn, in diesem Heft). Die Autoren berichteten in Hypnose über zusätzliche Aktivierungen im linken Fusiform des Sehzentrums, wenn die Versuchspersonen einen farbigen Stimulus präsentiert bekamen oder sich ein graues Raster farbig vorstellen sollten. Die neuronalen Aktivierungen in diesem Gebiet des Sehzentrums waren nur unter Hypnose und nicht im Wachzustand eruierbar. Hingegen zeigten sich in unserer Versuchsanordnung verstärkte Aktivierungen in unterschiedlichen Arealen des Sehzentrum unter Hypnose, leichtere Aktivierungen fanden sich im Occipitalbereich jedoch auch im Wachzustand.

Rainville et al. (1999) untersuchten hochsuggestible rechtshändige Versuchspersonen mittels PET. Zum Nachweis der Effekte, die mit dem Trancezustand in Verbindung stehen, wurde die Substraktionsmethode genutzt, d.h. der regionale cerebrale Blutfluss unter Hypnose wurde mit dem Blutfluss im Wachzustand kontrastiert. Unter Hypnose fanden sich ebenfalls signifikante Aktivierungsanstiege beidseits im Occipital-Lappen; diese Ergebnisse unterstützen somit die Annahme, dass die erhöhten Aktivierungen im Sehzentrum unter Hypnose als Korrelat der vermehrten Einbeziehung visueller Vorstellungen zu interpretieren sind. Spiegel und Kosslyn (2004, in diesem Heft) postulierten, dass die urteilende und wertende Funktion des Frontalhirns auf das Occipitalhirn auf die im Wachzustand vermittelten Umwelteindrücke in hypnotischer Trance in umgekehrter Sequenz erfolgen: In der Trance setzen sich verbale Instruktionen leichter in innere Bilder um und rufen somit eine veränderte Realitätswahrnehmung hervor. Die Ergebnisse sind relevant für ein besseres Verständnis der Konstruktion von Wirklichkeit unter Hypnose (Peter, 2001). Neurobiologisch ist bei der Wahrnehmung und der Imagination von visuellem Material ein Anstieg in der lokalen Hirndurchblutung in jenen Arealen nachweisbar, die an der visuellen Verarbeitung beteiligt sind (z.B. Roland & Friberg, 1985). Peter (2001) argumentiert, dass ein Zusammenspiel der Plastizität unserer Wirklichkeitskonstruktion und der neuronalen Äquivalenz der tatsächlich wahrgenommenen bis hin zur halluzinativ imaginierten Wirklichkeit die essentielle Grundlage dafür bildet, dass eine hypnotherapeutische Intervention erfolgreich ist. Je genauer der Therapeut nach den primären Sinnesmodalitäten (visuell, akustisch, kinästhetisch, olfaktorisch oder gustatorisch) frage und je modalitätsübergreifender der Zugang gewählt werde, umso "wirklicher" wird der entsprechende hypnotisch-suggerierte Sinneseindruck des Klienten konstruiert werden.

In einer neueren Studie von Rainville et al. (2002) sollten die Probanden unmittelbar nach dem PET-Scannen ihre mentale Relaxation und Absorption jeweils als Index für eine erfolgreiche hypnotische Trance bewerten. Unter Hypnose gaben alle Versuchspersonen einen erhöhten Grad an Relaxation und Absorption an. Als Nächstes wurde versucht, eine Korrelation zwischen den Hirnaktivierungen und den subjektiv empfundenen Relaxations- und Absorptionseffekten aufzustellen. Die Ergebnisse lassen sich wie folgt zusammenfassen:

1) Relaxationsbezogene Aktivierungseffekte: Positive Korrelationen zeigten sich bilateral frontal und rechts occipital im oberen occipitalen Gyrus. Im Gegensatz hierzu ergaben sich negative Korrelationen im rechten posterioren Parietal-Lappen, bilateral in den mittleren und inferioren temporalen, sowie im rechten somato-sensorischen Cortex und der Insula.

2) Absorptionsbezogene Aktivierungseffekte: Positive Korrelationen waren im rechten inferioren parietalen Cortex, im Thalamus und anterioren cingulären Cortex, bilateral präfrontal und im linken Nucleus lentiformis nachweisbar. Hingegen zeigten sich negative Korrelationen im linken inferioren parietalen Cortex und Präcuneus, sowie beidseitig im occipitalen Cortex. Die interessante Dichotomie einer beidseitigen occipitalen Aktivierung in der relaxations-bezogenen Versuchsanordnung und einer beidseitigen Deaktivierung in der absorptions-bezogenen Bedingung lässt vermuten, dass es sich hierbei tatsächlich um zwei unterschiedliche Hirnmechanismen handelt. Es ist somit der Grad der subjektiv empfundenen Entspannung, der entscheidend zu sein scheint für die Ausgeprägtheit der occipitalen Aktivierungen.

In unserer PET-Studie wurden nur hochsuggestible Probanden untersucht, die bereits vor dem Versuch über positive Tranceerfahrungen verfügten. Anhand einer mündlichen Befragung berichteten alle Versuchspersonen, die Trance als sehr entspannend empfunden zu haben, was somit auf einen ausgeprägten mentalen Relaxionsgrad schließen lässt.
Als ein weiteres interessantes Ergebnis unserer PET-Studie sind die verstärkten präfrontalen Aktivierungen unter Hypnose zu nennen, die sowohl in der Lern- als auch in der Abrufphase nachweisbar sind. In den letzten Jahren haben wir in einer Reihe von Untersuchungen die bildgebenden Verfahren der PET und der fMRT eingesetzt mit dem Ziel, die bei der Enkodierung und dem Abruf von Wortpaarassoziationen involvierten neuronalen Mechanismen im Wachzustand zu differenzieren. Es konnte eine Beteiligung des bilateralen präfrontalen Cortex (mit stärkerer linksseitiger Aktivierung) und des anterioren cingulären Cortex während der Enkodierung episodischen Materials nachgewiesen werden. Beim Abruf der Inhalte zeigte sich eine bilaterale präfrontale Aktivierung (mit stärkerer rechtsseitiger Ausprägung), eine bilaterale Aktivierung im anterioren cingulären Cortex, sowie zusätzlich eine Aktivierung im medialen parietalen Cortex (Präcuneus) (z.B. Halsband et al., 1998, 2002; Krause et al., 1999a,b; Mottaghy et al., 1999a,b; Schmidt et al., 2002). Der Befund, dass die bereits im Wachzustand registrierten präfrontalen Aktivierungen in der Lern- und Abrufphase unter Hypnose noch verstärkt auftreten, ist im Einklang mit der Studie von Rainville et al. (1999). Die Autoren berichteten über vermehrte Aktivierungen im frontalen Cortex, in den inferioren frontalen Gyri und im rechten anterioren cingulären Cortex. Zusätzlich fanden sich Aktivierungen im rechten anterioren superioren Temporalgyrus und der linken Insula.
Maquet et al. (1999) berichteten ebenfalls über linkshemisphärische Veränderungen unter Hypnose im präzentralen, prämotorischen, ventrolateral-präfrontalen und parietalen Bereich, sowie über signifikante rechtshemisphärische Erhöhungen im anterioren Cingulum. Interessanterweise ergaben sich aus neurobiologischer Perspektive Überlappungen mit neuronalen Schaltkreisen, denen eine bedeutende Funktion in der Aufmerksamkeit (Kemma, 2003; Raz et al., 2002, 2004; Sturm, 2003) und der impliziten Informationsverarbeitung (Halsband, 1999; Halsband et al., 2003) zuteil wird. Neuronale Schaltkreise, die bei der Aufrechterhaltung

der Daueraufmerksamkeit (z.B. bei der Bewältigung klassischer Vigilanzaufgaben) involviert sind, zeigten rechtsseitige Aktivierungen im ventrolateralen und dorsalen frontalen Cortex, sowie in Regionen des parietalen Cortex. Als bedeutende Strukturen des orientierenden Aufmerksamkeitssystems seien die frontale Augenregion, Pulvinar, Colliculus superior, temporo-parietale Grenzregion und der obere Parietal-Lappen zu nennen. Im Bereich der exekutiven Funktionen wurde den anterioren cingulären Strukturen eine bedeutende Funktion zugeschrieben (Raz, et al., 2002, 2004). Zu den Strukturen des impliziten Lernens zählen u. a. der prämotorische Cortex, das supplementäre motorische Areal, cinguläre und parietale Regionen, Basalganglien und das Cerebellum (Halsband et al., 2003). Die Nutzung impliziten Wissens und die Anregung zu impliziter Informationsverarbeitung nehmen ja bekanntermassen eine Schlüsselfunktion in der hypnotherapeutischen Intervention ein. Bei der Anwendung der implizit erlernten Fähigkeiten wird ein Teil der Wahrnehmung von den eigenen Handlungen abgespalten und sowohl unbewusst registriert als auch durchgeführt.

Hypnose scheint somit auch einen direkten Einfluss auf unterschiedliche Aspekte des impliziten Gedächtnisses auszuüben, das neben motorischen Fertigkeiten und Skills auch Priming-Aufgaben, einfache Assoziationen, die auf den Prinzipien des Konditionierens beruhen, sowie nicht-assoziatives Lernen umfasst. Fokussierung und Lenkung der Aufmerksamkeit sind wesentliche Merkmale jeder Hypnoseinduktion und werden der Funktion der Frontallappen zugeordnet. Fuster (1997) berichtete, dass der frontale Cortex neuronale Netzwerke auf subcorticaler Ebene moduliert, indem er sie aktiviert oder hemmt. Die Ergebnisse von Walter (1992) zeigten bei hoch suggestiblen Personen unter Hypnose eine Erhöhung des rCBF in linkshemisphärischen superior frontalen sowie bilateralen inferioren frontalen Arealen, die mit einem verminderten Blutfluss in anderen nicht frontalen Arealen einhergingen. Im Gegensatz hierzu berichtetetn Gruzelier und Mitarbeiter (Gruzelier, 1998, 2000; Gruzelier & Warren, 1993; Kallio et al., 2000) über eine Inhibition linker präfrontaler Kortexareale in hypnotischer Trance. Die unter Hypnose veränderte frontale Aktivität ist relevant für unser Verständnis der neuronalen Mechanismen hypnotischer Dissoziation. Unter Hypnose ist es von Vorteil, dass beim Lernvorgang irrelevante oder störende Wahrnehmungen ausgeblendet (dissoziiert) werden können, wie Schmerz, emotionale Komponenten oder interferierende visuelle und akustische Reize (Erickson, 1939/1995; Revenstorf & Peter, 2001; Spiegel & Vermetten, 1994). Neurobiologisch wurde als Erklärungsmodell der Dissoziation vor allem die Relevanz frontaler Exekutivfunktionen hervorgehoben (Woody & Parvolden, 1998), wobei jedoch die Funktion des frontalen Cortex in einem komplexen neuronalen Netzwerk zu interpretieren ist (Kallio et al., 2001). Crawford et al. (1998, in diesem Heft) vertreten die Hypothese, dass durch die hypnotische Analgesie ein supervidierendes Aufmerksamkeitssystem im anterioren frontalen Cortex aktiviert werde, das über corticale und subcorticale neuronale Netzwerkverbindungen die thalamo-corticalen Aktivitäten reguliere. Rainville et al. (1999) berichteten, dass spezifische hypnotische Suggestionen zu einer Aktivierung frontaler Regionen führe und über "top-down"-Prozesse eine Bedeutungsveränderung der wahrgenommenen Reize ermögliche.

2. Verhaltensstudien

Erste Versuche, die Lernleistung unter Hypnose experimentell zu quantifizieren, finden sich z.B. bei den Arbeiten von Gheorghiu (1965, 1973). Gheorghiu (1965) beobachtete bei einigen Versuchspersonen unter positiver Suggestion eine verbesserte Wiedergabe von Detailstrukturen beim Zeichnen von Tieren. Gheorghiu (1973) untersuchte die Reproduktionsleistung von Gegenständen im Wachzustand, Hypnose und autogenem Training. Die Objekte wurden zuvor im Wachzustand kopiert und benannt. Die Ergebnisse zeigten unter Hypnose eine bessere Reproduktionsleistung als unter autogenem Training. Nach Gheorghiu (1973) könnte die mnestische Leistungssteigerung unter Hypnose einerseits damit zusammenhängen, dass eine affektive Deblockierung entstanden ist, die auf die hypnotische Entspannung zurückgeführt werden könnte (siehe auch Dorcus, 1960). Andererseits wäre es denkbar, dass die verbesserten Resultate auf eine erhöhte bildhafte Repräsentation der zu erlernenden Gegenstände in der Hypnose zurückzuführen sind.

In unserer Studie konnte auf behavioraler Ebene gezeigt werden, dass sich unter Hypnose im Vergleich zum Wachzustand der Abruf von schwer assoziierbaren Wortpaaren mit hoher Bildhaftigkeit verbesserte. Dieser Befund war in der visuellen und auditiven Versuchsbedingung nachweisbar. Somit konnte erstmals gezeigt werden, dass eine verbesserte Umsetzung bildhafter Repräsentationen nicht modalitätsspezifisch ist. Dieser Lernerfolg war auch nach einer 10-minütigen Interferenz nachweisbar. Hingegen war die Abrufleistung abstrakter Wortpaarassoziationen (leichte und schwierige Versuchsbedingung) stark vermindert, wenn die Enkodierung in Trance stattgefunden hat.

Die Befunde unserer Studie, dass Hypnose zu einer Erhöhung der bildhaften Repräsentation führt, stehen im Einklang mit der Studie von Bongartz (1985). Mit einer indirekten Herangehensweise wurde der Frage nachgegangen, wie sich die Assoziation der Bildhaftigkeit auf die Lern- und Abrufleistung auswirkt. Während einer Altersregression wurden in Hypnose Wörter, wie z.B. Ofen, Spaten, Bäcker vorgelesen. Im Anschluss wurden die in der Rückführung gelernten Wörter zusammen mit Wörtern vorgelesen, die denen aus der Rückführung ähnlich waren und in der Regression nicht vorkamen. Diese waren entweder Wortpaare mit großer semantischer Ähnlichkeit, wie etwa Ofen und Herd oder Spaten und Schaufel, oder aber Wortpaare mit hoher akustischer Ähnlichkeit, wie z.B. Bäcker-Wecker. Nun sollten die Probanden diejenigen Wörter ankreuzen, von denen sie annahmen, dass sie zuvor vorgelesen worden waren. Die Ergebnisse zeigten bei hochsuggestiblen Personen eine höhere Fehlerleistung beim Wiedererkennen der semantisch ähnlichen Wörter als im Wachzustand, hingegen zeigten dieselben Versuchspersonen eine verbesserte Leistung beim Wiedererkennen der akustisch ähnlichen Wortpaare. Bongartz unterstrich damit die Hypothese, dass Hypnose eine eher bildhafte Repräsentation verlangt. Dieses führt bei Hochsuggestiblen zu einer besseren Diskrimination zwischen dem zuvor dargestellten Wort, welches das kodierte Bild beschreibt, und einem akustisch ähnlichen Distraktor. Hingegen zeigte sich der gegenteilige Effekt bei der Verwendung semantisch nahe liegender Wortpaare (z.B. Schaufel - Spaten), wobei die Ähnlichkeit der semantischen Bilder, die beim Abruf assoziiert wurden, zu einer schlechteren Abrufleistung führte. Die verschlechterten Leistungen könnten darauf zurückzuführen sein, dass in der hypnotischen Altersregression eine Interferenz bei bildhaft ähnlichen Präsentationen entstanden ist. Diese Interferenz könnte möglicherweise durch die assoziative Nähe entstanden sein, in der eine Art Überdeckungs-Effekt des schon Gewussten mit dem neu Präsentierten entstanden ist.

In unserer Studie haben nur die hochsuggestiblen Probanden in der schweren bildhaften Assoziationsbedingung einen Lernvorteil in Trance erzielt, sowohl in der visuellen als auch in der auditiven Versuchsbedingung. Hingegen zeigten die niedrigsuggestiblen Versuchspersonen keine Unterschiede im Lernverhalten hochbildhafter Wortpaare in Hypnose und im Wachzustand. Sweeney et al. (1986) berichteten ebenfalls über einen verbesserten Abruf hochbildhafter Wortpaare in Hypnose. Im Gegensatz zu unserer Studie fanden sich jedoch keine Unterschiede beim Erlernen abstrakter Wortpaare in Hypnose und im Wachzustand.

Ein wesentliches Problem in der Studie von Sweeney et al. (1991) liegt jedoch darin, dass die Autoren keine Unterteilung in Hoch- und Niedrigsuggestible vornahmen, und wir somit eine sehr heterogene Versuchspersonengruppe mit unterschiedlichsten Tranceerlebnissen vorfinden. Crawford und Allen (1996) berichteten über einen verbesserten Lernabruf von Wortpaarassoziationen unter Hypnose bei den Hochsuggestiblen. Ein verbesserter Lerneffekt in Hypnose war jedoch nur in einem Within-Subject Design (Untersuchung derselben Probanden in unterschiedlichen Versuchsbedingungen) und nicht in einem Between-Subject Design (Untersuchung unterschiedlicher Probanden in unterschiedlichen Versuchsbedingungen) nachweisbar. Interessanterweise waren in unserer Studie die Hochsuggestiblen auch im Wachzustand den Niedrigsuggestiblen überlegen. Die Ergebnisse stehen im Einklang mit anderen Studien, die bei Personen mit hoher hypnotischer Suggestibilität im Vergleich zu Niedrigsuggestiblen über einen verbesserten Abruf von Wortpaarassoziationen berichteten (Crawford & Allen, 1996, T'Hoen, 1978).

In der Studie von T'Hoehn (1978) sollten hoch- und niedrigsuggestible Versuchspersonen im Wachzustand 4 Wortpaarlisten von jeweils 9 Wortpaaren unterschiedlicher Ausgeprägtheit der Bildhaftigkeit erlernen. Die Hochsuggestiblen zeigten eine bessere Reproduktionsleistung bildhafter Wortpaare als die Niedrigsuggestiblen. Es stellt sich daher die Frage, inwieweit die Hochsuggestiblen a priori über bessere Lernstrategien als die niedrig Suggestiblen verfügen. Andere Autoren berichteten über eine schnellere motorische Reaktionszeit der Hochsuggestiblen (Braffman & Kirsch, 2001) und eine erhöhte Informationsverarbeitungsgeschwindigkeit (Ingram et al., 1979). Auffallend war, dass in unserer Untersuchung die hochsuggestiblen Probanden oft spontan die Informationen über die jeweils zu erlernenden Wortpaare in ein mentales Bild übertrugen und somit leichter erlernen konnten. Diese Strategie war jedoch nur auf das Erlernen der bildhaften Wortpaare anwendbar, die abstrakten Wortpaarkonstellationen waren nicht in ein mentales Bild transferierbar. Zusammenfassend sprechen die Ergebnisse für eine verbesserte Umsetzung bildhafter Repräsentationen bei Hochsuggestiblen. Die besten Lernergebnisse erzielten die hochsuggestiblen Probanden in Hypnose. Die Befunde haben therapeutische Implikationen und sind relevant für unser Verständnis der Konstruktion von Wirklichkeit unter Hypnose (Peter, 2001).

Literatur

Bongartz, W. (1985). Encoding of High- and Low-Imagery Nouns during Hypnotic Age Regression. In:Experimentelle und klinische Hypnose 1985, I, Heft 20,143-151.

Braffman, W., & Kirsch I. (2001). Reaction time as a predictor of imaginative suggestibility and hypnotizability. Contemporary Hypnosis, 18, 107-119. In: Crawford, J. (2004). The Neuroscience of Hypnosis: Contributions of Genetic, Neuroanatomical and Speed of Information Processing Factors to Hypnotic Responsiveness.

Clark, J.C., Crouzel, C., Meyer, G.J., Strijckmans, K. Current methodology for oxygen-15 production for clinical use. Appl Radiat Isot 1987; 38, 597-600.

Crawford, H.J., & Allen, S.N. (1996). Paired-associate learning and recall of high and low imagery words: moderating effects of hypnosis, hypnotic susceptibility level, and visualization abilities. American J of Psychology, 109(3), 353-72.

Crawford, H.J., Knebel, T., Kaplan, L., Vendemia, J.M., Xie, M., Jamison, S., Pribram, K.H. (1998). Hypnotic analgesia: 1. Somatosensory event-related potential changes to noxious stimuli and 2. Transfer learning to reduce chronic low back pain. International J of Clinical and Experimental Hypnosis. 46(1), 92-132

Erickson, M.H. (1939/1995). Eine hypnotische Technik für Patienten mit Widerstand: Der Patient, die Technik, die Grundlagen und Feldexperimente. In Rossi, E.L. (Hrsg.). Gesammelte Schriften von Milton H. Erickson (Band 1, Kap. 13, 416-461). Carl Auer, Heidelberg

Faymonville, M.E., Laureys, S., Degueldre, C., DelFiore, G., Luxen, A., Franck, G., Lamy, M., Hypnose und Kognition (HyKog), 21 (1+2), Oktober 2004 33

Maquet, P. (2000). Neural mechanisms of antinociceptive effects of hypnosis. Anesthesiology 92(5), 1257-67

Frackowiak, R.S., Lenzi, G.L., Jones, T., Heather, J.D. (1980). Quantitative measurement of regional cerebral blood flow and oxygen metabolism in man using 15O and positron emission tomography: theory, procedure and normal values. J of Computer Assisted Tomography 4, 727-36

Friston, K.J., Worsley, K.J., Frackowiak, R.S.J., Mazziotta, J.C., Evans, A.C. (1994). Assessing the significance of focal activations using their spatial extent. Human Brain Mapping 1, 210 - 20

Friston, K.J., Ashburner, J., Frith, C.D., Poline, J.-B., Heather, J.D., Frackowiak, R.S.J. (1995a). Spatial registration and normalisation of images. Human Brain Mapping 2, 165-89

Fuster, J.M. (1997), The prefrontal cortex: Anatomy, physiology, and neuropsychology of the frontal lobe, 3rd ed. New York: Raven Press

Gheorghiu, V.A. (1963). Untersuchung individueller Eigenheiten der Vorstellungen mittels Hypnose. Psychiatrie, Neurologie und medizinische Psychologie 17 (7), 265-274. In Revenstorf, D., & Peter, B. (2001). Hypnose in Psychotherapie, Psychosomatik und Medizin. München: Springer-Verlag.

Gheorghiu, V.A. (1973). Hypnose und Gedächtnis: Untersuchungen zur hypnotischen Hypermnesie und Amnesie. München: Goldmann. In Revenstorf, D., & Peter, B. (2001). Hypnose in Psychotherapie, Psychosomatik und Medizin. München: Springer-Verlag.

Grond, M., Pawlik, G., Walter, H., Lesch, O.M., Heiss, W.D. (1995). Hypnotic catalepsy-induced changes of regional cerebral glucose metabolism. Psychiatry Research, 61(3), 173-179

Gruzelier, J., & Warren, K. (1993), Neuropsychological evidence of reductions on left frontal tests with hypnosis. Psychological Medicine, 23(1), 93-101

Halsband, U. (1999). Neuropsychologische und neurophysiologische Studien zum motorischen Lernen, Lengerich: Pabst Science Publishers

Halsband, U. (2001). Können wir unsere Leistungen durch Hypnose verbessern? Skeptiker, 14 (4), 167-172

Halsband, U., Krause, B.J., Schmidt, D., Herzog, H., Tellmann, L., Müller-Gärtner, H.W. (1998). Encoding and retrieval in declarative learning: a positron emission tomography study. Behavioural Brain Research, 97, 69-78

Halsband, U., Krause, B.J., Sipila, H., Teras, M., Laihinen, A. (2002). PET studies on the memory processing of word pairs in bilingual Finnish-English subjects. Behavioural Brain Research, 132, 47-57

Halsband, U., Kaller, C., Lange, R., Unterrainer, J. (2003). Neuronale Mechanismen impliziten und expliziten Lernens. In B.J. Krause & H.W. Müller-Gärtner (eds.), Bildgebung des Gehirns. München: EcoMed Verlag, 76-109

Holm, S., Law, I., Paulson, O. (1995). 3D PET activation studies with H2150 bolus injection. Count rate performance and dose optimization. In Jones, T., Myers, R., Bailey, D. (eds). Quantification of Brain Function using PET. San Diego: Academic Press.

Ingram, R.E., Saccuzzo, D.P., Mc Neill, B.W., McDonald, R. (1979). Speed of information processing in high and low susceptible subjects: a preliminary study, International J of Clinical and Experimental Hypnosis, 27,42-47. In Crawford, H.J. et al in diesem Heft von HyKog.

Kallio, S., Revonsuo, A., Hamalainen, H., & Gruzelier, J.H. (2000). Anterior brain functions and hypnosis: A test of the frontal hypothesis. International J of Critical and Experimental Hypnosis, 49, 95-108

Kallio, S., Revonsuo, A., Hamalainen, H., Markela, J., Gruzelier, J. (2001). Anterior brain functions and hypnosis: a test of the frontal hypothesis. International J of Clinical and Experimental Hypnosis;49(2), 95-108

Kemna, L. (2003). Visuelle Aufmerksamkeit. In B.J. Krause & H.W. Müller-Gärtner (eds.) Bildgebung des Gehirns. München: EcoMed Verlag, 205-216

Kosslyn, S.M., Thompson, W.L., Costantini-Ferrando M.F., Alpert, N.M., Spiegel, D. (2000). Hypnotic visual illusion alters color processing in the brain. American J of Psychiatry, 157(8), 1279-84.

Krause, B.J., Horwitz, B., Taylor, J.G., Schmidt, D., Mottaghy, F.M., Herzog, H., Halsband, U., Müller-Gärtner, H. (1999a). Network analysis in episodic encoding and retrieval of wordpair associates: a PET study. European J of Neurosciences, 11, 3293-301.

Krause, B.J., Schmidt, D., Mottaghy, F.M., Taylor, J., Halsband, U., Herzog, H., Tellmann, L., Müller-Gärtner, H.W. (1999b). Episodic retrieval activates the precuneus irrespective of the imagery content of word pair associates. A PET study. Brain, 122, 255-63

Lewellen T.K., Kohlmyer S.G., Miyaoka R.S., Kaplan M.S., Stearns C.W., & Schubert S.F. (1996). Investigation of the Performance of the General Electric ADVANCE Positron Emission Tomograph in 3D Mode. IEEE Trans Nucl Sci, 43, 2199-2206.

Logothetis, N.K., Pauls, J., Augath, M., Trinath, T., Oeltermann, A. (2001). Neurophysiological investigation of the basis of the fMRI signal. Nature,412 (6843),150-157

Maquet, P., Faymonville, M.E., Degueldre, C., Delfiore, G., Franck, G., Luxen, A., Lamy, M. (1999). Functional neuroanatomy of hypnotic state.Biological Psychiatry; 45(3), 327-33

Mottaghy, F.M., Shah, N.J., Krause, B.J., Schmidt, D., Halsband, U., Jäncke, L., Müller-Gärtner, H.W. (1999). Neuronal correlates of encoding and retrieval in episodic memory during a paired-word association learning task: a functional magnetic resonance imaging study. Experimental Brain Research, 128, 332-42.

Mottaghy, F.M., Krause, B.J., Schmidt, D., Hautzel, H., Herzog, H., Shah, N.J., Halsband, U., Müller-Gärtner, H.W. (2000). Comparison of PET and fMRI activation patterns during declarative memory processes. Nuklearmedizin, 39, 196-203

Otte, A., Halsband, U. (2003). Brain imaging tools in neurosciences. To appear in: Halsband, U. (ed.). Brain Imaging in Neurosciences. Frankfurt: Peter Lang GmbH-Europäischer Verlag der Wissenschaften (2004).

Peseschkian, N. (2003). Der Kaufmann und der Papagei. Frankfurt: Fischer.

Peter, B. (2001). Hypnose und die Konstruktion von Wirklichkeit . In Revenstorf, D., & Peter, B. (2001). Hypnose in Psychotherapie, Psychosomatik und Medizin. Heidelberg: Springer

Poldrack, R.A., Clark, J., Pare-Blagoev, E.J., Shohamy, D., Creso Moyano, J., Myers, C., Gluck, M.A. (2001). Interactive memory systems in the human brain. Nature, 414 (6863), 546-50

Rainville, P., Duncan, G.H., Price, D.D., Carrier, B., Bushnell, M.C. (1997). Pain affect encoded in human anterior cingulate but not somatosensory cortex. Science. 277(5328), 968-71

Rainville, P., Hofbauer, R.K., Paus, T., Duncan, G.H., Bushnell, M.C., Price, D.D. (1999). Cerebral mechanisms of hypnotic induction and suggestion. J of Cognitive Neuroscience, 11(1), 110-25.

Rainville, P., Hofbauer, R.K., Bushnell, M.C., Duncan, G.H., Price, D.D. (2002). Hypnosis modulates activity in brain structures involved in the regulation of consciousness. J of Cognitive Neuroscience, 14(6), 887-901

Raz, A., & Shapiro, T. (2002). Hypnosis and neuroscience - A cross talk between clinical and cognitive research. Arch Gen Psychiatry, 59, 85-90

Raz, A., Fossella, J.A., McGuinness, P., Zephrani, Z. R., Posner, M. I. (2004). Neural correlates and exploratory genetic associations of attentional and hypnotic phenomena, invited paper for the jubilee edition of "Hypnose und Kognition"

Revenstorf D (1999). Klinische Hypnose, Gegenwärtiger Stand der Theorie und Empirie. Psychotherapie, Psychosomatik, Medizinische Psychologie, 49 (1), 5-13.

Revenstorf, D., & Peter, B. (2001). Hypnose in Psychotherapie, Psychosomatik und Medizin. Springer-Verlag: München

Roland, P.E., & Friberg, L. (1985). Localisation of cortical areas activated by thinking. J of Neurophysiology 53, 1219-1243. In Revenstorf, D., & Peter, B. (2001). Hypnose in Psychotherapie, Psychosomatik und Medizin. Springer-Verlag: München

Schmidt, D., Krause, B.J., Mottaghy, F.M., Halsband, U., Herzog, H., Tellmann, L., Müller-Gärtner, H.W. (2002). Brain systems engaged in encoding and retrieval of word-pair associates independent of their imagery content or presentation modalities. Neuropsychologia, 40, 457-70.

Schall, U., Johnson, P., Lagopoulos, J., Jüptner, M, Jentzen, W., Thienel, R., Dittmann-Balcar, A., Bender, S., Ward, F.B. (2003). Functional brain maps of Tower of London performance: a positron emission tomography and functional magnetic resonance imaging study. NeuroImage 20, 1154-1161.

Spiegel, D., & Kosslyn, S. (2004). Glauben ist Sehen: Die Neurophyiologie der Hypnose. In diesem Heft von Hypnose und Kognition.

Spiegel, D., & Vermetten, E. (1994). Physiological correlates of hypnosis and dissociation. In D. Spiegel (ed) Dissociation: Culture, Mind and Body. Washington: American Psychiatric Press, Chapter 8, 185-209

Sturm, W. (2003). Funktionelle Netzwerke zur Kontrolle der Aufmerksamkeitsintensität. In B.J. Krause & H.W. Müller-Gärtner (eds). Bildgebung des Gehirns. München: EcoMed Verlag, 194-204

Sweeney, C.A., Lynn, S. J., & Bellezza, F.S. (1986). Hypnosis, hypnotizability,. and imagerymediated learning. International J of Clinical and Experimental Hypnosis, 34, 29-40.

Szechtman, H., Woody, E., Bowers, K.S., Nahmias, C. (1998). Where the imaginal appears real: a positron emission tomography study. Proceedings of the National Academy of Science, USA, 95, 1956-1960

Talairach & Tournoux (1988). Co-planar stereotaxic atlas of the human brain I 3-Dimensional Proportional System: An Approach to Cerebral Imaging. Stuttgart: Thieme

T'Hoen, P. (1978). Effects of hypnotizability and visualizing ability on imagery-mediated learning. International J of Clinical and Experimental Hypnosis, 26, 45-54. In Crawford, H.J., & Allen, S.N. (1996). Paired-associate learning and recall of high and low imagery words: Moderating effects of hypnosis, hypnotic susceptibility level, and visualization abilities. American J of Psychology, Fall 1996, Vol. 109, No. 3, 353-372

Walter, H., Podreka, I., Steiner, M., Suess, E., Benda, N., Hajji, M., Lesch, O.M., Musalek, M., Passweg, V. (1990). A contribution to classification of halluzinations. Psychopathology 23: 97-105

Walter, H. (1992). Hypnose: Theorien, neurophysiologische Korrelate und praktische Hinweise zur Hypnosetherapie. Stuttgart: Georg Thieme Verlag.

Woody, E., & Parvolden, P. (1998). Dissociation in hypnosis and frontal executive function. American J of Clinical Hypnosis 40, 206-216

Trance, Suggestion und Suggestibilität

Was zeichnet den hypnotischen Zustand aus?

Hypnose ist ein Zustand hochfokussierter Aufmerksamkeit, verknüpft mit einer Herabsetzung der peripheren Wahrnehmung. Dies begünstigt einen verbesserten Zugang zu internalen Bildern, die diagnostisch wertvolle Informationen ermöglichen und deren Modifikation therapeutisch nutzbar gemacht werden kann. Hypnose und bildhafte Vorstellungen (Imagination) sind nicht dasselbe, da hierbei unterschiedliche Hirnregionen involviert sind. Suggestibilität ist ein normalverteiltes Merkmal, d.h. etwa 10% der Bevölkerung sind hoch suggestibel, während 10% als nicht hypnotisierbar gelten. Hypnotisierbarkeit ist jedoch kein dichotomes Merkmal, sondern eher ein Kontinuum. Zur Messung der Merkmalsausprägung wurden verschiedene Suggestibiliätsskalen entwickelt, deren Akzente unterschiedlich sind. Die gewonnenen Werte sind zudem von situativen, äußeren Faktoren beeinflussbar. Suggestibilität ist durchaus trainierbar. Gorassini und Spanos haben bspw. 1986 das Carlton Skills Training Programm (CSTP) zur Erhöhung der Hypnotisierbarkeit entwickelt. Ohne Training scheint es sich jedoch um ein stabiles, überdauerndes Merkmal zu handeln.

Folgende Faktoren können die Werte eines Suggestibilitätstest beeinflussen:
> Einstellung zur Hypnose: Eine positive Einstellungen gegenüber der hypnotischen Trance erhöhen die Empfänglichkeit für Hypnose, während negative Informationen über Hypnose die Suggestibilität verringern.
> Art der Induktion: Wie viel Zeit nimmt man sich für die Induktion? Erfolgt die Suggestion direkt oder indirekt?
> Bei direkter Suggestion werden höhere Werte in den Selbsteinschätzungen erzielt. Indirekte Suggestionen gehen mit höheren Entspannungswerten bei physiologischen Daten einher.
> Motivation des Probanden: Gefälligkeitstendenzen müssen von der Motivation „Phänomene" in Hypnose wahrzunehmen, sowie der Bereitschaft seine kognitiven Fähigkeiten einzusetzen, getrennt werden. Selbst hochsuggestible Personen machen in Hypnose nichts, was gegen ihre Wertvorstellungen verstößt.
> Reaktionserwartung meint die subjektive Überzeugung, eine Suggestion auch auszuführen. Werden Suggestibilitätstests als Imaginationstest präsentiert, hat dies Einfluss auf die Ergebnisse.
> Aktive Interpretation der Suggestionen: Dies ist wesentlich, um hypnotische Reaktion auszuführen und kann trainiert werden. Hierzu existieren zwei Ansichten: 1. Nach einer willkürliche Bewegung entsteht über Konzentration auf Imagination Unwillkürlichkeit. 2. Ein Gefühl, z.B. für Leichtigkeit des Arms, entsteht über Imaginationen, ehe die Suggestion zum Armheben erfolgt.
> Definition der Situation als Hypnose: Dies erhöht Hypnotisierbarkeit bei Hoch-Hypnotisierbaren, verringert sie jedoch bei Niedrighypnotisierbaren.
> Prestige des Hypnotiseurs: Ein vermeintlich hoher Status des Hypnotiseurs führt zu höheren Werten der Hypnotisierbarkeit, bzw. zu einer tieferen Trance.
> Sensorische Deprivatisation: Reizarmut erhöht die Hypnotisierbarkeit. Dies wurde an Forschern in der Antarktis getestet, aber auch im Vergleich zwischen Patienten in der Arztpraxis und im Krankenhaus.
> Veränderung der Hypnotisierbarkeit mit Tageszeit und Lebensalter: Für Frühaufsteher scheint 10-14 Uhr die beste Zeit für Hypnose, für Nachtmenschen gegen 13Uhr sowie 18-21 Uhr zu sein. Kinder sind zwischen 9 und 12 Jahren sind besonders empfänglich für Hypnose, während die Hypnotisierbarkeit mit zunehmendem Alter abnimmt.

Kenntnisse um Veränderbarkeit der Empfänglichkeit für Hypnose können in klinischer Anwendung genutzt werden, damit Patienten mehr von der Anwendung der Hypnotherapie profitieren können, z.B. Aufklärung, Information über Hypnose; Suggestibilität trainieren; sich mehr Zeit lassen für die Induktion.

Suggestibilitätsmessung

Das Wort *Suggestion* kann aus dem Lateinischen (*suggestio*) abgeleitet werden und ist gleichbedeutend mit *Eingebung* oder *Hinzufügung*. Übersetzt man das englische *to suggest*, so ergibt sich die Bedeutung *vorschlagen*. In der Psychologie nennt man eine Suggestion „das Beeinflussen von Fühlen, Denken und Handeln". Eine Definition der Suggestibilität geht davon aus, dass es ein Persönlichkeitsmerkmal ist, welches das Ausmaß der Empfindlichkeit für Suggestionen ausdrückt. Personen unterscheiden sich hinsichtlich ihrer Suggestibilität, d.h. der Übernahme von induzierten Gedanken, Gefühlen, Wahrnehmungen oder Vorstellungen auf Kosten des Bezuges zur Realität. Als Hypnose wird das Verfahren zum Erreichen einer hypnotischen Trance, sowie dieser Zustand selbst bezeichnet.
Bis heute wird in der Forschung über den Stellenwert der Suggestibilität im Rahmen einer Hypnosetherapie kontrovers diskutiert. Es wurden zahlreiche Skalen zur Suggestibilitätsmessung (und/oder Hypnotisierbarkeit) entwickelt. 1959 entwickelten Weitzenhoff und Hilgard die Stanford Hypnotic Susceptibility Scale (SHSC), welche als erste den hohen Anforderungen an die Testgütekriterien genügte. Seitdem wurden alle folgenden Skalen an der SHSC validiert. Die Skalen zur Messung von Suggestibilität unterscheiden sich hinsichtlich ihrer Instruktionen, Items, Durchführungsdauer

sowie der Art der Datenerhebung. Immer wieder wird auch in Frage gestellt, ob die Skalen das messen, was sie zu messen vorgeben. Die hierbei gemessene Bandbreite umfasst neben Suggestibilität auch Hypnotisierbarkeit, Reaktionsbereitschaft und Empfänglichkeit für Hypnose.

Piccione, Hilgard und Zimbardo (1989: On the Degree of Stability of Measured Hypnotizability Over a 25-Year Period. *Journal of Personality and Social Psychology 1989, Vol. 56, No. 2, 289-295*) haben in einer Langzeit-Studie mit 85 Probanden die Retest-Stabilität der Hypnotisierbarkeit erhoben. Es handelte sich um Studenten, die 1958-1962 mit der SHSS getestet wurden. Weitere Erhebungen fanden 1970 und 1985 statt. Letztlich lagen von 50 Personen komplette Protokolle über einen Zeitraum von 25 Jahren vor.

Die Test-Retest-Korrelation unterscheidet sich zwischen den einzelnen Messzeitpunkten nicht und wird für die Gesamtstichprobe mit $r=.64$ (1960-1970); $r=.82$ (1970-1985) und $r=.71$ (1960-1985) angegeben. Auch die Unterschiede in den Mittelwerten der Testergebnisse sind nicht statistisch bedeutsam. Man kann also davon ausgehen, dass

---

1. Stanford Hypnotic Sucseptibility Scale – SHSS

Die SHSS misst die hypnotische Reaktionsbereitschaft und Trancetiefen, hat experimentellen Charakter und wird einzeln durchgeführt. Die Datenerhebung erfolgt per Live-Verhaltensbeobachtung sowie durch Angaben des Probanden. Als Durchführungszeit werden ca. 60 Minuten angegeben. Die Durchführung ist sehr aufwendig.

Items:
1. Senken des ausgestreckten rechten Armes
2. Bewegung der Hände auseinander
3. Halluzination ("Mücke")
4. Geschmackshalluzination (süß, sauer)
5. Armrigidität (rechts)
6. Traum
7. Altersregression
8. Unbeweglichkeit des linken Arm
9. Geruchsunempfindlichkeit (Ammoniak)
10. Halluzinierte Stimme
11. Negative visuelle Halluzination (Spielkarten)
12. Posthypnotische Amnesie

Die Auswertung erfolgt mit Hilfe eines Auswertungsbogens und es wird ein Punkt für jede befolgte Testsuggestion vergeben:
0-4 Punkte = geringe Suggestibilität
5-7 Punkte = mittlere Suggestibilität
8-12 Punkte = hohe Suggestibilität

Die erste, amerikanische Version der SHSS wurde 1965 von Hilgard evaluiert und manualisiert. Erst deutsche Normen veröffentlichte Bongartz (2000)

2. Harvard Group Scale of Hypnotic Sucseptibility Scale – HGSHS

Die HGSHS misst die hypnotische Reaktionsbereitschaft, zumeist in Gruppen in experimentellen Settings als Direktdarbietung oder per Audiokassette durchgeführt. Es erfolgt eine retrospektive Selbstbeobachtung der Reaktionen auf Suggestionen. (Durchführungszeit: ca. 60min)

3. Stanford Hypnotic Clinical Scale for Adults – SHCS

Die Skala misst die Empfänglichkeit für Hypnose, der Anwendungsbereich ist klinisch und die Datenerhebung erfolgt einzeln per Online-Verhaltensbeobachtung und Angaben des Klienten. Die Durchführungszeit beträgt ca. 20-25 Minuten und es werden vor allem klinisch relevante hypnotische Phänomene getestet.

---

das Maß der Hypnotisierbarkeit ohne gezieltes Training über die Lebensspanne trotz aller äußeren Veränderungen stabil bleibt.

Page und Green (2007: An Update on Age, Hypnotic Suggestibility, and Gender: A Brief Report. *American Journal of Clinical Hypnosis, 49:4, 283-287*) haben sich ebenfalls mit der Frage nach der Veränderung der Suggestibiliät im Verlauf des Lebensalters beschäftigt. Sie zitieren ältere Studien aus den 1970er Jahren, die auf die Veränderung im Kindes- und Jugendalter fokussierten und herausfanden, dass Kinder unter acht Jahren wenig empfänglich für Suggestionen sind, wie sie mit den herkömmlichen standardisierten Testungen erhoben werden können. Die höchste Suggestibilität lässt sich im Alter von 9-12 Jahren nachweisen, ehe die Werte kontinuierlich sinken und es nach 36 Jahren zu einem abrupten Absinken kommt.

Zu diesen Befunden seien noch einmal die Ergebnisse von Zimbardo et al. ins Gedächtnis gerufen, der in seiner Studie Probanden im Alter von 19-45 Jahren untersuchte und keine signifikanten Veränderungen fand.

Page und Green untersuchten 2660 Probanden mit der HGSHS und fanden heraus, dass die Suggestibilität im Alter von 17-40 Jahren leicht abnimmt, dann aber auch wieder leicht ansteigt. Diese Effekte konnte Zimbardo in seiner Studie nicht kontrollieren.

Ein modernes Messverfahren: Der Freiberger Imaginations-, Relaxations- und Suggestibilitätstest (FIRST) von Scholz (2002)

Das Freiberger Imaginations-, Relaxations- und Suggestibilitätstest (FIRST) stellt ein Verfahren dar, das für einen breiten Einsatzbereich in Klinik und Forschung von Bedeutung ist: Die Beurteilung der Imaginations- und Entspannungsfähigkeit von Patienten sowie deren Empfänglichkeit für Suggestionen ist für die Anwendung der Hypnotherapie bedeutsam. Der FIRST basiert auf der Creative Imagination Scale (CIS), die von Barber und Wilson 1979 ursprünglich als Suggestibilitätstest eingeführt wurde.

Der FIRST besteht aus vier Untertests. Eingangs beurteilt der Proband die eigene aktuelle körperliche und psychische Befindlichkeit auf einer Eigenschaftswörterliste. Mittels einer CD werden ihm anschließend Vorstellungsbilder vorgegeben, die er in einem leichten Trancezustand imaginieren soll. Dann beurteilt der Proband abermals seine aktuelle Befindlichkeit und bewertet, wie gut die einzelnen Vorstellungsbilder imaginiert werden konnten. Zum Abschluss wird ein halbstandardisiertes schriftliches Kurzinterview vorgegeben.

Während der standardisierten Imagination wird eine standardisierte Verhaltensbeobachtung durchgeführt. Insgesamt besteht der Test aus 16 faktorenanalytisch gesicherten Skalen: Fünf Skalen zur Beschreibung von Veränderungen der aktuellen Befindlichkeit infolge der Imagination der Vorstellungsbilder, drei Suggestibilitätsskalen, vier Imaginationsskalen, zwei Relaxationsskalen und einer Indikationsskala. Er erlaubt Rückschlüsse auf unterschiedliche Formen von Suggestibilität (sensorische, mentale) wie Imaginationsfähigkeit (perzeptuelle, semantische) und liefert Hinweise auf die Entspannungsmöglichkeiten der Probanden.

Der FIRST ist sowohl mit einzelnen Personen als auch mit Gruppen durchführbar, jedoch sollte dann ein Beobachter nicht mehr als drei bis vier Probanden gleichzeitig bewerten, da für jeden Probanden ein Beobachtungsprotokoll zu erstellen und ein Kurzinterview zu führen ist.

Der Test besteht aus dem Testmanual und der CD, auf der die gesamte Testinstruktion in verschiedenen Audioformaten sowie alle Testformulare und die Software zur computerisierten Testauswertung enthalten ist.

Die Instruktion auf der CD beginnt mit einer Entspannungsinduktion von ca. 5 Minuten Dauer. Daran schließt sich die Beschreibung von zehn zu imaginierenden Szenen an, in die Testsuggestionen eingestreut sind. Zum Testmaterial gehören weiterhin drei Erhebungsbögen jeweils für die Befindlichkeit vor und nach Testbeginn sowie ein Bogen zur Selbstbeurteilung der Imagination und weiterhin noch ein Beobachtungs- und ein Befragungsprotokoll. Über das Beobachtungsprotokoll wird dokumentiert, inwieweit der Proband den Testsuggestionen gefolgt ist, d. h entsprechendes offen beobachtbares Verhalten zeigt (z. B. lächelt).

Das Befragungsprotokoll dient zur Erfassung der Antworten auf sechs Fragen, die dem Probanden im abschließenden Kurzinterview gestellt werden und die einen Rückschluss auf Trancetiefe und Entspannungserfahrung erlauben sowie einen Indikationshinweis geben (bedarf der Patient möglicherweise einer Entspannungs-/Suggestivtherapie).

Die Durchführung des Tests dauert ca. 45 Minuten. Für die manuelle Auswertung werden ca. 15 Minuten, für die EDV-basierte Auswertung ca. 3 Minuten benötigt. Die Objektivität von Durchführung und Auswertung ist durch die standardisierten Fragebogen und die klaren Anleitungen im Testmanual gewährleistet. Die Reliabilitätskennwerte bewegen sich über alle Skalen hinweg in einem zufriedenstellenden Bereich: Cronbachs Alpha: zwischen .681 und .817; Split-Half: zwischen .678 und .839. Die Skalen wurden für die einzelnen Untertests mit verschiedenen Verfahren validiert, wobei die Befunde erwartungskongruent ausfielen.

So zeigte sich u. a. ein zufriedenstellender Zusammenhang zwischen den Imaginationsskalen des FIRST und der Questionnaire upon Mental Imagery (Sheehan, 1967) sowie zwischen den Skalen des Beobachtungsprotokolls (Erfassung der Suggestibilität) des FIRST und der Harvard Group Scale of Hypnotic Susceptibility: Form A (Weitzenhoffer & Hilgard, 1959). Der gesamte Test wurde geeicht.

Es liegen für die 16 Skalen Stanine-Normen vor. Die Testkonstruktion basiert auf den Daten von drei Stichproben mit insgesamt 534 Probanden. Der FIRST ist ein Verfahren zur Beurteilung von Suggestibilität, Imaginations- und Entspannungsfähigkeit, das nach einer Konstruktionsphase, die im Testmanual ausführlich dokumentiert ist, auf einem soliden psychometrischen Fundament ruht.

Für die psychotherapeutische Praxis erweist sich jedoch die immer noch hohe Durchführungszeit als kritisch. Zudem wurde bisher nicht untersucht, ob die Stimme des Sprechers auf der CD einen Einfluss auf die Reaktionen der Probanden hat. Unstrukturierte Rückmeldungen in verschiedenen Testdurchführungen an der Universität Hamburg zeigten, dass Dialekt und Stimmfarbe durchaus einen ablenkenden Effekt hat. Zudem wirkten die in den Suggestionstext eingeflochtenen Versprecher, die später als ein Indikator der Trancetiefe genutzt werden, offenbar als derart auffällig, dass es den Tranceprozess unterbrach.

Trotz dieser Einschränkungen in der praktischen Durchführung ist der FIRST jedoch eines der besseren Verfahren zur Suggestibilitätsmessung.

Raz, A (2007). Suggestibility and Hypnotizability: Mind the Gap.

American Journal of Clinical Hypnosis 49:3, 205-210
Reprinted with permission from the American Society of Clinical Hypnosis (www.asch.net).

Abstract

Suggestion, both within and outside of hypnosis, can influence many psychological processes, including cognition and emotion. Moreover, suggestion may account for many individual differences and promote the investigation of such mainstream fields as attention and memory. To be sure, exploring the power of suggestion will likely pave the road to a more scientific understanding of such psychological phenomena as motivation, expectation, and the placebo effect.

Introduction

Suggestion is rapidly becoming a topic of central importance in contemporary psychological science (Raz & Buhle, 2006). Multiple studies over many years have shown that at least in certain individuals, suggestion can dramatically influence behavior. However, it has been difficult to precisely qualify – let alone quantify – those special individuals; agree on appropriate research methodology and paradigms; identify the underlying mechanisms and neural correlates; and provide a unifying scientific theory that can account for these unusual phenomena. In line with a tradition of published accounts, recent research findings show that suggestion can have a substantive effect outside of (Raz, Kirsch, Pollard, & Nitkin-Kaner, 2006) as well as under hypnosis (Raz, Fan, & Posner, 2005).

However, investigation of suggestion is hardly the full purview of only researchers and practitioners of hypnosis; investigators from multiple disciplines increasingly target suggestion in their studies. Indeed, cumulative findings outside the hypnosis literature propose that nonhypnotic suggestion can vastly influence behavior. For example, it is common knowledge that research on memory distortion has shown that suggestions for post-hoc ascriptions can contaminate what a person actually remembers from an event. Moreover, suggestion can lead to false memories being injected directly into individuals' recall. These findings have implications for police investigation, clinical practice, and other settings relying on memory reports (Loftus, 2003).

Beyond memory, suggestion can alter belief and subsequent related behavior. For example, a recent report in the Proceedings of the National Academy of Science (PNAS), describes the influence of suggestion on memories, beliefs, and behaviors (Bernstein, Laney, Morris, & Loftus, 2005). The findings show that by suggesting specific negative experiences in childhood it is possible to create beliefs that result in the avoidance of certain foods in adulthood. More generally, these results may be extended to propose that through suggestion it may be possible to manipulate dietary intake and consequently bolster health. Researchers have demonstrated that suggested recall ranges the gamut from mundane episodes such as getting lost in a supermarket as a child, all the way to more extraordinary tales such as spilling punch on the bride's parents at a wedding and even witnessing demonic possession in a childhood friend (Mazzoni, Loftus, & Kirsch, 2001). Experimenters often need to employ ingenious ways to use suggestion. For example, in the false memory study of witnessing demonic possession, participants read "articles" about the frequency of possession in children and heard details from "witnesses" of such events.

The participants also received false feedback on a questionnaire they filled out determining that, based on their results, they likely witnessed demonic possession before the age of three. After these suggestions, participants claimed demonic possession was more plausible with almost 20% of the participants coming to believe that they witnessed demonic possession as a child. Thus, even without understanding the mechanisms subserving such responses, the effects of nonhypnotic suggestion on memory and belief can be marked (Mazzoni, Loftus, & Kirsch, 2001).

Another circumlocutory example of nonhypnotic suggestion comes from one more recent report in PNAS. Using real-time functional MRI (fMRI), this study showed a novel way to alleviate the symptoms of marked pain and discomfort (deCharms, et al., 2005). By following instructions for raising and lowering pain level while watching an online computergenerated image of their brain activity in the pain region, participants learned to monitor pain as a function of suggestion and imagination. With training participants gained voluntary control over activation in a specific brain region. In other words, voluntary control over activation in a specific brain location led to control over pain perception and these effects were powerful enough to mediate severe pain. Thus, suggestion may be a conduit to instigating sensory and physiological regulation.

Finally, in an unpublished study from Yale University, research psychologists, including Frank Keil and Deena Skolnick, asked participants to judge different explanations of a psychological phenomenon. The findings show that for both novices and expert observers the presence of "hard science" terminology turned bad explanations into satisfactory ones. Suggestion works in subtle ways.

Suggestion and Hypnosis

It is difficult to reliably classify individuals using vague descriptors. Today, hypnotizability is shorthand for hypnotic susceptibility. Hilgard used "hypnotic susceptibility" and "hypnotizability" interchangeably (Hilgard, 1981). Other experts exclusively use the term "hypnotizability," but are typically not averse to referring to "insusceptible" subjects in contrast to "hypnotizable" individuals. Yet other scholars provide compelling, albeit imperfect, arguments for appellations such as "suggestibility" (Braffman & Kirsch, 1999; Kirsch, 1997; Kirsch, Burgess, & Braffman, 1999; Kirsch, Wickless, & Moffitt, 1999).

The term "Susceptibility" also hit a few snags. Whereas Hilgard and Weitzenhoffer–although the latter seems to have subsequently recanted – probably chose "susceptibility" partly as a reaction to Hull's implicit association of hypnosis with suggestibility, the resistance to "susceptibility" stems partly from its usage in other contexts (e.g., people can be susceptible to a disease). Indeed, hypnosis is probably thought of as different from of "suggestibility" because there are forms of suggestion to which hypnosis is unrelated. However, semantic disputes notwithstanding, hypnosis is a phenomenon of suggestibility, at least in the sense that hypnotic phenomena take place as the subject responds to suggestions of the "hypnotic" type.

Other practitioners construe "suggestibility" to imply a specific and testable phenomenon independent of hypnosis (e.g., measurable with a specific suggestibility scale). According to this view, hypnotic susceptibility relates specifically to the subject's ability to respond to various hypnotic phenomena of which suggestibility is but one. To some researchers "susceptibility" sounds more passive than "suggestibility" and they prefer the terms "hypnotic responsiveness" or "responsiveness to hypnotic suggestions" instead.

Whatever the nuance may be, the concepts (and names of concepts) involved in measuring hypnosis have been thoroughly explored and are largely interchangeable (Weitzenhoffer, 1997). However, placebo is one possible exception. Hypnosis can be likened to a form of placebo (Kirsch, 1994). Whether inert pills or another form of sham treatment, placebo effects have a documented history going back several centuries. However, only in the 1950s was it recognized that placebo treatments instigate important therapeutic changes. The use of placebo-controlled research, be it drugs and even some surgical procedures, often involves deception. Whereas hypnosis produces therapeutic effects, it does not require deception in order to be effective. Thus, hypnosis can be construed as a nondeceptive placebo manipulation (Kirsch, 1994; Kirsch, 1999). Placebo research is an excellent vehicle to study the influence of suggestion and expectation on behavior.

Vantage Points

One of the top investigators of the placebo effect, Irving Kirsch is a distinguished scientist, a hypnosis scholar, and a respected leader of a group of researchers who claim, based on data, that hypnosis doesn't seem to do much more than suggestion. This hypothesis calls for a fair-and-square experimental design, which compares response to suggestions given both in and out of hypnosis. Despite criticisms of this approach, at least some findings propose that hypnosis isn't the critical variable; in other words, that hypnosis doesn't make a significant impact on response to suggestion. This is a substantive contribution by Kirsch.

It is difficult, however, to find a perfect universal experimental design in the same way that it is inconceivable to find an all-purpose ideal control condition. Such experimental parameters are a function of the specific research question, not the general field. Irving Kirsch has been asking a consistent research question for many years. Consequently, the paradigms he employs to test his hypothesis gravitate toward a certain experimental scheme. That's how good science works.

As often is the case, the devil is in the details. Investigators repeatedly use different screening tools to select and label their participants. For example, while some use the Carleton University Responsiveness to Suggestion Scale (CURSS), others consider it a substandard instrument for assessing hypnotizability. The CURSS is designed to permit speedy measurement of nonhypnotic suggestibility by the simple expedient of eliminating the induction of hypnosis. In general, we would do well as a scientific community to adopt a given standard and use canonical tools such as, say, the Harvard and Stanford scales of hypnotic susceptibility, even though time and clinical constraints often make such aspirations impractical. Otherwise, without putting too fine a point on it, we may blur the difference between hypnotizability and other forms of suggestibility. Indeed, this problem frequently crops up rhetorically as we refer to participants interchangeably as 'suggestible' and 'hypnotizable.' Fortunately, most researchers agree that hypnotizability and waking suggestibility are strongly correlated and that hypnotic-suggestion rather than nonhypnotic suggestion typically yields stronger effects.

Given that in the mid 60s Hilgard and Tart used the Stanford scale with and without hypnotic induction and that Hilgard largely agreed with Hull that hypnosis was a plane of heightened suggestibility, Kirsch's research direction poses not just scientifically testable hypotheses, but provides an interesting historic perspective. However, some researchers squabble with Kirsch's premise. A few of them raise multiple concerns, including reservations about the psychometric properties of the CURSS and caveats concerning apparent increases in suggestibility that may be attributable to experimental demand effects rather than veridical change in hypnotic responding. While many of these scholars agree that suggestion and expectation bring about tangible effects, they feel strongly that these effects represent but a small part of the puzzle and are reluctant to embrace the role of suggestion as a central determinant of hypnosis. Measurement scale of choice notwithstanding, it is important that more rigorous research examine what happens when suggestion is delivered without hypnotic induction.

Conclusion

While exploring the science of suggestion, we must be mindful of the emerging big picture, overarching psychological theme without getting bogged down by parochial hypnosis issues. The hypnosis community is relatively small and most of the nuanced information we discuss herein is of interest only to the even tighter circle of hypnosis researchers who persistently cavil whether hypnosis is an "altered state of consciousness."

Personally, I think that rather than being helpful at least some of the tentative accounts and putative positions on this debate have sown unnecessary asperity. I believe that these questions can be marginalized as they are largely irrelevant to doing good research and advancing the field.

Our theories should be grounded in experimental data – the data, not one's preconceived theoretical conceptualization of hypnosis, should guide the theory. It is our responsibility as research and clinical scientists to report the data and try to come up with a plausible interpretation of the results. But we must humbly remember that publishing our findings does not mean that they are correct. A survey examining recent publications in a single specialty journal reported that the term hypnotizability was over four times more common a descriptor of hypnotic talent than susceptibility and that hypnosis as an identifiable state was over four times more frequent than the socio-cognitive version (Christensen, 2005). However, it is tricky to infer much from such data. I am happy to currently concur with either the concept of suggestibility or hypnotisability but either of these terms are, in my view, roughly equivalent when used in a common hypnotic context. Without embroiling myself in strife and academic wars waged over largely irrelevant historic issues, I feel that this terminology is interchangeable and immaterial to the issues discussed in most papers.

Regardless of the appellation, scientific arguments should be measured and logical, not emotional, and never personal. Good research is a demanding pursuit. For many of us, keeping up with the literature poses a never-ending challenge. We rely on word of mouth, "news and views," journal clubs, or electronic alerts to stay abreast of our field. But the media are also potent arbiters of scientific advances. And, in a field so easily lending itself to public fascination and sensationalism, both practitioners and researchers of hypnosis must make every effort to rely on good data, craft careful accounts of their experimental results, and communicate using dispassionate, judicious language.

There is a search for absolute truth in scientific research. We never get there, but there are criteria by which we can judge how close we are. As part of our shared scientific responsibility, I am always criticizing myself and my colleagues, and they are criticizing me. And there is often a test that one can perform to determine who is likely right. The test requires convergence of evidence over multiple methods, labs, and periods. I suggest we apply the same time-honored scientific principle to the study of suggestion.

As we try to come up with a good theory to explain our collective results, we should remember Karl Popper, one of the greatest philosophers of science in the 20th century, who taught us that a proposition or theory is scientific if it permits the possibility of being shown false – the falsifiability criterion. The history of science shows that many theories were not initially falsifiable, not because they were not sufficiently well operationalized in terms of measurable variables – as was the case in Freudian theories – but because they were not fully developed. Such theories, however, have often served a valuable heuristic purpose. The current situation may well be similar. Controversy surrounding the role of suggestion has generated a large body of useful research from which new theories and empirical findings have evolved. It is likely that a theory will be extended and revised to permit more testable predictions as additional research is conducted using new methodologies such as imaging of the living brain (Raz, Fan, & Posner, 2005) and correlating genotype with phenotype in line with a brain theory (Raz, Fan, & Posner, 2006). Such experiments are currently underway and although the epistemological status of suggestibility, relative to hypnotizability, requires further edification, future data will doubtlessly pave the road to a more scientific understanding of these concepts.

References

Bernstein, D.M., Laney, C., Morris, E.K., & Loftus, E.F. (2005). False beliefs about fattening foods can have healthy consequences. *Proceeding of the National Academy of Science U S A, 102*(39), 13724-31.

Braffman, W., & Kirsch, I. (1999). Imaginative suggestibility and hypnotizability: an empirical analysis. *J of Personality and Social Psychology, 77*(3), 578-87.

Christensen, C.C. (2005). Preferences for descriptors of hypnosis: a brief communication. *International J of Clinical and Experimental Hypnosis, 53*(3), 281-9.

deCharms, R.C., Maeda, F., Glover, G.H., Ludlow, D., Pauly, J.M., Soneji, D., Gabrieli, J.D., & Mackey, S.C. (2005). Control over brain activation and pain learned by using realtime functional MRI. *Proceeding of the National Academy of Science U S A, 102*(51), 18626-31.

Hilgard, E.R. (1981). Hypnotic susceptibility scales under attack: an examination of Weitzenhoffer's criticisms. *International J of Clinical and Experimental Hypnosis, 29*(1), 24-41.

Kirsch, I. (1994). Clinical hypnosis as a nondeceptive placebo: Empirically derived techniques. *American J of Clinical Hypnosis, 37*(2), 95-106.

Kirsch, I. (1997). Hypnotic suggestion: A musical metaphor. *American J of Clinical Hypnosis, 39*(4), 271-7; discussion 277-81.

Kirsch, I. (1999). Clinical hypnosis as a nondeceptive placebo. In I. Kirsch, A. Capafons, E. Cardena-Buelna, & S. Amigo (Eds.), *Clinical hypnosis and self-regulation* (pp. 211-225). Washington DC: American Psychological Association.

Kirsch, I., Burgess, C.A., & Braffman, W. (1999). Attentional resources in hypnotic responding. *International J of Clinical and Experimental Hypnosis, 47*(3), 175-91.

Kirsch, I., Wickless, C., & Moffitt, K.H. (1999). Expectancy and suggestibility: Are the effects of environmental enhancement due to detection? *International J of Clinical and Experimental Hypnosis, 47*(1), 40-5.

Loftus, E.F. (2003). Make-believe memories. *American Psychologist, 58*(11), 867-73.

Mazzoni, G.A., Loftus, E.F., & Kirsch, I. (2001). Changing beliefs about implausible autobiographical events: a little plausibility goes a long way. *J of Experimental Psychology Applied, 7*(1), 51-9.

Raz, A., & Buhle, J. (2006). Typologies of attentional networks. *National Review of Neuroscience, 7*(5), 367-79.

Raz, A., Fan, J., & Posner, M.I. (2005). Hypnotic suggestion reduces conflict in the human brain. *Proc National Academy of Science U S A, 102*(28), 9978-83.

Raz, A., Fan, J., & Posner, M.I. (2006). Neuroimaging and genetic associations of attentional and hypnotic processes. *J of Physiology Paris, 99*(4-6), 483-91.

Raz, A., Kirsch, I., Pollard, J., & Nitkin-Kaner, Y. (2006). Suggestion reduces the stroop effect. *Psychological Science, 17*(2), 91-5.

Weitzenhoffer, A.M. (1997). Hypnotic susceptibility: a personal and historical note regarding the development and naming of the Stanford Scales. *International J of Clinical and Experimental Hypnosis, 45*(2), 126-43.

Suchterkrankungen

Hypnotherapie bei Suchterkrankungen gilt mittlerweile als wissenschaftlich fundiert und stellt einen klassischen Indikationsbereich dar. Insbesondere in der Behandlung von Tabakabhängigkeit sowie im Entzug mit Methadon existieren überzeugende Wirksamkeitsnachweise. Begonnen wird dieses Kapitel mit einer Beschreibung des Ablaufplans einer Raucherentwöhnung in vier Sitzungen.

Hypnotherapeutische Raucherentwöhnung mit „Smokex®"

Das hypnotherapeutische Programm „Smokex" wurde von dem Münchner Psychotherapeuten und Mitbegründer der deutschen Milton-Erickson-Gesellschaft (MEG) Wilhelm Gerl entwickelt. 1993 gründete er die Smokex-Arbeitsgemeinschaft, in der inzwischen ca. 90 entsprechend qualifizierte Therapeuten im deutschsprachigen Raum organisiert sind. Die Mitglieder sind Ärzte, Psychologen oder Heilpraktiker für Psychotherapie, welche die Ausbildung der MEG durchlaufen und eine mehrteilige Fortbildung in hypnotherapeutischer Tabakentwöhnung absolviert haben. Diese Art der Nikotinentwöhnung wird aktuell noch nicht von den Krankenkassen bezuschusst.

1. Sitzung eins: Abklärung

Ziele und Aufgaben:
In der ersten Sitzung (90 Minuten) steht das Kennenlernen des Rauchers auf mehreren Ebenen im Vordergrund. Der soziale Kontext und die Behandlungsmotivation werden exploriert. Im Gespräch sollen Funktionen des Rauchens thematisiert und eine konkrete Imagination des Therapieergebnisses entwickelt werden. Neben der quantitativen Datenerhebung kann der Therapeut vor allem anhand dieser qualitativen Interviewinformationen den Lernbedarf des Klienten abschätzen und Schwerpunkte der Behandlung planen. Die Methode wird am individuellen Beispiel erklärt. Es wird über Hypnotherapie aufgeklärt, und die Trancebereitschaft des Klienten wird getestet, indem mittels einer autonomen Reaktion die Trance ratifiziert wird.
Bausteine:
➢ Anamnestisches Gespräch:
  ▪ Abklären der stofflichen Komponente der Abhängigkeit (Wert im Fagerströmtest). Bei extremer Abhängigkeit oder starkem Übergewicht wird eine Ernährungsumstellung empfohlen.
  ▪ Abklären von physischen (z.B. Mehrfachabhängigkeit, kardiologische Auffälligkeiten), psychischen (z.B. Depression) und sozialen (z.B. Trauer oder Trennungssituationen) Risikofaktoren.
  ▪ Besprechen bisheriger Versuche aufzuhören und aktueller Befürchtungen.
  ▪ Besprechen von drei typischen Rauchsituationen. Wann und wozu wird geraucht (Welche psychologischen und physiologischen Bedürfnisse werden durch das Rauchen befriedigt)? Ist es eine Gewohnheit oder eine Sucht?
  ▪ Abklären und stärken der Motivation zum Beenden des Rauchens (auf positive Formulierungen achten, andernfalls reframen). Yes-Set forcieren.
➢ Interventionen:
  ▪ Arbeit mit der inneren Stimme, um Werte und langfristige Bedürfnisse zu identifizieren.
  ▪ Imaginieren eines attraktiven Selbstbildes des Klienten ein Jahr in der Zukunft als kompetente und freie Person. Damit wird anstelle des „Aufhörens" das Freibleiben fokussiert und der Ergebniszustand (starke Identität, Kompetenz, Stolz, Freude und Erleichterung).
  ▪ Positive Erwartungshaltung aufbauen, indem auf positive Änderungen durch den Rauchstopp fokussiert wird.
  ▪ Blockierung problematischer Lösungsversuche des Klienten (z.B. den „inneren Schweinehund" überwinden zu wollen).
  ▪ Symptomverschreibung: Bis zum Tag X soll weiterhin geraucht werden. Gibt es schon Ideen, welcher Tag sich als Tag X eignen würde?
  ▪ Ideomotorisches Signalisieren als Signalsystem für die Kommunikation mit dem Unbewussten und zur Ratifizierung der Trance. Implementieren des therapeutischen Tertiums („Das Unbewusste als Dritter im Bunde"), Nutzung des inneren Wissens.
  ▪ Nutzung der strukturellen Entsprechung von Symptom und hypnotischem Verhaltens.
  ▪ Ressourcen auf mehreren Ebenen finden: interindividuell (z.B. Wer würde sich freuen? Wer könnte unterstützen?) und intraindividuell (z.B. Selbstbelohnung).
  ▪ Vertrag aushändigen und erklären.
  ▪ Hausaufgaben, Handouts
  ▪ Haltung des Therapeuten: Er verwirklicht die Prinzipien der Kurzzeittherapie, z. B. übernimmt er den „offiziell" skeptischen Parts (therapeutisches Paradox).
  ▪ Handouts zur Beschäftigung mit dem Thema und den eigenen Ressourcen zwischen den Sitzungen

2. Sitzung zwei und drei: Arbeitsphase

Ziele und Aufgaben:

In der zweiten und dritten Sitzung (je 60 Minuten) stehen das Erlernen neuer Strategien und das Etablieren einer erweiterten Identität im Vordergrund. Nachdem der Klient für den Beginn der Abstinenz einen individuell für ihn stimmigen Tag gefunden hat (Tag X), soll er nun Möglichkeiten an die Hand bekommen, diese auch aufrecht zu halten. Das Sicherstellen des rauchfreien Zustandes ist das zentrale Thema dieser beiden Sitzungen.

Bausteine:

➢ Beenden des Rauchens:
- Erklären des Konzeptes von Tag X.
- Ideodynamisches Bestimmen von Tag X: Erleben einer unwillkürlichen Reaktion, durch die der betreffende Termin als Tag X ratifiziert wird.

➢ Erweiterung des Selbstkonzepts (genuine Ich-Identität):
- Sich selbst als eine eigenständige Person begreifen, die nicht durch das Rauchen definiert wird (weder „Raucher" noch „Nicht-Raucher" ist).
- Ich-stärkende individuelle Suggestionen in Trance.
- Metaphern und andere indirekte Suggestionen, posthypnotische Suggestionen.
- Reframing des Rauchens, bisheriger Abstinenzversuche und Rückfallsituationen.
- Neue Rituale anstelle des Rauchrituals einführen.

➢ Training für Selbsthypnose und Imaginationen:
- Bestimmen und Ausformen eines sicheren Wohlfühlortes.
- Swish-Technik zur schnellen Aktivierung des Ergebnisbildes (seit einem Jahr rauchfrei) als Ressource sowie zur Überlagerung des Ausgangsbildes (Rauchsituation) durch das Ergebnisbild.

➢ Weitere Interventionen:
- Weitere Konditionierung des attraktiven Selbstbildes des Klienten (Ergebnisbild).
- Ressourcen finden und ankern, die für das Aufhören, die Zeit des Entzuges und die Wochen danach hilfreich sind.
- Kopplung von ideomotorischen und ideosensorischen Trancephänomenen mit der Beendigung des Rauchens (in Form sich selbst erfüllender Vorhersagen).
- Atemtechniken zur Aktivierung, Beruhigung und Atemharmonisierung.
- Handouts zur Ernährung nach Tag X

3. Sitzung vier: Verabschiedung

Ziele und Aufgaben:

In der letzten Sitzung wird die Zigarette rituell verabschiedet. Falls der Klient einen früheren oder antizipierten Rückfall thematisiert, werden Rückfälle als eine Lernmöglichkeit besprochen, die zu einem noch kompetenteren Neubeginn der Abstinenz motiviert. Der Klient wird auf mögliche Versuchungssituationen vorbereitet und erlebt in Trance deren erfolgreiche Bewältigung. Er bekommt je nach Bedarf weitere Tipps und Hinweise auf Ressourcen, die der Stabilisierung der Abstinenz dienen. Sodann wird in Trance „die Zigarette in einer gültigen Weise endgültig verabschiedet" und die Behandlung zu einem angemessenen Abschluss geführt.

Bausteine

➢ Umgang mit (möglichen) Rückfällen:
- Besprechen und Reframen früherer Schwierigkeiten bei der Aufrechterhaltung der Abstinenz.
- Tranceinduktion in der individuell bewährten Weise; Aktivierung der Ressourcen.
- Kommunikation mit dem Unbewussten; kreative Weisen des Umgangs mit Schwierigkeiten dieser Art finden.

➢ Stärkung der Abstinenz:
- Drei bisher typische Rauchsituationen imaginieren und positiv bewältigen.
- Posthypnotische Suggestionen für das Aufhören und die darauf folgenden Schritte.
- Metaphern / Zitate zur richtigen Haltung beim Aufhören.
- Ideodynamische Bestätigung für weitere Unterstützung durch das Unbewusste.

➢ „Verabschiedung der Zigarette" in einer vom Klienten gewählten imaginierten Situation (Ritual in Trance)

➢ Hinweis auf Versuchungsituationen:
- Mögliche Schwierigkeiten in den nächsten Wochen ansprechen; eine geeignete Sicht und Strategien für ihre Bewältigung finden.
- Umgang mit dem „inneren Versucher".

➢ Zum Abschluss:
- Gratulation und Dank an das Unbewusste.
- Geniessen der Freude und der Erleichterung.

Aktuell existieren keine wissenschaftlich fundierten Aussagen über die langfristige Abstinenz der behandelten Raucher. Praktiker berichten Abstinenzraten nach einem Jahr zwischen 50-70%. Vergleichbar umfangreiche Programme (in Gruppen) mit verhaltenstherapeutischen Methoden zeigen eine wissenschaftlich gesicherte Ein-Jahres-Abstinenz von maximal 35%, zumeist aber in Kombination mit Nikotin-Ersatz-Therapie (z.B. Batra et al "Rauchfrei in sechs Wochen"). Es existiert eine Studie zu einem ähnlichen Vorgehen, dem "Tübinger Programm" (Schweizer, C., 2009, "Vom blauen Dunst zum frischen Wind" Heidelberg: Carl Auer). Dieses Vorgehen ist für die Anwendung in Gruppen der Einzelbehandlung überlegen und die Erfolgsquoten nach einem Jahr werden in der Gesamtuntersuchung mit 35% angegeben. Eine deutschlandweite, multizentrische Praxisevaluation des Smokex-Vorgehens wurde an der Universität Hamburg 2007 initiiert und wird voraussichtlich 2011 fertig gestellt.

Potter, G (2004). Intensive Therapy: Utilizing Hypnosis in the Treatment of Substance Abuse Disorders.

American Journal of Clinical Hypnosis 47:1, 21-28
Reprinted with permission from the American Society of Clinical Hypnosis (www.asch.net).

Abstract: Hypnosis was once a viable treatment approach for addictions. Then, due to hypnosis being used for entertainment purposes many professionals lost confidence in it. However, it has now started to make a comeback in the treatment of substance abuse. The approach described here, using hypnosis for treatment, is borrowed from studies effectively treating alcoholism by using intensive daily sessions. Combining the more intense treatment of 20 daily sessions with hypnosis is a successful method to treat addictions. The treatment has been used with 18 clients over the last 7 years and has shown a 77 percent success rate for at least a 1-year follow-up.

Recently, the use of hypnosis in the treatment of addictions has been primarily limited to cigarette smoking (Ahijevych & Yerardi, 2000; Apostolides & Yunker, 1996; Barber, 2001; Capafons & Amiga 1995; Green & Lynn, 2000; Spiegel, Frischholz, Fleiss, & Spiegel, 1993). According to Martensen (1997), in the nineteenth century hypnosis and alcoholism medically converged and the results were very good. There were as high as 80% success rates with samples of up to 700 patients reported. By 1910, because of its growing prevalence as entertainment, ethical professionals were using hypnosis less for treatment of any medical or psychological disorder. By 1920, hypnosis was rarely used in the treatment of alcoholism.

However, hypnosis has begun making a comeback as a viable treatment for alcoholism and other addictions. Wolberg (1948) treated alcoholism by using hypnosis to enhance dream imagery. Lemere (1959), using a conditioned reflex treatment, reported a 57% success rate on a one-year follow up. Success was based on abstinence from alcohol. Feamster and Brown (1963) successfully used an aversive treatment through hypnosis to control excessive drinking.

Orman (1991) reported a single case study of the treatment of alcoholism using 17 sessions. Orman combined hypnosis with psychotherapy, and the patient increased Alcoholics Anonymous meetings from three times per week to six or seven times per week. The patient reported continued abstinence at six-month and one-year followups. Allan (1995) found hypnosis helpful because of its efficacy in reducing tension. Avantis and Margolin (1995) used hypnosis to enhance imagery techniques in the treatment of addictions. Tiffany and Conklin (2000) discussed the possibility of a reward center deep within the brain. They reported emotion-laden memories of past positive drinking experiences become associated with cues. Exposure to these cues can activate the reward center, potentially leading to craving during abstinence. They can change these experiences to experiences that promote abstinence and reduce craving by using suggestion, reframes, metaphors, and positive imaging in hypnosis.

Walsh (2003) presented three case studies using a brief one-session approach called "The Utilization Sobriety Model." This model uses an ideomotor finger signal to identify the absolute best high from using the drug of choice. After the client identified the high, the therapist suggested that the patient touch two fingers together and anchored a posthypnotic suggestion to the best high. The patient was then instructed to use the two fingers together to recall the high when urges for the drug came up. Walsh reported successful abstinence in client number one and two in one year followups. Client number three had a cocaine addiction and struggled with relapses, but stayed clean for the year and a half prior to the writing of the manuscript. Page and Handley (1993) also wrote about the use of hypnosis to treat a cocaine addiction. Addiction contains spiritual, mental, social, and biological components. Hypnosis is a treatment modality that can address all of these issues.

Gorski and Miller (1986) name six symptoms of Post Acute Withdrawal (PAW) that can occur following acute withdrawal from an addictive drug. These symptoms can recur for years after a person has successfully withdrawn from a chemical dependency. The six symptoms are: (1) inability to think clearly; (2) memory problems; (3) emotional overreactions or numbness; (4) sleep disturbances; (5) physical coordination problems; and (6) stress sensitivity. There have been numerous reports of using hypnosis to treat each of these PAW symptoms including Whitehouse et al. (1996), a 19-week study that showed hypnosis produced lower stress levels. Yet the use of hypnosis with chemical dependency continues to be thought of as an alternative therapy when it is, possibly, one of the better choices available. Hypnosis has traditionally been looked at as a quick fix and if it does not work quickly, confidence in it is lost. Hypnosis sometimes produces very rapid changes. However, when used over a longer period of time in a systematic process the results are much longer lasting. Traditionally, treatment methods for addictions include intense daily sessions. Combining the intensive treatment of daily sessions with hypnosis appears to strengthen treatment for many people who are suffering from addictions. Among the advantages of using hypnosis is that it allows the client to better imprint, modulate, and integrate new patterns of behavior. Also, the deep relaxation naturally addresses the recovering person's need to manage stress and handle cravings. The following describes a 20-session intensive treatment program. Over the last seven years 18 clients have started treatment using the full 20-session approach outlined below.

Method

Participants

The 18 participants (16 men and 2 women) were clients who voluntarily sought treatment at a private practice facility. The age range was 18 to 63 years, and the mean age was 37 years. There was one African American client, and the rest were Caucasian. Of the 18 clients, 15 were being seen for alcoholism or alcohol abuse, 2 clients were being seen for cocaine addiction, and 1 client had a marijuana addiction.

Assessment

No hypnosis was used for the first two sessions. The first session consisted of an assessment and involved a detailed history. As in any form of therapy, the assessment of the client is where the decisions of how to proceed with treatment are made. It is important to assess the client for any dual diagnosis and other stressors. Any testing instruments used should have a purpose and be comfortable to the therapist. The determination of whether a medical detox was necessary was made during the personal intake interview by asking very direct, pointed questions about the clients' unique involvement with the drug or drugs in question. The key items are: (1) How many drugs are being used and to what extent? (2) The date and time of last use; (3) How long was the longest time the client went without using the drug and when was it? (4) The motivation of the client to use the drug, and then the motivation to stop using the drug; and (5) Does the client feel confident and appear capable of staying abstinent from the drug while working on an outpatient basis? A formal hypnotic susceptibility measure was not used. The first hypnotic session, however, lent itself nicely to using two measures from the Stanford Hypnotic Susceptibility Scale (Weitzenhoffer and Hilgard, 1959). The measures I used were eye closure and arm rigidity. These measures do not tell me exactly the amount of hypnotic talent the client has, but passing these two challenges gives me confidence that the client has enough hypnotic talent for our purposes. Between the first and second sessions a detailed treatment plan was developed. The second session was used to review the treatment plan with the client and our signatures on the plan create the therapeutic alliance, which is an important part of all therapy work. Therefore, including the assessment and review of the treatment plan, a 20-session intensive treatment program is actually 22 sessions.

Treatment

The program consisted of 50 to 60 minute sessions, five days a week, in which 5 to 10 minutes were typically used to assess progress and understand the next step. The next 35 to 45 minutes were used in trance. I generally use a 20 to 30-minute trance induction and deepening process. Clients seem to enjoy this daily relaxing. The relaxation also appears to be a treatment benefit for stress reduction and handling cravings for the drug in question. This induction process creates a healthy environment for the therapeutic work. The actual trance utilization and treatment phase of the program was about 15 to 35 minutes per session, depending on whether a deepening technique was used. The client was seen once a day, five days a week for four weeks. This schedule allowed 20 trance inductions. The content of the treatment phase of the hypnotic sessions were individualized, based upon the needs of the client, and should be determined by the therapist. As in all treatment using hypnosis, the therapist should be able to treat the individual not using hypnosis. Therefore, it is important for the therapist to be knowledgeable in the treatment of addictions before accepting the client for treatment.

Sobriety starts as soon as the client is not drinking or using drugs, and the treatment is built around a healthy recovery process. The first hypnotic session is a good time to begin developing a self-image as a sober person. When the client comes to the conclusion that the drug cannot safely be used, it is helpful to begin developing a self-image away from the addiction. Clients are asked to think about their ideal selfimage. They often come up with terms like healthy, sober, energetic, responsible, honest, respected, drug-free, etc. These words are then put into suggestion form. In the first hypnosis session, then, direct suggestion is used to begin a process of imprinting the positive characteristics into the client's self-image. These impressions can be reinforced in subsequent sessions as much as the therapist deems necessary based upon the individual needs of the client. Also, during the first hypnosis session an anchor is usually employed to create a posthypnotic suggestion of "no, I don't want that, I'm free." This suggestion is anchored, by firmly touching the client on the left shoulder (Citrenbaum, King, & Cohen, 1985), to the feelings of "peace, strong and control." Then, when there are any cravings or thoughts of using the drug, the client repeats, "no I don't want that, I'm free" to bring about the suggested feelings of peace, strong and control. Anchors are more fully described in the "Treatment Tools" section of this paper. In addition to building a non-using self-image, it is helpful to employ selfstrengthening techniques. Self-strengthening is an important part of the recovery process that can assist the client to address the PAW symptoms (Gorski & Miller, 1986), and is typically used in more than one session. The process of treatment is to prevent relapse and is built around a healthy recovery. This process involves the effective handling of stress, monitoring and treating the PAW symptoms (Gorski & Miller, 1986) and a focus on healthy living. When working with substance abuse or addiction, I ask the client to read the book Staying Sober by Gorski and Miller (1986). This book focuses on relapse prevention techniques and is a valuable resource. The reading Staying Sober is not negotiable because it provides the education of the recovery process that cannot be covered during hypnosis. Following the initial treatment, there is an aftercare program that ranges from no planned visits to planned weekly visits. Following the clinical perspective of the program the aftercare sessions are also individualized to fit the needs of the client. The aftercare sessions provide a nice forum for more complete coverage of Staying Sober and making sure the client is aware of the recovery process. The hypnotic sessions can include anything that the client needs to focus on in therapy. The following is a description of treatment tools that I have found to be effective. The specific tools used are a decision of the therapist.

Treatment Tools
Direct Suggestion
As in most therapeutic paradigms, direct suggestion is a valuable tool for working with addictions. Direct suggestion can be used for creating a positive expectancy. The therapist can also use direct suggestion to inspire confidence, commitment, motivation, and perseverance in the client to achieve the stated goals, as well as encourage the proper behavioral changes.

Anchors
Citrenbaum et al. (1985) point out several unique ways to use anchors when treating addictions. Bandler and Grinder (1975) also wrote about anchoring. In hypnosis, anchoring happens when a posthypnotic suggestion is paired to a feeling state. Therefore, when an individual has a craving for the drug, the posthypnotic suggestion is used to bring about the anchored feelings. I commonly use an anchor to help clients handle cravings, as discussed earlier.

Metaphors
Barker (1985) suggests that metaphor is an essential feature of human communication. A metaphor used in therapy usually consists of a story that has a short metaphor embedded within. The whole story is not metaphoric, but captures the client's attention so the metaphoric message can be subconsciously embedded. The therapeutic idea that later emerges materializes like the individual's own idea. For example, a 45- year-old male client attended four sessions of hypnosis to stop smoking and a metaphor was used in one of the sessions. He decided to terminate treatment while still smoking, although he had considerably reduced his smoking. I saw him about two months later, and he informed me that he stopped smoking on his own. I congratulated him on a job well done. He never mentioned nor did he give any credit to the hypnotic sessions he attended. Although a therapist could never prove the hypnotic sessions were ultimately the reason he stopped, there is a good chance that the hypnotic metaphor helped him formulate a way to "stop on his own." In clinical practice therapists have to be willing to help induce change without the need to take the credit. I have found many metaphors useful for working with addictions, including Wallas's (1985) "The Boy Who Lost His Way." All metaphors are altered, paraphrased and structured to fit the individual's situation in order to make a therapeutic impact. For example, for female clients "the boy" in the metaphor becomes a girl.

Reframes
There may be many issues that arise while working with addictions that can be reframed. For example, the way a person views New Year's Eve; or what it means to go fishing or boating. Any situation in which the client has consumed alcohol or used their drug of choice can be reframed to exclude the substance.

Affect Bridge
The affect bridge (Watkins, 1971) is used with clients who have particular emotions associated with the use of drugs. By following the emotion through the affect bridge to the first time the client felt that particular emotion before using the drug, the client can become more aware of and break the connection with that emotion and the drug.

Ego-State Therapy
Watkins and Watkins (1997) describe parts of the individual client who are intellectually, emotionally, and behaviorally vested in conflicting goals. Hypnosis is a useful tool to create a safe environment for the client to access and get to know their various parts. When using Ego-State Therapy with addictions, the therapist can help the client understand the needs of his or her part that wants the drug, and help that part achieve it's goal without using the drug. The part's goal may be a benefit like comfort, relaxation, control, independence, excitement, etc. Ego-State Therapy has been quite effective with some clients.

Self-hypnosis
Self-hypnosis is routinely taught to all clients. It is left up to the clients as to how they use it. I recommend using self-hypnosis without the assistance of tape recorders. This avoids anchoring the client to the recorder so he or she can be free to use the skill anywhere.

Results
Since August of 1996, 18 clients have started the intensive treatment program of five sessions per week. The length of the intensive treatment program is 4 weeks. Two of those clients did not complete the full 20 sessions. One of those two, a man in his early 30s, left treatment after 19 sessions and at last contact, 16 months after terminating treatment, was still abstinent from alcohol. The second client terminating early was a man in his late 20s who attended 15 sessions, terminated his program, and returned to drinking. Twelve clients continued treatment following the 20-session program for aftercare counseling. Four clients terminated treatment following the 20 sessions. The most sessions (including aftercare) attended for this program was 64 sessions. This client was a 39-year-old white male in treatment for a cocaine addiction, who went through two relapses before achieving a complete year without a relapse. Those 64 sessions were over a 3-year time frame. At last contact he had been drug-free for 3 years. Of the 18 clients who started the 20-session program, and most attending aftercare sessions, 12 remained drug- free. Two clients returned to moderate drinking, and appear to be doing well. Two clients relapsed to abusive drinking, and one of those clients was charged with a third driving-under-the-influence citation. There are two clients with whom I have lost contact and whose status I do not know. Therefore, 14 out of 18 people have successfully maintained their goal for at least one year. The program has produced a 77 percent success rate, for at least a one-year follow-up. However, as Powell (1995) points out, when the goal is not achieved there is always something new to learn. So, maybe there are no successes and no failures–only results followed by the next step.

Discussion

In light of the continued struggle to find efficacious treatment modalities for addictions, hypnosis appears to be a viable treatment approach. However, for hypnosis to be effective the treatment plan must be individualized. Although hypnosis should never be presented as a quick fix, not all addictions clients are going to agree to or be in need of a 20-session program. Hypnosis can also be utilized as a part of a broadband approach that may include Alcoholics Anonymous or Narcotics Anonymous meetings, and other forms of talk therapy. My particular experience has been mostly with men. It would be interesting to see similar approaches conducted with more women participants. It is my belief, however, that gender would not be a deciding factor of whether hypnosis was used. If a client is depressed or has another dual diagnosis, a decision must be made on how to incorporate the other diagnosis in the treatment process. This sometimes contraindicates the use of hypnosis, until the person has effectively dealt with the other diagnosis. Limitations of this study included: no random sample; no control group; no formal measure of hypnotizability; no two treatment plans are the same; and varying numbers of sessions. However, perhaps it can add to the literature and encourage more intensive study of the effectiveness of utilizing hypnosis as a core treatment for addictions. There is a vast need in our society today for viable addiction treatment methods. Therapists who understand addictions and are skilled in the use of hypnosis appear to have a viable tool to help this population.

References

Ahijevych, K. & Yerardi, R. (2000). Descriptive outcomes of the American Lung Association of Ohio hypnotherapy smoking cessation program. International J of Clinical and Experimental Hypnosis, 48(4), 374-387.

Allan, C. A. (1995). Alcohol problems and anxiety disorders–A critical review. Alcohol and Alcoholism, 30, 145-151.

Apostolides, M. & Yunker, T. (1996). How to quit the holistic way. Psychology Today, 29(5), 34.

Avantis, S. K. & Margolin, A. (1995). Self and addiction: The role of imagery in selfregulation. J of Alternative & Complementary Medicine, 1(4), 339-345.

Bandler, R. & Grinder, J. (1975). The structure of magic (Vol I). Palo Alto, CA: Science and Behavior Books.

Barber, J. (2001). Freedom from smoking: Integrating hypnotic methods and rapid smoking to facilitate smoking cessation. International J of Clinical and Experimental Hypnosis, 49(3), 257-266.

Barker, P. (1985). Using metaphors in psychotherapy. New York: Brunner/Mazel, Inc. Capafons, A. & Amiga, S. (1995). Emotional self-regulation therapy for smoking reduction: Description and initial empirical data. International J of Clinical & Experimental Hypnosis, 43(1), 7-19.

Citrenbaum, C. M., King, C. E., Cohen, W. I. (1985). Modern clinical hypnosis for habit control. W. W. Norton & Company, New York.

Feamster, J. H. & Brown, J. E. (1963). Hypnotic aversion to alcohol: Three-year followup of one patient. American J of Clinical Hypnosis, 6, 164-166.

Gorski, T. T. & Miller, M. (1986). Staying sober. Independence, Mo: Herald House/ Independence Press.

Green, J. P. & Lynn, S. J. (2000). Hypnosis and suggestion based approaches to smoking cessation. International J of Clinical & Experimental Hypnosis, 448(27), 195-224.

Lemere, F. (1959). Psychotherapy of alcoholics. J of the American Medical Association, 171, 266-267.

Martensen, R. L. (1997). Hypnotism's medical heyday. J of the American Medical Association, 277(8), 611.

Orman, D. J. (1991). Reframing of an addiction via hypnotherapy: A case presentation. American J of Clinical Hypnosis, 33(4), 263-271.

Page, R. A. & Handley, G. W. (1993). The use of hypnosis in cocaine addiction. American J of Clinical Hypnosis, 36(2), 120-123.

Powell, D. H. (1995). What we can learn from negative outcomes in therapy: The case of Roger. J of Psychotherapy Integration, 5(2), 133-144.

Spiegel, D., Frischholz, E. J., Fleiss, J. L., & Spiegel, H. (1993). Predictors of smoking abstinence following a single-session restructuring intervention with selfhypnosis. American J of Psychiatry, 150, 1090-1097.

Tiffany, S. T.,& Conklin, C. A. (2000). A cognitive processing model of alcohol craving and compulsive alcohol use. Addiction, 95(2), 145-150.

Wallas, L. (1985). Stories for the third ear. New York: W. W. Norton & Company.

Walsh, B. J. (2003). Utilization sobriety: Brief, individualized substance abuse treatment employing ideomotor questioning. American J of Clinical Hypnosis, 45(3), 217-224.

Watkins, J. G. (1971). The affect bridge: A hypnoanalytic technique. International J of Clinical Hypnosis, 19, 21-27.

Watkins, J. G. & Watkins, H. H. (1997). Ego states theory and therapy. New York: W. W. Norton & Company.

Weitzenhoffer, A. M. & Hilgard, E. R. (1959). Stanford Hypnotic Susceptibility Scale, Forms A and B. Palo Alto, CA: Consulting Psychologists Press.

Whitehouse, W. G., Dinges, D. F., Orne, E. C., Keller, S. E., Bates, B. L., Bauer, N. K., Morahan, P., Haupt, B.A., Carlin, M.M., Bloom, P.B., Zaugg, L., & Orne, M.T., (1996). Psychological and immune effects of self-hypnosis training for stress management throughout the first semester of medical school. Psychosomatic Medicine, 58, 249-263.

Wolberg, L. (1948). Medical hypnosis (Vol. 1I). New York: Grune and Stratton.

Beiglböck, W & Feselmayer, S (1994). Hypnotherapie mit Suchtkranken – Theoretische Modelle und therapeutische Konzepte.

Hypnose und Kognition, 11 (1+2); 138-148
Nachdruck mit Genehmigung der M.E.G.: Hypnose und Kognition (www.meg-hypnose.de)

Zusammenfassung:

Die wissenschaftliche Literatur über "Hypnose und Sucht" beschäftigt sich üblicherweise und hauptsächlich mit hypnotischen Vorgehensweisen zur Raucherentwöhnung. Um die Jahrhundertwende veröffentlichte euphemistische Berichte über den Einsatz traditioneller Hypnose bei Alkoholikern konnten in späterer Zeit nicht bestätigt werden. Ein möglicher Grund hierfür könnte sein, dass Hypnose grundsätzlich nur in einem breiteren psychotherapeutischen Rahmen konzipiert und eingesetzt werden muss. Als Grundlage für alle psychotherapeutische Arbeit mit Substanzabhängigen stellen wir zunächst das Behandlungskonzept unseres Institutes vor und präsentieren dann ein hypnotherapeutisches Gruppenprogramm und dessen theoretischen Hintergrund. Schließlich werden in diesem Zusammenhang noch die Beziehungen zwischen systemischer Therapie und Hypnotherapie dargelegt sowie die Probleme diskutiert, welche bei der Anwendung von Hypnotherapie mit Abhängigen entstehen können.

1. Theoretische Überlegungen

In den letzten Jahren hat die Hypnose bzw. Hypnotherapie als psychotherapeutisches Verfahren eine beachtliche Renaissance erlebt. Dies ist umso interessanter, als sie nach der Ablehnung durch Sigmund Freud lange Zeit in Verruf geraten war. Ein ständiges Auf und Ab scheint aber zur Geschichte dieses psychotherapeutischen Verfahrens dazuzugehören. Nach geradezu euphorischen Berichten in der Zeit um die letzte Jahrhundertwende zeigt sich am Ende dieses Milleniums ein neuer "Hypnose-Boom" (vgl. Peter,

1991). Dies gilt teilweise auch für die Behandlung der Abhängigkeitserkrankungen mittels Hypnose. So schreibt Joire 1908: "Die wirklich rationelle Behandlung des Alkoholismus, deren Wirksamkeit durch die Erfolge bewiesen ist, besteht in der hypnotischen Suggestion." Betrachtet man aber die entsprechenden Fallberichte bzw. therapeutischen Erfolge in der Originalliteratur, so ergibt sich ein etwas differenzierteres Bild. So schreibt z.B. Großmann 1894, dass er mehr als 50 Fälle von Dipsomanie und Trunksucht behandelt hätte, und bei vielen sei die Behandlung erfolgreich gewesen. Was dieses "viele" allerdings bedeutet und wie er Erfolg definiert, geht aus dieser Literatur nicht hervor. Lediglich im Anhang finden sich 3 Fallberichte mit angeblich zweijährigen Abstinenzperioden. Ebenso berichtet Tuckey 1895, dass er 8 Fälle von chronischem Alkoholismus behandelt habe; davon hätte er 4 geheilt (ebenfalls ohne dies genauer zu definieren), einer sei gebessert gewesen und 3 unverändert.

Die Euphorie, die die klassische Hypnose in der Behandlung von Alkoholabhängigkeit anfangs ausgelöst hatte, konnte der Realität nicht standhalten. Dies geht wohl auch aus der Literatur hervor, obwohl sich die Autoren einer höchst euphorischen und blumigen Sprache bedienten. Im Laufe der Jahrzehnte ist das Konzept der klassischen Hypnose zur Behandlung des Alkoholismus im Wesentlichen gescheitert.

Woran könnte dies liegen? Primär ist wohl anzunehmen, dass das Konzept der klassischen Hypnose deswegen zum Scheitern verurteilt war, weil es die Alkoholabhängigkeit sehr eindimensional als sogenannte "abulische Erkrankung" (Joire, 1908) gesehen hatte. Nach Ansicht dieser und anderer Autoren war der Alkoholabhängige lediglich an seinem "Willen" erkrankt. Daher sah die Behandlung so aus, dass es lediglich um die Schaffung von sogenannten "Hemmungszentren" ging. Dies erfolgte mit den in der klassischen Hypnose üblichen Verfahren der posthypnotischen Suggestion, wobei z.B. Übelkeit (Tuckey, 1895) oder Armlähmungen (Joire, 1908) bei Alkoholkontakt suggeriert wurden. Lediglich Ertl bemerkte bereits 1914, dass "nur mit der Erkenntnis der ursächlichen Umstände [...] die Symptome zum Schweigen (zu bringen sind) und [...] eine symptomatische Kur nie dauernden Erfolg haben wird". Solche Erkenntnis fand jedoch damals keinen nennenswerten Einfluss auf die Behandlung der Alkoholabhängigkeit mittels Hypnose. Dieses eindimensionale Konzept, das letztendlich nur in einer Symptombehandlung bestand, ist nach dem heutigen Stand der Wissenschaft - die von einer multifaktoriellen Genese der Alkoholabhängigkeit ausgeht - nicht mehr haltbar.

Letztendlich aber sind gewisse Erfolge in der Behandlung der Alkoholabhängigkeit mittels klassischer Hypnose nicht zu bestreiten. Diese lassen sich wohl am ehesten durch die Phänomene der Gegenübertragung oder der systemischen Verstrickung erklären. Wie allen, die mit Substanzabhängigen arbeiten, hinlänglich bekannt ist, gelingt es diesen Patienten oft sehr rasch, den Therapeuten im Sinne einer Koabhängigkeit für sich einzunehmen. Die Bindung an den Therapeuten ist in einer solchen Therapie wohl unausbleiblich, muss aber im Regelfall dazu benutzt werden, dem Klienten ein selbständiges Umgehen mit seinen Problemen zu ermöglichen.

Die enge Bindung an den Therapeuten - als Basis für das Loslassenkönnen des Suchtmittels - ermöglicht es vielen Suchtkranken, erste Schritte der Änderung zu setzen. Diese enge Bindung muss, wie in jeder psychotherapeutischen Beziehung, behutsam gedeutet und gelöst werden. Erfolgt dies unreflektiert, entsteht ein sehr diffuses, verstricktes Therapeut-Patient-Verhältnis, in dem Phänomene wie Übertragung und Gegenübertragung durchaus eine reine Symptombehandlung zeitweise wirksam werden lassen können, indem sich der Patient sozusagen "dem Therapeuten zuliebe" kurzfristig verändert. Gerade in der Behandlung von Suchtpatienten kann es sehr rasch geschehen, dass sowohl Therapeut als auch Patient in diese Abhängigkeitsstrukturen hineingleiten. Wer hat von seinen abhängigen Patienten noch nicht Sätze wie "Sie sind der Einzige, der mir helfen kann", oder "Sie sind der beste Therapeut, den ich je hatte" gehört.

Ein zweiter Grund, warum klassische Hypnose wirksam sein könnte, findet sich in einer Randnotiz, die Tuckey 1895 in einem seiner Bücher anführt. Er schreibt zum Schluss in einem Nebensatz über einen erfolgreich behandelten Alkoholkranken: "Der kleine Geschäftsärger regt ihn nicht mehr so auf wie früher, ebenso trägt er die unvermeidlichen häuslichen Störungen mit Gleichmut." Eigentlich wollte Tuckey lediglich Ekel gegen Alkohol mittels posthypnotischer Suggestionen suggerieren, was ihm auch gelang. Dieser Nebensatz verrät allerdings, dass hier wohl Hypnose als Entspannungstechnik eingeführt wurde oder dass womöglich sogar an der Grundstörung gearbeitet wurde.

Dieses - wohl eher unbeabsichtigte - Arbeiten an der Grundstörung entspricht einem modernen Ansatz in der psychotherapeutischen Behandlung von Abhängigen. Mittlerweile geht man nämlich davon aus, dass psychotherapeutische Arbeit mit Abhängigen in zwei Phasen vor sich zu gehen hat (vgl. Feselmayer & Beiglböck, 1991), denn es lassen sich zwei Störungsbilder identifizieren: Neben der Grundstörung besteht eine massive Abhängigkeit mit eigener Dynamik sowie eine Wechselwirkung zwischen Grundstörung und Abhängigkeit, die in ihrer Auswirkung nur schwer zu erkennen ist. Daher bleibt die alleinige Behandlung der Abhängigkeit ebenso erfolglos wie die alleinige Behandlung der Grundstörung. Eine erfolgreiche Therapie muss beide Faktoren berücksichtigen.

Es scheint also so zu sein, dass bei den erfolgreichen klassischen Hypnosen - zumindest wie sie z.B. Tuckey beschreibt - sehr wohl eine derartige "zweiphasige" Therapie stattgefunden hat, die dann auch langfristig erfolgreich gewesen ist. Nachdem die klassische Hypnose wie erwähnt im wesentlichen in der Behandlung von Alkohol- oder Substanzabhängigkeit gescheitert war, wurden Hypnose oder auch hypnotherapeutische Ansätze im Laufe des zwanzigsten Jahrhunderts nur zur Behandlung der Nikotinabhängigkeit oder als gezielte Entspannungstechnik bei der Behandlung von Substanzabhängigen eingesetzt (vgl. Miller, 1990). Dies zeigte auch eine zu Beginn der 90er Jahre durchgeführte computerunterstützte Literaturrecherche einer großen deutschen Datenbank (PSYINDEX). Mittlerweile wurde es aber für Wissenschaftler und Therapeuten immer klarer, dass bei der Behandlung von Substanzabhängigen von einem eindimensionalen, monokausalen Denken Abstand genommen werden muss. Substanzabhängigkeit ist als ein multifaktorielles Geschehen zu betrachten, das erst aus dem Zusammenspiel der spezifischen biologischen Wirkung der Droge mit der Persönlichkeit des Abhängigen und seiner Umwelt verstehbar wird. Auf diesen wissenschaftlichen Erkenntnissen bauen mittlerweile alle modernen Behandlungseinrichtungen für Substanzabhängige auf, so auch das Anton Proksch-Institut, das vor 32 Jahren erstmals diesen komplexen Entstehungsbedingungen ein entsprechend komplexes Behandlungskonzept gegenüberstellte. Dieses gliedert sich im Wesentlichen in 4 Phasen:

1. Zuerst erfolgt der körperliche Entzug, um die biologischen Auswirkungen der Droge in den Griff zu bekommen.
2. In der 2. Phase wird einerseits an der Abhängigkeitsproblematik andererseits an der Grundstörung der Person gearbeitet. Bereits hier dürfen systemische Aspekte wie etwa Partnerschafts- oder Familienprobleme nicht unberücksichtigt bleiben.
3. In der 3. Phase geht es einerseits um Aktivierung des Patienten, andererseits in einem größeren systemischen Rahmen um Milieugestaltung, so dass der Abhängige in die Lage gesetzt wird, z.B. wieder einen Arbeitsplatz zu finden. Ebenso werden Probleme am Arbeitsplatz, die die Entstehung der Abhängigkeit beeinflusst haben, in dieser Phase aufgearbeitet.
4. Da unser Konzept auf einer nur kurzen stationären Therapie beruht, kommt der 4. Phase besonderes Gewicht zu, in der die im stationären Bereich begonnenen Entwicklungen in einer längerfristigen ambulanten Nachbetreuung fortgesetzt werden.

Unserer Meinung nach fand die Hypnose in der Behandlung von Substanzabhängigen in den letzten Jahrzehnten deswegen keine Resonanz, weil sie in ihren theoretischen Überlegungen weiterhin einem monokausalen Behandlungskonzept verpflichtet blieb. Erst Milton Erickson ging von einem derartigen monokausalen Denken ab und revolutionierte die klassische Hypnose. Dieses neue Gedankengut fand zunächst allerdings nur wenig Eingang in die Behandlung von Abhängigen. Dies ist umso bedauerlicher, als die Hypnotherapie dann sehr sinnvoll eingesetzt werden kann, wenn sie auf den wesentlichen theoretischen Überlegungen aufbaut, die in der Behandlung von Substanzabhängigen eine Rolle spielen. Bei der Entwicklung unseres hypnotherapeutischen Behandlungskonzeptes haben vor allem vier theoretische Überlegungen eine wesentliche Rolle gespielt:

- Verbesserung noopsychischer bzw. kognitiver Leistungen durch tranceartige Zustände
- Dissoziationstheorie nach Bandler und Grinder
- Schulung der Wahrnehmung innerer Vorgänge
- Bedeutung der Systemtheorie in der Hypnotherapie

1.1 Verbesserung noopsychischer bzw. kognitiver Leistungen durch tranceartige Zustände

Das durch die Suchtmittel hervorgerufene hirnorganische Psychosyndrom mit seiner Beeinträchtigung kognitiver Leistungsparameter stellt sehr häufig eine Stigmatisierung dar, durch die der Patient als unmündiges Wesen eingestuft wird, das der dauernden Bevormundung einer Therapie bedarf, was in der Folge wiederum eine Rückkehr in das normale Leben des Patienten erschwert. Diskussionen über Ausmaß und Dauer dieser Leistungsbeeinträchtigung werden im Bereich der wissenschaftlichen Suchtforschung sehr emotionell geführt. Wir konnten bereits zeigen (Marx, Feselmayer & Beiglböck, 1985), dass in der dritten Woche nach Absetzen des Suchtmittels ein Drittel der Patienten deutliche hirnorganische Beeinträchtigungen aufweist, dass sich aber nach sechs Wochen nur mehr bei ca. 10% der Patienten eine derartige Beeinträchtigung nachweisen lässt.

Wir haben uns mit der Frage beschäftigt, wie Patienten bereits sehr früh in den psychotherapeutischen Prozess einbezogen werden können und haben uns dazu der sogenannten Ergopsychometrie bedient. Hierunter ist die Erhebung kognitiver Leistungsparameter mittels psychologischer Testung sowohl in Ruhe als auch unter physischer und/oder psychischer Belastung zu verstehen. Erhebt man kognitive Parameter wie z.B. die Reaktionszeit oder Merkfähigkeit einmal in einer neutralen stressfreien Situation und darauf folgend in einer Situation, wo der Patient unter Stress wie z.B. unangenehme Geräusche steht, so zeigen sich folgende Ergebnisse: Während in der Durchschnittsbevölkerung nur ca. 43% ein deutliches Absinken ihrer kognitiven Leistungsfähigkeit in der Belastungssituation gegenüber der Ruhesituation aufweisen, so sind es unter Alkoholkranken 82%, die auf eine psychische Belastung mit einem Abfall ihrer kognitiven Leistungsfähigkeit reagieren. Der Vollständigkeit halber sei erwähnt, dass bei Hochleistungssportlern ein derartiger Leistungsabfall nur bei 20% zu beobachten ist.

Wir haben nun mit einem Teil unserer Patienten über drei Wochen zwei bis dreimal wöchentlich ein intensives Entspannungstraining durchgeführt (Hauk, 1989). Hierzu verwendeten wir das Integrierte Entspannungstraining (Peter & Gerl, 1977). Dabei zeigte sich, dass in jener Gruppe von Patienten, die dieses integrierte Entspannungstraining regelmässig übten, bei der nachfolgenden Untersuchung nach drei Wochen nur mehr 25% schlechtere Leistungen unter Belastung aufwiesen, während in einer Kontrollgruppe, die dieses Training nicht durchführte, der Prozentsatz gleich blieb. Anhand dieser Daten kann belegt werden, dass der Restitutionsverlauf durch intensives tranceähnliches Entspannungstraining beschleunigt werden kann. Wir nehmen an, dass die Patienten durch dieses Entspannungstraining in die Lage gesetzt werden, ihre vegetativen Funktionen bzw. ihr Aktivierungsniveau in Belastungssituationen besser zu regulieren. In weiteren Untersuchungen wollen wir diesen Effekt auch mittels elektroencephalografischer Befunde stützen. Eine derartige Untersuchung läuft derzeit an unserer Abteilung.

1.2 Dissoziationstheorie nach Bandler und Grinder

Bandler und Grinder (1985) gehen - offenbar aufbauend auf den Überlegungen von Overton (1968) und Ho et al. (1978) - davon aus, dass Alkoholiker stark dissoziiert sind. Als Beleg dafür führen sie an, dass ein Alkoholiker im nüchternen Zustand über seine Erlebnisse in den Phasen, in denen er betrunken ist, kaum Auskunft geben kann. Ebenso ist es ihm unmöglich, im alkoholisierten Zustand über seinen nüchternen Zustand Auskunft zu geben. Der nüchterne und der betrunkene Teil sind so voneinander getrennt, dass sie sich nicht gleichzeitig im Erleben der Person ausdrücken können. Daher muss es ein wesentlicher Bestandteil der 1. Therapiephase sein, dem oder der Alkoholkranken den Zugang zu beiden Erlebnisbereichen zu ermöglichen.

1.3 Schulung der Wahrnehmung innerer Vorgänge

In der Begegnung mit Alkohol- und Drogenabhängigen setzt uns die immer wieder beobachtbare emotionale Kommunikationsschwäche und Phantasiearmut dieser Patienten in Erstaunen. Das dürfte auch mit ein Grund sein, dass Suchtkranke in verschiedenen psychotherapeutischen Schulen als besonders schwieriges Klientel gelten. Wenn auch bis jetzt noch keine sicheren empirischen Befunde vorliegen, so haben doch verschiedene Autoren (vgl. Burian, 1985) die Auffassung vertreten, dass für die oben beschriebene Symptomatologie das sogenannte Alexithymiekonzept anwendbar ist. Burian (1985) fasst die Ansichten der verschiedenen Schulen, die recht einheitlich erscheinen, zusammen und erachtet folgende drei Aspekte als besonders wichtig:

1. Schwierigkeit bzw. Unfähigkeit Gefühle zu benennen, zu differenzieren und auszudrücken. Die Phantasie der Patienten ist oft gering entwickelt und ihre Sprache eingeengt und sehr häufig an gegenständliche, konkrete Details gebunden.
2. In ihren Beziehungen sind die Patienten oft symbiotisch an den Partner gebunden, der ihre Stabilität sichert.
3. Ihre Abhängigkeit von einem Partner zeigt sich besonders in einer Unsicherheit beim Durchsetzen eigener Wertvorstellungen bei einem recht hohen Maß an sozialer Anpassung.

Hieraus ergibt sich logischerweise die Notwendigkeit psychotherapeutischer und familientherapeutischer Interventionsstrategien. Aber als Vorbereitung dafür, um überhaupt mit systemischer oder jeder anderen Psychotherapie beginnen zu können, scheint es notwendig, dass der Patient lernt, seine Affekte wahrzunehmen und auch zu artikulieren bzw. in Symbole umzusetzen und symbolisiert zum Ausdruck zu bringen (Springer, 1986). Dies wird auch in der Literatur immer wieder als besonders schwieriges Unterfangen beschrieben.

1.4 Zur Bedeutung der Systemtherapie in der Hypnotherapie

Zuerst wollen wir einige allgemeine systemtheoretische Überlegungen im Zusammenhang mit Substanzmittelmissbrauch vorstellen, die bei jeder Psychotherapie mit Abhängigen zu beachten sind - also auch bei der Hypnotherapie. Gregory Bateson (1971) war es, der als erster Ende der 60er Jahre eine umfassendere Theorie des Alkoholismus aus kybernetischer bzw. systemischer Sicht darlegte. Zentrale Begriffe dieser Theorie sind bekannterweise die Konstrukte "Symmetrie" und "Komplementarität". Nach Bateson befindet sich der Alkoholkranke in einem ständigen symmetrischen Kampf sowohl mit dem Alkohol als auch mit seiner Umwelt, die versucht ihm sein Trinken als Willensschwäche und Labilität vorzuhalten. Tritt jetzt in diesen Zweifrontenkrieg noch der Therapeut hinzu, der ihn ebenfalls unreflektiert vom Alkohol befreien will, so eskaliert ein symmetrischer Kampf auch hier.
Daher meint Bateson, dass eine wirkungsvolle therapeutische Interaktion erst dann beginnen kann, wenn der Alkoholiker vor dem Alkohol kapituliert hat und zugibt wirklich alkoholkrank zu sein. Um diese Einsicht zu erzielen, muss jeder Hypnotherapie ein ausführliches Pacing bzw. die Arbeit am Rapport - nicht zuletzt im Sinne einer Motivationsarbeit - vorausgehen. In den letzten Jahren lässt sich eine zunehmende Tendenz feststellen, systemisch-familientherapeutische Ansätze mit der Hypnotherapie nach Milton Erickson zu kombinieren. Nach Gilligan (1986) gibt es "a central assumption that a person expressing a symptom is a person immersed in a naturalistic, albeit self-devaluing, trance." Das heisst, dass sich Trancephänomene und klinische Symptome nur durch den Kontext unterscheiden, in denen sie Ausdruck finden.
Nun bieten aber psychiatrische Familien und insbesondere Suchtsysteme, die als besonders rigid beschrieben werden (vgl. z.B Schmögl, 1991) und eine Reihe inadäquater Kommunikationsmuster aufweisen, einen geeigneten Kontext für das Entstehen natürlicher Trancezustände. Ersichtlich wird dies v.a. bei irrelevanten Kommunikationsstrukturen, die sich von einer Induktion mittels Konfusionstechnik kaum mehr unterscheiden. Als Suchttherapeut kennt man sicher Paare oder Familien, deren Kommunikation nur mehr über das Problem Alkohol läuft. Andere Konflikte werden nicht mehr wahrgenommen (Kaltenbrunner, 1991). Somit kommt es infolge einer natürlichen Trance zu einer Wahrnehmungseinengung, die die Aufrechterhaltung der Symptomatik unterstützt, und es ist nahe liegend diese Phänomene therapeutisch zu nutzen bzw. der Negativtrance eine Lösungstrance entgegenzusetzen.
Trenkle und Schmidt (1985) haben in einem Überblicksartikel darauf hingewiesen, dass indirekte Suggestionselemente schon im ursprünglichen systemischen Ansatz der Mailänder Schule enthalten sind. So entspricht z.B. die Technik des zirkulären Fragens einer Überladung des bewussten Denkens und kommt einer Tranceinduktion gleich. Sie beschreiben weiters wie diverse indirekte Suggestionstechniken wie z.B. Einstreutechniken, Metapher oder Ankern in den systemischen Ansatz gezielter eingebaut werden können. Auch Araoz und Negley-Parker liefern in ihrem Buch "The New Hypnosis in Family Therapy" (1988) konkrete Anweisungen, wie hypnotherapeutische Verfahren in die Familientherapie eingeführt werden können. In unserer klinischen Arbeit begegnen wir häufig Subsystemen und Restfamilien. In 50 bis 60% aller Fälle ist die Herkunftsfamilie z.B. bei jugendlichen Abhängigen nicht mehr intakt. In solchen Familien hat es sich sehr bewährt auch mit der Einzelperson "systemisch" zu arbeiten. Dazu bietet die Hypnotherapie mit dem Verfahren der Altersregression sehr gute Möglichkeiten. Der ursprüngliche Konflikt, für den der Jugendliche als Umleiter fungiert hat, wird oft durch Altersregression bewusst und kann dann psychotherapeutisch aufgearbeitet werden.

2. Hypnotherapeutisches Gruppenprogramm

"Normalerweise schicke ich Patienten, die Alkoholiker sind, zu den Anonymen Alkoholikern, da sie eine bessere Arbeit leisten können als ich" (Erickson, zit. nach Rosen, 1982). Dieser Satz von Milton Erickson war für uns nicht sehr ermutigend, als wir versuchten, diesen Ansatz in der täglichen Arbeit in unserer Suchtklinik zur Anwendung zu bringen. Aber immerhin überliefert Rosen in seiner Sammlung von Lehrgeschichten von Milton Erickson zwei kurze Vignetten aus einer Therapie von Alkoholikern.
Im ersten Beispiel schlägt er einem Patienten, der ihn auffordert etwas gegen sein Trinken zu tun, folgendes Verfahren vor: "Gehen Sie in den Botanischen Garten. Sehen Sie sich dort alle Kakteen an und fragen Sie sich, wie sie drei Jahre ohne Wasser und ohne Regen überleben können und denken Sie einmal gut nach."
In einem zweiten Beispiel schlägt Erickson einem Patienten vor, er möge mit seiner Frau in ein einsames Waldhaus ziehen und dort zwei bis drei Wochen ohne Alkohol verbringen, denn er weiß, "dass Sie nicht 10 Meilen durch die Wildnis laufen werden, um Alkohol zu besorgen." Bei dieser letzten Aufforderung wurde es dem Patienten klar, dass er gar nicht mit dem Trinken aufhören wolle.
Diese beiden Beispiele sind vielleicht ein Beleg für das therapeutische Genie Milton Erickson, geben für die tägliche therapeutische Arbeit in einer großen Suchtklinik jedoch wenig her. Aufbauend auf den im ersten Kapitel beschriebenen theoretischen Überlegungen entschlossen wir uns daher, ein hypnotherapeutisches Gruppenprogramm zu entwerfen, das diesen Anforderungen genügt. Das Programm umfasst im Regelfall ca. 8 eineinhalbstündige Gruppensitzungen. Die Indikationsstellungen für die Teilnahme an dieser Gruppe sind im wesentlichen ähnlich den Indikationen für Hypnotherapie im allgemeinen. Der Patient oder die Patientin nimmt relativ bald nach dem körperlichen Entzug an dieser Gruppe teil. Das Gruppenprogramm selbst besteht aus mehreren aufeinander aufbauenden Schritten, die wir im Folgenden kurz darstellen wollen.

2.1 Trancetraining

Der erste Schritt lässt sich am besten mit dem Begriff "Trancetraining" umschreiben, welches mehreren Zwecken dient. Einerseits soll es den Patienten ein langsames Sich-Gewöhnen an den Trancezustand ermöglichen, der ja meistens mit sehr vielen Mythen und Ängsten besetzt ist. Weiters lernen die Patienten mit dieser Methode, auf innere Unruhezustände adäquater als mit dem Suchtmittel reagieren zu können. Dies ist nicht nur eine Rückfallprophylaxe sondern auch im Hinblick auf anfangs meist noch vorhandene Entzugserscheinungen relevant. In einem nächsten Schritt sollen mittels geleiteter Altersregression möglichst frühe Ressourcezustände geankert werden. Der Patient soll auf einen Ort zurückgeführt werden, der mit Gefühlen von Wohlbefinden und Entspannung assoziiert ist. Dieses Bild wird geankert und dient als Ressourcezustand für das weitere hypnotherapeutische Vorgehen. Die Patienten zeigen sich von diesen ersten Übungen, die meist mit sehr frühen Erinnerungen verbunden sind, sehr beeindruckt. Dies stellt auch den nötigen Rapport her, der im Laufe der weiteren hypnotherapeutischen Arbeit weiter ausgebaut und gefestigt werden muss, damit auch an Konfliktsituationen gearbeitet werden kann, welche für den Patienten unangenehme Erinnerungen und Gefühlszustände beinhalten.

2.2 Übung zur Schulung der Gefühlswahrnehmung

Der nächste Schritt beruht auf dem bereits o.g. Alexithymie-Konzept. Dem Patienten soll es ermöglicht werden, lange Zeit verdrängte oder mittels Alkohol kompensierte Gefühlszustände im nüchternen Zustand intensiv zu erleben bzw. zu bearbeiten. Mittels einer geführten Trance werden Begegnungen mit Personen aus der Erinnerung des Patienten herbeigeführt, die an bestimmte Gefühlssituationen wie etwa Ärger, Trauer oder Liebe gekoppelt sind. Wesentlich dabei ist das Erlebbarmachen aller mit diesen Gefühlen verbundenen Körpersensationen, die in Trance gezielt angesprochen werden. Die Aufarbeitung erfolgt vornehmlich mittels kreativer Techniken und Gruppengesprächen. Dies ist vor allem auch deswegen wichtig, weil das Verbalisieren von Gefühlszuständen für solche Patienten nur schwer möglich ist. Damit wird auch entscheidende Arbeit für die Einzeltherapie des Patienten geleistet.

2.3 Arbeit mit "Teilen"

Aufbauend auf dem Konzept des state-dependent learning wird Hypnotherapie als Vehikel benützt, dem Patienten eine Konfliktsituation sowohl nüchtern als auch alkoholisiert erleben zu lassen. Auf das Kollabieren der Anker, wie es Bandler und Grinder (1985) vorschlagen, haben wir verzichtet, da wir im Gruppensetting mit diesem rein technischen Verfahren eher schlechte Erfahrungen gemacht haben. Vielmehr erscheint es uns sinnvoll, den sekundären Krankheitsgewinn herauszuarbeiten, der durch das Trinken entstanden ist, und eventuelle alternative Verhaltensstrategien zu besprechen, was gleichzeitig wesentlicher Bestandteil des nächsten Schrittes ist. Dieser orientiert sich im Wesentlichen an die unter dem Begriff "history change" bekannte Technik aus dem NLP, die auf die spezifischen Bedürfnisse der Substanzabhängigen abgestimmt wird.

Der Patient wird ersucht, eine typische Konfliktsituation zu finden, die im Regelfall mit dem Substanzmittelmissbrauch verbunden war. In der Trancesitzung werden vor allem die Gefühlsaspekte dieser Konfliktsituation evoziert. In der Folge wird mittels einer Altersregression versucht, jene Situation zu finden, in der dieses Gefühl das erste Mal aufgetreten ist. Anschließend wird versucht in dieser Situation eine Neukonstruktion der Vergangenheit vorzunehmen (vgl. Peter, 1990).

Der Vorteil dieses Schrittes liegt aber nicht so sehr in der Neukonstruktion der Vergangenheit, als vielmehr im unmittelbaren Erleben des engen Zusammenhanges zwischen ihrem Substanzmittelmissbrauch und frühen Verletzungen. Als Beispiel sei hier eine kurze Fallvignette angeführt: Ein etwa 40jähriger Patient berichtete, dass für ihn völlig unverständlich ein massives Alkoholverlangen immer dann auftrat, wenn er gerade in einer entspannten Situationen war, wie etwa auf Urlaubsfahrten oder beim Spielen mit seinen Kindern. Nun erlebte er unmittelbar wieder, wie er als ungefähr 4 bis 5jähriger Junge in einem Erziehungsheim mehrmals pro Woche während der Einschlafphase abends von Erziehern aus dem Bett geholt und verprügelt wurde. Dieses unmittelbare Erleben des Zusammenhangs zwischen Suchtverhalten und den frühen Verletzungen hat einen für die Therapie wesentlich effektiveren Einfluss, als es das rein verbale Aufarbeiten im Rahmen eines üblichen psychotherapeutischen Geschehens hätte.

2.4 Altersprogression

Das Erarbeiten alternativer Verhaltensstrategien hat sich aber nicht nur auf vergangene Situationen zu beziehen sondern vor allem im Sinne einer Rückfallprophylaxe auch auf zukünftige Situationen. Dies stellt einen wesentlichen Teil des letzten Schrittes dar: In der Terminologie der Verhaltenstherapie kann man hier von einem hypnotherapeutischen "Ablehnungstraining" sprechen. Der Patient wird ersucht, eine zukünftige angstbesetzte Situation zu suchen, die möglicherweise mit einem Rückfall verbunden sein könnte. Mittels einer Zukunftsprojektion wird im Zeitast über die Lösung hinausgegangen und sozusagen aus einer weit entfernten Zukunft eine Lösung für die unmittelbar bevorstehende Zukunft gesucht.

2.5 Systemische Arbeit

Eine langfristig erfolgreiche psychotherapeutische Arbeit mit Substanzabhängigen ist aber nur dann möglich, wenn nicht nur die persönliche Problematik des Patienten behandelt wird, sondern wenn der Patient auch als Teil eines größeren Systems, in dem er steht, gesehen wird. Mögliche Konfliktsituationen mit seiner primären und sekundären Umwelt müssen herausgearbeitet werden. Dies gilt vor allem für die Partner- und Familientherapie (vgl. Kaufmann & Kaufmann, 1983). Da jede Psychotherapie auch in einem systemischen Rahmen stattfindet, zumindest in der Beziehung Patient/Therapeut, müssen auch hier die zu Beginn erwähnten systemischen Regeln beachtet werden. Sowohl in der therapeutischen Beziehung als auch in den Familien Abhängiger finden sich sehr oft Kommunikationsstrukturen, die das Krankheitsgeschehen negativ beeinflussen. So finden sich vor allem in Familien mit Alkoholabhängigen sehr häufig sehr diffuse Grenzen und irrelevante Kommunikationsstrukturen, die einer Konfusionsinduktion oder einer Überlastungsinduktion sehr nahe kommen. Über Altersregression können die dadurch verursachten Wahrnehmungsdefizite erlebbar gemacht und aufgearbeitet werden. Somit bietet sich die Hypnotherapie zur Auflösung derartiger Strukturen geradezu an (vgl. Trenkle & Schmidt 1985).

3. Probleme des Einsatzes der Hypnotherapie bei Abhängigen

Aus unseren Erfahrungen zeigt sich, dass mit dem Begriff Hypnose oder Trance einerseits große Ängste und Befürchtungen, andererseits aber auch unrealistische Erwartungshaltungen verbunden sind. Da diese beiden Umstände den Rapport und somit auch die Therapie selbst ungünstig beeinflussen können, ist es wesentlich, durch ein langsames Heranführen an die Möglichkeiten der Trance - wie wir es in unserem Gruppenprogramm versuchen - Ängste und Befürchtungen abzubauen. Andererseits ist mit dem Begriff Hypnose oft und gerade bei Abhängigen der Wunsch nach einem "Wegzaubern" der Problematik verbunden - ohne dass der Patient aktiv an seiner Veränderung beteiligt sein müsste. Diese kognitiven Strukturen müssen ebenso angesprochen werden wie die Erwartung, dass Trance stets nur mit angenehmen, passiv-rezeptiven Erlebnissen verbunden sei.

Oft wird der Hypnose oder Hypnotherapie vorgeworfen, dass sie den Eskapismus des Substanzmittelabhängigen nur fördert. Er erhielte statt des Suchtmittels nunmehr eine andere Methode an die Hand, um der Realität entfliehen zu können. Aus unserer Erfahrung können wir zwar bestätigen, dass die Patienten sehr geneigt sind, Trancezustände in diesem Sinne für sich zu verwenden. Jedoch kann diese Tendenz behutsam utilisiert werden, so dass der Patient dafür gewonnen werden kann, sich auf dieses manchmal sehr belastende psychotherapeutische Geschehen einzulassen. Daher möchten wir nochmals betonen, dass Hypnotherapie bei der Behandlung Substanzabhängiger nur einen Teil des Behandlungskonzeptes darstellen kann und in einen größeren psychotherapeutischen Rahmen eingebettet sein muss.

4. Schlußbemerkungen

Hypnose und Hypnotherapie erleben z. Z. eine Renaissance. Dies ist aber nicht nur auf die in unserer Gesellschaft üblichen Heilserwartungen zurückzuführen oder als Modegag zu betrachten. Vielmehr lässt sich der Einsatz der Hypnotherapie auch in der Behandlung Suchtkranker durch eine Vielzahl neuerer Theorien und wissenschaftlicher Ergebnisse begründen. Bei dem von uns vorgestellten hypnotherapeutischen Gruppenprogramm handelt es sich um ein sehr potentes psychotherapeutisches Verfahren. Hypnotherapie, in diesem Rahmen eingesetzt, beschleunigt nicht nur die Rehabilitation sondern auch psychotherapeutische Prozesse. Damit hat der Therapeut aber auch vermehrte Verantwortung für den behutsamen Umgang mit dem therapeutischen Prozess zu übernehmen - dies gilt aber wohl für jede Art der Psychotherapie.

Literatur
Araoz, D.L. & Negley-Parker, E. (1988). The new hypnosis in family therapy. New York: Brunner/Mazel.
Bandler, R. & Grindler, J. (1985). Reframing: Ein ökologischer Ansatz in der Psychotherapie. Paderborn: Junfermann.
Bateson, G. (1971). Ökologie des Geistes. Frankfurt: Suhrkamp.
Burian, W. (1985). Das Alexithymiekonzept in der Suchttherapie. Wiener Zeitschrift für Suchtforschung, 8(1/2).
De Shazer, S. (1985). Keys to solution in brief therapy. New York: Norton.
Ertl, H. (1914). Vollständiger Lehrkurs des Hypnotismus. Leipzig: Max Spohr Vlg.
Feselmayer, S., Marx, R., Hofleitner, I. & Beiglböck, W. (1983). Kritische Untersuchung zum organischen Psychosyndrom. Wiener Zeitschrift für Suchtforschung, 6(4).
Feselmayer, S., Beiglböck, W., Burian, W. & Lentner, S. (1988). Psychologische Charakteristika jugendlicher Abhängiger in Langzeit- und Kurzzeittherapieeinrichtungen. In D. Ladewig (Hrsg.) Drogen und Alkohol - AIDS bei Drogenabhängigkeit. Lausanne: ISPA-Press.
Feselmayer, S & Beiglböck, W. (1991) Der ungeliebte Klient - Aspekte der Psychotherapie mit Abhängigen. Personzentriert, 2.
Gilligan, S. (1986). Symptom phenomena as trance phenomena. In J.K. Zeig & S.R. Lankton (Ed.), Developing Ericksonian Therapy: State of the Art (pp. 327-352). New York: Brunner/Mazel.
Großmann, J. (Hrsg.) (1894). Die Bedeutung der hypnotischen Suggestion als Heilmittel. Berlin: De Bong & Co.
Hauk, E. & Beiglböck, W. (1989). Neue Perspektiven der Alkoholismusforschung - Psychodiagnostik unter Belastung. Wiener Zeitschrift für Suchtforschung, 12(3).
Ho, B., Richards, D. & Chute, D. (Eds.) (1978). Drug discrimination and state-dependent learning. New York: Academic Press.
Joire, P. (1908). Handbuch des Hypnotismus. Berlin: Louis Marcus Verlagsbuchhandlung.
Kaltenbrunner, A. (1991). Empirische Studie über familiale Interaktionsmuster in den Ursprungsfamilien männlicher Alkoholiker unter besonderer Berücksichtigung der Mutter-Sohn-Triade. Unveröffentl. Diss., Univ. Wien.
Kaufmann, E. & Kaufmann, P. (1983). Familientherapie bei Alkohol- und Drogenabhängigkeit. Freiburg: Lambertus.
Miller, A.W. (1990). Using hypnotherapy in communicating with the recovering addicted patient. Paper presented at the 5th European Congress of Hypnosis, Konstanz.
Overton, D. (1968) Dissociated learning in drug states (State-dependent learning). In D. Effron, J. Cole, J. Levine, & Wittenborn, R. (Eds.). Psychopharmacology: A review of progress, 1957-1967, US Government Printing Office (Public Health Service Publications 1836) Washington, DC.
Peter, B. & Gerl, W. (1988). Entspannung. München: Mosaik.
Peter, B. (1990) Hypnotische Phänomene. In D. Revenstorf (Hrsg.) Klinische Hypnose. Berlin: Springer.
Peter, B. (1991) So lasst uns denn an Mesmers Grab versammeln und Erickson gedenken. Hypnose und Kognition, 8(1),69-82.
Schmögl, P. (1991). Die Kommunikation in Partnerschaften männlicher Alkoholiker - eine empirische Studie. unveröffentl. Diss. Univ. Wien.
Rosen, S. (Hrsg.) (1985). Die Lehrgeschichten von Milton H. Erickson. Hamburg: ISKO-Press.
Trenkle, B. & Schmidt, G. (1985). Ericksonsche Psychotherapie und Familientherapie: Möglichkeiten der Integration. Hypnose und Kognition, 2(1), 5-26.
Tuckey, L. (1895). Psychotherapie oder Behandlung mittels Hypnotismus und Suggestion. Berlin: Heusers.

Gerl, W. (1997). Hypnotherapeutische Raucherentwöhnung – Was macht sie effektiv?

Hypnose und Kognition, Nr. 14 (1+2); 67-81.
Nachdruck mit Genehmigung der M.E.G.: Hypnose und Kognition (www.meg-hypnose.de)

Untersuchungen weisen die Hypnose als eine der effektiveren Methoden zur Beendigung des Rauchens aus. Wird jedoch die Stabilität der Ergebnisse erfasst, so zeigt sich eine Rückfallquote ähnlich der anderer Verfahren. Wenn standardisierte Hypnose als alleinige Intervention zum Einsatz kommt, scheinen wichtige Dinge nicht gelernt zu werden, die für eine langfristige Suchtfreiheit hilfreich sind.

Die Hypnotherapie nach Erickson gibt der Person Möglichkeiten an die Hand, ihren individuellen Weg aus der Abhängigkeit zu finden und selbständig weiterzugehen. Die wesentlichen Agenten der hypnotischen Trance, wie die Nicht-Willkürlichkeit und die Evidenz ihrer Phänomene, bleiben dabei erhalten. Sie werden ergänzt durch ein mannigfaltiges methodisches Repertoire und durch neuere Erkenntnisse der Suchtforschung. Damit kann die Therapie präziser auf die Persönlichkeit abgestellt werden und auf die

Tatsachen der stofflichen und psychologischen Abhängigkeit. Die Klienten entwickeln ein aktives coping mit Versuchungssituationen und lernen variable Möglichkeiten, um jene Bedürfnisse zu befriedigen, die zuvor mittels Zigarette reguliert wurden.

Hypnose als einzige Intervention zur Raucherentwöhnung

Die in den Übersichten von Agee (1983) und Holroyd (1980) referierten Studien zur Raucherentwöhnung mit Hypnose zeigen, dass es eine empirisch gut bestätigte Indikation für Hypnose gibt. Hypnose gehört nachweisbar zu den effektiveren Methoden. Bei diesen Sammlungen von Einzelfallstudien und Gruppenuntersuchungen mit bis zu 1000 Probanden wurde die Erfolgsquote anhand der Zahl abstinenter Ex-Raucher zum Zeitpunkt der Nachuntersuchung bestimmt. Diese Katamnesen wurden erhoben in einem Abstand von 6 bis 48 Monaten nach Beendigung des Rauchens.

Erfahrungsgemäß erfolgen aber 90% der Rückfälle bereits innerhalb der ersten vier Monate, so dass ein Überprüfungstermin ein Jahr danach nicht nur wegen des symbolischen Charakters (Jahrestag, "Trauerzeit" ist vorbei) günstig ist, sondern auch ausreichend valide Aussagen über die Stabilität des Effektes erlaubt.

Es zeigt sich nun - sobald nicht nur das momentane Beenden des Rauchens erfasst wird, sondern auch die Langzeitwirkung über 12 Monate und länger - dass die Rückfallquote doch relativ hoch ist. Dies gilt insbesondere für Behandlungen, die in nur einer Sitzung und in größeren Gruppen erfolgen. Wenn lediglich Hypnose mit standardisierten Suggestionen zum Einsatz gelangt, scheinen wichtige Erfahrungen zu kurz zu kommen, die, meiner Meinung nach, für ein wirkliches Freiwerden von der Sucht erforderlich sind.

Ein Beispiel: In der Studie von Spiegel (1970) wurden 615 Personen behandelt. Nach 6 Monaten waren von den 44% rückgemeldeten Patienten nur noch 44% abstinent; das sind tatsächlich nur ca. 20% der Gesamtteilnehmer.

Die Erfolgserwartung des Laien an Hypnose ist, in der Regel, zu hoch. Sie orientiert sich an den Berichten in jenen Medien, die zur Hebung der Auflage das schreiben, was ihre Leser am liebsten lesen. Auch jene Erfolgsquoten, die in populären Taschenbüchern für die jeweils propagierte Methode behauptet werden, sind meist nicht reliabel. Angeblich hat jeder dieser Autoren schon Tausende von bedauernswerten Rauchern zu glücklichen Ex-Rauchern gemacht (z.B. Carr, 1992). Ein überprüfbarer Nachweis aber wird nicht erbracht, oder er wird umgangen, indem versichert wird: "Wir haben uns persönlich vom Erfolg Tausender und aber Tausender von starken Rauchern überzeugt, die sich das Rauchen abgewöhnten" (McFarland & Folkenberg, 1989, S. 8).

Die Erfolgsquoten von 19 amerikanischen Studien in den siebziger Jahren variieren von 4% bis zu 88%, mit einem Mittelwert um die 50% (Agee, 1983). Als Berechnungsbasis diente dabei häufig die Zahl der Rückmeldungen zum Katamnesezeitpunkt, nicht die Zahl der Gesamtteilnehmer. Diese Handhabung der Daten war damals verbreitet, führte jedoch zu Ergebnisverzerrungen. Wie wir annehmen, sind ausbleibende Rückmeldungen in der Regel mit Fehlschlägen gleichzusetzen (Wagner, 1983). Wenn die von Agee referierten Untersuchungen um diesen systematischen Fehler bereinigt werden, ergibt sich nur noch eine Rate von durchschnittlich 25% dauerhafter Erfolge.

Bedingungen für den Erfolg

Als Bedingungen, die dem Erfolg dienlich sind, hebt Agee "mehrere Sitzungen" und "individuelle Suggestionen" hervor. Dies stimmt überein mit den Ergebnissen einer Meta-Analyse hypnotherapeutischer Rauchertherapien der 70er Jahre, die von Holroyd (1980) veröffentlicht wurde. Auch die Anwesenheit und die Erfahrung des Therapeuten scheinen über den anhaltenden Erfolg einer Behandlung mitzuentscheiden. Ebenfalls von Bedeutung ist Art und Ausprägung der Motivation zum Aufhören. Telefonkontakte in der schwierigen Übergangszeit sind hilfreich zur Stärkung der Durchhaltemotivation.

Studien der achtziger Jahre bestätigen diese Faktoren und weisen zusätzlich auf den positiven Einfluss einer Unterstützung durch Bezugspersonen hin (Cohen, 1984). Von praktischer Relevanz könnte auch die Beobachtung sein, dass eine Vermeidung des Wortes Hypnose bzw. seine Ersetzung durch "Meditation" mit schlechteren Ergebnissen korreliert (Cohen, 1984). Wir können vermuten, dass in diesem Fall der starke, mit Hypnose verbundene Plazeboeffekt verloren geht.

Bedenklich erscheint mir, wie in manchen Studien Hypnose zur Anwendung kommt. Zum Beispiel bestand in der Arbeit von Rabkin (1984) die hypnotische Behandlung in einer einzigen halbstündigen Sitzung. In dieser gab ein Psychiater eine standardisierte Tranceanleitung nach der Augenroll-Methode (Spiegel, 1972) und daran anschließend direkte Suggestionen, in denen die üblichen Argumente gegen das Rauchen und für das Aufhören wiederholt wurden. Abschließend wurde den Probanden aufgetragen, diese Prozedur selbsthypnotisch mehrmals täglich anzuwenden. Ein solcher Einsatz von Hypnose mag zwar den Ökonomisierungs- und Standardisierungswünschen des Untersuchers entgegenkommen, entspricht aber in keiner Weise dem Stand der Kunst, den wir im Interesse unserer Klienten vertreten. Es ist eine bedauerliche Reduzierung der Hypnosetherapie, wenn lediglich, mittels einer stereotypen Induktionstechnik, eine Situation als Hypnose definiert und den Hilfesuchenden daraufhin eingeredet wird, mit dem Rauchen aufzuhören. Es ist dann nicht verwunderlich, wenn bei der Nachuntersuchung 6 Monate später nur noch etwa 20% der 168 Probanden abstinent sind. dass der Autor die verwendete Interventionsform als "direkte Symptombeseitigung" klassifiziert, kommentiert sich selbst.

Milton Erickson verglich derlei standardisiertes Therapeutenverhalten mit dem eines Geburtshelfers, der bei jeder Geburt die Zange benutzt (Zeig, 1990, S.244). Er bevorzugte ein individualisiertes Vorgehen, das der Persönlichkeit des Klienten und seiner spezifischen Situation Rechnung trug. Dies erschien ihm wichtig, weil Symptome sich letztlich aus persönlichen Gründen entwickeln; und das gilt auch für die Entstehung und Aufrechterhaltung einer suchtartigen Gewohnheit. Deshalb ermöglichen wir in der Hypnotherapie der Person, in einer individuell auf sie zugeschnittenen Weise ihre eigene Lösung zu finden. Einen Lösungsweg, den die Person als ihren eigenen anerkennt, wird sie eher gehen; er "kommt ihr entgegen". Falls er formuliert wird, geschieht das in der Sprache des Klienten und gibt so keinen Anlass für Reaktanz. Wenn darauf fokussiert wird, dass das Entscheidende zur Lösung von der Person selbst kommt, wird sichergestellt, dass die alte Abhängigkeit von der Zigarette durch keine neue (zu einem Hypnoseur, einer "übernatürlichen Kraft" oder einem "magischen" Unbewussten) ersetzt wird.

Gleichwohl bleiben bei diesem Vorgehen alle Agentien der Hypnose wirksam, insbesondere die Erfahrung, dass etwas tatsächlich geschieht (Evidenz) und "wie von alleine" (Kriterium der "Nicht-Willkürlichkeit"; vgl. Peter, 1993). Die zitierten Studien legen die

Annahme nahe, dass bei der Raucherentwöhnung mittels Hypnose als alleinigem Verfahren ein anhaltender Erfolg in ca. 25 % der Fälle zu erwarten ist. Dieser Mittelwert schließt nicht aus, dass einzelne Hypnosetherapeuten weitaus bessere Ergebnisse nachweisen können. Zum Beispiel wird von Wester & Robinson (1991) in einer gut kontrollierten Studie eine Erfolgsquote von 70 % erreicht. Worin das methodische Plus solcher besonders engagierter und erfahrener Therapeuten besteht, und welche unspezifischen Wirkfaktoren bei ihnen wie stark zum Erfolg beitragen, das lässt sich anhand der Therapieberichte kaum bestimmen.

Bei der Bewertung der 25%-Erfolgsquote sollte in jedem Fall berücksichtigt werden, dass Nikotin Sucht erzeugt und dass bei über 90% aller Raucher eine Suchtproblematik vorliegt (Koop, 1988; Peele, 1985; Russell; 1990, Wise, 1988). So gesehen sind 25% ein - für Suchttherapie - recht beachtlicher Wert. Dabei ist aber im Auge zu behalten, dass drei von vier Personen nicht anhaltend von der Droge freikommen, sondern spätestens nach einem Jahr wieder abhängig sind. Bevor ich nun auf eine komplexere Rauchertherapie eingehe, will ich zusammenfassen, was sich aus den oben erwähnten Studien ableiten lässt. Zur Wirksamkeit einer Raucherentwöhnung tragen demnach bei:

- die explizite Verwendung des Begriffes "Hypnose",
- eine geeignete Motivation des Klienten,
- ein erfahrener Therapeut, der persönlich anwesend zu sein hat,
- mehrere Sitzungen (3 - 5),
- individuelle und ich-stärkende Suggestionen,
- posthypnotische Suggestionen,
- Übung in Selbsthypnose und
- unterstützende Telefonkontakte nach den Sitzungen.

Hypnotherapie

Hypnotherapie, wie sie in der Erickson-Tradition verstanden wird, ist ein elaborierter Psychotherapieansatz, der auf Grundannahmen und Handlungsprinzipien der Hypnose fußt. Hypnotische Techniken werden dabei, je nach Indikation, differentiell und adaptiv eingesetzt. Hierbei kommt auch das Hypnose-Ritual zur Anwendung. Dieses wirkt bei einigen Menschen bereits aufgrund der positiven Erwartung und der festen Überzeugung vom Erfolg, die in der Hypnose gewonnen wurde (Plazebo-Effekt).

Hypnotherapie berücksichtigt, wie ich im folgenden skizzieren werde, eine Anzahl weiterer Aspekte, die in herkömmlichen Hypnosekonzepten nicht enthalten sind oder nicht expliziert werden. Sie ist eine Methode im Kontext moderner Psychotherapie und befindet sich im Einklang mit den Theorien zur Kommunikation und Selbstorganisation lebender Systeme. Milton Erickson und viele aus dem Kreis derer, die sich ausdrücklich auf ihn beziehen, haben wesentliche Beiträge zur Evolution der Psychotherapie erbracht (vgl. dafür stellvertretend die Beiträge in Zeig, 1985, Revenstorf, 1990 und in der Reihe "Hypnose und Kognition" der M.E.G.-Stiftung).

Die Entwicklung strategischer Therapie, insbesondere die Methoden und Techniken der Kurzzeit-Therapie und der systemischen Familientherapie sind ohne Ericksons hypnotherapeutisches Modell und seine Anregungen nicht denkbar. Ich vertrete die Meinung, dass mit den erweiternden Möglichkeiten der Hypnotherapie in der Rauchertherapie mehr stabile Erfolge erreicht werden können. Dies entspricht meiner eigenen Erfahrung und der von Kolleginnen und Kollegen, mit denen ich zusammenarbeite. Wir erproben einen Ansatz, der unterschiedliche Therapeuten in die Lage versetzen soll, es ihren Klienten zu ermöglichen, "nicht nur frei zu werden, sondern es auch zu bleiben". Der statistische Nachweis für die Effizienz dieses Arbeitsansatzes ist noch zu erbringen. Er wird nicht im Nachweis der Wirksamkeit eines besonders erfahrenen Therapeuten bestehen, wie das in den meisten Studien bisher der Fall war. Stattdessen soll überprüft werden, wie wirksam ein hypnotherapeutischer Ansatz ist, wie er bereits von mehreren Kollegen im Rahmen einer Arbeitsgemeinschaft realisiert wird. Seine Grundzüge und Schwerpunkte sollen hier erläutert werden. Dabei geht es uns nicht um eine neue Methode der Rauchertherapie, sondern darum zu verdeutlichen, worüber Therapeuten verfügen sollten, um die Ressourcen der Klienten so zu nutzen, dass sie der Komplexität der Aufgabe gerecht werden.

Erweiternde Möglichkeiten der Hypnotherapie

Milton Erickson betonte insbesondere das Prinzip der Utilisation: Alle sich anbietenden situativen Gegebenheiten, die Dispositionen und die Äußerungen des Klienten - und damit auch sein Symptom - werden konsequent für den therapeutischen Prozess genutzt. Erickson entwickelte das Instrumentarium der hypnotischen Sprache weiter sowie die Formen indirekter Suggestion. Seine Nutzung gleichnishafter Geschichten und Metaphern ist beispielhaft. All dies wird in der Hypnotherapie eingesetzt und fortentwickelt. Gleichzeitig berücksichtigt sie die Ergebnisse von Spezialdisziplinen, wie z.B. der Psycholinguistik und der Neuropsychologie. Ebenso ist sie prinzipiell offen für die Assimilation von Wissen aus verschiedensten Anwendungsfeldern, in unserem Falle der Suchttherapie.

Sie selbst kann wiederum in unterschiedlichen Kontexten verwendet werden als ein Modell für effiziente Kommunikation. Hypnotherapeutische Konzepte ermöglichen auch dort, wo von Hypnose nicht die Rede ist, ein Arbeiten mit Einzelpersonen, Paaren, Familien und Gruppen, das sich an deren Zielen und einzigartigen Ressourcen orientiert (Hoorwitz, 1989). Psychotherapeuten, die Hypnose für ihre Arbeit zu nutzen verstehen, steigern ihre Kompetenz merklich. Dies wird regelmäßig berichtet und ist nicht zuletzt der Grund dafür, dass der hypnotherapeutische Ansatz in den vergangenen Jahren an Interesse und Anerkennung ständig hinzugewonnen hat. Hypnotherapie ist angewandte allgemeine und klinische Psychologie, die sich der Möglichkeiten moderner Hypnose bedient. Eine hypnotherapeutische Raucherentwöhnung ruht damit auf mehreren bewährten Pfeilern, inklusive dem der traditionellen Hypnose.

Ein qualifizierter Hypnotherapeut, der in diesem Feld arbeitet, ist mit den wesentlichen Fragen der Suchtproblematik vertraut - im Unterschied zu manchen selbsternannten Hypnose-Heilern, die lediglich Hypnose induzieren, um dann einige passend erscheinende "Heil-Suggestionen" zu murmeln oder posthypnotische "Befehle" zu geben. Man sollte sich dabei nur vor Augen halten, dass die Krankheitsgeschichten von mehr als 60% derjenigen starken Raucher, die sich einer Entwöhnung unterziehen wollen, eine schwere Depression anführen (Glassmann, 1988), um zu erkennen, dass Hypnotiseure dieses Genres sehr schnell zu verantwortungslosen "Zauberlehrlingen" werden, wie in Goethes gleichnamigen Gedicht.

Die Nutzung der Entsprechung von Symptom und hypnotischem Phänomen

Der entscheidende Punkt, weshalb Hypnose bei einer Suchtproblematik angezeigt ist, kann darin gesehen werden, dass Symptom und Hypnose eine wesentliche Entsprechung haben: Beim Symptom (z.B. dem Zwang, eine Zigarette anzustecken) drückt der Klient aus "Nicht ich tue das, sondern meine Sucht macht das mit mir." Und bei der Hypnose wiederum sagt der Therapeut zum Klienten "Nicht Sie tun das, sondern Ihr Unbewusstes macht das (mit Ihnen) ganz auf seine Weise", sobald ein Trancephänomen identifiziert oder suggeriert wird. Die dadurch suggerierte Art der Dissoziation kennzeichnet sowohl das Symptom, bei dem sie als "Zwang" bezeichnet wird, als auch das hypnotische Phänomen, bei dem sie dann "Nicht-Willkürlichkeit" heisst. Beide passen zusammen, und dem "pathologischen Paradox" wird so ein "therapeutisches Paradox" entgegengesetzt.

Aus dieser Entsprechung resultieren die sogenannten paradoxen Interventionen, wie die Symptomverschreibung und das Setzen eines alternativen Zwanges gegen den Rauchzwang. Letzteres geschieht im Verbund mit strategischen therapeutischen Schritten, die so minimal erscheinen, dass der Klient sich ihrer Veränderungspotenz nicht bewusst ist, wenn er das entsprechende Arrangement mit dem Therapeuten eingeht. Beispiele dafür, wie Erickson Rauchertherapie mittels solcher "Ordeals" durchführte, finden wir bei Rosen (1982), Rossi (1980), Zeig (1980).

Eine weitere Entsprechung zwischen Symptomatik und Therapiemethode besteht darin, dass Raucher in ihrer Mehrzahl stärker als Nichtraucher daran glauben, dass ihr Leben "eigentlich" von Kräften außerhalb ihres Ich (durch andere Menschen, von den Genen ihres mit 90 Jahren noch regelmäßig rauchenden Großvaters, oder von einem Fatum irgendwelcher Art) bestimmt sei. Diese Einstellung trägt dazu bei, wenn sie sich nicht in dem Maß wie andere damit konfrontieren, dass sie selbst für ein gesundes Leben Verantwortung zu tragen haben, wenn sie ihre biologische Alterserwartung erfüllen wollen. Die signifikant höheren Werte, die Raucher auf den Skalen zur "Extraversion" und "externen Kontrolle" erreichen (Smith, 1970), müssen in Bezug gesetzt werden zu dieser Disposition einer verstärkten Abhängigkeit von äußeren Faktoren, die sich auch in der erhöhten Empfänglichkeit für die Propaganda der Tabakindustrie niederschlägt.

Was heisst das nun für die zu wählende Methode, die ja nur dann innerhalb kurzer Zeit Wirkung erzielen kann, wenn sie mit der bevorzugten Orientierung und den spezifischen Reaktionsbereitschaften ihrer Klientel arbeitet? Es bedeutet, dass die Methode genau diesen Aspekt der externen Kontrolle zu utilisieren hat. Unter Hypnose geschieht das in stringenter Weise: Es wird Kontakt hergestellt zu einer Kraft, die per definitionem außerhalb des begrenzten Ich ist. Diesem "Unbewussten" wird Wohlwollen, ein umfassenderes Wissen und die entscheidende Macht zur Veränderung zugeschrieben. Sodann wird es als ein Verbündeter gewonnen; und mit ihm als Wegweiser ("innerer Weiser") kann der Klient sich nun auf eine neue Art der Lösung freuen und sich zuversichtlich auf sie zubewegen. Diese wirkliche Lösung stimmt für ihn als Ganzen - für sein Ich und das Selbst, inklusive seiner unbewussten und körperlichen Aspekte. Wie dieses "Unbewusste" kraft eines nicht-willkürlichen Verhaltens (Katalepsie der Finger) zur Beendigung des Rauchens beitragen kann, wurde auf diesem Kongress anschaulich von Ulrich Freund demonstriert: Mittels ideomotorischer Signale und deren Interpretation als Beweis für die Beendigung der Rauchgewohnheit, wurde in der Probandin die tiefe Überzeugung gefördert, dass sie nun eigentlich und endgültig frei sei (Freund,1995 b).

Reflektiertes Umgehen mit möglichen Rückschlägen

Qualifizierte Hypnotherapeuten können, aufgrund ihrer Vertrautheit mit modernen Konzepten der Suchttherapie, aktiv mit der Tatsache umgehen, dass mit "Rückfällen" zu rechnen ist. Situationen, in denen der Klient in seinem Bemühen einen Rückschlag erlebt, könnten sonst schnell zu einem Anlass für weiteres Problemverhalten werden. Der Therapeut bespricht diese Eventualität rechtzeitig und definiert sie als einen Vorfall, mit dessen Hilfe etwas deutlich würde, das noch zu berücksichtigen sei (Umdeutung, reframing).

Klienten, die mit Hilfe einer Hypnotherapie vom Rauchen frei wurden, berichten manchmal, dass Sie nach einem Rückschlag sofort das konstruktive Lernen wieder aufnahmen. Sie assoziierten sich selbständig wieder in ihre ressourcehaften Erfahrungen, fanden eine Lösung für die betreffende Situation und konnten seitdem frei bleiben. Klienten, die lediglich "die Macht der Hypnose" zu spüren bekommen haben, tun sich da schwerer, weil sie in der Regel nicht wissen, was sie damals lernten und woran sie jetzt anknüpfen können. Für viele Klienten kommt dem offenen und realistischen Umgang mit der Möglichkeit des Rückfalles eine Schlüsselrolle zu, um eine ehrliche Beziehung zu sich selbst und zum Therapeuten aufrechterhalten und, vielleicht nach ein oder zwei "Ehrenrunden", endgültig frei werden zu können. Insoo Kim Berg und Scott Miller (1993) haben dies in ihrem Buch "Kurzzeittherapie bei Alkoholproblemen" leicht nachvollziehbar dargestellt, so dass es auf die Raucherproblematik übertragen werden kann.

Reframing

Neben den einfachen Möglichkeiten des Umdeutens (z.B. Kurzreframing des Rückfalles als Vorfall) wird häufig auch ein komplexeres Prozess-Reframing praktiziert. Dabei wird mit jenem anfangs unterbewussten Persönlichkeitsteil Kontakt aufgenommen, der "für das Rauchen sorgt". Seine im Grunde wohlmeinende Absicht bzw. die wesentliche Funktion, die das Rauchen für die Person erfüllt, wird herausgearbeitet. Was dieser "Teil" bislang mittels des Zigarettenkonsums zu erreichen oder sicherzustellen versuchte, sollte möglichst bald geklärt und durch alternatives Handeln gewährleistet werden. Das sogenannte Six-Step-Reframing (Grinder & Bandler, 1984) bietet hierzu eine hilfreiche Struktur. Es ermöglicht, die Beziehung zum anfangs unterbewussten "Suchtteil" so zu gestalten, dass dieser gewürdigt und in die Lösungsbemühungen einbezogen werden kann.

Kurzzeittherapie-Prinzipien

Moderne kurzzeittherapeutische Ansätze basieren auf der Hypnose; viele ihrer Vertreter weisen ausdrücklich auf die Grundlagen und methodischen Anregungen hin, die sie über Milton Erickson bekommen haben. Steve de Shazer (1995, S. 31) zum Beispiel stellt fest: "Ich habe es oft als merkwürdig empfunden, dass die Kurztherapie sich eher innerhalb des familientherapeutischen als innerhalb des hypnotherapeutischen Feldes entwickelte, von dem sie doch ihren Ursprung hat".

Dies hat aber andererseits den Vorteil, dass Weiterentwicklungen im Rahmen der systemischen Kurzzeit- und Familientherapie und spezielle Anwendungen (gerade im Suchtbereich) nun rückwirkend das Hypnotherapie-Repertoire bereichern. Im kurzzeittherapeutischen Ansatz wird nicht deshalb mit geringem Zeitaufwand gearbeitet, weil es die Therapeuten besonders eilig hätten. Man kommt mit wenig Zeit aus, weil bestimmte Prinzipien (Hoorwitz, 1989) konsequent befolgt werden, zum Beispiel:

- Blockieren der Lösungsversuche des Klienten: Folge nicht den Implikationen des Klientenverhaltens sondern handle entsprechend Deinem Wissen davon, wie ein Problem entwickelt und aufrechterhalten wird. Dies setzt dem Paradox des Symptoms ein therapeutisches Paradox entgegen. Für Raucher bedeutet das unter anderem, dass sie - als Voraussetzung für eine wirkliche Therapie - erst noch einmal bewusst rauchen müssen. Damit wird die Tatsache der Abhängigkeit utilisiert; denn "um von wo wegzukommen, muss man erst wo sein". Dies ist gerade dann relevant, wenn ein Klient der therapeutischen Arbeit vorgreifend das Rauchen beendete oder versucht, auf zunehmend mehr Zigaretten zu verzichten. Trotz seiner gegenteiligen Erfahrungen tut er dabei wieder einmal so, als könne er durch einseitige Willensanstrengung sein Suchtproblem lösen. Das ist aber nichts Neues für ihn. Eine Verstärkung dieses Musters würde die Problematik nur aufrechterhalten.
- Fokussieren auf das Gegebene und das Erreichbare (hierzu geeignete Fragen bei Kim Berg & Miller, 1995; Gerl, 1993)
- Implizites Vermitteln, dass Änderung erfolgen wird.
- Übernehmen des "skeptischen" Parts: überprüfe explizit, frage kritisch nach, gerade bei schnellen Erfolgsmeldungen. Der Klient wird dadurch angeregt, seine Erfolge zu "verteidigen", sie noch deutlicher zu machen und sich mit ihnen zu identifizieren.
- Systematisches Nutzen der äußeren Agentien des Wandels: geeignetes therapeutisches Setting, ansprechende Informationsschrift, voller Terminkalender, angemessenes Honorar, Eigenleistung des Klienten, Eingangsfragebogen, auch nebensächlich erscheinende und dennoch wirksame Dinge wie Statussymbole oder Widmungen erfolgreicher Klienten.
- Ablenken der bewussten Aufmerksamkeit vom relevanten Änderungsgeschehen, damit es sich frei entfalten kann, unbehindert von einem kurzschlüssigen intellektuellen überprüfen jeden einzelnen Schrittes. So kann es in der ersten Sitzung wichtig sein, sich und den Klienten von dem Erwartungsdruck zu entlasten, der meistens existiert, wenn Hypnose als "die" Lösung gefordert wird. Die Fixierung auf ein hypnotisches Ritual ist dem notwendigen Änderungslernen im Wege. Wenn der Therapeut deshalb zu Beginn der Sitzung ankündigt: "Die Hypnose wird zum Ende der Sitzung stattfinden", dann schafft er Freiraum für die gesprächsweise Induktion leichter Trancezustände, für eingebettete Suggestionen, für Metaphern und Zitate, mit denen er Ideen sät und die Aufmerksamkeit des Klienten auf Ressourcen und Ergebnisse orientiert.

Indirekte Kommunikation, indirekte Suggestionen, Metaphern

Gerade bei diesem Punkt wird wieder erkennbar, welchen besonderen Wert die indirekte Kommunikation für die Therapie hat. Hierzu kann bei Jeffrey Zeig (1990) in dessen ausführlichem Artikel zur Raucherentwöhnung nachgelesen werden. Hoogduin (1985) hat speziell eingebettete Suggestionen beschrieben. Ein Beispiel: "Man ist selbst immer wieder überrascht von der Wirkung, welche die Hypnotherapie immer wieder hat; dass zum Beispiel überzeugte Raucher plötzlich sich entscheiden, mit dem Rauchen ganz aufzuhören - von einer Minute auf die andere! Man kann davon ausgehen, dass unbewusst in ihnen (Ihnen) bereits eine starke Abneigung gegen diese alte Gewohnheit existiert hat" (Übersetzung und Hervorhebungen der indirekten Suggestionen: W.G.). Es braucht nicht besonders erwähnt zu werden, dass Personen, die "nur" zur Raucherentwöhnung kommen, keinen Grund sehen, viel von sich zu erzählen. Aber sie haben es durchaus gerne, wenn ihnen etwas erzählt wird, das sie interessiert. Ein Raucher hört natürlich am liebsten eine Erfolgsstory, z.B. die von jenem ehemaligen Raucher, der in einer ganz ähnlichen Situation war wie er selbst. Und in dieser Geschichte wird nun vermittelt, wie man es schaffen kann, trotz aller Zweifel und Schwierigkeiten, tatsächlich frei und wieder gesünder zu werden. Therapeutische Metaphern kommen der Situation entgegen, dass hier in kurzer Zeit relevantes Wissen aktiviert und einiges noch vermittelt werden muss. Auch zur Entwicklung des Rapports auf unbewusster Ebene stellt die Metapher eine wirksame und ökonomische Möglichkeit dar.

Pseudoorientierung in der Zeit

Die Möglichkeit, frei beweglich entlang der Zeitachse Erfahrungen aufzufinden, die sich als Ressourcen für die Beendigung des Rauchens und die Zeit danach eignen, wird in der hypnotherapeutischen Arbeit fast regelmässig benutzt. Es kann dabei darum gehen, sich in die Zeit der Kindheit (vor dem Rauchen) zurückzuversetzen und lebendig zu erinnern, dass und wie es war (und jetzt in der Trance wieder möglich ist) sich zu fühlen, zu bewegen, zu hören, zu sehen, zu riechen - ganz ohne Zigarette. Auch können die bereits früher mit dem Aufhören gemachten Erfahrungen und die Erinnerung an Erfolge reaktiviert und für das Lernen heute genutzt werden. Eine spezielle Bedeutung kommt der Zukunftsprojektion zu (Freund, 1995a; Martin, 1991), die häufig schon zu Beginn eingeführt wird, um das Therapieziel sinnlich evident und anziehend werden zu lassen. Der Klient imaginiert dabei in lebendiger Weise diese attraktive Person, die nun bereits auf Jahre der wieder gewonnen Freiheit mit tiefer Befriedigung zurückblickt und die er selbst ist. Er erlebt sinnlich das Wohlbefinden und die besseren Möglichkeiten und Zukunftschancen, die er als diese Person hat. So kann die Person selbst zu ihrem eigenen "hypnotischen Objekt" werden, sofern "der Therapeut den Patienten aktiv darin unterstützt, (1) alle relevanten Sinneskanäle zu benutzen und (2) einen relevanten Objekt- sowie (3) Handlungs- und Sozialbezug zu dem imaginierten Inhalt herzustellen" (Peter, 1993, S. 105), bzw. sofern die Person sich der imaginierten Situation anhand der syntaktischen, semantischen und pragmatischen Wirklichkeitskriterien (Stadler & Kruse, 1990) voll gewahr wird. Mit dem Erlebnisbild dieser Situation und dieser Person, die es bereits geschafft hat, mag sich der Klient voll identifizieren ("das bin ich eigentlich!"). Weil der Aspekt der persönlichen Identität, meiner Einschätzung nach, entscheidend ist für den Beginn und das Beenden des Rauchens, werde ich auf ihn zum Ende hin noch einmal gesondert eingehen.

Das Unbewusste als "Dritter im Bunde"

Die große Metapher der Hypnose ist das Unbewusste. Es stellt für den Klienten etwas Externales dar, das in der therapeutischen Erfahrung reinternalisiert wird (Peter, 1993). Zweifelsohne kommt ihm eine ganz besondere Bedeutung zu, wenn es darum geht, in sich selbst einen weisen und mächtigen Verbündeten zu finden und für die Lösungsarbeit zu gewinnen. Die Person benötigt die

Erfahrung einer "neuen" Kraft, die ihr spürbar dabei hilft, die alten Muster durch neue zu ersetzen, die dann genauso schnell verfügbar und im Ganzen befriedigender sind. Oder sie will den Tag wissen, an dem sie mit dem Rauchen endgültig aufhören kann an dem es für sie dann wirklich stimmt, die Zigarette zu verabschieden. Damit dies in einer zutiefst überzeugenden Weise geschieht, bedarf es zunächst eines Signalsystems (z.B. mittels ideomotorischer oder ideosensorischer Signale) und einer Kommunikation zur Abstimmung mit dem Unbewussten. Schließlich bedarf es noch eines geeigneten Abschiedsrituals. Ein Merkmal unserer Arbeit besteht also darin, das Unbewusste als "den Dritten im Bunde" einzuführen und entscheidende Funktionen übernehmen zu lassen. Von Seiten meiner Klientinnen und Klienten wird dies in der Katamnese regelmässig hervorgehoben, wenn sie spontan erwähnen, wie beeindruckend und überzeugend es für sie war, als sie von ihrem Unbewussten das Datum des Tages vermittelt bekamen, an dem sie endgültig frei werden sollten. Es war für sie damit klar, dass sie aufhören würden, auch wenn bewusst noch der eine oder andere Zweifel daran bestand, wie das wohl ginge. Jenes Datum kann entweder mit dem Unbewussten "ausgehandelt" werden, wofür sich die Technik der implizierten Direktive eignet (Erickson, Rossi & Rossi, 1978). Es kann aber auch "spontan" in der Trance oder als eine posthypnotische Reaktion (vielleicht im Traum oder in der Selbsthypnose) auftauchen und dadurch die Qualität eines "Omen" erhalten.

Rituale

Das Ritual der Hypnose bietet einen Rahmen, der kreativ für die individuellen Zwecke auszugestalten ist. Hierzu bedarf es wiederum der Unterstützung durch unser intuitives Wissen, also das "Unbewusste". Zu den Funktionen des Rituals in der Hypnotherapie verweise ich insbesondere auf den Artikel von Stephen Gilligan "Rituelle Übergänge in neue Identitäten" und auf die Beiträge von David Fourie, Onno van der Hart, sowie von Peter Kruse und Heinrich Dreesen im 1995 erschienenen Heft von "Hypnose und Kognition" zu diesem Thema (Kruse & Dreesen, 1995). Das Anstecken und Rauchen (zumindest der ersten Züge) einer Zigarette kann als ein ritualisiertes Innehalten, ein Pausemachen zur Erholung, zur Belohnung oder zur Motivierung auf eine bevorstehende Aufgabe gesehen werden. Dem Zwang der Alltagsroutine wird etwas entgegengesetzt, das man in dem Moment für sich tut und das, in Gemeinschaft mit anderen, auch sozialen Zwecken dienen kann. Es kann also, wie andere Rituale auch, psycho- und soziohygienischen Zwecken dienen; dabei kommt ihm eine identitätsstiftende und -bestätigende Funktion zu. Generell sind Rituale Handlungsgestalten, deren Funktion und Bedeutung mehr umfasst, als in der Summe ihrer Einzelschritte enthalten ist. Um einem Ritual seine Wirkung zu nehmen, könnte man es in aufklärerischer Weise analysieren, d.h. seine Vorbedingungen und Details, seinen Ablauf und seine Konsequenzen bewusst machend trivialisieren. Diese Vorgehensweise ginge einher mit einem Verlust von Sinn und Ästhetischer Qualität. Sie kann damit keine attraktive Alternative zum Ritual bieten. Dies begrenzt die Wirksamkeit von Programmen, die an die Ratio appellieren und in erster Linie am Verhalten ansetzen, um dieses zu modifizieren. Rituale enthalten in größerem Umfang unter- und unbewusste Elemente und Zusammenhänge. Auch das Ritual des Rauchens erschafft und bestätigt in seinem Vollzug seinen eigenen Sinn. Es bestätigt eine bestimmte Beziehung der Person zu sich selbst, zu den Mitrauchenden und zu den anderen Menschen, die über das Rauchen definiert werden als "Nicht-Raucher". In der Hypnotherapie wird dem Rauchritual begegnet mit den alternativen Ritualen der Hypnose und Selbsthypnose. Gleichzeitig werden der Person dabei gesündere, ihrem heutigen Stand angemessenere Möglichkeiten vermittelt. Sie gewinnt dadurch mehr Wahlmöglichkeiten. Nehmen wir ein trivial erscheinendes Beispiel, das Atmen: Der wichtigste Zug beim Rauchen ist der erste, bei dem der Rauch bzw. die Luft tief eingesaugt wird. Wird nun die Aufmerksamkeit auf das tiefe Inhalieren von Luft gelenkt, diese Luft dann in der charakteristischen Weise kurz angehalten und daraufhin wohlig herausgelassen (so dass sich die ganze Spannung dabei lösen kann), dann unterbricht das in wirksamer Weise das Stress-Reaktionsmuster der Person. Wir übernehmen dabei ein bereits gut funktionierendes Muster, das die Person nun dazu nutzen kann, um Luft - ohne Rauch und andere Schadstoffe - zu atmen. Dieses Atmen, das zuvor einen wesentlichen Teil des Rauchrituals darstellte, kann nun in einer alternativen Weise Funktionen des Rauchrituals übernehmen: Musterunterbrechung ("Stop! - Moment mal!"), Selbstbestätigung ("ich lebe und bestimme über diesen Augenblick!"), Selbstbelohnung ("ich tu jetzt was für mich!"), Kontakt ("jetzt komme ich erst wieder zu mir, und kann nun genauer sehen, hören und spüren, was und wer alles da ist"), Selbstaktivierung ("mit diesem Gefühl frischer Power in meinen Lungen spüre ich neue Kraft und Zuversicht") und Selbstmotivierung ("so, jetzt kann ich die Sache angehen!"). Generell dienen Rituale der Gestaltung wichtiger Situationen im Leben. Sie vermitteln das Gefühl, eine gewisse Kontrolle über den Lauf der Dinge zu haben bzw. diesen beeinflussen zu können. Besonders wichtig ist das in den labilen Phasen des Überganges in eine neue Situation oder in eine neue Lebensphase (soziale Rolle, persönliche Identität). Das impliziert immer auch ein Loslassen und Abschiednehmen. Für Raucherklienten erweist es sich als ausgesprochen wohltuend und beruhigend, wenn sie die Zigarette - diesen Gefährten in ungezählten Situationen ihres bisherigen Lebens - in einer würdigen und wirksamen Weise verabschieden können. Ein dafür geeignetes Ritual vermittelt der Person Gewissheit: Sie weiss und fühlt es, dass sie sich damit selbst und der Zigarette, als einem Teil ihrer Geschichte, gerecht geworden ist. Mit sich im Reinen und ihrer selbst sicher braucht sie nun kein Eindringen eines "Weggejagten" zu befürchten, und es gibt keinen "Untoten", der umginge. Mit bestem Wissen und Gewissen kann sie sagen: "Rauchen? - Nein, danke - das ist vorbei."

Selbsthypnose, Atemübungen, Informationsgabe

Erwähnt werden sollte auch das Training in Selbsthypnose (King, 1985), wozu vorbereitete Toncassetten mitgegeben werden können. Mit Selbsthypnose lässt sich auch ein Atemtraining verbinden, das speziell für Raucher von Wert ist. Klienten nehmen gerne eine Toncassette mit nach Hause, die ihnen hilft, die Trance zu reassoziieren und ihre angenehmen Empfindungen auf die Situation vor Ort zu übertragen. Die Cassette sollte dazu die wesentlichen Aspekte der entspannenden und der aktivierenden Atmung beinhalten, sowie Anleitungen zur Entwicklung einer ichsyntonen Selbsthypnose. Dies fördert ein Lernen des Klienten, das zu mehr Autonomie und zu gesünderen Antworten auf Stress (coping-Mustern) verhilft. Nur hinweisen will ich auf all die nützlichen Ideen für das Leben ohne Suchtmittel, für eine geeignetere Ernährungsweise, für die Überbrückung der Zeit des Entzuges, für die Nutzung zwischenmenschlicher Ressourcen. Diese Gedanken lassen sich eleganter anbieten und wirksamer einprägen, wenn der Klient dafür besonders empfänglich ist. Die entsprechenden Trancetiefen können dabei sehr variieren; meist sind leichte Trancen ausreichend. Es hat sich deshalb bewährt, Informationen schriftlich mitzugeben. Die Person kann sich dann zuhause mit den betreffenden Themen qualifiziert beschäftigen, dabei in eine leichte Trance gehen und noch eine ganze Reihe hilfreicher Suggestionen mitverarbeiten, die im Text eingewoben sind.

Identität

Abschließend will ich einen Aspekt betonen, der mir gerade für das Gelingen einer Raucherentwöhnung zentral erscheint und von erfolgreichen Klienten in der Nachbefragung häufig spontan erwähnt wird: die Entwicklung der persönlichen Identität. Oben habe ich mehrfach schon darauf Bezug genommen. Deshalb kurz: Das Beginnen des Rauchens in der labilen Lebensphase der Pubertät kann zurecht mit der labilen Identität (nicht mehr Kind, noch nicht erwachsen) in Beziehung gebracht werden. Auf das Zusammenspiel des Bedürfnisses, jemand zu sein_ (möglichst "etwas Besonderes") mit den Interessen derjenigen, die damit ihr Geld und ihre Politik machen, will ich hier nur verweisen. Die Propaganda für das Rauchen in diesem Jahrhundert zieht sich durch so viele Alltagsbereiche, dass wir dieses geschickte "product placement" nur selten als solches wahrnehmen. Nun ist es aber so, dass eine Person als ein lebendes Wesen sich ständig ändert und auch ein Suchtverhalten beenden kann - sobald sie soweit ist. In diesem Fall steht sie an der Schwelle zu einer neuen Phase ihres Lebens - und damit auch zu einer neuen, erweiterten Identität. Wenn wir bei unserer Arbeit die Identität fokussieren, geschieht das eingedenk der Tatsache, dass von der höchsten Stelle einer funktionalen Hierarchie aus die meiste Kontrolle erfolgt. Alle der Identität unterzuordnenden Aspekte einer Person (ihre Überzeugungen, Werte, Fertigkeiten, Handlungsweisen) und die externen Variablen sind, jedes für sich, nicht so potent. Das System kann am wirkungsvollsten von seiner "Führungsspitze" aus moduliert werden. Die höchste Strukturebene des Menschen, in der er vielleicht dem Spirituell-Göttlichen am nächsten kommt, lässt sich nun aber sicherlich nicht als "der Nicht- Raucher" definieren. Auch andere übliche Selbstbeschreibungen, die sich an der Berufstätigkeit, Geschlechts- oder landsmannschaftlichen Zugehörigkeit, oder am Namen ("Ich bin Andreas Meier") festmachen, können keine befriedigende Antwort auf die Frage "Wer bist Du?" geben. Dem Menschen als Möglichkeit und als einer Antwort aus dem Geist kommen wir vielleicht näher, wenn wir erinnern, was im Alten Testament die Stimme aus dem brennenden Dornbusch sagte: "Ich bin - der ich bin!". Dieser Selbst-Bestimmung, die jede Definition durch andere und jede Abhängigkeit davon ausschließt, kann der Mensch sich annähern. Eine bemerkenswert einfache, vielleicht technisch erscheinende Weise, sich dem möglichen Leben schon jetzt zu öffnen, besteht im üben des "Swish-Musters" (Bandler). Dabei wird ein lebendig imaginiertes Bild der Person mit ihren Möglichkeiten, nachdem sie das Rauchen beendet hat, über das Bild der Rauchsituation gelegt, so dass jenes dahinter vollkommen verschwindet. Dieses Lernen geschieht mit mehreren Wiederholungen und einem präzisen Timing. Nach den Berichten von Klienten, die diese Trance-Technik ausreichend übten, hat sie zur Wirkung, dass schon der blosse Gedanke an die Situation des Rauchens spontan das Bild, die Physiologie und die Bewusstheit abruft, die mit der neuen Identität gekoppelt sind (Bandler & MacDonald, 1988).

Zur Indikation

Die Indikation einer Methode lässt sich nie losgelöst von den Grenzen und Möglichkeiten des betreffenden Therapeuten diskutieren (Gerl, 1990). Bei einem psychotherapeutisch nicht geschulten Hypnotiseur, dessen begrenztem Repertoire und in der Regel geringem klinisch-psychologischem Hintergrund, ist schneller ein Punkt erreicht, wo er im Interesse des Klienten seinen Entwöhnungsversuch einstellen müsste. Wenn diese Massnahme für den Klienten heisst, dass ihm plötzlich und ohne adäquaten Ersatz eine aktuell notwendige und systemstabilisierende Ressource entzogen wird, bedeutet die Beendigung des Rauchmusters für ihn eine bedrohliche Labilisierung. Dies wird ihn in kurzer Zeit wieder in den alten Zustand zurückkehren lassen, statt ihm zu einem neuen, befriedigenderen Stabilitätszustand zu verhelfen. Eine Demonstration der "Macht des Unbewussten" ist nicht im Interesse des Klienten und seiner Bezugspersonen. Der mit hypnotischen Möglichkeiten arbeitende Psychotherapeut hingegen ist geschult und angehalten, die Situation, die aktuellen Möglichkeiten und spezifischen Probleme seiner Klienten differentiell und umfassend einzuschätzen. Er kann sein fachliches Repertoire dann dazu nutzen, um entweder das vereinbarte Ziel anzugehen oder um vorrangig zu behandelnde Themen abzuklären. Dabei tut er sich aufgrund seiner beruflichen Ethik und des psychotherapeutischen Settings leichter, bei sich und seinen Klienten Grenzen anzuerkennen. Dadurch schafft er die Voraussetzung zu deren Transzendierung. Denn so kann es zu realistischen Beziehungen, überprüfbaren Therapieverläufen und zu tragfähigen Lösungen kommen.

(Wenn ich in diesem Beitrag die männliche Form von Klient und Therapeut benutzt habe, dann geschah es der Einfachheit halber, um meinen Text nicht unnötig zu verkomplizieren. Ich bin mir dessen wohl bewusst, dass es eine steigende Anzahl von Raucherinnen und damit potentiellen Klientinnen gibt und glücklicherweise auch immer mehr Hypnotherapeutinnen, die in der RaucherInnen-Therapie mit gutem Erfolg arbeiten.)

Literatur

Agee, L. L. (1983). Treatment procedures using hypnosis in smoking cessation programs: A review of the literature. J of the American Society of Psychosomatic Dentistry and Medicine, 30(4), 11-126.

Bandler, R. & Grinder, J. (1984). Reframing: Ein ökologischer Ansatz in der Psychotherapie. Paderborn: Junfermann.

Bandler, R. & MacDonald, W. (1988). An Insiders Guide to Sub-Modalities. Cupertino: Meta Publications.

deShazer, S. (1995). Wege der erfolgreichen Kurztherapie. Stuttgart: Klett-Cotta.

Carr, A. (1992). Endlich Nichtraucher! München: Goldmann.

Cohen, B.B. (1984). A combined approach using meditation-hypnosis and behavioral techniques in the treatment of smoking behavior. International J of Psychosomatics, 31/1, 33-39.

Erickson, M. H., Rossi, E. L. & Rossi, S. L. (1978). Hypnose. München: Pfeiffer.

Erickson, M. H. (1980). The collected papers of Milton H. Erickson on hypnosis. Vol. IV (ed. by E. L. Rossi). New York: Irvington.

Freund, U. (1995 a). Seminar "Therapeutische Märchen und Metaphern". Institut für Integrierte Therapie, München.

Freund, U. (1995 b). Nichtrauchen in einer Stunde. Dortmund: video-ruhr-cooperative.

Gerl, W. (1990). Hypnose als Therapie. In D. Revenstorf (Ed.), Klinische Hypnose. Berlin: Springer.

Gerl, W. (1993). Fragen in der klientenzentrierten Kommunikation II. GwG-Zeitschrift, 91, 29-36.

Glassmann, A. H. (1990). Smoking, smoking cessation, and major depression. J of the American Medical Association 264(12), 1546-1549.

Holroyd, J. (1980). Hypnotic treatment for smoking: an evaluative review. International J of Clinical and Experimental Hypnosis, 28(4), 341-357.

Hoogduin, C. A. (1985). Classical trance induction in Ericksonian osychotherapy: smoking control. In J. K. Zeig (Ed.). Ericksonian Psychotherapy. Vol. II: Clinical Applications. New York: Brunner/Mazel.

Hoorwitz, A. N. (1989). Hypnotic Methods in Nonhypnotic Therapies. New York: Irvington.

Kim Berg, I. & Miller, S. D. (1995). Kurzzeittherapie bei Alkoholproblemen. Ein lösungsorientierter Ansatz. Heidelberg: Carl Auer.

King, M. (1985). Cigarette Cessation Through Trance and Self-hypnosis. New York: Norton.

Koop, C. E. (1988). U.S. Surgeon General's Report Nr. 20.

Kruse, P. & Dreesen, H. (Hrsg.) (1995). Therapeutische Rituale. Hypnose und Kognition, 12(1).

Martin, M. (1991). Zeitprogression und Utilisation bei Raucherentwöhnung. Hypnose und Kognition, 8(2), 15-22.

McFarland, J.W. & Folkenberg, E.J. (1989). Wie Sie in 5 Tagen das Rauchen aufgeben. Genf: Ariston.

Peele, S. (1985). The Meaning of Addiction: Compulsive Experience and its Interpretation. Lexington, Mass.: Lexington Books, Heath..

Peter, B. (1993). Zur Integration der Hypnose in Psychotherapie und Psychosomatik. Hypnose und Kognition, 10(2), 86-119.

Rabkin, S. M. et al. (1984). A randomized trial comparing smoking cessation programs utilizing behaviour modification, health education or hypnosis. Addictive Behavior, 9(2), 157-173.

Revenstorf, D. & Prudlo, U. (1994). Zu den wissenschaftlichen Grundlagen der klinischen Hypnose. Hypnose und Kognition, 11(1/2), 190-224.

Rosen, S. (1982). My Voice Will Go With You: The Teaching Tales of Milton H. Erickson. New York: Norton, 149-150.

Revenstorf, D. (Ed.). Klinische Hypnose. Berlin: Springer.

Russell, M. A. (1990). The nicotine addiction trap. British J of Addiction, 85(2), 293-300.

Smith, G. M. (1970). Personality and smoking: a review of the empirical literature. In W. A. Hunt (Ed.), Learning Mechanisms in Smoking. Chicago: Aldine.

Spiegel, H. (1970). A single-treatment method to stop smoking using ancilary self-hypnosis. International J of Clinical and Experimental Hypnosis, 18, 235-250.

Spiegel, H. (1972). An eye-roll test for hypnotizability. American J of Clinical Hypnosis, 15, 25-28.

Stadler, M. & Kruse, P. (1990). Über Wirklichkeitskriterien. In V. Riegas & C. Vetters (Eds.). Zur Biologie der Kognition. Frankfurt: Suhrkamp.

Wagner, T.J., Hindi-Alexander, M., Horwitz, M.B. (1983). One-year follow-up study of the Damon group hypnosis smoking cessation program. Jounal of the Oklahoma State Medical Association, 76, 414-417.

Wester, W. C. & Robinson, J. A. (1991). Hypnosis for smoking cessation: a personalized approach with 100 patients. Hypnos, 18, 98-106.

Wise, R. A. (1988). The neurobiology of craving: implications for the understanding and treatment of addiction. J of Abnormal Psychology, 97(2), 118-132.

Zeig, J. K. (1980). A Teaching Seminar with Milton Erickson. New York: Brunner/Mazel, 195.

Zeig, J. K. (Ed.). Ericksonian Psychotherapy. Proceedings of the Second International Congress on Ericksonian Approaches to Hypnosis and Psychotherapy, 1983. New York: Brunner/Mazel.

Zeig, J. K. (1990). Gewohnheitsprobleme: Raucherentwöhnung. In D. Revenstorf (Ed.). Klinische Hypnose. Berlin: Springer.

Depression

Ablauf einer hypnotherapeutischen Behandlung depressiver Patienten

In der kognitiven Verhaltenstherapie geht man davon aus, dass sich bei depressiv erkrankten Menschen ein typisches kognitives Muster finden lässt, nämlich die Überzeugung, dass schmerzliche Lebensumstände sich nicht ändern können. Beck beschreibt diese Muster in der negativen kognitiven Triade, bestehend aus einem negativen Selbstbild, negativen Interpretation von Erfahrungen und insbesondere einer negativen Zukunftserwartung. Hypnotherapeutische Behandlung setzt an diesen Kognitionen an. Das Ziel ist eine Verminderung grüblerischer Gedanken sowie der Aufbau einer positiven Erwartungshaltung. Methodisch wird dabei das Lernen durch persönliche Erfahrungen sowie die Einsicht darin, dass Dinge sich verändern können. Dabei wird nur selten der Bezug auf die Biographie gesucht, sondern das Augenmerk auf die Lösung aktueller Problematiken gelegt. Es soll eine positive Erwartungshaltung aufgebaut und flexibler Attributionsstil entwickelt werden.

Einzelne Methoden:

a) Aufbau einer positiven Erwartungshaltung
- um die Idee zu vermitteln, dass die Zukunft nicht ganz so unkontrollierbar und unvorhersagbar ist
- wesentliches Ziel: dem Depressiven lehren, den Blick nach vorne zu richten, Konsequenzen vorauszusehen und über unmittelbare Befriedigung / aktuellen Schmerz hinaus zu planen

b) Altersprogression (wichtiger Bestandteil beim Aufbau einer positiven Erwartungshaltung)
- persönliche Ressourcen, die für Vergangenheit ermittelt wurden, werden auf zukünftige Themenbereiche ausgedehnt
- Patient wird ermutigt, vorhersagbare positive Konsequenzen für die Zukunft vorwegzunehmen, die sich aus neuen Entscheidungen ergeben können
- es wird auch auf negative Konsequenzen hingewiesen, die sich aus der Fortsetzung des Musters ergeben

c) Hausaufgaben:
= Anweisungen, Fertigkeiten zu erwerben und Verknüpfungen herzustellen
>> werden in einem neuen Kontext eingeübt
- auch Übungen zur Wahrscheinlichkeitsvorhersage
- äußerst wichtig für aktives Lernen!
- oberstes Prinzip: Übungen müssen positiv & Erfolg versprechend sein!
- spezielle Form v. Hausaufgaben: „Symptomverschreibung"

d) Spezielle Technik: Der ungebetene Hausgast
Depression wird als Folge und Ausdruck schwieriger Lebenssituationen und ungeeigneter Lösungsversuche gesehen. Es herrscht meist Unwissenheit über Probleme und bestehenden Änderungsmöglichkeiten. Dafür soll der Patient sich selbst aus der Perspektive der Depression betrachten und so wichtige Informationen zu erhalten und Wege zur Lösung aufgezeigt zu bekommen.
- Aktivierung einer Trance, Fokussierung nach Innen: Den Patienten anregen, seine Symptome zu beschreiben: „Wie genau fühlt sich das an? Wie genau ist das, wenn das Symptom da ist?"
- Ein Symbol für das Symptom finden: der ungebetene Hausgast. Patient soll sich das Symptom als ungebetenen Hausgast vorstellen „Wie sieht er aus? Wie groß ist er? Wie ist seine Mimik und seine Körperhaltung?"
- Verändern des Symptoms: Der ungebetene Hausgast soll über Imagination verändert werden. „Was macht ihn größer, was macht ihn kleiner? Was macht ihn aggressiver, wann wird er friedlicher?"
- Kommunikation mit dem Symptom: „Was willst du, warum bist du da? Was brauchst du, damit es dir besser geht? Wann kannst du gehen? Was wünscht du dir von mir?"
- Wechsel der Perspektive und Identifikation mit dem Symptomteil: Identifikation mit dem ungebetenen Hausgast → Erkenntnis über die Zusammenhänge zwischen seiner Lebenssituation und seinen Symptomen

Alladin und Alibhai (2007: Cognitive Hypnotherapy for Depression: An Empirical Investigtion. International J of Clinical and Experimental Hypnosis, 55(2): 147-166) haben in einer randomisierten Studie mit 84 depressiv diagnostizierten Patienten ein Behandlungsprogramm auf der Basis der kognitiven Hypnotherapie untersucht. Die Studienteilnehmer wurden einerseits auf die Hypnosebedingung, andererseits auf eine Behandlung mit Kognitiver Verhaltenstherapie aufgeteilt. Im Vergleich zu den Ausgangswerten haben sich die Patienten in beiden Behandlungsbedingungen verbessert, jedoch hat die Hypnosegruppe signifikant größere Veränderungen in den relevanten Testverfahren (u.a. BDI) erreicht. Die Berechnung der Effektstärken legt zudem nahe, dass die hypnotherapeutische Behandlung bis zu 8% mehr Reduktion für Depressivität, Ängstlichkeit und Hoffnungslosigkeit im Vergleich zur kognitiven VT vorweisen kann. Diese Effektstärken lassen sich sich auch für die weiteren Messzeitpunkte (sechs und zwölf Monate) nachweisen.

Die Behandlung beinhaltet das Vorgehen aus einem VT-Manual von 1979 (nach Beck) in der einen und ergänzenden hypnotischen Interventionen in der anderen Gruppe. Die Hypnosebedingung ergänzte die manualisierte Behandlung um die hypnotische Induktion, Ich-stärkende Suggestionen, Induktion positiver Stimmungen, posthypnotische Suggestionen und Selbsthypnose. Die Studie hat somit nachgewiesen, dass der Therapieerfolg durch die Kombination aus kognitiver Verhaltenstherapie und hypnotherapeutischen Interventionen deutlich gesteigert werden kann.

Yapko, M (2001). Hypnosis in Treating Symptoms and Risk Factors of Major Depression.

American Journal of Clinical Hypnosis, 44:2; 97-108
Reprinted with permission from the American Society of Clinical Hypnosis (www.asch.net).

This article summarizes aspects of effective psychotherapy for major depression and describes how hypnosis can further enhance therapeutic effectiveness. Hypnosis is helpful in reducing common symptoms of major depression such as agitation and rumination and thereby may decrease a client' sense of helplessness and hopelessness. Hypnosis is also effective in facilitating the learning of new skills, a core component of all empirically supported treatments for major depression. The acquisition of such skills has also been shown to not only reduce depression, but also the likelihood of relapses, thus simultaneously addressing issues of risk factors and prevention.

Overview
Depression is an urgent and widespread problem. Currently, nearly 20 million Americans are known to be suffering with the disorder, and the rate of depression in the U.S. is on the rise in every age group (National Institute of Mental Health, 1999). Each afflicted individual directly affects others (family, friends), multiplying the number of people touched by depression to many tens of millions. Realistically, we are all affected by depression, even if only indirectly, by having to share in the hurtful consequences of the many antisocial behaviors (such as child abuse and drug abuse) that often have their origin in badly managed depression (Weissbourd, 1996).
The primary purposes of this article are twofold: First, to highlight some of what we already know about the nature of major depression (i.e., Major Depressive Disorder) and what works in its treatment; and second, to draw attention to how clinical hypnosis can further enhance aspects of the treatment process. This article considers hypnosis as part of a psychotherapy regimen for major depression only, and does not address either medication issues or other forms of depression (such as bipolar disorder, depressed phase), although concepts and techniques might apply to Dysthymic Disorder, an enduring depression, as well. When psychotherapy is clinically indicated, whether in combination with antidepressant medications or as a sole intervention, hypnosis may sometimes be deemed an appropriate means for facilitating the therapeutic goals. Given the reach of depression into our pockets, our personal relationships, our communities, and our very lives, addressing this complex disorder in a variety of timely and effective ways is an especially urgent challenge we as health care professionals face.

Some of What We Know About Major Depression
Depression has been and continues to be heavily researched. The amount of data generated by clinicians and researchers has been impressive by any standards, and has led to some firm conclusions:

- Major depression has many contributing factors, not a single cause. The three primary domains of the contributing factors are biological, psychological, and social. Hence, the so-called "biopsychosocial model" predominates (Cronkite & Moos, 1995; Thase & Glick, 1995).
- Depression has many underlying risk factors and a variety of comorbid conditions likely to be associated with it (Stevens, Merikangas, & Merikangas, 1995). In fact, numerous medical (e.g., cancer, heart disease) and psychological conditions (e.g., anxiety disorders, substance abuse disorders) are found to commonly coexist with depression, requiring sharp differential diagnosis and multifaceted treatment planning (American Psychiatric Association, 1994).
- Depression can be successfully managed in the majority of sufferers with medication and/or psychotherapy (Schulberg, Katon, Simon, & Rush, 1998). While no one antidepressant has been shown to be superior in rates of effectiveness to another, therapeutic efficacy studies show some psychotherapies (specified below) outperform others in treating depression (Schulberg & Rush, 1994).
- Medication has some treatment advantages, such as a generally faster rate of symptom remission and greater effectiveness in treating the vegetative symptoms, e.g., sleep and appetite disturbances (DeBattista & Schatzberg, 1995). Medication also has some disadvantages, including uncertain dosing and effectiveness, potentially negative side effects, habituation and "poop-out" (i.e., the drug may eventually stop working), and higher initial rates of relapse (Altamura & Percudani, 1993; Dubovsky, 1997).
- Psychotherapy also has some treatment advantages and disadvantages. The therapies which enjoy the greatest empirical support are cognitive, behavioral and interpersonal approaches (Depression Guideline Panel, 1993). The advantages include therapy's focus on skill-building and the associated reduced relapse rate, the value of the therapeutic relationship, the greater degree of personal empowerment, and the potential to not just perform a "mop-up" of preexisting problems but to instead teach the skills of prevention (Seligman, 1990; Yapko, 1999). The disadvantages of psychotherapy include the greater reliance on the level of clinician competence (i.e., experience and judgment), the greater time lag between the initiation of treatment and the remission of symptoms compared to medications, the lesser effect in reducing vegetative symptoms, and the potential detrimental side-effects of client exposure to a clinician's particular theoretical or philosophical stance (Mondimore, 1993; Thase & Howland, 1995).
- The extraordinary ongoing success of the Human Genome Project has highlighted the complex relationship between genetics, environment, and specific disorders. Genetic vulnerabilities or predispositions exist, but they operate in association with envi-

ronmental variables that may increase or decrease their likelihood of expression (Siever, 1997). In the specific case of (unipolar) major depression, the genetic contribution has been shown to be significant, with environmental factors (both social and psychological) appearing to also have significant influence in its onset (Kaelber, Moul & Farmer, 1995). (In contrast, the genetic component of bipolar disorder has been shown to be a strong one; Dubovsky, 1997.)

- The relationship between neurochemicals and experience is bidirectional, meaning environmental triggers influence neurochemistry at least as much as neurochemistry influences experience (Azar, 1997; Dubovsky, 1997; Siever, 1997). There is evidence to suggest that psychotherapy may be a means for directly and/or indirectly affecting neurotransmitter levels in the brain, perhaps in some ways a parallel to the effects of medication (Schwartz, 1996). Research has yielded many other insights about depression, of course, but the above statements reflect a high level of general consensus among depression experts.

Some of What We Know About Treating Depression With Psychotherapy

A number of important insights about major depression and suggestions for its treatment were articulated in the depression treatment guidelines developed by the United States Agency for Health Care Policy and Research (AHCPR), now the Agency for Healthcare Quality and Research (AHQR) (Depression Guideline Panel, 1993):

1) Three psychotherapies were shown to have the greatest amount of empirical support: Cognitive, behavioral, and interpersonal psychotherapies. These are identified as the psychotherapies of choice, and any or all can be applied according to the client's symptom profile (not the clinician's preferred orientation);

2) Psychotherapy should be an active process in the way it is conducted, involving active exchanges between clinician and client, which would typically involve providing psychoeducation, the development of skill-building strategies, the use of homework assignments, and the use of the therapy relationship as both a foundation and a vehicle for exploring relevant ideas and perspectives

3) Therapy should not only focus on problem-solving, but the teaching of problem-solving skills, especially as they relate to symptom resolution, the guidelines' suggested focus of treatment

4) Effective therapy need not have a historical focus. According to the treatment guidelines, the most effective therapies are goal-oriented, skill-building approaches. None of them focus on attaining extensive historical data to explain the origins of depression. Rather, they focus on developing solutions to problems and coping skills for managing symptoms.

Hypnosis is especially amenable to each of these psychotherapeutic applications, since it, too, is an active and directive means of intervention. The same indications and contraindications as articulated in the treatment guidelines (Depression Guideline Panel, 1993) prevail when applying hypnosis, particularly the recommendation that clinicians adapt their approach according to the patient's symptom profile rather than a specific theoretical allegiance.

Treatment Guidelines and Depressive Risk Factors

In performing the extensive review of clinical and research literature in order to prepare the depression treatment guidelines, the panel formed the conclusion that trying to find a specific origin for an individual's depression was unnecessary in promoting recovery. This sharply distinguishes what might be termed an event-driven perspective (the view that depression has its origin in specific historical events that must be identified and "worked through") from what could be called a process-driven perspective (the view that depression has its roots in ongoing ways of erroneously or negatively interpreting or managing various life experiences). Recognizing that depression arises for many reasons of a process-driven nature accentuates the realization that by the time depression strikes most individuals, one or more risk factors (such as perceptual style, cognitive style, and level of social and problemsolving skills) have already been well in place (Seligman, 1989). As stated earlier, depression is the product of many contributing variables. Can hypnosis be used in ways that address risk factors and the process underlying the formation of some forms of depression? In this article, I offer clinical experience in using hypnosis in just such a manner.

Is Clinical Hypnosis an Empirically Supported Treatment for Depression?

There is a large body of clinical evidence and a growing body of empirical evidence that hypnosis can contribute significantly to positive treatment results in a variety of ways (i.e., directly and indirectly) related to depression. Specifically, a considerable literature already amassed attests to the value of hypnosis as a tool of empowerment, especially important in diminishing depression. In fact, clinical reports in professional books and scientific journals which describe symptom improvement in various disorders following the use of hypnosis routinely report a diminution of depression. These studies specifically mention depression reduction when describing positive results in treating pain, anxiety, and other physical and psychological symptoms (Crawford & Barabasz, 1993; Lynch, 1999; Montgomery, DuHamel, & Redd, 2000; Moore & Burrows, 1991; Schoenberger, Kirsch, Gearan, Montgomery, & Pastyrnak, 1997; Yapko, 1993).

Therapeutic efficacy research involving hypnosis specifically for depression has, to this point, been essentially nonexistent. Practitioners of hypnosis are generally not researchers, and clinical researchers have generally focused on evaluating specific forms of therapy, and not therapeutic adjuncts such as hypnosis. Further complicating matters is the history of hypnosis in relation to depression in particular. It was widely believed (and apparently still is in some areas) that depression was a specific contraindication for the use of hypnosis (Crasilneck & Hall, 1985; Spiegel & Spiegel, 1978; Yapko, 1992). No controlled studies had been attempted to either validate or invalidate that conventional wisdom.

Another reason hypnosis has been excluded from efficacy research concerns the very nature of depression itself. "Depression" is a global construct clinicians employ merely for the convenience of having a common clinically descriptive language. In fact, depression is comprised of many specific patterns of cognition, behavior, and numerous multi-dimensional symptoms such as those listed in DSM-IV (American Psychiatric Association, 1994). The value of the global term "depression" is reduced when considering its variations in individual appearances.

In this article, I advocate the use of hypnosis to address specific patterns and risk factors, rather than attempting to resolve a client's depression in a global sense. Hypnosis has been evaluated for its therapeutic merits in a number of relevant arenas. Research shows that treatments which also employ hypnosis, compared to the same treatments not employing hypnosis, have a significantly more favorable outcome (Kirsch, Montgomery, & Sapirstein, 1995; Lynn, Kirsch, Barabasz, Cardena, & Patterson, 2000; Schoenberger, 2000). However, it is admittedly an extrapolation of available data to suggest that hypnosis can enhance treatment results for depression in particular. Undoubtedly, this is a valid concern to those who want therapeutic efficacy data specific to the value of hypnosis in treating major depression. Until such research data become available, we can rely on the strong clinical evidence that indicates that when it is integrated with other established therapies, hypnosis can be helpful in addressing and resolving many of the most troublesome components (i.e., patterns and risk factors) of depression.

Some of What We Know About Applying Hypnosis in Psychotherapy

There is substantial evidence that psychotherapy for the treatment of depression can be highly effective (Antonuccio, Danton, & DeNelsky, 1995). Wherever psychotherapy may be well applied, so can the use of clinical hypnosis, since the two share the underlying mechanisms of communication and influence and are fundamentally inseparable (Spanos & Coe, 1992; Yapko, 1990, 1995). Hypnosis encompasses a wide variety of concepts and methods that share a common appreciation that people often have more abilities than they may consciously realize. Hypnosis can help make those abilities more well-defined and readily accessible. By considering those psychotherapies that have already received empirical support for being efficacious for depression (i.e., cognitive, behavioral, and interpersonal therapies), we can better appreciate where hypnosis might help to further amplify their therapeutic components, such as their collective focus on process over content (i.e., considering how someone thinks, behaves, or relates rather than what they think or do) and their emphasis on active participation in treatment.

Hypnosis and Building Realistic Expectancy

One of the strongest factors contributing to the viability of hypnosis as an intervention tool is expectancy (Coe, 1993; Kirsch, 2000). Expectancy refers to that quality of the client's belief system that leads him or her to believe that the procedure implemented by the clinician will produce a therapeutic result. Positive expectancy for treatment involves multiple perceptions: The clinician is seen as credible and benevolent, the procedure seems to have a plausible, perhaps even compelling, rationale, and the therapy context itself seems to support its application. Thus, by the client being instructed in the value and the methods of hypnosis, whether directly or indirectly, an expectation is established that the associated procedures will have some potentially therapeutic benefit, increasing the likelihood of them actually doing so (Barber, 1991; Zeig, 1980). Expectancy is an especially critical issue in the treatment of major depression. Cognitive theory in particular has viewed depression as existing on a three-point foundation of negative expectations, negative interpretation of events, and negative self-evaluation (Beck, Rush, Shaw, & Emery, 1979).

An individual's negative expectancy for life experience is a cognitive pattern and risk factor which has been associated with difficulties not only in the realm of mood, but also in poorer physical health, poorer social adjustment, and diminished productivity. Furthermore, negative expectancy has been associated to lowered treatment success rates (Seligman, 1989, 1990). At the extreme, negative expectancy in the form of a pervasive sense of hopelessness can be associated with suicidality (Beck, Brown, Berchick, Stewart, & Steer, 1990). Establishing positive expectancy in a variety of specific contexts may be a necessary ingredient in effective treatment (Yapko, 1988, 1992, 1993, 2001).

Age progression in hypnosis as a vehicle for concretely establishing a positive and motivating view of the future may be helpful in this regard (Torem, 1987, 1992; Yapko, 1988, 1990, 1992). Important as it may be, however, a focus on expectancy to the exclusion of other factors of potential therapeutic effectiveness can also be limiting. Someone can have positive expectations yet generate no meaningful therapeutic results for a variety of reasons. For every client who began therapy with high hopes that went unfulfilled, the point is clear that positive expectations are not enough. They must be realistic and they must occur within a larger therapeutic framework that is able to convert the promise of expectancy into the reality of a goal accomplished. Expectancy matters, but even positive, well-defined expectations can become a source of problems rather than a source of solutions if they are unrealistic. Thus, a clinician must be able to educate the client in the process of distinguishing realistic from unrealistic expectations, whether positive or negative. Hypnosis can help in this therapeutic endeavor by encouraging a strategy for "reality testing" (Yapko, 2001).

Examples of Depressive Symptoms and Risk Factors as Intervention Targets

DSM-IV lists a depressed mood most of the day or a loss of interest in or lack of pleasure from things normally experienced as interesting or pleasurable as foundational symptoms of depression. Additionally, DSM-IV indicates the depressed client may experience significant appetite disturbance and an associated weight change, sleep disturbance, agitation, fatigue, feelings of worthlessness, excessive or inappropriate guilt, diminished concentration, and thoughts of death or suicide and even making suicide attempts.

A major cross-cultural study published in the Journal of the American Medical Association affirmed most of DSM-IV's list of symptoms as among the most common symptoms of depression found across cultures (Weissman et al., 1996). Most frequent of all symptoms were the symptoms of insomnia (but, interestingly, not hypersomnia) and feeling fatigued most of the time. Targeting insomnia with hypnosis has special importance because it is both a symptom and risk factor. For reasons currently unknown, there is a correlation between insomnia and later relapses. If someone suffers a depressive episode and experiences a sleep disturbance, and if the sleep disturbance remits when the depressive episode ends, the person is statistically at a lower risk for later relapses.

If, however, the depression lifts and the person's disturbed sleep does not return to normal, the person is at a higher statistical risk for later relapses (Kravitz & Newman, 1995). Thus, it is important for clinician to assess the client's sleep. Actively intervening with hypnosis to enhance sleep (through suggestions both for relaxation and diminished rumination) might well have a profound impact on both the course of depression as well as the risk for later relapses. Research in this area is clearly needed. The relationship between insomnia and fatigue, another frequent symptom of depression, seems obvious. When someone sleeps poorly, how can he or she feel an adequate level of energy? Furthermore, if someone has a global cognitive style that may lead him or her to see all problems as piled together in an insurmountable mountain of woes, how can he or she feel energized to want to move through them? Thus, addressing insomnia and simultaneously addressing any global thinking that may contribute to a sense of being overwhelmed and exhausted (just by thinking of all the problems to be faced) become vital aspects of treatment.

How many people become depressed simply from unrelenting fatigue: an on-going sense of never getting caught up, always having too much to do and not enough time to do it, routinely feeling sleep and fun deprived, and regularly living from frantic moment to frantic moment (Bell, 1997)? Thus, fatigue is not only a depressive symptom but may reflect both a depressogenic patterning of perception and behavior which are likely risk factors for later depressive episodes as well. Helping people learn to "slow down," curtail their ruminations, establish stronger boundaries between their work and personal lives, and better separate problemsolving time from sleep time are all worthwhile goals to address in treatment. These are life skills that may be learned with clinicians serving as teachers or guides.

Hypnosis can be an effective vehicle for teaching such skills, even if just teaching basic relaxation skills, perhaps even outperforming sleep medications. As one prominent sleep and depression researcher wrote, "...using deep muscle relaxation and other forms of progressive relaxation strategies may help individuals to fall asleep more quickly... controlled studies suggest effects as strong as, and with greater durability than, those observed with sedative hypnotics"(Thase, 2000, pp. 49-50). The quality of the symptoms a client presents can point the clinician in the direction he or she might go if the client is to be sufficiently empowered to get some control back and reduce or eliminate symptoms. For as long as a client feels victimized by his or her symptoms, recovery from depression is extremely unlikely (Cohen, 1994). The goals of therapy include not only reducing or eliminating symptoms, but also reducing or eliminating associated risk factors for further episodes. Depression is often described in the literature as a "recurrent disease," and relapse statistics confirm an ever higher probability of later episodes the more episodes one has (Glass, 1999). Using the previous example of insomnia as a target, insomnia is the symptom. But, unless the individual's ruminative coping style is altered, and unless the person's global cognitive style is addressed by teaching better compartmentalization (boundary) skills (e.g., to separate problem-solving time from sleep time), merely teaching relaxation skills is unlikely to be enough to help the person overcome depression. Patterns of client experience that underlie symptom structures might include:

1) Cognitive style (Is the person's style of thought abstract or concrete? Global or linear? What is his or her attributional style?)
2) Response style (Is the person more self- or other-directed? Open orguarded?)
3) Attentional style (Is he or she more focused or diffuse? Focused on saliency or irrelevance?)
4) Perceptual style (Does the person tend to focus more on similarities or differences between experiences? Does he or she tend to magnify or diminish perceptions?) (Yapko, 1988, 1997).

By identifying these and other patterns of self-organization, the clinician is in a stronger position to aim interventions at more meaningful targets. Perhaps the most well researched of such risk factor patterns is attributional style, the characteristic ways a person explains life events to himself, herself, or others (Seligman, 1989, 1990). Attributional style encompasses such dimensions as personalization ("Are negative events due to me or others?"), permanence ("Are negative events permanent or transient?"), and pervasiveness ("Do negative events adversely affect all things in my life or just some things?") (Sacco & Beck, 1995).

Without intervention, one's attributional style is an enduring way of organizing subjective perceptions. The typical depressive pattern of seeing negative events in life as personal, permanent, and pervasive (so-called "internal," "stable," and "global" attributions), represents a high level of risk for depressive episodes whenever life gets painful (Seligman, 1989). Thus, a risk factor level of intervention would strive to teach the person to make realistic attributions context by context, rather than maintaining a negative attributional style pattern that increases the risk for depression. Risk factors for depression may be addressed singly or in combination. The therapeutic goal is to introduce variability and accuracy into the pattern according to situational cues. Thus, instead of the person interpreting events in a rigid, consistent manner (e.g., routinely taking things personally, even when they're not personal), the person would learn to distinguish when it is and isn't personal, and how to respond to specific contexts flexibly and appropriately (Yapko, 2001). The heart of therapy may therefore lie in teaching clients (depressed or otherwise) to identify which subjective patterns for perceiving and responding to life demands will likely work well in a given context and then using one's hypnotic and strategic interventions to deliberately help them incorporate those patterns.

Such a proactive approach requires people to read situations accurately in order to better know what the situation requires (e.g., an impersonal response) and what specific resources one has to effectively meet those demands (e.g., an effective strategy for reminding oneself the criticism isn't personal based on well elaborated criteria). However, this is precisely what people in general and depressed people in particular don't do, to their own detriment. For example, people may want to self-disclose (e.g., "Let me tell you what I think of this job") but then don't read the context well in order to recognize this isn't a safe place for self-disclosure (i.e., it'll get back to the boss and I'll likely be punished). Relating to the context means adapting to situations flexibly. Facilitating flexibility in clients while simultaneously encouraging them to be more observant (therefore less internally and more externally oriented) and critical in their thinking are primary goals of each of those therapies that enjoy the greatest amount of empirical support for their effectiveness in treating depression. Hypnosis can help magnify a key learning underlying adaptability that "every pattern is valuable somewhere, but no pattern is valuable everywhere."

Conclusion

The clinical literature and published treatment guidelines for treating major depression indicate the importance of teaching specific skills to depressed clients, such as the ability to recognize and self-correct cognitive distortions (i.e., cognitive therapy), the ability to develop effective strategies for performing life tasks (i.e., behavioral therapy), and the ability to relate to others in positive and meaningful ways (i.e., interpersonal therapy). The efficacy data on the treatment of depression consistently affirm that when people are empowered, and when they learn the skills for living better, they are more likely to recover (Lewinsohn, Munos, Youngren, & Zeiss, 1986; Schulberg & Rush, 1994). Hypnosis has been described in the clinical literature as a significant means for enhancing a sense of personal empowerment in a wide array of client populations.

Through the development of personal resources which were previously unrecognized or undeveloped by the client, or through the facilitation of relaxation and a psychological readiness to learn new skills, the capacity for hypnosis to increase the sense of and even the reality of personal control that individuals can apply in their own behalf carries a strong potential to reduce the sense of victimization associated with depression, and even many of the symptoms of depression itself. In the following companion paper, one such intervention strategy for empowering depressed clients is presented. It aims to disrupt the process by which people can become caught up in their own depressogenic beliefs.

References
Altamura, A. & Percudani, M. (1993). The use of antidepressants for long-term treatment of recurrent depression: Rationale, current methodologies, and future directions. J of Clinical Psychiatry, 54 (8, supplement), 1-23.
American Psychiatric Association. (1994). Diagnostic and statistical manual (4th edition). Washington, D.C.: American Psychiatric Association.
Antonuccio, D, Danton, W., &. DeNelsky, G. (1995). Psychotherapy versus medication for depression: Challenging the conventional wisdom with data. Professional Psychology: Research and Practice, 26:6,574-585.
Azar, B. (1997). Environment is key to serotonin levels. APA Monitor, 28:4, 26-29.
Barber, J. (1991). The locksmith model: Accessing hypnotic responsiveness. In S. Lynn & J. Rhue (Eds.), Theories of hypnosis: Current models and perspectives pp. 241-274. New York: Guilford.
Beck, A., Brown, G., Berchick, R., Stewart, B., & Steer, R. (1990). Relationship between hopelessness and ultimate suicide: A replication with psychiatric outpatients. American J of Psychiatry, 147, 190-195.
Beck, A., Rush, A., Shaw, B., & & Emery, G. (1979). Cognitive therapy of depression. New York: Guilford.
Bell, A. (1997). The quickening. New Orleans: Paper Chase Press.
Coe, W. (1993). Expectations and hypnotherapy. In J. Rhue, S. Lynn, & I. Kirsch (Eds.), Handbook of clinical hypnosis (pp.73-93). Washington, DC: American Psychological Association.
Cohen, D. (1994). Out of the blue: Depression and human nature. New York: Norton.
Crasilneck , H. & Hall, J. (1985). Clinical hypnosis: Principles and applications (2nd ed.). New York: Grune & Stratton.
Crawford, H. & Barabasz, A. (1993). Phobias and intense fears: Facilitating their treatment with hypnosis. In J. Rhue, S. Lynn & I. Kirsch (Eds.), Handbook of clinical hypnosis (pp.311-338). Washington, DC: American Psychological Association.
Cronkite, R. & Moos, R. (1995). Life context, coping processes, and depression. In E. Beckham and W. Leber (Eds.) Handbook of depression (pp.569-587). New York: Guilford.
DeBattista,C. & Schatzberg, A.(1995). Somatic therapy. In I. Glick (Ed.), Treating depression (pp.153-181). San Francisco: Jossey-Bass.
Depression Guideline Panel (1993). Clinical Practice Guideline Number 5: Depression in Primary care. Volume 2: Treatment of Major Depression. Rockville, MD: U.S. Dept. of Health and Human Services, Agency for Health Care Policy and Research. AHCPR publication 93-0550.
Dubovsky, S. (1997). Mind-body deceptions: The psychosomatics of everyday life. New York: Norton.
Glass, R. (1999). Treating depression as a recurrent or chronic disease. J of the American Medical Association, 281:1, 83-4.
Kaelber, C., Moul, D. & Farmer, M. (1995). Epidemiology of depression. In E. Beckham and W. Leber (Eds.), Handbook of depression (pp.3-35). New York: Guilford.
Kirsch, I., Montgomery, G., & Sapirstein, G. (1995). Hypnosis as an adjunct to cognitive-behavioral psychotherapy: A meta-analysis. J of Consulting and Clinical Psychology, 63, 214-220.
Kirsch, I. (2000). The response set theory of hypnosis. American J of Clinical Hypnosis, 42: 3-4, 274-293.
Kravitz, H. & Newman, A. (1995). Medical diagnostic procedures for depression: An update from a decade of promise. In E. Beckham & W. Leber (Eds.), Handbook of depression (pp.302-326). New York: Guilford.
Lewinsohn, P., Munos, R., Youngren, M., & Zeiss, A. (1986). Control your depression. New York: Prentice Hall.
Lynch, D. (October, 1999). Empowering the patient: Hypnosis in the management of cancer, surgical disease and chronic pain. American J of Clinical Hypnosis, 42:2 122-131.
Lynn, S., Kirsch, I. Barabasz, A., Cardena, E., & Patterson, D. (2000). Hypnosis as an empirically supported clinical intervention: The state of the evidence and a look to the future. International J of Clinical and Experimental Hypnosis, 48:2, 239-259.
Mondimore, F. (1993). Depression: The mood disease. Baltimore: The Johns Hopkins University Press.
Montgomery, G., DuHamel, K., & Redd, W. (2000). A meta-analysis of hypnotically induced analgesia: How effective is hypnosis? International J of Clinical and Experimental Hypnosis, 48:2, 134-149.
Moore, K. & Burrows, G. (1991). Hypnosis in the treatment of obsessive-compulsive disorder. Australian J of Clinical and Experimental Hypnosis, 19, 63-75.
National Institute of Mental Health (June 1, 1999). Depression: The invisible disease. Available on the WWW: http://www.nimh.nih.gov/publicat/invisible.ctm.
Sacco, W. & Beck, A. (1995). Cognitive theory and therapy. In E. Beckham & W. Leber (Eds.), Handbook of psychotherapy (pp.329-351). New York: Guilford.
Schoenberger, N. (2000). Research on hypnosis as an adjunct to cognitive-behavioral psychotherapy. International J of Clinical and Experimental Hypnosis, 48:2, 154- 169.
Schoenberger, N., Kirsch, I., Gearan, P., Montgomery, G., & Pastyrnak, S. (1997). Hypnotic enhancement of a cognitive behavioral treatment for public speaking anxiety. Behavior Therapy, 28, 127-140.
Sacco, W. & Beck, A. (1995). Cognitive theory and therapy. In E. Beckham & W. Leber (Eds.), Handbook of psychotherapy (pp.329-351). New York: Guilford.
Schulberg, H. & Rush, A. (1994). "Clinical practice guidelines for managing major depression in primary care practice: Implications for psychologists." American Psychologist, 49:1, 34-41.
Schulberg, H., Katon, W., Simon, G. & Rush, A. (December, 1998). Treating major depression in primary care practice. Archives of General Psychiatry,55,1121-1127.
Schwartz, J. (1996). Brain lock. New York: Regan Books. Seligman, M. (1989). Explanatory style: Predicting depression, achievement, and health. In M. Yapko (Ed.), Brief therapy approaches to treating anxiety and depression (pp.5-32). New York: Brunner/Mazel.
Seligman, M. (1990). Learned optimism. New York: Alfred A. Knopf.
Siever, L. & Frucht, W. (1997). The new view of self. New York: Macmillan.
Spanos, N. & Coe, W. (1992). A social-psychological approach to hypnosis. In E. Fromm & M. Nash (Eds.), Contemporary hypnosis research (pp.102-130). New York: Guilford.
Spiegel, H. & Spiegel, D. (1978). Trance and treatment: Clinical uses of hypnosis. New York: Basic Books.
Stevens, D., Merikangas, K., & Merikangas, J. (1995). Comorbidity of depression and other medical conditions. In E. Beckham and W. Leber (Eds.) Handbook of depression (pp.147-199). New York: Guilford.
Thase, M. (2000). Treatment issues related to sleep and depression. J of Clinical Psychiatry, 61, (suppl. 11): 46-50.
Thase, M & Glick, I. (1995). Combined treatment. In I. Glick (Ed.), Treating depression (pp.183-208). San Francisco: Jossey Bass.
Thase, M. & Howland, R. (1995). Biological processes in depression: An updated review and integration. In E. Beckham & W. Leber (Eds.), Handbook of depression (pp.213-279). New York: Guilford.
Torem, M. (1988). Hypnosis in the treatment of depression. In W. Wester (Ed.), Clinical hypnosis: A case management approach (p.288-301). Cincinnati, OH: Behavioral Science Center.
Torem, M. (1992). Back from the future: A powerful age progression technique. American J of Clinical Hypnosis, 35:2, 81-88.
Weissbourd, R. (1996). The vulnerable child: What really hurts America's children and what we can do about it. Reading, PA: Addison-Wesley.
Weissman, M., Bland, R., Canino, G., et al. (July 24/31, 1996). Cross-national epidemiology of major depression and bipolar disorder. J of the American Medical Association, 276, 4, 293-299.

Yapko, M. (1988). When living hurts: Directives for treating depression. New York: Brunner/Mazel.
Yapko, M. (1990). Trancework: An introduction to the practice of clinical hypnosis (2nd ed.). New York: Brunner/Mazel.
Yapko, M. (1992). Hypnosis and the treatment of depressions. New York: Brunner/Mazel.
Yapko, M. (1993). "Hypnosis and depression." In J. Rhue, S. Lynn & I. Kirsch (Eds.), Handbook of clinical hypnosis (pp.339-355). Washington, D.C.: American Psychological Association.
Yapko, M. (1995). Essentials of hypnosis. New York: Brunner/Mazel.
Yapko, M. (1997). Breaking the patterns of depression. New York: Doubleday.
Yapko, M. (1999). Hand-me-down blues: How to stop depression from spreading in families. New York: St. Martins Griffin.
Yapko, M. (2001). Treating depression with hypnosis: Integrating cognitive-behavioral and strategic approaches. Philadelphia, PA: Brunner/Routledge.
Zeig, J. (Ed.) (1980). A teaching seminar with Milton H. Erickson, M.D. New York: Brunner/Mazel.

Yapko, M (2001). Hypnotic Intervention for Ambiguity as a depressive Risk Factor.

American Journal of Clinical Hypnosis, 44:2; 109-117
Reprinted with permission from the American Society of Clinical Hypnosis (www.asch.net).

In the face of ambiguous life events, depressed individuals are more likely to make negative and depressing interpretations than nondepressed individuals. Fundamental to the success of cognitive-behavioral treatments, one of the most empirically supported treatments for depression is teaching the client to recognize and self-correct so-called cognitive distortions. To facilitate that learning process, clients can learn to better recognize and tolerate ambiguity inherent in many situations, and thereby diminish the drive to form subjective interpretations (either negative or positive) when more objective evidence is unavailable. This article describes ambiguity as a risk factor for depression and details a strategy employing hypnosis for teaching the skills of both recognizing and tolerating ambiguity.

Overview

Ernest Hilgard once described hypnosis as "believed-in imagination" (personal communication, 1988). That is an astute framing, capturing both the flesh and spirit of hypnosis. To go a step further, though, one could also say that anyone's view of life is similarly a product of believed-in imagination. For one person to form from the ambiguous stimulus of life a belief that "life is wondrous and joyful" while another forms the belief that "life is a miserable burden to endure" represents two different believed-in imaginations that have specific and measurable consequences for each individual. The body of literature describing the relationship between the quality of one's beliefs and one's mood is substantial: It is well established that the positive, optimistic person is less likely to suffer depression. Likewise, such a person will also benefit:

1) physically by likely suffering less serious illness and higher rates of recovery;
2) in terms of productivity, having higher levels of focus, persistence and frustration tolerance; and
3) in terms of greater sociability and likeability, enjoying the many health and mood benefits associated with having more close and positive relationships (Peterson, 2000; Seligman, 1989,1990; Yapko, 1997,1999, 2001a).

The overlap between depression as a problem and hypnosis as a means for addressing it centers on the believed-in imaginations of the depressed client. Believing "life is unfair," "I'm no good," or "I'll never be able to do that," are just a very few of the many selflimiting and even self-injurious beliefs that depressed individuals may form and come to hold as true. Thus, it is no coincidence that cognitive-behavioral therapies, which challenge depressed individuals to learn how to identify and selfcorrect their cognitive distortions and behave more effectively, have been shown to be highly effective approaches (Clarkin, Pilkonis, & Magrude, 1996; Greenberger & Padesky, 1995).

A variety of therapeutic efficacy studies have been published attesting to the added value of hypnosis to established treatments, especially cognitive-behavioral approaches (Lynn, Kirsch, Barabasz, Cardena, & Patterson, 2000; Schoenberger, 2000). No formal studies have yet been done specific to the use of hypnosis with depressed populations. Depression is a global term, however. In fact, depression is comprised of many different components, including cognitive patterns (such as attributional style), behavioral patterns (such as avoidant coping styles) and relational patterns (such as hypercriticalness). Many of these components have been addressed successfully with hypnosis (Kirsch, 1996; Schoenberger, Kirsch, Gearan, Montgomery, & Pastyrnak, 1997). In fact, much of what is presented in this article could be characterized as cognitive-behavioral therapy performed within a hypnotic and strategic framework (Yapko, 1992,1995, 2001b).

Ambiguity, Making Meaning, and Depressive Risk

Ambiguity may well be the most powerful and pervasive risk factor for depression of all known risk factors. Ambiguity in this context refers to the lack of clear meaning associated with one's various life experiences. Events occur, we observe them occur, but what we most often don't know is what, if anything, they mean. The great majority of events in life do not have a clear and inherent meaning, leaving each of us the task of having to establish for ourselves our own subjective interpretation of what the meaning or significance is of the event. Similarly, a particular person's symptoms invite inferences from clinicians; for example, "I think you're depressed because your thinking is distorted and you need to learn to identify and self-correct your cognitive distortions," or "I think your depression is caused by too low a concentration of serotonin in your brain."

Depression, like almost any problem, can be interpreted and treated from many viewpoints. In response to any life event, however minor or major, the formation of an idiosyncratic meaning represents the heart of a beliefsystem, whether self-reinforced ("I believe it no matter what others might think") or culturally reinforced ("Any true American would believe this"). Beliefs are multidimensional, encompassing feelings, physiology, and behavior, as well as the obvious cognitive components, and all will need to be addressed in a comprehensive intervention. To diagnose a depression is not the same as declaring that it has a specific meaning.

Aaron Beck was right to have questioned decades ago whether instead of depression being the outgrowth of some deeper intrapsychic conflict, depression might itself be the problem and the symptoms of depression the most appropriate targets for treatment

(Beck, Rush, Shaw & Emery, 1979). This provided a foundation for a clever "divide and conquer" strategy that works quite well, as efficacy studies indicate. Now, decades later, we can recognize that each of the treatments that has been deemed "empirically supported" for treating depression is shortterm and focuses on the dual goals of skill-building and symptom resolution (Depression Guideline Panel, 1993; Schulberg, Katon, Simon, & Rush, 1998).

Cognitive therapy (CT) in particular has flourished as perhaps the most well studied and most systematic form of psychotherapy (Dobson, 1989). Aaron Beck and Albert Ellis in particular spawned a revolution in the field of psychotherapy by shifting the focus away from what someone thinks (the content) to how someone thinks (the process). Whether assessing the specific cognitive distortions in the context of Beck's Cognitive Therapy, or the irrational thoughts in the context of Ellis' Rational Emotive Behavioral Therapy (REBT), an underlying mechanism for the development of depression is the inability to distinguish inferences from facts (Sacco & Beck, 1995; Ellis, 1997). Why are there cognitive distortions or irrational thoughts to have to correct in CT or REBT? Why can't people willingly and with selfawareness sidestep the vulnerability of their own beliefs? Consider as an example a so-called cognitive distortion, "jumping to conclusions," the error of reaching a conclusion despite the lack of supportive evidence. Why jump to conclusions, if not merely to have a conclusion? But the salient question is, why have the need for a conclusion? What is it about ambiguity that is so uncomfortable and compelling in the force it generates to reach a conclusion, even at the risk of reaching an incorrect and potentially depressing one?

Recognizing and Tolerating Ambiguity as Therapeutic Goals in Hypnosis

For as long as an individual is unable to tolerate uncertainty, he or she will be motivated to continue forming meanings about life experience with little or no insight into the interpretive process, and thus suffer the mood consequences when they are negatively distorted yet accepted as "true." Thus, one of the most basic goals in treating therapy clients in general, and depressed clients in particular, is to teach them how to recognize and tolerate ambiguity. It is a therapeutic goal that even precedes identifying specific cognitive distortions or irrational beliefs in the client. Before teaching someone to avoid jumping to conclusions (or personalizing, thinking dichotomously, or forming any other cognitive distortion), that person would have to become more comfortable with no conclusions; that is, reduce the drive to have an answer. By addressing the issue of ambiguity in therapy, and making it a primary target of a specific hypnotic intervention, the larger goals of therapy, such as teaching skills in rational thinking, are well facilitated (Seligman, 1990). The primary therapeutic goals, therefore, are to:

1) learn how to quickly recognize ambiguity in situations;

2) be on guard against one's own tendency to interpret such events in some patterned and hurtful way that may not be objectively true; and

3) develop a tolerance for ambiguity that permits comfort with not knowing. Not knowing what's "right" or what's "true" in a given context can either be empowering or victimizing, depending on one's perspective. Not knowing can be an empowering spur to finding out.

The positive value of cognitive therapy in particular has been well documented in the literature, and is clearly a treatment of choice for depression (Depression Guideline Panel, 1993). Cognitive skills can be learned more easily with hypnosis as a vehicle of experiential learning, and can be more easily learned when the basic human need to believe something, anything, can be reduced (Beck, 1976; Kirsch, 1993; Kirsch, Montgomery & Sapirstein, 1995; Schoenberger, 1996; Yapko, 1992, 1997, 2001b). Furthermore, hypnosis can provide anxiety reduction, lowered agitation, and reduced ruminations. Hypnosis can thus be a means for demonstrating to the client that his or her symptoms are malleable, helping to build the positive

Table 1: A Generic Structure For Hypnotically Facilitating Recognizing and Tolerating Ambiguity

* Orient Client to Hypnosis
* Induction Process
  -Build a response set regarding uncertainty
* Introduce the Process of Inference
  -Suggestions/metaphors regarding inferences
* Introduce the Value of Knowing
  -Suggestions/metaphors regarding "knowing"
* Introduce the Value of Not Knowing
  -Suggestions/metaphors regarding "not knowing"
* Reframing "Not Knowing" as Desirable in Some Contexts
  -Suggestions for identifying when "not knowing' is desirable
* Posthypnotic Suggestions for Integration
* Closure
* Disengagement

expectancy that is crucial to recovery from depression (Seligman, 1990; Beck, 1997; Yapko, 1992). Structuring Hypnosis Sessions for Recognizing and Tolerating Ambiguity Table 1 below outlines a generic, process-oriented structure (developed and used with depressed clients in the author's clinical practice) for a formal hypnosis session designed to encourage recognizing and tolerating ambiguity. In calling this strategy's structure "generic," not only will the content of the clinician's verbalizations vary according to the unique attributes of each individual client, but the steps themselves may vary according to what needs more or less amplification in the client's experience. One client might respond better to direct suggestions for greater comfort with uncertainty, while another client may better respond to metaphors about brilliant people who are adept at publicly stating "I don't know" in response to questions supposedly in their area of expertise. As always, it is a matter of clinical judgment as to what a particular client is likely to respond to best. The more feedback from the client a clinician uses in formulating an approach, the more likely the interaction can be tailored appropriately (Yapko, 1990, 1995).

Describing the Strategy

Every hypnosis session has an identifiable structure, just as every psychotherapy session has a structure. From first greeting the client to saying goodbye at session's end, there is a sequence for how a session progresses. Sequences will vary, of course, with the goals and methods of specific sessions, but there are sequences nonetheless. It can be helpful to have structured sequences for conducting hypnosis sessions, a progression of ideas and suggestions that move the client in the direction of the session's goals. The first step is to orient the client to hypnosis. Any time formal (overt) hypnosis is to be employed there needs to be a statement (or two or three) that encourages the client to prepare him or herself for the hypnotic process to begin. A common tactic is to simply ask, " Have you experienced hypnosis before?" or to suggest he or she "Find a comfortable position to sit in" as a means for getting the client "on the track" of thinking about and preparing for hypnosis.

The induction process is whatever means a clinician uses to absorb and direct the client's attention. Inductions can be structured (e.g., countdowns) or conversational ("Can you recall how good it feels to close your eyes and get absorbed in relaxing images?").

The chief function of an induction is to facilitate some degree of dissociation in the client, so the actual method employed is a secondary consideration. The primary consideration is the client's ability to relate well to it and get absorbed in it, whatever it is. The building of a response set is the means for establishing a momentum in client responsiveness. To expect the client, following an induction, to instantly be able to relate to and absorb new ideas isn't usually realistic. Most clients need time to progressively develop their hypnotic responsiveness over the course of a session, and the goal of this step is to deliberately assist in that process.

An example of the most commonly used response set is the so-called "yes set," a means for building agreement and receptivity in the client to further suggestions. The client may be offered a series of truisms (i.e., suggestions so obviously true there is no legitimate basis for rejecting them) that he or she naturally will agree with, establishing a momentum in the direction of more easily agreeing with whatever else the clinician might say. In the context of this strategy where the goal is to increase awareness and acceptance of uncertainty, a response set might include such suggestions as, "There are many different things I could say intending to help you relax... and I don't know which of them would be the most valuable in helping you get deeply comfortable... and you don't know exactly what I'm going to talk about that will be helpful to you... and you don't know quite yet how you'll come to think differently about yourself... and you don't really know at just what moment you'll find yourself so wonderfully comfortable with the possibilities you'll discover here."

In each suggestion, uncertainty is amplified but also associated to positive possibilities. Hopefully receptivity is now well established and the clinician can introduce the process of inference to the client. Direct and/or indirect suggestions can be employed in the service of getting across the concept that ambiguity invites inferences. Suggestions to illustrate the process (in personal and/or impersonal terms according to client responsiveness) are used to teach the client that forming inferences is normal (thereby depathologizing the client) but self-monitoring will be necessary because they are not always accurate. For example, one might say, "I'm sure you've had the experience of calling someone... getting his or her answering machine... and leaving a message... and when the person doesn't call back in a time frame you think reasonable... you might wonder what it means... whether the person is busy... whether the answering machine worked properly... whether the person is avoiding you for some reason... or any of many possible reasons... and how do you know what the real reason is? ...But it's human nature to speculate about what things that happen mean... and the real skill is knowing when you're speculating... and when you have evidence to affirm your interpretation... after all... you don't want to react to something on the basis of an incorrect interpretation."

Introducing the value of knowing is a validation of the human need to believe, the human need to understand. Another step in depathologizing the client, the goal at this stage is to affirm to the client that scientific and social progress originates in the desire to know, but the distinction between truly knowing versus merely imagining can begin to emerge. So, following the above example of no return phone call, one could say, "...and all the speculations about why the person didn't call back... are normal... and reflect our desire to make sense out of things that don't seem to make much sense... and whether you want to understand something like why someone doesn't call back, or something much more complex like how the universe works... it's one of human beings' greatest strengths... that they strive to understand... and make sense of the things that go on around us..."

In the next step, the value of not knowing is introduced. The goal at this stage is to depathologize "not knowing." Suggestions are offered to highlight that there are unanswerable questions in life that no amount of analysis will ever answer, and that not having an answer is not only acceptable, but may at times be the best possible outcome. The client, hopefully, begins to absorb the notion that "not knowing" is often preferable to "knowing" something that is merely made up. In line with the phone call example, one could continue by saying, "... and the fact that you can generate so many different explanations for why someone doesn't call back... gives you an opportunity to realize you don't know why he or she didn't call back... you can make lots of guesses... but you really don't know for sure... and when you don't know how to explain something... it's perfectly alright to say you don't know... after all, no one really expects you to know why someone else doesn't return a phone call... it's a gift of honesty and clear thinking when someone says, "I don't know" instead of making up an answer that might well be wrong... there are so many times in life you'd rather be given no answer than a wrong one."

In the next step involving reframing, the client is taught a strategy, an internal mechanism of sorts that he or she can use to discriminate what is known from what is inferred. Such a strategy might be something as simple as the direct suggestion, "Before you reach a conclusion, any conclusion ...ask yourself, 'How do I know?' and if your answer is 'I just feel it's so' or 'I just think so'... then know you are forming a conclusion with no apparent objective data... that doesn't mean you are wrong, necessarily, but it increases the chances considerably... so, you can remind yourself to go the next step and ask yourself, 'Are there any objective data to support this?', and maybe there will be or maybe there won't be, but you'll notice the quality of your ideas and conclusions getting better and better over time." The function of the posthypnotic suggestion is to associate new learning to desired contexts. Posthypnotic suggestions are a routine part of hypnotic intervention, for without them, new learning would be unlikely to generalize to the relevant contexts of the client's life. So, a clinician might offer a posthypnotic suggestion such as, "And each time throughout the day you encounter a situation where the meaning isn't clear to you, or can even anticipate such an event before it happens, you can recognize there are many different ways to interpret the event... and you can instantly remind yourself you don't know what it means just yet... but can entertain a variety of interpretations... and can ask yourself directly how you will know which one - if any - it is... and it will lead you to look deeper and you can do so comfortably... knowing you can look for evidence for your views if it exists... and comfortably knowing you can adopt any perspective that might feel good to you... when one interpretation is merely as plausible as another." A session's closure can be suggested permissively, encouraging the client to "do whatever processing you need or want to do to bring this session to a comfortable close." Disengagement can also be done permissively, encouraging the client to "reorient yourself at a gradual rate that is comfortable for you, and when you're ready to fully reorient you can do so and allow your eyes to open."

Summary

As the rates of depression continue to rise, and more research attests to the therapeutic value of skill-building approaches in the treatment process, clinicians will need to have more varied and effective means for teaching such skills. Hypnosis has been shown to be an effective vehicle for catalyzing therapeutic interventions. In the treatment of depression in particular, hypnosis holds great potential as a means of helping suffering clients feel less victimized and more empowered to better manage their symptoms, and to more easily learn the skills known to reduce depression and even prevent later episodes.

One of the primary skills one can teach depressed clients is how to recognize and tolerate ambiguity in order to reduce the probability of noncritically accepting one's depressogenic thoughts and beliefs. A generic hypnosis strategy for achieving this treatment goal was presented with sample verbalizations. Depression is the most common mood disorder that clinicians are asked to treat. The hopelessness and helplessness of depression are powerful forces that serve to maintain depression's grip on individual sufferers. There is much that mental health professionals can do to raise the general awareness level in both their clients and their colleagues that hopelessness and helplessness are more about perceptions than facts.

References

Beck, A. (1976). Cognitive therapy and the emotional disorders. New York: New American Library.

Beck, A., Rush, A., Shaw, B., & Emery, G. (1979). Cognitive therapy of depression. New York: Guilford.

Beck, A. (1997). Cognitive therapy: Reflections. In J.Zeig (Ed.), The evolution of psychotherapy: The third conference (pp.55- 64). New York: Brunner/Mazel.

Clarkin, J., Pilkonis, P., & Magrude, K. (1996). Psychotherapy of depression. Archives of General Psychiatry,53, 717-723.

Depression Guideline Panel (1993). Clinical Practice Guideline Number 5: Depression in Primary care. Volume 2: Treatment of Major Depression. Rockville, MD: U.S. Dept. of Health and Human Services, Agency for Health Care Policy and Research. AHCPR publication 93-0550.

Dobson, K. (1989). A meta-analysis of the efficacy of cognitive therapy for depression. J of Consulting and Clinical Psychology, 57:3, 414-419.

Ellis, A. (1997). The evolution of Albert Ellis and Rational Emotive Behavior Therapy. In J. Zeig (Ed.), The evolution of psychotherapy: The third conference (pp.69-78). New York: Brunner/Mazel.

Greenberger, D. & Padesky, C. (1995). Mind over mood. New York: Guilford.

Hilgard, E. (1988). Personal communication.

Kirsch, I. (1993). Cognitive-behavioral hypnotherapy. In J. Rhue, S. Lynn & I. Kirsch (Eds.), Handbook of clinical hypnosis (pp. 151-171). Washington, D.C.: American Psychological Association.

Kirsch, I. (1996). Hypnosis in psychotherapy: Efficacy and mechanisms. Contemporary Hypnosis, 13:2, 109-114.

Kirsch, I., Montgomery, G., & Sapirstein, G. (1995). Hypnosis as an adjunct to cognitive-behavioral psychotherapy: A meta-analysis. J of Consulting and Clinical Psychology, 63, 214-220.

Lynn, S., Kirsch, I. Barabasz, A., Cardena, E., & Patterson, D. (2000). Hypnosis as an empirically supported clinical intervention: The state of the evidence and a look to the future. International J of Clinical and Experimental Hypnosis, 48, 2, 239-259.

Peterson, C. (2000). The future of optimism. American Psychologist, 55:1, 44-55.

Sacco, W. & Beck, A. (1995). Cognitive theory and therapy. In E. Beckham & W. Leber (Eds.), Handbook of psychotherapy (pp.329-351). New York: Guilford.

Schoenberger, N., Kirsch, I., Gearan, P., Montgomery, G., & Pastyrnak, S. (1997). Hypnotic enhancement of a cognitive behavioral treatment for public speaking anxiety. Behavior Therapy, 28, 127-140.

Schoenberger, N. (1996). Cognitive-behavioral hypnotherapy for phobic anxiety. In S. Lynn, I. Kirsch, & J. Rhue (Eds.), Casebook of clinical hypnosis (pp. 33-49). Washington, DC: American Psychological Association.

Schoenberger, N. (2000). "Research on hypnosis as an adjunct to cognitive-behavioral psychotherapy." International J of Clinical and Experimental Hypnosis, 48:2, 154- 169.

Schulberg, H., Katon, W., Simon, G. & Rush, A. (1998). Treating major depression in primary care practice. Archives of General Psychiatry, 55, 1121-1127.

Seligman, M. (1989). Explanatory style: Predicting depression, achievement, and health. In M. Yapko (Ed.), Brief therapy approaches to treating anxiety and depression (pp.5-32). New York: Brunner/Mazel.

Seligman, M. (1990). Learned optimism. New York: Alfred A. Knopf.

Yapko, M. (1990). Trancework: An introduction to the practice of clinical hypnosis (2nd ed.). New York: Brunner/Mazel.

Yapko, M. (1992). Hypnosis and the treatment of depressions: Strategies for change. New York: Brunner/Mazel.

Yapko, M. (1995). Essentials of hypnosis. New York: Brunner/Mazel.

Yapko, M. (1997). Breaking the patterns of depression. New York: Doubleday.

Yapko, M. (1999). Hand-me-down blues: How to stop depression from spreading in families. New York: St. Martin's Griffin.

Yapko, M. (2001a). Psychological 911: Depression. Leucadia, CA: Yapko Publications.

Yapko, M. (2001b). Treating depression with hypnosis: Integrating cognitivebehavioral and strategic approaches. Philadelphia, PA: Brunner/Routledge.

Angststörungen

Einleitung

Der Einleitungstext wurde in einer ähnlichen Form in der Deutschen Angstzeitschrift (DAZ; 2007; Nr. 38: 24-26) unter dem Titel „Hypnotherapie – Kein Hokuspokus" veröffentlicht.

Menschen, die unter Angstzuständen leiden, befinden sich nicht selten auf einer langen Odyssee auf der Suche nach Hilfe. Im Folgenden soll mit der Hypnotherapie eine effektive Methode der Behandlung verschiedener Angstzustände beschrieben werden. Hypnotherapie ist eine traditionelle Methode der Psychotherapie, die seit einigen Jahrzehnten eine Renaissance erlebt, aber auch kontinuierlich erforscht und weiterentwickelt wird. Es handelt sich nicht um eine Therapieschule, sondern um eine sehr effektive Methode, die verschiedene Therapieverfahren, wie die Verhaltenstherapie oder die Tiefenpsychologie bereichern kann. Um die Wirksamkeit dieser Methode zu illustrieren wurden zwei Fallbeispiele umgrenzter Angststörungen gewählt, die zeigen, in welcher kurzen Zeit mittels Hypnose beachtliche Fortschritte erzielt werden konnten.

Was ist Hypnotherapie?

Hypnose gilt als eines der ältesten Heilverfahren der Menschheit, wurde allerdings erst ab dem 18. Jahrhundert systematisch untersucht und angewendet. Der Begriff „Hypnose" stammt von Braid, einem schottischen Arzt, Mitte des 19. Jahrhunderts. Er benannte den Bewusstseinszustand, in dem er beispielsweise chirurgische Eingriffe durchführte, nach dem griechischen Gott des Schlafes Hypnos. Allerdings erkannte er schnell, dass es sich nicht um einen Schlafzustand, sondern eher um einen Zustand hoher Fokussierung handelt. Dennoch ist der Begriff Hypnose heutzutage gängig, um die Technik zu bezeichnen, während Trance den Zustand meint.

Man kann Hypnose als einen dissoziierten Bewusstseinszustand definieren, der durch die Induktionstechnik des Therapeuten oder des Probanden selbst herbeigeführt wird und eine Kommunikation mit dem Körper und den seelischen Strukturen gestattet. Als „Trance" wird das gewünschte Ergebnis der Prozeduren definiert, die als „Hypnose" bezeichnet werden. Der Tranceprozess zeichnet sich dabei durch unwillkürliches Erleben aus. Je mehr das Erleben des Probanden absorbiert ist, desto intensiver werden diese Prozesse empfunden. Vergleichbar ist dieser Zustand mit dem Flow-Erleben oder einem intensiven Tagtraum. Es ist eher ein alltäglicher Zustand.

Man geht davon aus, dass die Fähigkeit, hypnotisiert zu werden, in der Bevölkerung ein normalverteiltes Merkmal ist. Dementsprechend finden sich etwa 10% hochsuggestible Menschen und 10%, für die Hypnose nicht die geeignete Methode scheint. Die restlichen 80% verteilen sich dazwischen.

Der moderne hypnotherapeutische Ansatz geht zu großen Anteilen auf den amerikanischen Psychiater Milton H. Erickson (1901 – 1980) zurück. Erickson arbeitete an einer differenzierten und stark auf die subjektive Realität des Klienten zugeschnittenen Form der Hypnose. Neben dieser individuellen Ausrichtung lässt sich der Ansatz als ziel- und ressourcenorientiert beschreiben. Ericksons ganzheitliche Sichtweise berücksichtigte sowohl die aktuelle Lebensphase des Klienten wie auch dessen soziale Besonderheiten. Er definierte Hypnose als einen Zustand absolut fokussierter Aufmerksamkeit. Eine Grundannahme besteht in der Überzeugung, dass der Klient, bzw. dessen Unbewusstes, bereits genug Informationen, Fähigkeiten und Ressourcen zur Lösung des Problems besitzt. Diese konnten dann in der hypnotischen Trance aktiviert und zielgeleitet eingesetzt werden.

Eine übergeordnete Bedeutung hat der „Utilisationsansatz": Sowohl die Auswahl der Suggestionen als auch der Interventionen sollte die eigenen geistigen Mechanismen und Verhaltensprozesse des Klienten stimulieren. Die Behandlung ist demnach auf den Patienten zugeschnitten und es wird all das genutzt, was dieser bereits in sich trägt. Dieser Anspruch setzt eine genaue Beobachtung des Gegenübers voraus. Der Utilisationsansatz gilt als einer der wichtigsten Beiträge Ericksons zur klinischen Hypnose.

Inhaltlich verwandt damit ist die „Potentialhypothese", also die Annahme Ericksons, dass alle Grundkompetenzmuster für eine gesunde Lösung von psychischen, psychosomatischen oder interaktionellen Problemen im Erfahrungsspektrum der Beteiligten gespeichert sind.

Manche Menschen verbinden jedoch mit dem Begriff Hypnose eher beängstigende Vorstellungen der Willenlosigkeit und vollkommenen Kontrolle des Therapeuten. Diese Aspekte entstammen der vielmals einseitigen Darstellung verschiedener Medien und dem Ruf der Bühnenhypnose.

Das Ziel des Bühnenhypnotiseurs ist Entertainment, mit dem er seinen Lebensunterhalt verdient. In der Selbstdarstellung und Werbung behaupten sie, über Fähigkeiten zu verfügen, die eine Willenskontrolle ermöglichen. Viele dieser Anbieter erscheinen nicht nur unseriös, sondern bergen auch Gefahren für die Teilnehmer.

„Macht" ist jedoch kein Wesenszug der klinischen Hypnose. Ganz im Gegenteil soll der Klient das Gefühl haben, in der Behandlung selbst etwas erkannt oder geschafft zu haben.

Der Wirkmechanismus der Bühnenhypnose ist ein unterhaltsam verpackter Test für hypnotische Empfänglichkeit, in dessen Verlauf die scheinbare Macht des Hypnotiseurs demonstriert wird und all jene Versuchspersonen aussortiert werden, die zu den Hochsuggestiblen gehören. Mit diesen Teilnehmern werden dann Experimente und Vorführungen durchgeführt. Die so demonstrierten Phänomene (z.B. starre Körperteile, extreme Vorstellungen bis hin zu Halluzinationen) können jedoch auch ohne Anwendung von Hypnose bei Versuchspersonen hervorgerufen werden.

Diese Show- oder Bühnenhypnose hat sowohl von der Zielsetzung als auch von der Durchführung nicht viel mit der klinischen Hypnose gemeinsam.

Zwei Fallbeispiele

1. Prüfungsangst

Eine Studentin, 31 Jahre alt, besuchte einen Kurs, indem Techniken der Hypnose und Selbsthypnose vermittelt wurden. Sie berichtet, der Anlass dafür sei ihre Angst vor Prüfungssituationen. Diese Angst sei bereits im Vorfeld lähmend und sorgt auch dafür, dass sie nicht den Stoff und die Leistung abrufen kann, über die sie verfügt. Nun stehen in wenigen Wochen die ersten Diplomprüfungen an. Allein der Gedanke daran, sorgt für Bauchschmerzen.

In diesem Fall erschien eine intensive Beschäftigung mit der Vergangenheit und den auslösenden Faktoren nicht vordergründig wichtig. Stattdessen sollte sie eine Ressource erhalten, mit der sie sich selbst helfen kann.

Bisher schaffte sie es schließlich unbewusst, sich mit wenig hilfreichen Selbstsuggestionen in einen unangenehmen und vor allem kontraproduktiven Zustand zu versetzen. Sie fokussierte ihre Gedanken von Anfang an auf die Angst, so dass es keine Überraschung ist, wenn diese dann auch übermächtig wird.

Das Ziel sollte also sein, positive Suggestionen und Bilder zu finden, die in der Prüfungssituation hilfreich wirken können. Sie bekam den Auftrag, sich vorzustellen, dass sie am Ende der Prüfung aus dem Raum geht und alles wunderbar gelaufen ist, so dass sie zufrieden ist und mit der Note eins bestanden hat. Wenn sie dieses Bild vor ihrem inneren Auge hat, sollte sie in der Zeit rückwärts gehen, und sich vorstellen, was alles passieren muss, damit dieses Resultat eintritt.

In einer leichten Trance konnte sie dies in der Übungsgruppe beschreiben und wurde dabei immer aktiver und besser gelaunt. Sie wurde sehr aktiv in ihrer Vorstellung und kam schließlich aus der Trance zurück und sagte voller Energie, wie gut ihr diese Vorstellung gefallen hat. Sie ist selbst überrascht, dass sie nun fast schon darauf brennt, dies auch in die Realität umsetzen zu können.

Analysiert man diese kurze, aber wirksame Intervention, dann erkennt man, dass sie genau das getan hat, was sie vorher so belastet hat. Sie hat sich das Resultat vorgestellt und hat dann unbewusst exploriert, was geschehen muss, dass es eintritt. Im Unterschied zu vergangenen Prüfungen hat sie aber jetzt eine Möglichkeit, dies zu steuern. Voraussetzung für die Konstanz dieser neuen Idee ist das regelmäßige Anwenden von Selbsthypnose als Verfahren der Beeinflussung der eigenen Gedanken und Emotionen.

Einige Monate später berichtete sie, dass sie die Prüfungen gut gemeistert hat und nun sogar an eine Promotion denkt.

2. Flugangst

Paul Janouch, der erste Vorsitzende der MEG, berichtete von einer jungen Klientin, die seit mehreren Jahren unter massiver Flugangst litt. Sie kam zu ihm in Therapie, weil sie berufsbedingt eine Flugreise machen musste, was ihr große Angst bereitete. Da diese Reise unmittelbar bevorstand, blieb nur ein Termin zur Behandlung. Die Klientin berichtete, dass sie früher gerne geflogen sei, aber mit 16 Jahren erlebte sie auf dem Rückflug aus dem Urlaub Turbulenzen. Seitdem hat sie kein Flugzeug mehr betreten.

Um dieses auf den ersten Blick ungewöhnliche Verhalten zu verstehen, hat der Therapeut die näheren Umstände des Fluges und des vorhergehenden Urlaubs erfragt. Dabei stellte sich heraus, dass die Klientin in diesen Urlaub gefahren ist, um Abstand vom Alltag zu gewinnen. Sie hatte gerade die Schule beendet und ihre Zukunft war unklar. Mit ihrer Mutter hatte sie deswegen heftige Auseinandersetzungen. In dieser ungeklärten und unsicheren Situation fliegt sie nun mit einer Freundin in den Urlaub. Dieser Urlaub war auch recht angenehm, bis auf den turbulenten Rückflug.

Der Therapeut hat nun folgende Hypothese: Die Klientin hat ihren damals aktuellen Konflikt bezüglich der Zukunftsplanung mit dem Urlaub zu verdrängen versucht. Dennoch bleiben die damit verbundenen unangenehmen Emotionen bestehen. Nun kommt ein zweites Ereignis, der turbulente Rückflug. Beide Ereignisse überlappen sich emotional und was bleibt ist die abgespeicherte Flugangst als eingefrorenes Bild. Damit hat sie unbewusst die Dynamik und den Zeitverlauf verdreht. In den folgenden Jahren konnte sie dieses eingefrorene Bild der schrecklichen Rückreise nicht mehr von den eigentlich davon unabhängigen Emotionen der unsicheren Zukunft trennen.

Statt einer klassisch verhaltenstherapeutischen Konfrontation wird in einem Trancezustand angestrebt, die beiden Bilder wieder zu trennen. Ihr wird bewusst gemacht, dass sie beruflich ihren Weg gegangen ist und die Emotion der schrecklichen Unsicherheit eine Empfindung der Vergangenheit ist, die sie zudem erfolgreich bewältigt hat. Die Flugreise dagegen wird als vollkommen unabhängiges Ereignis imaginiert, das zwar unangenehm war, aber in keiner Weise traumatisch.

Durch diese, vor allem emotionale Aufspaltung der beiden Ereignisse konnte eine Selbstwertsteigerung erreicht werden, da ihr nochmals bewusst wird, wie sie aus einer Situation der fehlenden Zukunftsperspektive damals zu einem erfolgreichen Berufsleben heute kommen konnte. Der turbulente Flug dagegen konnte als wenig affektives Einzelereignis neu abgespeichert werden.

In dieser einen Sitzung wurde also die bisher unbekannte, da unbewusste Verbindung zwischen der damaligen Ursache der Angst (Zukunftsangst) und der aktuellen Problematik (Flugangst) erhellt und anschließend in ein anderes Licht gerückt. Nach diesem einen Termin konnte die Patientin problemlos ihren Flug antreten.

Diskussion

Die beiden Fallbeispiele verdeutlichen mit Prüfungs- und Flugangst zwei relativ umgrenzte Ängste. Dennoch ist es eindrucksvoll, in welch kurzer Zeit eine bedeutende Veränderung stattgefunden hat.

Man erkennt hier auch die Nähe zu anderen Therapieverfahren. Im ersten Fall finden sich Aspekte der kognitiven Verhaltenstherapie wieder. Die Studentin hat gelernt, wie einfach sie andere Gedanken und innere Bilder für sich entwerfen kann. Als Folge daraus hat sie erlebt, wie sie selbst ihre Emotionen regulieren kann und eine stark Angstbesetzte und hemmende Situation in ihrer Vorstellung so verändert werden kann, dass sie diese kaum erwarten kann. Außerdem hat sie einen Einblick in ihre eigenen Mechanismen der Selbsthypnose bekommen, die sie unbewusst bisher betrieben hat. Diese Mechanismen werden in variierendem Umfang von allen Menschen angewendet und die Hypnotherapie zeigt, wie einfach man dies auch zum eigenen Vorteil nutzen kann, wenn man den richtigen Zugang zu den inneren Bildern und Leitsätzen bekommt.

Im zweiten Fall lassen sich eher tiefenpsychologische Deutungen erkennen, in dem der Therapeut der Klientin eine Deutung anbietet, welche die Entstehung ihrer Angst durch unbewusste, psychodynamische Prozesse erklären kann. Der unangenehme Affekt wird von der bisher vermiedenen Situation der Flugangst abgekoppelt und der eigentlichen Entstehungssituation zugeordnet. Da diese jedoch aktuell nicht mehr relevant ist, kann der Affekt verblassen. Die Möglichkeit der Entkopplung ist durch den eleganten Zugang zum Unbewussten mittels Hypnose auch mit nur einer Sitzung möglich gewesen.

In verschiedenen Studien hat man herausgefunden, dass die Hypnotherapie auch bei komplexeren Angststörungen hilfreich ist. Dazu lassen sich in der Literatur auch zahlreiche Beispiele finden, (z.B. bei Ebell & Schuckall (2004) „Warum Hypnose").

Therapie

Hypnotherapie ist mittlerweile eine weit verbreitete Zusatzqualifikation bei Ärzten, Psychologen und Heilpraktikern. Wie in allen Bereichen gibt es natürlich auch bei den Hypnotherapeuten schwarze Schafe, die den Begriff nutzen, um damit Geld zu verdienen. Generell gibt es deshalb den Tipp, bei der Therapeutensuche bestimmte Kriterien zu beachten. So sollte der Therapeut nicht ausschließlich Hypnotherapie anbieten, sondern auch in anderen Therapieverfahren ausgebildet sein.

Die Qualität der Hypnose-Ausbildung ist ein weiterer wichtiger Punkt. In Deutschland gibt es nur wenige Gesellschaften, die eine konzeptionell gut ausgearbeitete Ausbildung anbieten, die auch von den Krankenkassen als offizielle Befähigung akzeptiert wird. Das trifft hauptsächlich auf Therapeuten zu, die in der Milton Erickson Gesellschaft (MEG) und der Deutschen Gesellschaft für Hypnose (DHG) ausgebildet und organisiert sind. Für die Zahnärzte ist es die Deutsche Gesellschaft für zahnärztliche Hypnose (DGzH).

Der wissenschaftliche Beirat Psychotherapie hat auf gemeinsamen Antrag der MEG und DGH 2006 die Hypnotherapie bei verschiedenen Problemstellungen (z.B. Sucht oder Schmerz) als wissenschaftlich fundiert anerkannt.

Dennoch wird die Behandlung nur in wenigen Fällen von den Krankenkassen übernommen. Dies ist meist der Fall, wenn die Behandlung eine Kassenfinanzierte Verhaltenstherapie oder Tiefenpsychologisch fundierte Therapie ist und der Therapeut eine entsprechende Hypnose-Ausbildung abgeschlossen hat. Dann werden hypnotische Elemente in kleinerem Umfang bezahlt. Bei privaten Kassen ist die Sache anders gelagert, hier besteht die Chance auf Kostenübernahme einer reinen Hypnotherapie unter bestimmten Voraussetzungen. Man sollte sich hier im Vorfeld bei der jeweiligen Krankenkasse erkundigen.

In den meisten Fällen jedoch bleibt eine reine Hypnotherapie als Kurzzeitbehandlung eine Privatleistung. Die Stundensätze variieren dabei zwischen 60€ und 100€.

Interventionsschritte zur Therapie von Angststörungen

Verschiedene Autoren (u.a. Janouch, 2008 in: Revenstorf und Peter, Hypnose in der Psychotherapie, Psychosomatik und Medizin) schlagen ein spezifisches Vorgehen für die Arbeit mit Angstpatienten vor:

1. Orientierung
   - Erläuterung
   - Widerstände klären
   - Fliessende Überleitung zu einer allmählichen expliziteren hypnotischen Induktion.
   - Induktion von Hand- oder Armlevitation

2. Vertrautmachen mit der Symptomseite
- Angst wird oft als peinlich, unangenehm und irrational wahrgenommen.
- Der Patient soll in Kontakt mit dem Symptom gebracht werden.
- eine anerkennende und respektvolle Haltung gegenüber diesem Teil der Person fördern.
- Reframing der Symptombewertung wird so initiiert.

3. Vertrag mit der Symptomseite
- Symptome sind nicht nur zu bekämpfen, sondern die ihm innewohnenden Informationen und Ressourcen sollten nutzbar gemacht werden.
- Es werden bereits etablierte dizzoziative Fähigkeiten genutzt, um den inneren Konflikt zu entschärfen.

4. Exploration
- Aufbauend auf den bereits etablierten Reaktionsmöglichkeiten wird die Person dabei begleitet, die inneren Zusammenhänge der Symptomatik zu untersuchen.
- Die Person hat genau das bisher vermieden, es ist also mit Widerständen zu rechnen. Zögern ist zu respektieren und Unterstützung ist notwendig.

5. Lösungsmöglichkeiten
Manchmal reicht es zu erkennen worauf die Ängste sich ursprünglich beziehen um eine kognitive Neubewertung vorzunehmen. (Reframing). Weitere Lösungsmöglichkeiten:
- Schuldproblematik
- Altes erledigen
- Vermischtes Entzerren

6. Posthypnotische Suggestionen und Amnesie
- Selbstverständlicher Bestandteil des gesamten Therapieprozesses.
- Angebot machen, dass der begonnene Prozess auf mehreren Ebenen fortgesetzt werden kann.
- Implizite Amnesieangebote

7. Ökologische Überprüfung
- Wenn bereits konkrete Lösungsmöglichkeiten gefunden wurden.
- Variante des so genannten „future-pacing"

Aufgrund der spezifischen Ätiologie sowie der Ausdrucksformen der Angsterkrankungen muss die Therapieplanung auf vier Ebenen erfolgen.
(1) Interaktionelle Ebene: Wie organisiert die Phobie die sozialen Kontakte (Familie, Freudschaft, Arbeitsplatz)?
(2) Verhaltensebene: Wie organisiert die Phobie das allgemeine Verhalten im Leben (Vermeidung, Flucht vor Situationen)?
(3) Physiologische Ebene: Wie wird die Angst körperlich erlebt?
(4) Subjektiv-kognitive Ebene: Wie organisiert die Phobie die Gedanken, Meinungen, Selbstbeurteilung, die Emotionen. Wie wird die Sinngebung des Lebens verändert?

Janouch, Paul (1997). Hypnotherapie bei Angststörungen.

Hypnose und Kognition, 14 (1+2); 55-60
Nachdruck mit Genehmigung der M.E.G.: Hypnose und Kognition (www.meg-hypnose.de)

Es werden einige Besonderheiten und Regeln für die Therapie mit Angstpatienten diskutiert und die sich anbietenden hypnotischen Techniken vorgestellt. Das praktische Vorgehen wird anhand von Fallbeispielen illustriert.
Angststörungen gehören zu den häufigsten psychischen Symptomen, mit denen Menschen therapeutische Hilfe aufsuchen. Hypnose kann - ganz unabhängig vom jeweiligen therapeutischen Modell - die Therapie schneller und effektiver machen und helfen, für jeden einzelnen Fall individuelle und flexible Lösungsstrategien zu entwickeln (Janouch, 1990; Peter, Kraiker & Revenstorf, 1990). Für die Therapie mit Angstpatienten habe ich im Laufe der Jahre einige verallgemeinerbare Erfahrungen gewonnen, die ich kurz skizzieren und anhand einiger Fallbeispiele illustrieren möchte, bevor ich abschließend einige Worte zur "Technik" sage.

1. Fast alle Angstpatienten praktizieren massive Selbstentwertungstrategien. Sie finden ihre Angstreaktion dumm, unvernünftig, feige, unverständlich und irrational. Sie sind in einem aussichtslosen Kampf gegen ihre Symptome gefangen, in dem sich alle Kräfte gegenseitig neutralisieren. Am Anfang der Therapie muss diesem Aspekt unbedingt Rechnung getragen und gleich zu Beginn daran gearbeitet werden, diese Selbstentwertungen und den Kampf gegen sich selbst außer Kraft zu setzen. Hypnose kann sehr dabei behilflich sein, etwa durch Vermittlung von Ruhe und Gelassenheit (sog. "Ruheinduktionen") schon in der Initialphase der Therapie das Vertrauen in die eigenen Kräfte und Ressourcen zu wecken und Vertrauen gegenüber der Person des Therapeuten und dem therapeutischen Bündnis zu fördern.

2. Wegen der Irrationalität der Symptomatik haben die meisten Angstpatienten ein großes Interesse an einer rationalen Erklärung ihrer Symptome, d.h. sie wollen einfach wissen, warum sie diese furchtbare Panik und die begleitenden somatischen Sensationen

haben, und warum sie nicht damit fertig werden. Für viele Patienten ist schon eine einfache Erläuterung psychovegetativer Regel-kreise sehr hilfreich; das kann weiterführend genutzt werden für die Klärung der verursachenden und begleitenden Kognitionen.

In den meisten Fällen können dann im nächsten Schritt mit hypnotischen Techniken Hintergrund und Funktion der Symptomatik aufgeklärt werden. Dabei geht es nicht um kausale Zusammenhänge (die es im systemischen Modell ohnehin nicht gibt), sondern um die Klärung funktionaler kognitiver, emotionaler und physiologischer Regelkreise, bzw. aus der Sicht des Patienten darum, dass er im unmittelbaren Erleben die Sinnhaftigkeit seiner Symptome - also das, wofür die Angst "gut" ist - nachvollziehen kann. In die-sem Abschnitt der Therapie kann der Patient damit beginnen, sich mit seinem Symptom "auszusöhnen", was eine wichtige - oder fast kann man sagen: unabdingbare - Voraussetzung zu dauerhafter Veränderung ist. Der Kampf gegen sich selbst kann dann eingestellt, das Symptom kann zu einer Quelle von Information, zum "inneren Ratgeber" werden (vgl. Janouch, 1994).

3. Dieser Schritt führt meistens schon direkt zu Lösungsideen, weil mit der Klärung der Funktion die unklare Konstellation, die zur Angstreaktion führt und sie aufrechterhält, deutlich wird und damit auch das, was noch zu erledigen, zu klären oder zu ändern ist.

4. Je nach Ergebnis des 3. Schrittes erhält der Patient dann "Hausaufgaben" oder Trainingsaufgaben. Das Resultat dieser Aufgaben bestimmt im Wesentlichen den weiteren Therapieverlauf; z.B. kann es sein, dass man nochmal zum zweiten Schritt zurück muss, weil wichtige Aspekte übersehen wurden. Wenn aber alles gestimmt hat, wird sich die Symptomatik innerhalb einiger Wochen deut-lich ändern.

Es folgen nun einige Fallbeispiele.

Fall 1

Eine zum Zeitpunkt des Therapiebeginns 32 Jahre alte Frau kam mit massiven Angstsymptomen zur Therapie. Sie berichtete, dass sie seit über 10 Jahren unter diesen Symptomen leide, und dass sie sehr verzweifelt sei, weil ihr Leben so reduziert und einge-schränkt ist. Sie könne weder allein einkaufen, noch in ein Restaurant gehen, noch sonst irgendetwas allein unternehmen, sie sei den ganzen Tag ans Haus gefesselt und auf die Hilfe ihres Partners angewiesen. Ihr Leben bestehe nur aus Arbeit (als gelernte Schneiderin betrieb sie selbständig eine Änderungsschneiderei) und Schlaf, worüber sie sehr deprimiert sei. Sie habe schon "alles mögliche" an Behandlungen ausprobiert, Medikamente, autogenes Training, homöopathische Behandlungen und auch einige Sit-zungen Psychotherapie, die sie aber abgebrochen habe, weil sich überhaupt nichts geändert habe. Zu den ersten Therapiesitzun-gen erschien sie in Begleitung ihrer Mutter, weil sie nicht in der Lage war, allein mit dem Auto zur Praxis zu fahren.

Nach dem Erstinterview ergab sich aus der Vorgeschichte folgendes Bild: Die Patientin ist Russlanddeutsche. Sie heiratete mit 19 Jahren und wurde sofort schwanger; noch während der Schwangerschaft verließ sie ihr Mann wegen einer anderen Frau. Sie kehrte in ihr Elternhaus zurück, brachte ihr Kind zur Welt, und einige Monate später erlebte sie ihre erste Panikattacke in einem Autobus. Ihr Mann war von Beruf Busfahrer, und kurze Zeit zuvor war gegen ihn polizeilich ermittelt worden, weil er in angetrunkenem Zu-stand mit seinem Bus einen Mann überfahren hatte. Diese Einzelheit erinnerte sie detailliert allerdings erst während der Exploration in Hypnose.

Bereits in Russland wurde sie wegen ihrer Ängste und Depressionen psychiatrisch - allerdings erfolglos - behandelt. Sie lebte also bei den Eltern und arbeitete als Schneiderin zu Hause, bis sie mit der Familie 1988 nach Deutschland übersiedelte. Hier lernte sie einen neuen Partner kennen, mit dem sie nach kurzer Zeit zusammenzog. Unterdessen hatte sich die Angstsymptomatik eher ver-schlimmert, und die Patientin war durch erfolglose Therapiebemühungen entmutigt und hoffnungslos. Schließlich trennte sich auch dieser Partner von ihr; seine Frustration über ihre Angstsymptome kleidete er in die Worte: "Alles könnte so schön sein, wenn Du Deine Ängste nicht hättest!" Sie lebte wieder bei der Mutter - der Vater war inzwischen verstorben - und fühlte sich dadurch abhän-gig und minderwertig, da die Mutter sie "wie ein kleines Kind" behandelte.

In der zweiten Sitzung wurde mit der hypnotischen Induktion begonnen. Die Patientin erwies sich dabei als sehr reagibel, gab aber zu erkennen, dass sie Angst vor Kontrollverlust habe. Es wurde also zunächst lediglich ein Ort der Ruhe angeboten, an dem sie ihre inneren Kräfte sammeln und ihr inneres Wissen ("innere Weisheit") sich zugänglich machen könne. In einer ersten Erkennensschicht wurde ihr deutlich, dass die Symptome durchaus auch positive Begleiterscheinungen hatten, nämlich einer Situation mit extremen Stress zu entfliehen: Ihr Partner hatte sie einerseits zwar unterstützt, sie andererseits aber auch massiv unter Druck gesetzt, mit Willenskraft die Ängste zu überwinden; ausserdem bestand erheblicher finanzieller Druck, da er sich mit einer Schuhreparaturwerk-statt selbständig gemacht hatte, und ihrer beider Leben nun nur aus Arbeit bestand.

In der folgenden Sitzung konnte damit begonnen werden, die Hintergründe zu explorieren. Es stellte sich heraus, dass sie sich, als ihr Mann sie als Hochschwangere verließ, sich hilflos wie ein kleines Kind fühlte, von der Situation selbst und der vor ihr liegenden Zukunft hoffnungslos überfordert. Sie erinnerte sich, dass Ängste zunächst immer dann auftraten, wenn jemand von ihr fortging; später generalisierten die Ängste und traten immer dann auf, wenn sie allein war. Während sie im dissoziierten Zustand diese Ent-wicklung klar und detailliert imaginierte, fragte ich sie: "Ist es nicht merkwürdig, und irgendwie auch komisch, dass Sie nach all den Jahren, nachdem Sie schon soviel geschafft haben - Sie haben es geschafft, sich in einem fremden Land zurechtzufinden und hei-misch zu fühlen, Ihren Sohn, der inzwischen schon 10 Jahre ist, allein großzuziehen, und Ihren Lebensunterhalt zu verdienen - dass Sie jetzt immer noch dieselben Ängste haben?" Mit Kopfnicken und leichtem Lächeln bejahte sie.

Die Aufgabe, die ihr daraufhin gestellt wurde, lief entsprechend auf folgendes hinaus: Sie solle sich klarmachen und "von innen heraus begreifen", dass sie damals tatsächlich mit 19 Jahren sehr hilflos und überfordert gewesen sei und ihre Angst- und Ohn-machtsgefühle daher völlig zu Recht bestanden hätten; dass sie inzwischen diese Schwierigkeiten aber völlig überwunden habe und daher auch kein Grund für hilflose Gefühle mehr vorhanden sei. Es wurde ihr erklärt, dass ein Teil von ihr noch in diesem hilflosen Zustand der 19jährigen verharre, und dass auch dieser Teil die inzwischen gemachten Veränderungen nachvollziehen könne. Diese Aufgabe wurde langsam und nachdrücklich mit unterschiedlichen Formulierungen und mehreren Wiederholungen ausdrücklich an das "Unbewusste" gerichtet und sorgfältig darauf geachtet, dass die Patientin diese Suggestionen mit unwillkürlichen Reaktionen und ideomotorischen Signalen bestätigte und akzeptierte.

Die folgenden Sitzungen drehten sich weiterhin um diese Aufgabe und deren konkrete Umsetzung. Die Patientin schilderte, dass sie sich das Geschehen immer wieder "wie eine Videokassette" anschaue und merke, wie alles langsam in Ordnung komme. Gleichzeitig wurde ihr ihre Abhängigkeit von ihrem Ex-Partner, von dem sie sich innerlich noch nicht gelöst hatte, und die Abhängigkeit von ihrer Mutter in immer unangenehmerer Weise deutlich. Gleichzeitig (in der 9. Sitzung) berichtete sie über erste Veränderungen in der Angstsymptomatik: zum ersten Mal war sie allein eine Freundin besuchen gegangen und während der Therapiesitzungen wirkte sie deutlich lockerer und selbstbewusster. Sie fing an, sich mit ihrer persönlichen und beruflichen Zukunftsperspektive zu befassen, während die Angstsymptomatik immer mehr nachließ. Zur 13. Sitzung (ca. 3 Monate nach Therapiebeginn) erschien sie zum ersten Mal allein, ohne die Begleitung ihrer Mutter.

Die Angstsymptomatik spielte von da an überhaupt keine Rolle mehr. Sie suchte sich eine eigene Wohnung und bewarb sich erfolgreich um eine Arbeitsstelle. In einigen weiteren Sitzungen, in unregelmäßigen und größeren Abständen durchgeführt, beschäftigte sie sich mit der Trennung ihres Freundes von ihr und den daraus resultierenden depressiven Symptomen. Bei der abschließenden Sitzung, ca. 10 Monate nach Therapiebeginn, war sie noch immer völlig symptomfrei. Dieser Fall illustriert m. E. sehr gut das "Prägnanzprinzip" der Hypnotherapie: Als ich die Patientin im Erstinterview fragte, was sie denn glaube, warum sie diese Ängste habe, antwortete sie, das wisse sie nicht, das würde sie selbst gern wissen. Sie brachte "diese alte Geschichte" nicht mehr in Zusammenhang mit den Symptomen, weil sie der Meinung war, dass sie das längst überwunden habe. Während der hypnotischen Altersregression berichtete sie im Grunde nichts anderes oder wesentlich neues als im Erstinterview. Der eigentliche Unterschied wurde aber auf der Ebene des unmittelbaren (Nach-) Erlebens deutlich, dass sie nämlich bestimmte Aspekte des Geschehens eben doch nicht ausreichend verarbeitet hatte, und damit war dann der Zusammenhang zur Symptomatik plötzlich absolut klar ("prägnant" oder "evident"; Peter, 1994), so dass von da aus auch unmittelbar Lösungsschritte möglich waren. Die nächsten beiden Fallbeispiele zeigen, wie schnell und wirksam die Hypnotherapie (manchmal) sein kann, wenn keine tiefergehenden Persönlichkeitsbeeinträchtigungen oder -störungen vorliegen:

Fall 2

Eine 27jährige Frau, die als Croupier in einem Spielkasino arbeitete, kam wegen großer Schwierigkeiten im Beruf. Der Hintergrund war, dass sie einige Zeit zuvor Schwierigkeiten mit ihrem Vorgesetzten hatte, der sie sehr autoritär, kleinlich und anmassend behandelt hatte. Er hatte u. a. unmissverständlich zum Ausdruck gebracht, dass er Frauen für gänzlich ungeeignet für den Beruf des Croupiers halte, woraufhin sie immer unsicherer und ängstlicher geworden war, bis sie schließlich regelrechte Lähmungserscheinungen in ihrer Hand, die die Roulettkugel bediente, bemerkte; sie war so zittrig und ängstlich geworden, dass die Hand ihr nicht mehr "gehorchte".

Es war in diesem Fall recht einfach, die Patientin auf ihre Ressourcen hin zu orientieren, denn sie war zuvor sehr gut in ihrem Beruf und ihrer selbst sicher gewesen. Es wurde ihr nach einer kurzen Induktion suggeriert, dass sie nichts neues zu lernen brauche, dass vielmehr alles, was sie benötige, bereits in völlig ausreichendem Maße vorhanden sei, und sie sich lediglich an alles, was sie gelernt habe, und was sie könne, zu erinnern brauche. Die Hand, die den Dienst verweigert hatte, wurde mittels ideomotorischer Signale gefragt, ob sie auf neuer Grundlage kooperieren werde, was bejaht wurde.

Die positiven Kräfte und Ressourcen wurden zur Absicherung noch kinästhetisch geankert: Die Patientin sollte ihre Rechte (die Symptomhand) leicht mit der Linken berühren, sobald sie sich unsicher fühle. Alle diese Instruktionen und Suggestionen wurden während der ersten Sitzung gegeben und reichten aus, um die Symptomatik aufzuheben. Die Patientin kam danach noch insgesamt viermal, um über vorübergehend aufgetauchte Fragen und Zweifel zu sprechen.

Fall 3

Eine 31jährige Lehrerin kam wegen einer "Arztphobie" zur Therapie. Hier war der Hintergrund, dass sie während der Referendarzeit und während der Prüfungsvorbereitungen zum zweiten Staatsexamen anlässlich einer gesundheitsamtsärztlichen Untersuchung einen zu hohen Blutdruck diagnostiziert bekam. Es wurde ihr dringend angeraten, dagegen etwas zu unternehmen. Bei verschiedenen Untersuchungen wurde jedesmal ein zu hoher Blutdruck gemessen, der behandelnde Internist verordnete ihr ein blutdrucksenkendes Medikament. Als sie argumentierte, das Ganze sei wohl lediglich eine Folge ihres aktuellen Stresses und werde sich von selbst wieder geben, wenn sie ihre Prüfungen absolviert habe, antwortete der Arzt mit laut erhobener Stimme, dass sie das Medikament unbedingt nehmen müsse, "sonst kriegen Sie mit dreissig einen Schlaganfall und sitzen im Rollstuhl!" Diese eindrückliche und machtvolle Suggestion geriet dennoch einstweilen in Vergessenheit, die Patientin nahm das Medikament nicht und hatte auch keine Probleme mit ihrem Blutdruck. Einige Jahre später jedoch wurde während ihrer ersten Schwangerschaft anlässlich einer gynäkologischen Untersuchung erneut ein zu hoher Blutdruck gemessen. Die Patientin, die sich inzwischen selbst ein Blutdruckmessgerät gekauft hatte, konnte nicht glaubhaft machen, dass ihr Blutdruck zu Hause völlig normal und nur beim Arzt zu hoch sei.

Man bearbeitete sie solange, bis sie einwilligte, blutdrucksenkende Mittel zu nehmen, wodurch sich aber Probleme in der Schwangerschaft entwickelten, so dass man sie ins Krankenhaus überwies. Dort erreichten ihre Blutdruckwerte unterdessen schwindelnde Höhen, sie fühlte sich mit ihren Ängsten und Schwierigkeiten gänzlich allein gelassen, so dass die letzten Wochen ihrer Schwangerschaft ebenso wie die Entbindung eine "Tortur" für sie waren. Zur Therapie kam sie, weil sie wieder schwanger war und nicht noch einmal ein solches Desaster erleben wollte. Die Aufgaben, die ihr im dissoziierten Zustand gegeben wurden, waren folgende:

(1) Eine angemessene Distanz zur Vorgeschichte herzustellen,
(2) zu akzeptieren, dass ihre Angst- und Stressreaktion während der Prüfungssituation und auf die "Rollstuhlsuggestion" des Arztes in Ordnung und angemessen waren,
(3) die physiologische und emotionale Stressreaktion von den aktuellen Arztbesuchen zu "entkoppeln" und schließlich
(4) die nächsten Arztbesuche in entspannter und ruhiger Verfassung zu imaginieren.

Zu ihrer eigenen Überraschung waren bereits nach der 2. Sitzung bei den folgenden Arztbesuchen ihre Blutdruckwerte absolut normal. Zur Absicherung wurde noch eine Sitzung kurz vor dem errechneten Entbindungstermin gemacht. Auch der Aufenthalt im Krankenhaus und die Geburt selbst verliefen ohne Komplikationen.

Abschließend noch einige Bemerkungen zur "Technik":

1. Die hypnotische Induktion selbst hängt wesentlich von den persönlichen Voraussetzungen der Patienten ab und muss individuell auf sie abgestimmt werden. Als erster Schritt ist die Schaffung eines Ruheortes oder Ruhepols, zu dem sie Zugang haben, wann immer es ihnen notwendig erscheint, enorm wichtig. Wenn es in der explorativen Phase zu schwierig (zu anstrengend, zu schmerzhaft, zu belastend) wird, ist es für sie wichtig zu wissen, dass sie jederzeit "zurück" können und die volle Kontrolle über den Prozess haben. Bei sehr ängstlichen und kontrollbedürftigen Patienten muss man die Induktion u. U. mehrfach fraktionieren, also mehrmals in die Trance hinein- und weiter heraus begleiten, um das nötige Mass an Sicherheit zu bieten.

2. Der Dialog mit dem "Unbewussten" wird mit nicht willkürlichen Signalen (ideomotorische Signale, Hand- oder Armlevitation) abgesichert (Peter, 1993). Gelegentlich kann es bei sehr stark einschränkender Symptomatik sinnvoll sein, einen "Vertrag" mit dem Symptom zu schließen, wobei das "Ich" des Patienten zusagt, den Kampf gegen die Symptomseite einzustellen und alles, was das Symptom an relevanten Dingen mitzuteilen hat, in der Therapie zu erarbeiten. Das Symptom wiederum muss sich verpflichten, etwas mehr Ruhe zu geben. Wenn die Symptomseite über ideomotorische Signale Zustimmung signalisiert, besteht gute Aussicht, dass die Symptome sich tatsächlich erst einmal abschwächen, so dass die Patienten handlungsfähiger werden.

3. Die Exploration des Symptoms basiert im Wesentlichen auf dissoziativen Techniken. In der Regel tritt eine spontane Altersregression ein, wenn die Patienten beginnen, die Zusammenhänge ihrer Symptomatik zu explorieren. Wenn man so vorgeht, ist es in der Regel nicht erforderlich, eine explizite Altersregression (vgl. Peter, 1993) zu induzieren, der Prozess folgt einfach dem Druck der Symptome, sie sind Leit- und Richtschnur.

4. Aus der Exploration bieten sich meist unmittelbar Lösungsschritte an, manchmal drängen sie sich geradezu auf, so dass mit einer sorgfältigen Problemexploration das Problem manchmal schon gelöst ist. In der Regel ist es allerdings schon erforderlich, den Patienten durch lösungsorientiertes Fragen die Richtung möglicher Lösungen anzugeben. Es handelt sich sehr häufig dann darum, eine unerledigte Aufgabe oder Frage zu Ende zu bringen (z.B. ungelöste Schuldprobleme o.ä.), situative Fehlinterpretationen umzudeuten, oder unklare Beziehungskonstellationen zu klären. Wichtig ist hierbei, dass die Patienten - wie bei dem ganzen Prozess - die absolute Souveränität über die Entscheidung richtiger oder angemessener Lösungsschritte innehaben.

Literatur
Janouch, P. (1990). Angstbehandlung mit Hypnose. Hypnose und Kognition, 7(2), 7-15.
Janouch, P. (1991). Prüfungsangst: Kurzberatung mit hypnotischen Techniken. Hypnose und Kognition, 8(2), 53-56.
Janouch, P. (1994). Hypnotherapie in der stationären Behandlung psychosomatischer Patienten. Hypnose und Kognition, 11(1+2), 121-126.
Peter, B. (1993). Hypnotische Phänomene. In D. Revenstorf (Hrsg.), Klinische Hypnose. Berlin: Springer.
Peter, B. (1994). Zur Relevanz hypnotischer Trance und hypnotischer Phänomene in Psychotherapie und Psychosomatik. Verhaltenstherapie, 4(4), 276-284.
Peter, B., Kraiker, C. & Revenstorf, D. (Hrsg.) (1990). Hypnose und Verhaltenstherapie. Bern: Huber.

Prior, M. (1991). Ericksonsche Hypnose in der Behandlung von Klienten mit Prüfungsängsten.

Hypnose und Kognition, Nr. 8 (2); 57-67.
Nachdruck mit Genehmigung der M.E.G.: Hypnose und Kognition (www.meg-hypnose.de)

Zusammenfassung
Milton H. Ericksons Vorgehen in der Behandlung von Klienten mit Prüfungsangst wird skizziert. Ein nützlicher diagnostischer Rahmen wird dargestellt und "übertreibendes Informationen-Sammeln" und "Verschlimmerungsfragen" werden als zwei wichtige diagnostische Techniken beschrieben. Ihr unmittelbarer therapeutischer Effekt wird anhand von zwei Falldarstellungen erläutert. Weitere Fallbeispiele illustrieren die Anwendung von Zeitverzerrung, Zeitprogression, Entspannung, automatischem Schreiben und die Utilisation von Symptomphänomenen als therapeutische Trancephänomene mit Klienten mit Prüfungsangst.

Milton H. Ericksons Vorgehensweise

1965 berichtete Milton H. Erickson, wie er fast 100 unter Prüfungsangst leidende Personen behandelt hat: "Das Vorgehen, das bei diesen verschiedenen Hilfesuchenden angewendet worden war, war im großen und ganzen im Kern gleich. Zunächst wurde eine Trance induziert, deren Tiefe von leicht bis somnambulistisch reichte. Den Subjekten wurde dann hauptsächlich folgendes gesagt: 'Sie stimmen mit mir möglicherweise nicht überein, aber Sie müssen sich daran erinnern, dass Ihre eigenen Ideen nur zu Fehlschlägen geführt haben. Gehorchen Sie daher völlig dem, was ich sage, auch wenn es vielleicht nicht genau richtig erscheint. Wenn Sie das tun, werden Sie Ihr Ziel erreichen, die Prüfung zu bestehen. Das ist Ihr Ziel und Sie sollen es erreichen und ich werde Ihnen die Anweisungen geben, mit denen Sie das tun können [...] In erster Linie sollen Sie diese Prüfung bestehen und dabei nicht die erfolglosen Wege gehen, die Sie in der Vergangenheit gegangen sind, sondern den Weg, den ich jetzt definiere'" (Erickson, 1965/1980, S. 188 - 189; übers. M.P).

Im folgenden zitiere ich in etwas zusammengefasster Form Ericksons Anweisung: "Sie sollen sie [die Prüfung] mit der schlechtesten Note bestehen - nicht mit einem A oder einem B. Ich weiß, Sie würden gerne eine gute Note bekommen, aber Sie brauchen eine Note, mit der Sie durchkommen - das ist alles und das ist das, was Sie bekommen sollen. Dem müssen Sie absolut zustimmen und das tun Sie auch, nicht wahr? (Eine Zustimmung wurde immer gegeben)" (S. 189). Die Ergebnisse dieses Ericksonschen "im Kern immergleichen Vorgehens" waren "einheitlich gut" (S. 189). "A's waren üblich, B's weniger und C's kamen nur gelegentlich vor. Niemand bekam ein D, obwohl es bei einigen Studenten wegen ihrer täglichen Mitarbeit für ein Bestehen mit einem C ausgereicht hätte, wenn sie in der Prüfung nur ein D bekommen hätten" (S. 190). "Es gab einige, die durchgefallen sind; diese kamen aber alle zurück und erklärten, dass es ihr eigener und nicht der Fehler des Autors gewesen sei; dass sie der ihnen angebotenen Hilfe gegenüber misstrauisch gewesen seien, sie nicht genutzt hätten und folglich durchgefallen seien" (S. 191).

Dieses Ericksonsche "im Kern immer gleiche" Vorgehen bei Klienten mit Prüfungsangst scheint mir besonders nützlich bei Klienten zu sein, deren perfektionistischer Ehrgeiz Teil jener Lösungen ist, die das Problem darstellen (Watzlawick et al., 1974, S. 51 ff). Aber leider gehören nicht alle Klienten zu dieser Gruppe.

Therapeutische Diagnostik

Klienten mit Prüfungsängsten brauchen oft sofort wirksame Therapie nach dem Prinzip: Ein Schuss - ein Treffer. Die Situation dieser Klienten erfordert, dass man sich bei der Diagnose noch mehr als bei normalen Psychotherapieklienten auf das beschränkt, was unmittelbar für die Therapie wesentlich ist. Darüber hinaus ist es natürlich besonders nützlich, wenn es gelingt, diagnostische Informationen in einer Art und Weise zu erheben, die in sich selbst bereits einen therapeutischen Effekt hat.

Wenn ich die Therapie beginne, gehe ich für meine diagnostische Exploration hauptsächlich von einer horizontalen Zeitlinie und einer vertikalen Diagnoselinie aus. Die Zeitlinie besteht hauptsächlich aus der gegenwärtigen Situation und dem gegenwärtigen Zustand, der Zeit bis zur Prüfung, der eigentlichen Prüfung und der Zeit und/oder den Konsequenzen, die auf das Bestehen oder Nichtbestehen der Prüfung folgen. Die Vergangenheit ist für meine Diagnose hauptsächlich dann wichtig, wenn der Klient mich dazu anregt, darüber nachzudenken, ob Arbeit mit Regression ein leichter Weg der Therapie und der Orientierung auf die Zukunft sein könnte.

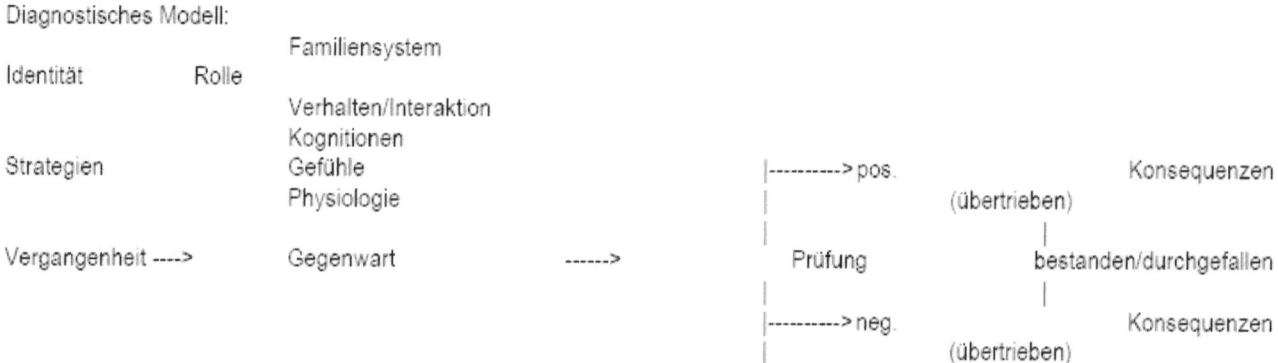

Auf dem aufbauend, was der Klient anbietet, beginne ich in der Regel mit der Gegenwart und bin an jedem der einzelnen Punkte der Zeitlinie interessiert. Meine Fragen zielen hauptsächlich auf folgendes ab:

- Auf welchen Zeitpunkt konzentriert sich die Angst: auf die Vorbereitungsphase (ist die Angst vielleicht ein angemessener Ausdruck davon, dass der Klient schlechte Vorbereitungsstrategien hat), auf die Prüfung selbst (was könnte da passieren) oder auf die Zeit danach?
- Wovor hat der Klient zu diesem Zeitpunkt Angst? Welche affektiv/emotionalen, physiologischen, verhaltensmässigen, kognitiven und/oder kommunikativ/beziehungsmässigen Komponenten (insbesondere in Beziehung zum Prüfer) hat die Angst?
- Wie sehr beinhaltet die Angst auch Identitäts-, Selbstbild- und Familiensystemkomponenten? (Man kann sich all diese Komponenten auf jedem Zeitpunkt der Zeitlinie vertikal aufgetragen vorstellen.)

Die letzten zwei Punkte scheinen auf den ersten Blick vielleicht etwas übertrieben oder unwichtig zu sein. Zwei Fallbeispiele mögen aber die Wichtigkeit dieser Identitäts- und Familiensystemkomponenten illustrieren:

Fall 1 (Identität)

Eine Frau kam wegen ihrer Prüfungen in Therapie. Wie bei mir üblich, fragte ich sie zu Beginn, wie viele Sitzungen sie ihrer Meinung nach benötige, um geheilt zu werden - vorausgesetzt unsere gemeinsame Arbeit liefe optimal. Sie sagte: "Drei Sitzungen - wenn das möglich ist ..." und erklärte, dass das hauptsächlich aus Geldmangel so schnell gehen müsse. Im Verlauf dieser drei Sitzungen betonte sie immer und immer wieder, dass das Bestehen der Prüfung hauptsächlich zeige, ob sie hart arbeiten und mit Ausdauer und Beständigkeit etwas tun könne. Sie fand, dass sie noch nie in ihrem Leben durchgängig etwas Nützliches getan habe. Wenn es ihr nicht gelänge, sich auf die Prüfung vorzubereiten und die Prüfung zu bestehen, so würde das bedeuten, dass sie nicht lebensfähig und ein lahmer fauler Sack sei; das schien ihr Selbstbild zu sein.

Ich habe mich während der Therapie hauptsächlich auf Lernstrategien und auf die Prüfung konzentriert, ohne die enge Identifikation zwischen dem Bestehen der Prüfung und ihrem Selbstwertgefühl zu berücksichtigen oder gar aufzulösen. Nach drei Sitzungen war nicht viel erreicht und die Klientin führte die Therapie nicht fort sondern sagte, dass sie sich um Hilfe von Psychotherapeuten bemühen werde, die auch von der Kasse bezahlt würden (was bei mir nicht der Fall war und ist). Ein Jahr später hörte ich, dass sie in einer Tagesklinik sei. Ich glaube, dass einer der Hauptgründe meines Misserfolges bei dieser Klientin darin bestand, dass ich die Identitäts- und Selbstbildanteile des Problems zu wenig berücksichtigt hatte.

77

Fall 2 (Familiensystem)

Eine Frau rief mich an und bat um einen Termin wegen ihrer fürchterlichen Prüfungsängste. In der ersten Sitzung erzählte sie mir von Panikattacken und lähmender Nervosität. Diese führten zu einer breiten Palette von psychosomatischen Beschwerden, die von Übelkeit über Herz- und Kopfschmerzen bis hin zu exzessivem Schwitzen und Schwindel reichten.

Unsere erste Sitzung war an einem Freitag und ich erfuhr, dass sie bereits einmal durch ein juristisches Abschlussexamen gefallen sei und nun bis Montag entscheiden müsse, ob sie sich noch einmal zu einer Sechs-Wochen-Hausarbeit anmelden wolle. Nach dieser Hausarbeit folgten dann automatisch die mündlichen und danach die schriftlichen Prüfungen. Sobald sie mir dies mitgeteilt hatte, brach sie in Tränen der Wut und Verzweiflung aus. In einem Wortschwall erklärte sie, dass sie bezüglich des Examens nie in der Lage gewesen sei, das zu tun, was sie als richtig erachtete, sondern immer den Direktiven und Ratschlägen Ihres Mannes gefolgt sei. Sie beschrieb, dass in seiner Familie Frauen als "kleine Dummchen" behandelt würden und dass er mit ihr so umginge, wie er es zuhause gelernt hatte. Wenn sie sich nun entschlösse, seinem Rat zu folgen und sich zur Prüfung anzumelden, dann hätte sie nur das Gefühl, ihm zu gehorchen.

Auf der anderen Seite sei dies auch oft einfach das richtige. Im Verlauf des Gespräches wurden die psychosomatischen Störungen immer weniger als Ausdruck ihrer Prüfungsangst und immer mehr als Ausdruck ihres Wunsches und ihres Bemühens angesehen, die Prüfung in ihrer eigenen Art und Weise zu bestehen. Das Für und Wider des jetzigen Prüfungstermins wurde während der Sitzung gegeneinander abgewogen, wobei ich mich hütete, Ratschläge zu geben. Ich wollte keinen Anlass zu dem Vorwurf geben, dass sie nun einfach meinem Ratschlag folgte. In der nächsten Sitzung erzählte sie, dass sie sich entschlossen hatte, jetzt die Prüfung zu machen. Dies sei ihre eigene Entscheidung gewesen und zu ihrer Überraschung hatte ihr Ehemann darauf mit folgenden Worten reagiert: "Wenn du deine Prüfung machen willst, dann ist es am besten, wenn du deine eigene Entscheidung triffst."

Übertreibendes Informationen-Sammeln

Wenn ich die Komponenten und Dimensionen von Prüfungsangst exploriere, bin ich daran interessiert, übertriebene Informationen zu bekommen. Ich frage dann z.B.: "Lassen Sie uns doch mal übertreiben: was wäre das Allerschlimmste, das Ihrer Vorstellung nach passieren könnte...., was in Wirklichkeit natürlich wahrscheinlich nicht passieren wird, weil wir hier übertreiben, aber übertreiben Sie doch einfach einmal für einen Augenblick ..."

Dieses Fragen folgt dem Diktum Theodor W. Adornos "Übertreibung ist das Medium von Wahrheit" und hilft dem Klienten oft, entweder das wirklich anzuschauen, zu verstehen und zu integrieren, was er "tief drinnen" fürchtet, und/oder seine Angst als eine Polaritätsreaktion auf die Übertreibung des Therapeuten zu reduzieren.

Nachdem ich mehrere dieser "Übertreibungsfragen" gestellt habe, mache ich u. U. eine Zusammenfassung, bei der ich die Worte meiner Klienten aufgreife und beispielsweise sage: "Wenn ich also zusammenfasse, so kann es sein, dass Sie in der Prüfung schwitzen wie in einer Sauna, dass Sie wie Espenlaub zittern, stumm wie ein Fisch und nicht in der Lage sind, nur ein einziges Wort 'rauszubringen; die Professoren werden Sie anschreien und Ihnen Ohrfeigen geben, und Ihr jämmerliches Versagen wird als die schlechteste Prüfung aller Zeiten in die Annalen eingehen und zu einem Teil der ewigen und immer wieder erzählten Prüfungsfolklore werden. Nachdem Sie so spektakulär durch die Prüfung gerauscht sind, werden Ihre Eltern Sie aus dem Haus werfen und nie wieder mit Ihnen sprechen. Sie werden ziemlich schnell einsam und verkommen in der Gosse enden und völlig unfähig sein, jemals in Ihrem Leben wieder etwas Sinnvolles zu tun." Wie man sich vorstellen kann, ist es ziemlich wahrscheinlich, dass der Klient lacht oder seine Haltungen und Ängste überprüft und ändert.

Verschlimmerungsfragen

Nach diesem übertreibenden Informationen-Sammeln, das oft schon aus sich heraus einen therapeutischen Effekt hat, frage ich fast immer: "Wie könnten Sie die Angst verschlimmern? Wie könnten Sie sicherstellen, dass Sie durch die Prüfung fallen?" Diese "Verschlimmerungsfragen" enthüllen oft sehr nützliche Informationen. Aber dabei ist es entscheidend, dass der Klient fühlt und versteht,
- dass diese Fragen gestellt werden, damit der Therapeut genau lernt, mit welchen Strategien sich der Klient Angst macht, und
- dass diese Fragen allein aus einem hermeneutischen und therapeutischen Interesse heraus gestellt werden, wobei sie der Weisheit folgen, "wenn wir wissen, wie Sie es verschlimmern, dann können wir dadurch vielleicht auch herausfinden, wie Sie es verbessern können".

Es gibt Klienten, die Angst haben, dass man ihnen sagt, was sie tun sollen, und die nicht tun, was man ihnen rät. Besonders bei diesen Klienten pflege ich einige Zeit darauf zu verwenden, zu untersuchen, wie auch ich die Techniken und Strategien des Klienten benutzen könnte, um durch die Prüfung zu fallen. Bei solchen Patienten fasse ich dann als Feedback beispielsweise zusammen: "Wenn Sie durchfallen wollten - was wir ja beide wissen, dass Sie das gerade nicht wollen - aber wenn Sie durchfallen wollten, dann würden Sie das schaffen, indem Sie weiterhin zu sich selber sagen würden: 'Alles ist sinnlos'; Sie würden vor Ihrem inneren Auge sehen, wie Sie durchfallen (Sie würden nicht denken 'Ich werde es schon schaffen' und sich sehen, wie Sie durchkommen). Sie würden weiterhin vermeiden, sich auf die Prüfung vorzubereiten, indem Sie spät aufstehen, sich zerstreuen, z.B. dadurch, dass Sie fernsehen, telefonieren usw."

Wenn man in dieser Art und Weise scheinbar unkontrollierbare problematische Gewohnheiten im Detail diskutiert und implizit als willkürliches Verhalten ansieht, so hilft das, über die reine Diagnostik hinaus, "automatisch" ablaufendes, unwillkürliches Problemverhalten in willkürliches Verhalten umzuändern. Es hat oft den Effekt, dass problematische Gewohnheiten und Sequenzen implizit blockiert werden. Darüber hinaus enthüllt es manchmal die humorvollen Aspekte der Problemsequenz. "Wenn man bis in die Tiefe verfolgt, wie der Patient das Problem aufrechterhält, so kann das Muster-Unterbrechung zur Folge haben. Es ist der Redensart verwandt, nach der man einen Tausendfüssler nach dem Muster fragt, das unmittelbar vor und nach der Bewegung seines 427. Beines abläuft. Es verursacht unweigerlich ein Stolpern" (Zeig, 1988, S. 374; übers. M.P.).

Wenn man so die alten Strategien (z.B. Vorbereitungsstrategien, aber auch andere symptomproduzierende Strategien) blockiert, entwickeln sich häufig spontan neue und bessere Strategien. Darüber hinaus können Veränderungen durch konversatorisch gesäte indirekte Suggestionen angeregt werden. Ich will den Nutzen dieser "Verschlimmerungsfragen" mit einem Bericht aus der Therapie eines 17jährigen Klienten illustrieren.

Fall 3

Dieser Klient bat wegen seiner bevorstehenden praktischen Fahrprüfung um Hilfe. Er antwortete auf die Verschlimmerungsfrage ("Wenn Sie durchfallen würden, wie würden Sie das hinkriegen?") mit "Indem ich einfach zu viel denke" und erklärte auf weiteres Nachfragen: "Wenn ich während der Prüfung einen Fehler mache und weiterhin darüber nachdenke, was und warum ich etwas falsch gemacht habe, werde ich weitere Fehler machen, weil ich dann nicht auf den Verkehr achte."
Da diese Strategie auch bei mir funktionieren würde, leuchtete mir das ein. Meine Frage, was eine bessere Strategie wäre, beantwortete er mit: "Wenn ich zu mir sage: 'Denk nicht über die Fehler nach'." Ich schlug vor, dass er durchaus über die Fehler nachdenken solle, nur halt am besten nach dem Fahren, weil - wie Bernhard Trenkle sagen würde - "Aus Fehlern wird man klug, d'rum ist einer nicht genug." Es fiel ihm sehr leicht, die Augen zu schließen und so zu tun, als ob er Fahrprüfung hätte, in einem Auto säße und durch die Stadt fahre. Währenddessen wandte er bei einem Fehler seine neue Strategie an, die darin bestand, zu sich selbst zu sagen: "Denk hinterher über die Fehler nach! Konzentriere Dich auf das, was jetzt wichtig ist!" Als er seine Augen öffnete, sagte er: "Prüfung bestanden - ein Fehler." Ich fragte ihn: "Und haben Sie schon über den Fehler nachgedacht?" Das hatte er nicht. So bat ich ihn, dies noch zu tun und sein Versprechen sich selbst gegenüber zu halten. Er hatte zwei Freunde, die in der gleichen Fahrschule mit ihm die Fahrprüfung machten und deretwegen es ihm besonders schwer fiel, die Prüfung zu bestehen (er wollte nicht schlechter dastehen als sie). Die zwei Freunde fielen durch, während er im ersten Anlauf die Prüfung bestand.

Problemphänomene und potentiell therapeutische Trancephänomene

Besonders während der ersten Phase des Interviews habe ich immer auch die folgende Frage im Hinterkopf: "Welches sind die Problemphänomene, die man leicht als Trancephänomene für die Hypnotherapie utilisieren kann?" Diese Orientierung erleichtert es, die eleganteste Art und Weise herauszufinden, mit der man Symptomphänomene in therapeutische Trancephänomene transformieren kann (vgl. Gilligan, 1988, S. 327 - 352).

Ericksonsche Hypnotherapie

Der eigentliche hypnotische Teil der Therapie für eine schriftliche Prüfung schließt meistens die Utilisation von
- Zeitverzerrung,
- Zeitprogression,
- Entspannung
- automatischem Schreiben
mit ein. Oft beginne ich die Therapie mit Entspannung.

Fall 4

Ich will das am Beispiel einer Medizinstudentin erläutern, die immer gut gelernt hatte, aber wegen ihrer extremen Nervosität nie gute Noten bekommen hatte. Die nächste Prüfung sollte vier Stunden dauern und aus mehr als 100 Multiple-Choice-Fragen bestehen. Ich entwickelte mit dieser Klientin speziell für sie zugeschnittene Entspannungstechniken und instruierte sie, immer schneller Zugang zu ihrer Entspannung zu finden, indem sie drei tiefe Atemzüge nehmen und die Entspannung über den ganzen Körper sich ausbreiten lassen sollte. Ich erklärte ihr, dass das ganz besonders gut funktioniere, wenn sie vorher konzentriert gearbeitet habe.
Nach diesen Perioden der Konzentration solle sie diese drei Atemzüge lange, lange Sekunden genießen, Sekunden, die ihr in ihrer subjektiven Zeitvorstellung wie lange Minuten vorkämen... So verband ich diese schnelle Form der Entspannung mit Zeitdehnung. Nachdem sie dies gut konnte, bat ich sie, sich weiterhin auf ihre Entspannung und all ihre Fähigkeiten zu konzentrieren und vor ihrem inneren Auge den Raum zu sehen, in dem die Prüfung stattfinden sollte. Dann machten wir einige Male eine Art mentales Training, das darin bestand, dass sie ihre Augen schloss, innerlich ca. 40 Multiple-Choice-Fragen beantwortete, und dann diese drei lang anhaltenden, tiefen Atemzüge nahm, die ihr halfen, sich zu erfrischen und Energie zu tanken.
Mit jedem Üben gelang ihr das besser und besser - "Übung macht den Meister". Als sie sagte und signalisierte, dass sie mit ihren neu erworbenen Fähigkeiten zufrieden sei, erzählte ich ihr, dass ich einigen meiner Klienten etwas gegeben hätte, was sie humorvollerweise "den Zauberstift" genannt hätten. Dies sei ein ganz besonderer Stift, "der mehr weiß als Sie wissen, ein Stift, der die richtige Antwort ganz von selbst schreibt, wenn Sie ihm das erlauben ... besonders, wenn Sie ein bisschen unsicher sind, welches die richtige Antwort ist". Natürlich wollte auch sie solch einen Stift; und - nachdem sie sich wieder entspannt und innerlich in den Prüfungsraum gegangen war - gab ich ihr einen 'Zauberstift' (einen Bleistift) in die Hand. Darüber hinaus bekam sie von mir einen Bogen weißes Papier, auf dem sie nicht nur eine der Multiple-Choice-Fragen sehen (halluzinieren) konnte, sondern auch, wie der 'Zauberstift' von der richtigen Antwort angezogen wurde und sie ganz eigenständig richtig markierte. Dies war für die Klientin sowohl verwirrend als auch amüsant und gab ihr - wie sie mir später sagte - den Eindruck, dass es etwas gäbe, worauf sie sich verlassen könne, selbst wenn sie sich der richtigen Antwort nicht sicher sei.
Sie fand, dass sie in einem solchen Fall unter Umständen unbewusst die richtige Antwort anstreichen würde. So würde es für sie nicht notwendigerweise eine Katastrophe bedeuten, wenn sie die Antwort nicht wusste, weil es ja immer noch den Zauberstift gab, der ja "viel mehr als sie" wusste. Mehr immer wieder mosaikhaft gesät, als schrittweise erklärt, machte ich plausibel, dass in dem Zustand konzentrierter Aufmerksamkeit, in dem sie während der Prüfung sein würde, sie sehr viel besser als normalerweise in der Lage sei, sich an etwas zu erinnern. So wie man ja auch mit einem Laser manche Ausschnitte Dinge gezielt beleuchten und wichtigen Dingen mit einem Richtmikrophon sehr viel besser zuhören könne. Sie würde während der Prüfung auch die nützliche Erfahrung machen, dass der Fokus des Lasers oder des Richtmikrophons nach innen auf ihr Wissen gerichtet sei... So habe ich Hypermnesie nicht nur an den Zauberstift gebunden, sondern an den ganz speziellen Zustand, in dem man sich während einer Prüfung befindet.

Dadurch wird der Klient auch implizit trainiert, in dieser Situation unwichtige Reize zu ignorieren. In dieser Art und Weise trainierten wir mental die schriftliche Prüfung solange, bis die Klientin sagte, dass sie innerlich gut vorbereitet sei.

Mündliche Prüfungen: Knien und Aufstehen - Regression der Professoren

Nach den schriftlichen Prüfungen bat sie mich, ihr auch bei den mündlichen Prüfungen zu helfen. Ihrer Meinung nach hatte sie nie gut reden können, und nun hatte sie Angst vor ihrer Nervosität und vor ihrer Angst. Als sie sich vorstellte, vor ihren Professoren zu stehen, merkte sie, dass sie mehr ärgerlich als ängstlich war; ärgerlich, weil "die die Macht über mein Leben, über meine Zukunft haben. Ich muss mich unterwerfen und ich fühle mich so klein. Aber ich möchte mich erwachsen fühlen und mein eigener Herr sein. Ich bin sauer, dass die die Macht haben und ich quasi vor denen niederknien muss."

Ich bat sie zu überprüfen, ob dem wirklich so sei und was dabei raus käme, wenn sie das täte. So kniete sie belustigt und etwas irritiert nieder und schaute auf die Professoren und ihre Reaktionen und stellte fest: "Sie wollen, dass ich aufstehe." Und: "Aber ich fühle mich so klein..." Ich fragte sie, wie klein sie sich fühle, ob sie sich 2 mm oder 4 mm klein fühle oder so klein wie Däumling, und sie zeigte mir mit ihrer Hand eine Größe, die etwas größer war als ihre Größe während des Kniens. Ich fuhr dann fort mit Bemerkungen, die illustrierten, dass auch Professoren früher einmal klein gewesen seien und sprach in einer Art und Weise, die die Professoren in der lebendigen Vorstellung meiner Klientin kleiner werden ließ. So sah sie die Professoren als kleine Assistenten, als Studenten; als unsichere, ängstliche Studenten in Prüfungen, als Schüler, die auf Schulbänken sitzen, in Prüfungen schwitzen usw.

Mit anderen Worten: Ich regredierte nicht meine Klientin, sondern die gefürchteten, riesigen, omnipotenten Professoren. Und ich tat dies in einer Art und Weise, die sie sehr lebendig sehen ließ, dass die Professoren kleiner und kleiner wurden, während meine Klientin so groß blieb wie sie war. Ihre Reaktionen darauf, dass sie die Professoren tatsächlich regredieren und schrumpfen sehen konnte, waren natürlich unvereinbar mit ihrer Angst: sie war amüsiert und lachte. Manchmal taten ihr die regredierten Professoren sogar ein bisschen leid und sie hatte mit ihnen Mitleid. Als die Professoren am Ende meiner Ausführungen wieder zu ihrer normalen Größe und ihrem normalen Alter herangewachsen waren, sagte sie: "Jaja, das sind auch nur Menschen." Und als ich sie fragte, wie groß sie sich jetzt fühle, zeigte sie auf ihre volle und normale Größe. Als die Klientin sich ein halbes Jahr später um eine Stelle bewarb, erzählte sie mir: "Irgendwie bin ich bei diesen Bewerbungsgesprächen richtig gut. Irgendwie sehe ich, dass das auch nur Menschen sind."

Als sie ihre erste Stelle bei einem sehr dominanten und autoritären Chefarzt bekam, erzählte sie mir, dass sie die einzige sei, die mit ihm zurecht käme. Als ich sie danach fragte, wie ihr das gelänge, sagte sie: "Ich rede mit ihm einfach von Mensch zu Mensch. Und ich frage mich immer: 'Möchte er, dass Du kniest oder möchte er, dass Du stehst?' Und er möchte immer, dass Du stehst. Nur wenn Du kniest, drückt er Dich runter."

Utilisation von Zeitprogression

Neben der Utilisation von Entspannung, Zeitverzerrung und automatischem Schreiben beginne ich die Therapie mit vielen meiner Klienten oft mit Zeitprogression als der Methode der Wahl. Mein dann "im Kern immer gleiche Vorgehen" besteht darin, den Klienten in das unendlich befriedigende und erleichternde Gefühl hineinzufragen, das er haben würde, wenn er die Prüfung bestanden hätte: "Wie herrlich wäre das! Einfach darüber zu reden und 'mal einen Augenblick es sich so richtig mit allen seinen Sinnen auszumalen (am besten mit geschlossenen Augen), lässt einen schon die Befriedigung und Erleichterung spüren. Wie genau würden Sie das spüren? ... Und wie schön ist es dann, sich wirklich entspannen zu können, einen schönen Ort zu finden, an dem man ausruhen und auf all die kleinen Schritte zurückblicken kann, die Sie genommen haben, um dieses Ziel zu erreichen ..."

Und dann begleite ich sie oder ihn aus dieser positiven Zukunftserfahrung Schritt für Schritt zurück in die Gegenwart im Therapieraum. So können Klienten buchstäblich und sichtbar von sich selbst lernen, wie sie welche Schritte machen können, um die Prüfung zu bestehen. Dabei betone ich je nach Klient und Versagensstrategie die individuell wichtigen Punkte, die ich durch den diagnostischen Teil des Gesprächs erfahren habe (z.B. innerer Dialog, Vorbereitungsstrategien, Entspannung, nützliche Verhaltensweisen oder Einstellungen). Klienten folgen diesem Vorgehen gewöhnlich leicht und glatt, weil es ihre eigene Symptomstrategie 'paced', mit der sie ihre Angst produzieren. Denn Angst macht man sich häufig dadurch, dass man innerlich in die Zukunft geht (Zeitprogression) und fühlt (bei Anwendung der Symptomstrategie fühlt man sich in der Regel schlecht).

Die therapeutische Strategie folgt derselben Struktur: Gehe in die Zukunft und fühle. Zusätzlich dazu transformiert der entscheidende kleine Dreh des positiven Ergebnisses die Symptomstrategie und Symptomphänomene in konstruktive Trancephänomene und therapeutische Strategien, mit denen man vom zeitprogredierten Zustand in die Gegenwart zurückgeht. Umgangssprachlich könnte man sagen: "Wenn Sie sich vorstellen können, wie Sie durch die Prüfung fallen und so Zugang zu depressiven Gefühlen finden (die sie sehr wahrscheinlich in eine für das Bestehen der Prüfung schädliche Verfassung bringen und den Effekt einer negativen selbsterfüllenden Prophezeiung haben), dann können Sie sich auch vorstellen, wie Sie die Prüfung gut bestehen. So können Sie zu ihren guten Gefühlen Zugang finden (die Sie sehr wahrscheinlich in eine für das Bestehen der Prüfung gute Verfassung bringen und den Effekt einer positiven selbsterfüllenden Prophezeiung haben). Es ist besser, vom imaginären Erfolg zu lernen als vom imaginären Versagen deprimiert zu sein. Darüber hinaus orientieren Sie sich auf die Zukunft, wenn Sie sich Ihren Erfolg vorstellen."

Anderen Formen der Utilisation

Wenn die obige Methode der Transformation von Prüfungsangst mittels Zeitprogression in einer adäquaten und individualisierten Art und Weise durchgeführt wird, ist sie bei den meisten Klienten erfolgreich. Aber darüber hinaus können natürlich auch andere Symptomphänomene von Klienten mit Prüfungsangst individuell in therapeutische Trancephänomene transformiert werden. Ich will mit dem Bericht von einer ersten Therapiesitzung mit einer Psychologiestudentin schließen.

Fall 5

Sie war durch die erste von mehreren Teilprüfungen der Diplom-Hauptprüfung wegen eines gewissen Mangels an Angst gefallen. Sie beschrieb ihren Problemzustand als "Angst nur in meinem Kopf". In ihrem Kopf habe sie sich während der Prüfung gesagt: "Beeil dich! Wenn du dich nicht beeilst, wenn du nicht schneller schreibst, fliegst du durch!" Aber je mehr sie sich dies gesagt habe, desto mehr habe ihr Körper Widerstand geleistet. Sie habe sich gefühlt, als ob ihr Kopf vom Körper getrennt gewesen sei, und der Körper sei so lahm, so lethargisch und so schrecklich entspannt, beinahe tot, auf jeden Fall aber irgendwie taub gewesen sei.

Eigentlich beschrieb sie nicht ein unangenehmes Gefühl, sie fühlte sich entspannt, nur halt zu entspannt, sie wollte sich nicht bewegen, sie empfand sich als zu langsam, zu gleichgültig und vermisste völlig dieses prickelnde Gefühl, das ihrer Meinung nach anzeigte, dass sie für eine gute Leistung ausreichend aktiviert war. Ich bat sie zu beschreiben, wo sie die Trennungslinie zwischen Kopf und Körper wahrnahm, worauf sie auf eine Linie unterhalb ihrer Brust zeigte. Dann bat ich sie, zu sich selbst zu sagen: "Eine Zeitlang - alle Zeit, die ich brauche - kann ich dieser Entspannung erlauben, sich von meinem Hals an abwärts weiter zu entwickeln".

Ich fuhr fort, ihr zu erklären, dass ihr Körper nach und nach beginnen könne, mehr und mehr Entspannung zu genießen, ohne dass es nötig sei, irgendetwas zu spüren oder zu bewegen. Es könne sogar sein, dass sie sich nach einiger Zeit so angenehm fühle, dass sie vorübergehend ihren Körper überhaupt nicht fühle und der Taubheit erlaube, sich auszubreiten. Nachdem ich in dieser Art eine Weile gesprochen hatte, entwickelte sie in ihrem Körper eine tiefe Entspannung, Schwere, Unbeweglichkeit und Taubheit. Nachdem ich so einen Trancekontakt mit ihr und ihrem Problem hergestellt hatte, war es leicht, mit konversatorisch eingestreuten indirekten Suggestionen und Metaphern die nötigen Ressourcen zu aktivieren und die weitere Erfahrung dieses speziellen Zustandes damit zu verbinden, dass sie mehr und mehr Sensibilität entwickelte (für das, was ihr am Herzen läge), einhergehend mit automatischen Bewegungen, leichten Gedanken oder leichten Gefühlen. Ich sagte z.B.: "Und hinter dem Schutzschild der Taubheit, die sich nach und nach entwickeln kann, können Sie immer sensibler für das werden, was Sie sich zu Herzen nehmen und was Ihnen wirklich am Herzen liegt." Als die Klientin sich spontan aus der Trance reorientierte, berichtete sie, dass die Trennungslinie in ihrem Körper sich gesenkt habe. Sie begann, über ihren Mann zu sprechen, der versucht hatte, ihr über ihre Prüfungsangst hinwegzuhelfen, indem er ihr seine Strategie des Nicht-Fühlens aufzwang. In der zweiten Sitzung berichtete sie, dass sie alle ihre prickelnden Gefühle auf dem Nachhauseweg von der ersten Sitzung zurück gewonnen habe. Die zweite und gleichzeitig letzte Sitzung hatte hauptsächlich Fragen ihrer Partnerschaft zum Thema. Die Klientin hat alle Prüfungen nach der Therapie mit guten Noten bestanden.

Schlussbemerkung

Das Ziel meiner Arbeit war es, einige Dinge vorzustellen, die man tun kann, wenn man als Therapeut vor einem von Prüfungsängsten gequälten Klienten sitzt. In dieser Situation kann man mehr tun als den bekannten und manchmal noch immer wirkungsvollen Ratschlag geben, sich einfach den Prüfer nur mit einem Sektglas bekleidet vorzustellen.

Literatur:
Erickson, M.H. (1965/1980). Hypnosis and examination panics. In E.L. Rossi (Hrsg.) The Collected Papers of Milton H. Erickson, M.D. on Hypnosis, Volume 4, (S. 188 - 191), New York: Irvington.
Gilligan, S. (1988). Symptom phenomena as trance phenomena. In J.K. Zeig & S.R. Lankton (Hrsg.) Developing Ericksonian Therapy: State of the Art (S. 327 - 352). New York: Brunner/Mazel
Meiss, O. (1990): Zeitprogression in der Behandlung von Ängsten vor einem Bewerbungsgespr„ch. Hypnose und Kognition, 7(2), 26 - 33.
Watzlawick, P., Weakland, J. H. & Fisch, R. (1974). Lösungen. Bern: Huber.
Zeig, J.K. (1988) An Ericksonian phenomenological approach to therapeutic hypnotic induction and symptom utilization. In J.K. Zeig & S.R. Lankton (Hrsg.) Developing Ericksonian Therapy: State of the Art (S. 374). New York: Brunner/Mazel.

Woddy, Z; Lewis, V; Snider, L; Grant, H; Kamath, M; Szechtman, H (2005). Induction of compulsive-like washing by blocking the feeling of knowing: an exerimental test of the security-motivation hypothesis of Obsessive-Compulsive Disorder.

Behavioral and Brain Functions 2005: 1:11.
Nachdruck des open-source-documents ist ausdrücklich erlaubt. Zitierweise: doi:10.1186/1744-9081-1-11

Abstract
Background: H. Szechtman and E. Woody (2004) hypothesized that obsessive-compulsive disorder results from a deficit in the feeling of knowing that normally terminates thoughts or actions elicited by security motivation. To test the plausibility of this proposed mechanism, an experiment was conducted to produce an analog of washing in obsessive-compulsive disorder by eliciting a scenario of potential harm and using hypnosis to block changes in internally generated feelings that would normally occur during washing.
Results: Participants reacted with increased disgust, anxiety, and heart rate to their mental images of contamination and potential danger. As predicted, high but not low hypnotizable participants showed a significant prolongation of washing when change in feelings during washing was blocked hypnotically.
Conclusion: Results show that blocking the affective signal that is normally generated during security-related behaviors, such as washing, leads to prolonged performance of these behaviors. This finding lends support to the plausibility of the proposed model of obsessive-compulsive disorder.

Background

In obsessive-compulsive disorder (OCD), a sense of compulsion is associated with performing ritualistic thoughts or actions. There are two types of mechanism that might explain the intrusiveness and urgency characteristic of OCD symptoms. One possibility is that there is a pathological intensity of excitation in the system that initiates the particular thoughts or actions, such that they are elicited too readily and strongly [e.g., [1]]. A contrasting possibility is that there is a deficit in the system that normally terminates these thoughts or actions, such that they persist too long.

The idea that OCD symptoms stem from a pathologic intensity of excitation is intuitively appealing because it is consistent with the widespread notion of compulsion as a force that initiates behavior. However, Reed [[2], p. 127] found that only a tiny minority of OCD patients described their experience of compulsions in such a way. Instead, the great majority described their experience of compulsions in terms of an inability to stop – for example, "I keep wondering, and then I can't get it out of my mind," or "I can't move on because I can't convince myself that I've finished what I'm doing." Reed [[3], p. 384] concluded that "those who are trapped in a circle of repetitive behaviour do not report that something forces them to *continue*, but that they lack something to make them *stop*." Likewise, descriptive accounts of OCD behavior suggest that most patients engage in few but extended episodes of compulsive behavior during the day, rather than episodes of normal duration but excessive frequency [4]. Such a behavioral profile suggests a dysfunctional stop mechanism rather than activation mechanism.

Conceptualizations of OCD as a Cognitive Disorder

Some conceptualizations of OCD have focused on the hypothesis that there is an underlying disorder of cognition. There are various ways a cognitive disorder might explain the inability to terminate thoughts and actions normally. For example, Reed [2] suggested that OCD symptoms may be the result of a central cognitive deficit in the defining of categories, in the determination of boundaries and limits, in the establishment of criteria, and in the allocation of class members. He argued that the obsessional style and engagement in rituals of these patients represent attempts to compensate for their cognitive inability to define and put closure on experiences.

Similarly, Pitman [5] referred to this cognitive inability as a failure in the sense of task completion, and Pélissier and O'Connor [6] described it as a dysfunctional pattern of inductive reasoning. Other recent explanatory models of OCD have also been strongly cognitive; for example, a major line of theorizing has implicated dysfunction in the metacognitive regulation of one's own stream of thoughts [7]. Accordingly, Salkovskis [8-10], Rachman [11,12], and Wells [13] have suggested a causative role for various dysfunctional beliefs that OCD patients appear to have about the meaning and implications of their conscious thoughts – for example, the belief that thinking something bad is virtually the same as actually doing it (thought-action fusion). In other words, OCD patients may have difficulty terminating thoughts and actions because they accord them exaggerated and perhaps irrational significance.

OCD as a Disorder of Security Motivation

However, such cognitive models do not seem to account well for some of the key features of OCD. In particular, a striking feature of the disorder is the inability to feel reassured by seemingly obvious and compelling information from the senses. For example, although compulsive hand washers know objectively that their hands look clean, they cannot generate the normal subjective conviction that they are truly clean, and so continue to wash [14].

Somewhat in contrast to cognitive approaches, we have recently proposed a theory of OCD that focuses on its motivational underpinnings [15]. According to this theory, OCD patients are haunted by a sense of anxiety because their particular concerns and behaviors are invoked by a potent special motivation that handles potential threats to existence (e.g., predation) and protection from harm. Because the concerns of the system are potential rather than imminent threats, this motivational system is open-ended (in the sense that logical certainty about the absence of potential threat is unattainable); consequently, the system is not under immediate environmental control. Due to this lack of a terminating signal in the environment, goal completion in this system is normally signaled by an endogenously generated terminator (experienced as a feeling of knowing or task accomplishment), but OCD patients either cannot generate this emotional signal or it is inadequate to inhibit the invoked motivation.

To denote the particular feeling of knowing that serves as an essential terminator of the species-specific motivation concerned with protection from harm, we coined the term "yedasentience," [16] from the Hebrew yeda = knowing and Latin sentire = to feel. Our core hypothesis may then be stated as follows [[15], p. 116]: An internally generated feeling of knowing (termed *yedasentience*) provides a phenomenological sign of goalattainment and has as its consequence the termination of thoughts, ideas or actions motivated by concerns of harm to self or others. Failure to generate or experience this feeling produces symptoms characteristic of OCD. The purpose of present study was to test the possibility that dysfunction of such a feeling of knowing is a plausible mechanism for OCD-like behavior. Our experimental approach was to block this feeling and see if the blockage leads to OCD-like behavior – specifically, prolonged washing. In this way, we hoped to demonstrate that we could temporarily create in non-patient individuals an OCD-like profile of behavior.

Design of the Experiment

To produce an experimental analog of OCD washing, we needed to address two major issues. The first was how to create a sense of potential harm and thus elicit the security motivation underlying OCD behavior. In our pilot studies, we initially tried to generate a sense of potential harm by using the methodology of Jones and Menzies [17]. In this approach, the experimenter asks participants to immerse their hands in a noxious mix of wet dirt and other materials and tells them, "For ethical reasons I should inform you that in this sort of procedure *there is always the possibility* of picking up bacteria that will result in serious illness" [[17], p. 123]. However, debriefing revealed that our participants did not find this danger protocol credible, perhaps at least in part because the experiment was taking place in a university hospital (and, of course, they also knew it had received ethical approval). Hence their experience lacked the appropriate emotional quality and significance.

Therefore, instead of providing a physical stimulus, we allowed the participants to use their imagination and recall their own experience of being in contact with something contaminated. We instructed them to imagine not only this specific experience but also the emotional reactions, such as disgust, that would accompany it. The use of such mental images as stimuli is consistent with research showing that imagination activates many of the same neural systems as are evoked by actual stimuli. Indeed, based on this research Kosslyn [18] has advanced the *reality simulation principle*:

"An object seen in a mental image can have the same impact on the mind and body that the actual object would have. ...Once the brain systems are engaged, they don't know where the impetus came from. This means that they can produce the same effects whether you activated it endogenously (from information in memory) or exogenously (from looking at something)."

The second major issue in designing the experiment was how to block yedasentience, the endogenous signal that we hypothesize normally terminates security-motivationdriven washing behavior. We used hypnosis for this purpose, because in people who are high in hypnotic responsiveness this technique permits the induction of farreaching alterations in the sense of reality, independent of objective sensory input [e.g., [19-21]]. For example, individuals high in hypnotic suggestibility are able, under hypnosis, to experience hallucinations in a variety of sensory systems; in addition to such positive hallucinations, they are also capable of experiencing striking negative hallucinations – that is, not experiencing something actually present to their senses [e.g., [22]]. In addition, with hypnosis one can dissociate emotional experience from sensory qualities, as shown for example in the hypnotic manipulation of the emotional experience of pain independent of the perception of its sensory qualities [23].

Thus, using hypnosis in appropriately preselected participants, it is quite possible to dissociate subjective experience from the objective input available to the senses, and independently manipulate subjective convictions. It is worth stressing that we are using hypnosis as an empirical method to obtain a preparation suitable for testing the working hypothesis; we are not asking whether high hypnotic ability does or does not make one prone to OCD.

In summary, our experiment attempted to produce an analog of OCD washing by eliciting the feeling of potential harm and then blocking the changes in feeling that would normally occur during washing. It follows from the security-motivation hypothesis of OCD that the combination of these two conditions should yield prolonged washing. In addition, we included both high and low hypnotically responsive participants in the experiment.

Because blocking changes in feeling should only be possible for highly hypnotizable participants, the low participants serve as a control for demand effects (e.g., participants merely behaving differently because it was directly implied that they should). Thus, the results of the experiment should yield a three-way interaction involving potential harm, blocking of change in feeling, and hypnotic susceptibility.

Method
Overview
Participants preselected as High or Low in Hypnotizability came to the lab to take part in a study described as addressing the physiological changes that accompany everyday behaviors and emotions. Heart-rate electrodes were attached to participants, they engaged in an initial hand washing to familiarize them with the sink set-up, and then they were hypnotized. Participants in the Potential Harm Suggested condition were instructed to imagine an emotional experience of touching a disgusting, contaminated object, whereas those in the Potential Harm Absent condition were asked to imagine an emotional experience of calm and relaxation. Next, participants in the Yedasentience Blocked condition were told that when they washed their hands they would not experience a sense of satisfaction, whereas those in the Yedasentience Not Blocked condition were told they would experience the usual sense of satisfaction. The main dependent variable was the duration of the subsequent hand-washing behavior.

Participants
The sample consisted of 96 female and 53 male university students and other individuals who responded to notices posted in the teaching and hospital buildings of McMaster University or to recruitment in undergraduate classes. Participants were either paid or given partial course credit. All prospective participants were pre-screened with the Waterloo-Stanford Group C Scale (WSGC; [24,25]) or, in a minority of cases, the Harvard Group Scale of Hypnotic Susceptibility, Form A (HGSHS:A; [26]). For inclusion in the study, participants were required to score either high (9–12) or low (0–3) in hypnotizability on these scales. To maximize statistical power in the high hypnotizable cells, approximately one-third of participants selected were low hypnotizable (58, or 38%) and two thirds were high hypnotizable (91, or 63%). As a consequence, the four experimental conditions for low hypnotizables have a range of 14 to 15 participants each, and the four conditions for high hypnotizables have a range of 21–24. The mean age of the participants was 25, with a range from 16 to 67 years. Of the 149 participants, 83 (55.7%) were 16 to 19 years of age, 36 (24.2%) were 20 to 28, and 30 (21.1%) were over 30. The study received ethics approval at both McMaster University and the University of Waterloo.

It may be noted that hypnotic susceptibility has a modest inverse relation with non-dissociative psychopathology, such as mood and anxiety disorders [e.g., [27]]. Thus, it is unlikely that the high hypnotisability group would inadvertently consist of individuals with more OCD-like tendencies prior to the experimental manipulations. Likewise, the modest relationship does not preclude the generalization of obtained findings to OCD patients.

Apparatus
Hand washing took place at a sink installed with an automatic faucet and an automatic soap dispenser, both activated by the proximity of hands. The faucet was preset to deliver a flow of water at a constant rate and temperature that did not vary across participants; the delivery of soap was similarly constant. A video camera (Panasonic AG-456UP) mounted directly over the sink, approximately one meter above it, recorded all washing episodes during the experiment onto a videotape (Panasonic (PV-VS4821-K). The camera lens was zoomed to capture a clear view of hands, illuminated by a 500 W type "T" halogen light bulb. A second video camera (Hitachi VM-7500LA) mounted at another location away from the sink captured a view of the entire room and provided a record of the whole experimental session. For recording of heart rate, the ECG signal was digitized at a sampling rate of 500 Hz using a 12-bit analog-to-digital converter (DATAQ, Akron, Ohio, U.S.A.) connected to an IBM-compatible PC; the ECG signal was displayed on

the computer monitor throughout the session and stored on a hard disk at the defined periods; the mean heart rate during each recording period was later calculated using a QRS complex detection algorithm.

Procedure

Participants took part in the study individually and remained seated in a comfortable swivel chair throughout its duration. To begin, the experimenter provided the following rationale:

"As we experience emotions, there are corresponding changes in our body. In this experiment, we want to study that connection between emotions and these bodily changes. Hence, one of the things I'm going to do is to attach you to this heart rate monitor that will sensitively measure changes in your body."

"Another important aspect of emotion is that people differ considerably from one another in their emotional responses. In this experiment we want to find out your particular pattern of response. Accordingly, I will ask you to engage in some everyday behaviors, such as washing your hands. I will also make some suggestions about your feelings. I will record your underlying responses for three minute periods between each of these behaviours or suggestions. In addition, we need to videotape all the participants so that we can review their overt behavior."

"Finally, as you know, I will be hypnotizing you at the beginning of the experiment. The hypnosis allows you to respond to the suggestions about your feelings. It also helps you to clear your mind and relax your body. Under these conditions, we can get a much better baseline against which to sensitively measure subtle emotional changes."

After the experimenter had attached the heart-rate electrodes to the skin over participants' collarbones and lower rib, she instructed them to turn to the sink and wash their hands, thus familiarizing them with the washing set-up and procedure, including a tap activated by an automatic sensor, an automatic liquid soap dispenser, and a supply of paper towels for drying. Once participants finished washing, the experimenter instructed them to move as little as possible for 3 minutes, with hands resting in lap and eyes closed, and during this period, their baseline heart rate was recorded.

Next, the experimenter administered each participant the standardized hypnotic induction from the WSGC, which includes instructions for focusing attention, eyes closing, relaxation, and count-based deepening. At the conclusion of the induction, the experimenter asked participants to remain deeply hypnotized, as still as possible with their eyes closed, and their heart rate was recorded for another three-minute period. At this point, participants in the Potential-Harm-Suggested condition were given the following instructions:

"I want you to think of an emotional experience that I am about to describe. I want you to think of something you could touch that you would find really disgusting. Something that could be contaminated with germs and bacteria. Something like feces ...or dirty toilet water ... or vomit ... or worms ... bugs – whatever you find disgusting. When you think of that object, I want you to imagine that you have touched it – something that is disgusting and may be contaminated with germs and bacteria. You feel disgusted because you touched something that could be contaminated with germs and bacteria. Think how disgusted and contaminated you feel after touching this object."

"Now keep your eyes closed and your hands resting in your lap. Just keep them there, without further movement, and with your eyes closed, for three minutes while we take a heart rate recording. During the 3 minutes, I want you to think about how disgusted and contaminated your hands make you feel. Throughout this time, remain hypnotized, with your eyes closed, attending to how disgusted your hands make you feel."

In contrast, participants in the control (Potential-Harm-Absent) condition were instead given the following instructions:

"I want you to think of an emotional experience that I am about to describe. I want you to think of something that you could do that would be very relaxing. Something that would make you calm and relaxed. Something like reading a book ... or watching TV ... listening to quiet music – whatever you find relaxing. When you think of it, I want you to imagine that you are doing it – something that is relaxing and calming. You feel pleasantly relaxed and calm because this is something that you enjoy doing. Think of how relaxed and calm you feel."

"Now keep your eyes closed and your hands resting in your lap. Just keep them there, without further movement, and with your eyes closed, for three minutes while we take a heart rate recording. During the 3 minutes, I want you to think about how calm and relaxed you feel. Throughout this time, remain hypnotized, with your eyes closed, attending to how calm and relaxed you feel."

After heart rate had been recorded for another three-minute period, participants were very briefly reminded of the kind of experience they were supposed to keep in mind, either "how disgusted and contaminated your hands make you feel" or "how calm and relaxed you feel." Next, participants in the Yedasentience-Blocked condition were given the following instructions:

"Now listen closely to my words, because this is very important. As you know: usually when you wash your hands there is a feeling of satisfaction that comes with it... However, now when you wash your hands, you will find that you do not experience that feeling of satisfaction. There will be a lack of satisfaction as you wash your hands."

"Okay, now open your eyes and turn to face the sink. Now go ahead and wash your hands with soap. Continue to think of how disgusted and contaminated your hands make you feel. Keep in mind that as you wash your hands, you will feel little or perhaps even no sense of satisfaction. The usual sense of satisfaction from washing your hands will be weak, or even absent."

In contrast, participants in the control (Yedasentience-Not-Blocked) condition were instead given the following instructions:

"Now listen closely to my words, because this is very important. As you know: usually when you wash your hands there is a feeling of satisfaction that comes with it... And when you wash your hands, you will find that you experience that feeling of satisfaction as you normally would. There will be a normal sense of satisfaction as you wash your hands."

"Okay, now open your eyes and turn to face the sink. Now go ahead and wash your hands, with soap. Continue to think of how disgusted and contaminated your hands make you feel. Keep in mind that as you wash your hands, you will feel a normal sense of satisfaction. You will experience the usual sense of satisfaction from washing your hands."

Participants then completed the washing and drying of their hands, which was recorded by video camera to allow accurate, objective determination of response duration. The experimenter next asked participants to close their eyes and make themselves comfortable in the chair, deeply hypnotized, with hands resting in lap, while heart rate was recorded for the last three-minute period. In the last stage of the study, the experimenter carefully cancelled potentially disturbing suggestions (having touched something disgusting, and the inability to experience a sense of satisfaction from washing hands) for those participants who had been given them, and all participants were given another opportunity to wash their hands to show that they were now "clean and normal." Next, the experimenter brought participants out of hypnosis using the count-down procedure from the WSGC. After removing the electrodes she asked participants to describe the emotional experience they had been thinking of during the middle part of the experiment. Participants then filled out a brief questionnaire about their feelings during the study. Specifically, they rated their feelings when they were thinking of an emotional experience on five-point scales, from "not anxious" to "very anxious, and from "not disgusted" to "very disgusted." They also rated the extent to which they had experienced a sense of satisfaction while washing their hands in the middle part of the experiment, from "not at all" to "very satisfied." Finally, all participants were fully debriefed, thanked for their participation, and paid or given credit.

Measurement of Dependent Variables

The duration of washing was measured from the videotapes as the amount of time in seconds from the beginning of hand washing, when participants made the initial contact with soap or water, to its end, when participants removed their hands from the flow of water just prior to drying them with paper towels. Due to technical reasons associated with recording a measurable ECG signal, somewhat fewer data are available for heart rate than for the duration of washing.

Results
Duration of Washing

The main dependent variable in this study is the duration of the hand washing following the experimental manipulations. An analysis for outliers indicated that three of the response durations fell more than 3.5 standard deviations above the overall mean, and therefore these data points were omitted from the following analysis. All three outliers occurred in the potential-harm, yedasentience-blocked cell (the one hypothesized to lead to exaggerated response duration); two of the participants were high hypnotizable and one was low hypnotizable. In two of the cases, the experimenter stopped the participant from engaging in further hand washing after about 5 minutes by saying, "That's fine." The other outlying response duration was also almost 5 minutes (253 s); in comparison, the next longest response duration in the sample was 72 seconds.

We performed a three-way between-subjects analysis of covariance of the duration of washing, using baseline washing time as the covariate. The factors were Hypnotizability (high vs. low), Potential Harm (present versus absent), and Yedasentience (blocked vs. not blocked). This analysis yielded the predicted three-way interaction, $F(1, 137) = 7.125$, $p = .009$. Other effects that were statistically significant were the two-way interactions of Hypnotizability by Yedasentience, $F(1, 137) = 4.285$, $p = .04$, and of Potential Harm by Yedasentience, $F(1, 137) = 4.926$, $p = .028$, and all the main effects: Hypnotizability, $F(1, 137) = 13.908$, $p < .001$; Potential Harm, $F(1, 137) = 43.004$, $p < .001$; and Yedasentience, $F(1, 137) = 5.341$, $p = .022$. Altogether, these effects, along with baseline washing, explained 52% of variance. An analysis of these factors together with Gender yielded no significant effects for Gender or its interaction with any other factors.

Figure 1 shows the adjusted means for this analysis. With regard to the significant three-way interaction, it is evident that blocking yedasentience significantly ($p < .05$) increased response duration only in the predicted cell, when potential harm had been suggested to high-hypnotizable participants. In contrast, blocking yedasentience had negligible and insignificant effects on response duration when potential harm was not suggested to highs, and when potential harm was suggested or not to lows. This pattern of results confirms the main hypothesis of the study. Also of some interest, the significant main effect of Potential Harm, together with the lack of any significant Hypnotizability by Potential Harm interaction, indicates that the suggestion of potential harm tended to increase washing time for all participants, regardless of their level of hypnotizability: For no suggestion of potential harm, the mean was 21.48 s, $SE = 1.02$, whereas for suggestions of potential harm, it was 31.07 s, $SE = 1.04$.

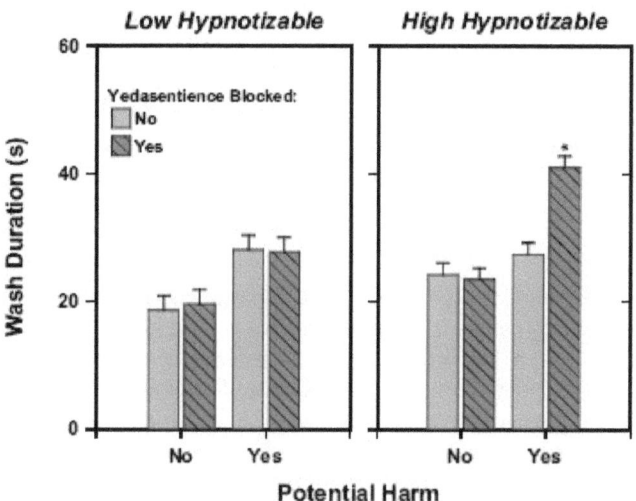

Figure I

Adjusted mean washing duration as a function of Hypnotizability, Potential Harm, and Blocking of Yedasentience. Mean with an asterisk is significantly different from every other mean, $p < .05$. The combination of Potential Harm and blocked Yedasentience yielded prolonged hand washing in the highly hypnotizable participants, compared to all other conditions.

Self-Reported Feelings
Disgust and anxiety
On five-point scales, participants rated the levels of disgust and anxiety they had felt after being asked to think of an emotional experience but before their subsequent hand washing. A three-way analysis of variance was performed on disgust, again with the factors Hypnotizability (high vs. low), Potential Harm (present versus absent), and Yedasentience (blocked vs. not blocked). This analysis yielded a significant Hypnotizability by Potential Harm interaction, $F(1, 138) = 14.377$, $p < .001$, and also significant main effects for both these factors: Hypnotizability, $F(1, 138) = 10.460$, $p = .002$; and Potential Harm, $F(1, 138) = 262.784$, $p < .001$. Together, the effects explained 71% of the variance in disgust ratings. The corresponding analysis of anxiety ratings, explaining 41% of the variance, yielded the same three significant effects: the Hypnotizability by Potential Harm interaction, $F(1, 139) = 8.602$, $p = .004$, and the main effects for Hypnotizability, $F(1, 139) = 5.210$, $p = .024$, and Potential Harm, $F(1, 139) = 62.342$, $p < .001$.

Figure 2 shows the means for Hypnotizability by Potential Harm for both disgust and anxiety. The manipulation of potential harm significantly ($p < .05$) increased disgust and anxiety levels for both low and high hypnotizable participants, indicating the success of this manipulation. However, the significant interactions indicate that the increases in disgust and anxiety were significantly greater for high hypnotizable participants than for their low hypnotizable counterparts.

Satisfaction while washing hands
Also on a five-point scale, participants rated the level of satisfaction they had experienced while subsequently washing their hands. The corresponding three-way analysis of variance of these ratings, explaining 40% of the variance, yielded a significant Hypnotizability by Yedasentience interaction, $F(1, 139) = 20.246$, $p < .001$, and a significant main effect of Yedasentience, $F(1, 139) = 49.781$, $p < .001$. Figure 3 provides the associated means.

For the high hypnotizable participants, blocking yedasentience significantly ($p < .05$) reduced their experience of satisfaction while washing their hands; whereas for the low hypnotizable participants, this effect was negligible and statistically insignificant. The implication is that, as anticipated, only high hypnotizables can effectively enact the suggestion to block yedasentience.

Heart Rate
The study also included a more covert index of how participants were feeling, namely their heart rate. We submitted the heart-rate data to a four-way mixed-model analysis of covariance, using baseline heart rate as the covariate. The three between-subject factors were Hypnotizability (high vs. low), Potential Harm (present versus absent), and Yedasentience (blocked vs. not blocked). The withinsubject factor was Trials, with three times of measurement:
Trial 1 was measured just after the hypnotic induction; Trial 2 was measured just after the suggestion of an emotional experience (e.g., a situation of potential harm); and Trial 3 was measured just after the completion of hand washing. This analysis yielded one significant effect, the two-way interaction of Trials by Potential Harm, multivariate $F(2, 117) = 5.803$, $p = .004$, which explained 9% of the variance (Wilk's Lambda = .910). Figure 4 shows the relevant means. The mean for Trial 2 in the potentialharm-suggested condition is significantly higher ($p < .05$) than each of the three other means, which in turn do not differ significantly from one another. Thus, the suggestion of an experience of potential harm increased participant's heart rates, whereas the control suggestion of a positive experience did not;

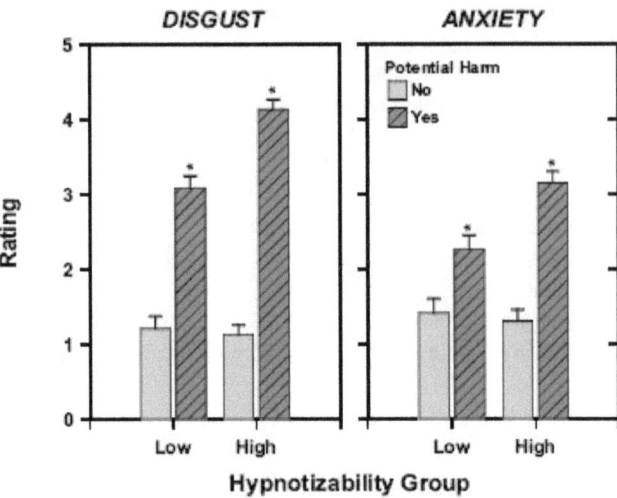

Figure 2
Disgust and Anxiety as a function of Hypnotizability and Potential Hrm. Means with an asterisk are each significantly different from the adjacent mean for No Potential Harm, $p < .05$. The suggestion of Potential Harm was effective in generating higher self-ratings of Disgust and Anxiety in both Low and High Hypnotizable participants, although significantly more so in the High Hypnotizable participants.

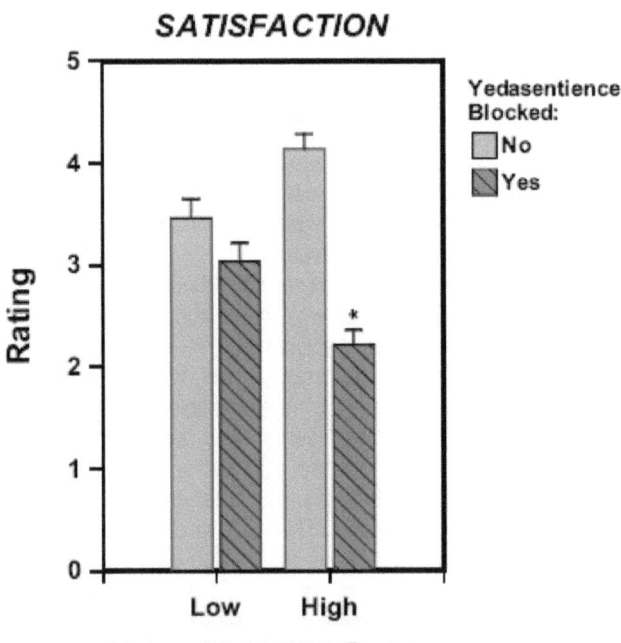

Figure 3
Satisfaction as a function of Hypnotizability and Blocking of Yedasentience. Mean with an asterisk is significantly different from the adjacent mean for No Blocking of Yedasentience, $p < .05$. Blocking Yedasentience significantly reduced self-ratings of satisfaction during the hand-washing in the High Hypnotizable participants, but not in the Low Hypnotizable participants.

in addition, this potential-harmrelated increase dissipated fully once the participants had been allowed to wash their hands. (Note that it makes sense for the experimental factor of Yedasentience not to be involved in this effect: Its manipulation took place between Trial 2 and Trial 3, and heart rate at Trial 3 was measured after the completion of handwashing, when participants had been able to take as long as they wanted to clean their hands.)

Discussion

Although high hypnotizables showed a particularly strong emotional response to their mental images of contamination and potential harm, all participants tended to respond with increased disgust and anxiety. In addition, all participants, regardless of their level of hypnotizability, tended to react to their images of potential harm with elevated heart rate and increased washing time, and this elevated heart rate returned to baseline when they had washed. Taken together, these self-report, heart-rate, and behavioral data indicate that both high and low hypnotizable participants succeeded in imagining a situation of potential harm in a vivid and involving way. This is an essential precondition for the meaningfulness of the central manipulation of the experiment, which was the blocking of yedasentience.

The effect of the yedasentience-blocking suggestion was highly specific: It had the predicted effect of prolonging the duration of washing only in the predicted condition, in which potential harm had been suggested to high-hypnotizable individuals. This key result supports our hypothesis that the dysfunction of such a feeling of knowing is a plausible mechanism for OCD-like behavior.

The pattern of results obtained also helps to discount certain alternative explanations of the results. For example, although we did not directly tell participants to wash longer, it might be argued that we simply implied it in the suggestion for a lack of a feeling of satisfaction. However, only the high hypnotizables showed prolonged washing in response to this suggestion, and they showed it only after potential danger had been invoked. Thus, their extra washing would

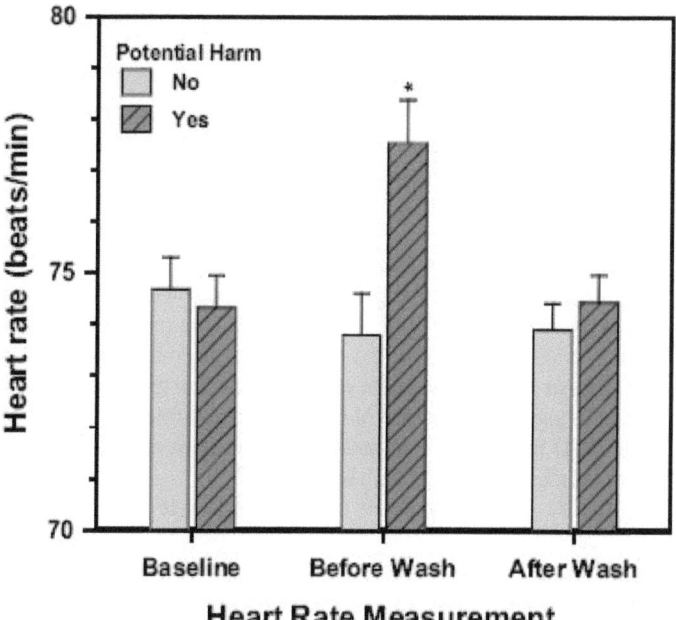

Figure 4
Heart Rate as a function of Time of Measurement and Potential Harm. Mean with an asterisk is significantly different from every other mean, $p < .05$. The suggestion of Potential Harm increased participants' heart rates compared to the control suggestion; this increase disappeared once the participants had washed their hands.

appear to be an integrated, natural response to the blocking of yedasentience, rather than merely some reflection of demand characteristics. Similarly, another possible alternative explanation would be that the yedasentience-blocking suggestion acted inadvertently as an additional suggestion about the state of dirtiness of the participants' hands. However, contrary to such an interpretation, the effects of the Potential Harm and Yedasentience manipulations were not additive: For high hypnotizables, when yedasentience was not blocked, potential harm had no significant effect on washing time, and when potential harm was low, the blocking of yedasentience had no effect on washing time.

One might also question whether this increase in washing time, which was fairly modest in magnitude (about 20 s), was sufficiently long to represent an analogue of OCDlike washing. The 20-s increase needs to be put into perspective:

It may be compared with the 42-s increase due to a high-danger manipulation that Jones and Menzies [17] obtained in the top 10% of scorers on an OCD-screening instrument, who had put their hands for 5 minutes in a garbage can of dirt, animal hair, raw meat, and household food scraps. In addition, it is noteworthy that in our study the participants' hands were never actually dirty (indeed, they had just been washed a few minutes previously). Finally, it is worth mentioning that three participants showed a far more prolonged response to the yedasentience-blocking suggestion, continuing to wash their hands for about 5 minutes, or possibly longer if they had not been stopped. What made these participants different from the others in this study is unknown, but it is relevant that they appeared quite anxious and uncomfortable during their hand washing.

Limitations of the present study

There are two important limitations of the present study. First, the study pertains most directly to an understanding of compulsive behavior rather than obsessive thoughts. Second, the study addresses only one form of compulsive behavior, namely, washing, but there are other kinds of compulsive behaviors such as checking or hoarding. Nevertheless, it is important to note that the underlying model addresses a broad range of OCD phenomena, including obsessional symptoms, as discussed elsewhere [15,28].

Other potential limitations of the present study merit attention. Because hypnosis is sometimes considered to be an altered state of consciousness, it could be argued that washing behavior in this state has limited relevance to the behavior of OCD patients. For example, it might be thought that hypnosis would interfere with the experience of anxiety that characterizes the experience of OCD patients. However, as the presented self-reports (Figure 2) and heart rate data (Figure 4) clearly showed, the participants in the relevant groups did report anxiety in response to the suggestion of potential harm and this anxiety dissipated when they washed their hands. In fact, the state of hypnosis did not limit the extent of anxiety as evidenced by the observation that in the high hypnotizable participants anxiety levels were just as high as in low hypnotizables.

Thus, the state of hypnosis is not incompatible with the experience of anxiety. Similarly, it might be thought that participants in hypnosis become incapable of making conscious decisions. However, as many studies have indicated, such a view is incorrect [29]. Overall, the demonstration of the effects of yedasentience blockade under hypnosis should apply to similar behavioral effects of yedasentience blockade in OCD patients.

Another potential limitation is that the study lacks a manipulation check for the success of yedasentience blockage. Two pieces of data address this issue. First, Figure 3 shows that self-ratings of satisfaction are consistent with the intended purpose of the manipulation to block yedasentience. Second, Figure 1 illustrates that the experimental manipulation produced the expected 3-way interaction, again providing support for the effectiveness of the manipulation. Thus, the effectiveness of yedasentience manipulation is not simply assumed and in fact the findings noted above constitute the empirical evidence that the manipulation was effective.

Finally, it might be objected that hypnotically induced behaviors are simply socially sanctioned role playing. The widely accepted control for this potential problem is to include low hypnotizable subjects, who are exposed to exactly the same role demands. The fact that the low hypnotizable participants in our study did not show the same response suggests that role playing is not the key explanation for the observed results.

Implications for Future Research

Our instructions for imagining a scenario of potential danger were double-barrelled: They involved both the idea of potential danger (contamination) and the emotion of disgust. One may ask about the respective roles of these two aspects, and whether both are actually important in eliciting the relevant security motivation.

Along these lines, some recent work indicates that the emotion of disgust may be of special importance in OCD [30,30-33]. Nonetheless, although the relevance of disgust to compulsive washing seems clear, it is much more difficult to see its relevance to some other OCD behaviours – for example, compulsive checking. There is some evidence that subtypes of OCD exist [34-36] and that checkers may be different from washers [37].

Accordingly, we would propose that the special role of disgust is as follows: If associated with the signal of potential danger there is an induced feeling of disgust, then washing responses are potentiated. Thus, although we would argue that the invocation of disgust is not the pathogenic characteristic of OCD (in our model, absence of yedasentience is pathogenic), the presence of disgust may be a factor that biases OCD symptoms towards washing compulsions.

Substantiating the possibility that different subtypes of OCD may have different special emotions is an important topic for further research. Similarly, another important task for future research is to show that blocking the feeling of knowing, as was done in the present experiment to elicit OCD-like prolongation of hand-washing behavior, can also elicit other major types of OCD-like behavior, including checking behavior. Such research could not only help to evaluate the generality of our findings, but also help to elucidate the differences between separable classes of OCD behavior – for example, whether there is another particular affect, paralleling the role of disgust in washing, that is specific for the invocation of checking behavior.

Finally, the security-motivation hypothesis of OCD has other important implications. For example, we have provided a detailed provisional model of its hypothesized neural underpinnings and speculated on its implications for treatment [15]. We hope the present demonstration of its plausibility stimulates wider interest in this hypothesis.

References

1. Oltmanns TF, Gibbs NA: Emotional responsiveness and obsessive-compulsive behavior. *Cognition & Emotion* 1995, 9:563-578.
2. Reed GF: *Obsessional Experience and Compulsive Behaviour: A Cognitive-Structural Approach* Orlando, Florida: Academic Press, Inc; 1985.
3. Reed GF: The obsessional-compulsive experience: a phenomenological reemphasis. *PPR* 1977, 37:381-384.
4. Neziroglu F, Yaryura-Tobias JA: *Over and Over Again: Understanding Obsessive-Compulsive Disorder* Toronto: Lexington Books; 1991.
5. Pitman RK: Animal models of compulsive behavior. *Biol Psychiatry* 1989, 26:189-198.
6. Pelissier MC, O'Connor KP: Deductive and inductive reasoning in obsessive-compulsive disorder. *Br J Clin Psychol* 2002, 41:15-27.
7. Purdon C, Clark DA: Meta-cognition and obsessions. *Clinical Psychology and Psychotherapy* 1999, 6:96-101.
8. Salkovskis PM: Obsessional-compulsive problems: a cognitivebehavioural analysis. *Behav Res Ther* 1985, 23:571-583.
9. Salkovskis PM: Cognitive-behavioural factors and the persistence of intrusive thoughts in obsessional problems. *Behav Res Ther* 1989, 27:677-682.
10. Salkovskis PM: Psychological approaches to the understanding of obsessional problems. In *Obsessive-compulsive disorder: Theory, research, and treatment* Edited by: Swinson RP, Antony MM, Rachman S, Richter MA. New York, NY: The Guiford Press; 1998:33-50.
11. Rachman S: A cognitive theory of obsessions. *Behav Res Ther* 1997, 35:793-802.
12. Rachman S: A cognitive theory of obsessions: elaborations. *Behav Res Ther* 1998, 36:385-401.
13. Wells A: *Cognitive therapy of anxiety disorders: A practice manual and conceptual guide* New York, NY, US: John Wiley and Sons, Inc; 1997.
14. Rapoport JL: *The Boy Who Couldn't Stop Washing: The Experience and Treatment of Obsessive-Compulsive Disorder* New York: E.P. Dutton; 1989.
15. Szechtman H, Woody E: Obsessive-compulsive disorder as a disturbance of security motivation. *Psychol Rev* 2004, 111:111-127.
16. Woody E, Szechtman H: Hypnotic hallucinations and yedasentience. *Contemporary Hypnosis* 2000, 17:26-31.
17. Jones MK, Menzies RG: Role of perceived danger in the mediation of obsessive-compulsive washing. *Depress Anxiety* 1998, 8:121-125.
18. Kosslyn SM: What shape are a German shepherd's ears? [http://www.edge.org/documents/archive/edge103.html].
19. Hilgard ER: *Hypnotic susceptibility* New York, NY: Harcourt, Brace & World; 1965.
20. Szechtman H, Woody E, Bowers KS, Nahmias C: Where the imaginal appears real: a positron emission tomography study of auditory hallucinations. *Proc Natl Acad Sci U S A* 1998, 95:1956-1960.
21. Woody E, Szechtman H: Hypnotic hallucinations: towards a biology of epistemology. *Contemporary Hypnosis* 2000, 17:4-14.
22. Kosslyn SM, Thompson WL, Costantini-Ferrando MF, Alpert NM, Spiegel D: Hypnotic visual illusion alters color processing in the brain. *Am J Psychiatry* 2000, 157:1279-1284.
23. Rainville P, Duncan GH, Price DD, Carrier B, Bushnell MC: Pain affect encoded in human anterior cingulate but not somatosensory cortex. *Science* 1997, 277:968-971.
24. Bowers KS: The Waterloo-Stanford Group C (WSGC) scale of hypnotic susceptibility: normative and comparative data. *Int J Clin Exp Hypn* 1993, 41:35-46.
25. Bowers KS: Waterloo-Stanford Group Scale of Hypnotic Susceptibility, Form C: manual and response booklet. *Int J Clin Exp Hypn* 1998, 46:250-268.
26. Shor RE, Orne EC: *Harvard Group Scale of Hypnotic Susceptibility* Palo Alto, CA: Consulting Psychologists Press; 1962.
27. Spiegel D, Detrick D, Frischholz E: Hypnotizability and psychopathology. *Am J Psychiatry* 1982, 139:431-437.
28. Woody EZ, Szechtman H: Motivation, time course, and heterogeneity in obsessive-compulsive disorder: Response to Taylor, McKay, and Abramowitz (2005). *Psychol Rev* 2005, 112:658-661.

29. Bowers KS: *Hypnosis for the Seriously Curious* New York: W.W. Norton & Company, Inc; 1983.

30. Sprengelmeyer R, Young AW, Pundt I, Sprengelmeyer A, Calder AJ, Berrios G, Winkel R, Vollmoeller W, Kuhn W, Sartory G, *et al.*: Disgust implicated in obsessive-compulsive disorder. *Proc Biol Sci* 1997, 264:1767-1773.

31. Stein DJ, Liu Y, Shapira NA, Goodman WK: The psychobiology of obsessive-compulsive disorder: how important is the role of disgust? *Current Psychiatry Reports* 2001, 3:281-287.

32. Shapira NA, Liu Y, He AG, Bradley MM, Lessig MC, James GA, Stein DJ, Lang PJ, Goodman WK: Brain activation by disgust-inducing pictures in obsessive-compulsive disorder. *Biol Psychiatry* 2003, 54:751-756.

33. Woody SR, Teachman BA: Intersection of disgust and fear: Normative and pathological views. *Clinical Psychology: Science and Practice* 2000, 7:291-311.

34. Leckman JF, Grice DE, Boardman J, Zhang HP, Vitale A, Bondi C, Alsobrook J, Peterson BS, Cohen DJ, Rasmussen SA, *et al.*: Symptoms of obsessive-compulsive disorder. *Am J Psychiatry* 1997, 154:911-917.

35. Miguel EC, Baer L, Coffey BJ, Rauch SL, Savage CR, Osullivan RL, Phillips K, Moretti C, Leckman JF, Jenike MA: Phenomenological differences appearing with repetitive behaviours in obsessivecompulsive disorder and Gilles de Tourette's syndrome. *Br J Psychiatry* 1997, 170:140-145.

36. Antony MM, Swinson RP: Diagnostic issues and epidemiology in obsessive-compulsive disorder. In *Obsessive-compulsive disorder: theory, research, and treatment* Edited by: Swinson RP, Antony MM, Rachman S, Richter MA. New York, NY: The Guiford Press; 1998:3-32.

37. Pigott TA: Obsessive-compulsive disorder: symptom overview and epidemiology. *Bull Menninger Clin* 1998, 62:A4-32.

Posttraumatische Belastungsstörungen

Hypnotherapie bei PTBS

Der hypnotische Trancezustand kann analog zu dissoziativen Zuständen im posttraumatischen Erleben gesehen werden. Es existieren insbesondere Parallele zwischen
- veränderter Selbst- und Fremdwahrnehmung im hypnotischen Zustand
- in dissoziativen Zuständen der Depersonalisation und Derealisation.

Flashbacks ähneln hypnotischen Halluzinationen und es lassen sich unter Hypnose Wahrnehmungsstörungen induzieren, wie sie auch bei schwerer posttraumatischer Symptomatik vorkommen, z.B. Analgesie (Schmerzunempfindlichkeit). Hypnose stellt eine strukturierte und kontrollierte Dissoziation dar, indem die Aufmerksamkeit stark fokussiert (Absorption) ist und eine erhöhte Suggestibilität (höhere Responsivität für soziale Einflussnahme) festzustellen ist. Die Dissoziation während einer traumatischen Erfahrung nimmt eine wichtige Rolle bei der Entstehung und Aufrechterhaltung der PTBS ein. Es ist ein Bewältigungsmechanismus, der auf Dauer jedoch dysfunktional ist. Dissoziation ist somit eine Art von Autohypnose.

Wie soll Hypnose bei PTBS wirken?
Dissoziation
- Das Erzeugen von kontrollierten dissoziativen Trancezuständen wird gelernt
- Auseinandersetzung mit Erinnerungen durch gezielte Dissoziation
Konfrontation
- wie auch in kognitiv-behavioralen Verfahren
- Hypnose erleichtert den Zugang zu traumatischem Material und damit verbundenen Konflikten
Kognitive Umstrukturierung
- durch imaginierte Manipulationen des Vorstellungsvermögens
- Ähnlicher kognitiver Zustand in der Hypnose wie im Moment des Traumas

Hypnotherapeutische Behandlungen sind zu einem Großteil als Kurzzeitintervention konzipiert, jedoch benötigt die Behandlung komplexer Traumatisierungen eine sorgfältige Vorbereitung. Das Vorgehen ist Ressourcen- und zielorientiert. In der Trance sollen Ressourcen aktualisiert und bereitgestellt werden. Der Patient soll erlernen, mit inneren Bildern umzugehen (Intrusionen, Flashbacks), indem die bewusste Kontrolle und Modifikation angestrebt wird. Das Ziel besteht generell darin, das Erlebte kognitiv einordnen zu können, ohne dass die zuvor damit verbundenen Emotionen zwanghaft auftreten.

Kontraindikation:
- Wenn die traumatische Erfahrung Schutz vor weiterem gefährlichen Handeln bedeutet (z.B. ein Drogensüchtiger, der durch die Symptome nicht mehr in sein altes Milieu zurückkehren kann)
- Schwere dissoziative Zustände nach hypnotischer Induktion
- weiter andauernde Traumatisierung bzw. Täterkontakt

Zur Effektivität hypnotherapeutischer Verfahren in der Behandlung von Traumafolgestörungen haben Brom, Kleber und Defares (1989, Brief Psychotherapy for Posttraumatic Stress Disorders. Journal of Consulting and Clinical Psychology, Vol. 57, No 5;607-612.) einen Forschungsbericht vorgelegt. Die Autoren berichten eine Studie mit 112 Betroffenen, die innerhalb der vergangenen fünf Jahre ein traumatisches Ereignis erlebt hatten. Es gab folgende Versuchsbedingungen: Neben der Wartelistenkontrollgruppe gab es mit der Trauma-Desensibilisierung, der Hypnotherapie und der Psychodynamischen Therapie drei Behandlungsbedingungen mit je 15 Sitzungen. Die Ergebnisse zeigen, dass alle drei Behandlungsansätze der Kontrollgruppe überlegen waren. Klinisch relevante Veränderungen ergaben sich bei 60% der behandelten und 26% der unbehandelten Patienten. Die Unterschiede zwischen den Therapiemethoden erwiesen sich dahingegen als nicht signifikant. Die Ergebnisse von Brom und Kollegen lassen damit die Aussage zu, dass die Hypnotherapie den übrigen Ansätzen ebenbürtig ist.

Bryant, Moulds, Nixon, Mastrodomenica, Felmingham und Hopwood (2006, Hypnotherapy and cognitive behaviour therapy of acute stress disorder: A 3-year follow-up. Behaviour Research and Therapy, 44; 1331-1335) haben ein hypnotherapeutisches Vorgehen mit Kognitiv-Behavioraler Therapie verglichen. Es wurden 87 Patienten in die Studie eingeschlossen und auf eine Gruppe mit Kognitiv-Behavioraler Therapie, eine Hypnotherapiebedingung (KBT+Hypnose) sowie eine Gruppe mit einer supportiven Beratung, also eine Kontrollgruppe. Die 3-Jahres-Katamnese zeigte, dass die langfristige Symptomentwicklung bei den Patienten der beiden Behandlungsbedingungen deutlich geringer ausfiel, wenn sie kurze Zeit nach dem traumatischen Ereignis eine Therapie erhielten. Flahbacks und Hyperarousal wurden in der

Gruppe der supportiven Beratung deutlich häufiger berichtet. Während vorherige Studien jedoch eine größere Reduktion der Symptombelastung durch die Kombination von Kognitiver Therapie mit Hypnose nahelegten, zeigte sich hier kein zusätzlicher Effekt. Die Autoren schließen jedoch nicht aus, dass das genutzte Verfahren nicht optimal war.

Appel, PR (1999). A Hypnotically Mediated Guided Imaginary Intervention for Intrusive Imaginery: Creating Ground for Figure.

American Journal of Clinical Hypnosis. 41:4; 327-335
Nachdruck mit Genehmigung der M.E.G.: Hypnose und Kognition (www.meg-hypnose.de)

Intrusive imagery can be seen as a cognitive dysfunction in the assimilation and accommodation of the psychological material represented by those images. From a gestalt psychological perspective, the intrusive image represents a figure without a ground that can provide meaning and context. Hypnotically mediated guided imagery interventions can be used to create a ground for the rogue image that metaphorically is an unassimilated figure; and thus allow for the creation of a new cognitive scheme. Four case examples are presented as well as a model for the intervention.

Introduction

For decades, hypnotic inductions and therapeutic suggestions have utilized imagery as a way of creating experiences and facilitating changes in consciousness. Many authors, including Assagiolli (1976), Singer and Pope (1978), Korn (1983), Lazarus (1984), Araoz (1985), Kroger and Fezler (1986), and Shorr (1986), have emphasized the use of imagery interventions for alleviating human suffering. But what is an image? Horowitz (1970, pg. 3) defines an image as "any thought representation that has a sensory quality." Richardson (1969, pg. 2-3) defined mental imagery as, "1) all those quasi-sensory or quasi-perceptual experiences of which 2) we are self consciously aware and which 3) exist for us in the absence of stimulus conditions that are known to produce their genuine sensory or perceptual counterpoints, and which 4) may be expected to have different consequences from their sensory or perceptual counterparts."

Understanding the patient's imagery becomes especially important, as Neisser (1976), Sheikh & Shaffer (1979), Klinger (1980) and Kosslyn (1980) have argued, as experiencing something in imagery is psychologically akin to experiencing it in actuality. Thus the patient's experience of the internal symbolic/imaginal world arising out of the psyche will have affective responses to those images as readily as events in the external world are reacted to. This also suggests that negative images will lead to negative affective states that are self-reinforcing. Images can evoke psychophysiological responses, as can external events that are also visually perceived. Barber, et al's (1964) experiments with imaging an upper extremity immersed in cold water also revealed that the image itself was enough of a stimulus to trigger conditioned responses of increased heart rate and muscle tension. Lang (1979) showed that imagery of events duplicated the psychophysiological aspects of the event. King (1983) pointed out that internal images can produce conditioned responses in and of themselves.

Defining Intrusive Imagery

When images become unbidden, unwanted and intrusive within the psyche it is usually because of some prior traumatic experience that has not been metabolized or assimilated. Wilson (1989 pg. 14) defined an "intrusion as a cognitive mechanism" and said that it "refers to the sudden unbidden, and involuntary presence of visual images or distressing affect associated with the event." Van der Kolk and McFarlane (1996, pg. 5) stated that "after exposure to trauma, most people have become preoccupied with the event, and having involuntary intrusive memories is a normal way of responding to dreadful experiences.

The repeated replaying of upsetting memories serves the function of modifying the emotions associated with the trauma and in most cases creates a tolerance for the contents of the memories." They go on to say that it is the "persistence of intrusive and distressing recollections, and not the direct experience of the traumatic event itself that drives the biological and psychological dimensions of PTSD" (pg. 6). When the images are no longer reacted to as something that cannot be accommodated, they loose their salience and their ability to intrude. Just as an individual in chronic pain may attempt to resist the nociception as an indication of harm, so the traumatized individual responds to the cognitive activity in a similar way as though the images themselves are harmful. Thus, it is when images that reflect trauma or negative information that conflict with the existing image of self intrude into awareness that the dystonic sense of self arises.

Theoretical Considerations

When dealing with intrusive material we are dealing with cognitive dysfunction in the twin processes of assimilation and accommodation. Piaget (1952) defined the process of assimilation as changing or altering new incoming information so that it fits with preexisting schemas, and accommodation as a change in preexisting schemas to integrate new information. Several authors (Epstein, 1991; Janoff-Bulman, 1992; van der Kolk, van der Hart & Marmar, 1996) have suggested that it is the cognitive schemes that people develop to help them organize their world and make sense of it which help serve as a buffer against emotionally arousing experiences. It is when these cognitive schemes fail to allow for the assimilation and/or accommodation of extremely stressful events that the representations of the experience continue to intrude upon the psyche until they are processed. Trauma occurs when events threaten the individuals cognitive map of the way the world works and introduces notions that it is no longer safe, orderly or meaningful, and that the self is no longer worthy and good. It is the nature of human consciousness to seek to restore a sense of balance and order through restoring basic assumptions about the world and how it works. The intrusions represent the need to conceptually process the event. According to Jannoff-Bulman (1992, pg. 106) "each time the event is reexperienced, the new data can be worked on, such that gradually the complementary processes of assimilation and accommodation can effectively meld the old and the new."

In other words, the psyche strives for the assimilation of trauma and accommodation of prior assumptions. Horowitz (1976) addresses this drive of the psyche calling it a completion tendency, he maintains that "completion" occurs when differences between new information and enduring schemata have been resolved. He described the process as an ongoing repetition of representations, "that active memory storage has an intrinsic tendency towards repetition of representation of contents until the contents held in active memory are actively terminated. The tendency to repetition of representation is part of a general tendency towards completion of cognitive processing, and it is that completion of cognitive processing that terminates a given content in active memory storage" (pg. 93).

Janoff-Bulman (1992, pg. 7) points out that "ideas and images related to stressful or traumatic events are not easily assimilated and therefore the completion tendency will maintain relevant codings of this information in active memory." Part of the task in processing the trauma or the stress is an actual reappraisal of the stressor and a rebuilding of the inner world and lost assumptions. This must be done in a way that maximizes the possibility of again perceiving benevolence in the world, meaning and self-worth. Janoff-Bulman (1992) further points out that when the cognitive processing is completed; when there is a dialectical synthesis with the emergence of new cognitive schemes then the recurrent intrusive thoughts and images will terminate. This concept of the cognitive processing of trauma is not new. Horowitz (1970) points out that Brewer and Freud thought mental disturbance caused by trauma was dissipated through absorption of the memory into the usual complex of memory storage and association.

The major clinical problem confronting the therapist dealing with post-traumatic stress is a fundamental impairment in the patient's capacity to integrate traumatic experiences with other life events. "Because of this timeless and un-integrated nature of traumatic memories, victims remain embedded in the trauma as a contemporary experience, instead of being able to accept it as something belonging to the past" (van der Kolk & McFarlane, 1996, pg. 9). When the trauma cannot be translated into a personal narrative it continues to remain a dissociated element. Images that are not assimilated and/or accommodated within the ordinary everyday discreet state of consciousness, generally remain outside of it and are defended against. These images then remain outside the linear flow of time in a space where they are preserved as a figure without a ground (in this situation the ground is made up of the flow of ongoing experience). The various defense mechanisms not only work to alter perception so that perceptions are syntonic to self, but also work along a temporal dimension creating boundaries around space/time. These bounded space/time experiences which are not assimilated and/or accommodated within the ordinary discreet state of consciousness exist along a continuum of mood states, ego states and dissociative phenomena. Individuals experiencing posttraumatic stress, complicated bereavement, anxiety and depression are often caught up in a dynamic struggle defending against images of the past. The intrusive imagery triggers a set of conditioned behavioral responses that have their origins in another time and space, and yet will be acted out as if time and space had not changed. The use of imagery in psychotherapy allows not only for uncovering that which is part of the deep structure experience, but also for potential internal information exchange. This exchange can bypass linguistic structures and defenses to reach a new accommodation and therefore create new synaptic and neural connections, which through time and conditioning of the activation of that space or location within the brain may lead to new behavior.

How hypnosis potentiates imagery

Holroyd (1987, 1989) suggests that hypnosis allows subjects to experience imagery more vividly, allows them to control their inner experiences more readily, change attention and awareness and increase suggestibility. As relaxation enhances an individual's ability to image, hypnosis (which facilitates relaxation) will also facilitate greater outcomes in imaging (Bakan, 1980). Kroger and Fezler (1976) however, believed that the use of imagery deepens the hypnotic state itself and allows for further heightening of trance phenomena. Araoz (1985, pg. 5) points out that images can act as self-suggestions "affecting perception, mood and behavior". Because hypnosis can alter attention patterns for increased focus or increased diffuseness, it can assist in facilitating a state that will produce imagery. Imagery has been utilized in hypnotic protocols and techniques as a medium for suggestion in a variety of ways, such as to facilitate inductions, for deepening and absorption, for uncovering, for changing physiological processes and responsiveness, as well promoting insight and change in behavior (Hammond, 1990; Torem, 1992; Shorr, 1986; Brown & Fromm, 1986; Kroger & Fezler, 1976) As clinical hypnosis is a therapeutic modality that intervenes structurally with the brain/mind through various neuropsychological functions of attention, concentration, memory, learning and psychological defenses, it is very efficacious for its use in facilitating a process of disidentification (Assagiolli, 1965), and observation of cognitive and affective processes.

The advantage of using imagery within a hypnotic context is that the therapist can help structure the client's state of consciousness by directing attention and awareness to promote identification with that which is the object of absorption (Holroyd, 1987, 1989). Images often represent static experiences. When the client identifies with an image, s/he becomes dominated by the image and ceases to be aware of other images that may trigger different experiences. This becomes automatic through a conditioning process that is both classical and operant in nature. Therefore images which tend to be static in that they are not evolving, reveal psychological events (as opposed to process) and mirror how consciousness has not continued to evolve with time. Hypnotic interventions can be utilized to facilitate the altering of the boundaries of experience to help someone experience the flow of time, or have them stop and focus on a particular location in space/time.

Therapeutic Goal

Horowitz (1970, pg. 59) points out that the major contributions of gestalt psychology were that "perceptions consist of entire patterns and forms" rather than bits of information that is pieced together in a whole. Good gestalts have been defined as "the best organiz ition of the stimuli in the given circumstances," and they are "usually characterized by regularity, symmetry, inclusiveness, unity, harmony, maximal simplicity and conciseness" (Kreitler & Kreitler, 1972, pg. 83) Lusebrink (1990) points out that good gestalts are associated with the presence of a relatively low level of tension and that bad gestalts appear tension laden. Lusebrink further states that there is an innate striving to form good gestalts. From one perspective, using elements of figure/ground concepts from gestalt psychology, the intrusive image is a figure for which no existing cognitive scheme can be a host ground and still preserve those essential narcissistic beliefs (Janoff-Bulman, 1992): that the world is a safe place, that which happens is meaningful, and the self has worth. From this perspective the task is to create a ground for the intrusive figure so that it can be assimilated into previously existing schemas, and potentially even facilitate the accommodation of those schemas. At this point I will present four case examples of different types of intrusive imagery in which the intervention consisted of taking the rogue image and treating it as a figure without a ground. The intervention consisted of creating a ground for the intrusive images so that there was a new gestalt. The new gestalt allowed for the cognitive processing of the trauma and in its own right symbolized the assimilation/accommodation of that trauma.

Case Examples
1. A 35-year-old female who had been in a car accident in which she sustained multiple musculoskeletal injuries a year and half earlier now witnessed the aftermath of a motorcycle accident. She had heard the sound of the crash and when she went to investigate, she saw that the motorcyclist had sustained a traumatic amputation of his leg. She assisted with providing first aid. This woman continued to have intrusive images of the driver and his severed leg for days after witnessing the event. The hypnotic strategy was to place this event back into the stream of time and allow her to be fully in the present. She was helped to gain some distance by placing the image on a TV set, and was then given the suggestion that as she moved back from this television set she would see that she was looking at one of several television sets. As she continued to move back, she could see that in front of her was a wall of TV sets, all showing different scenes from her life. She was asked to continue to keep moving back until all she could really notice was all the television sets. She was given the suggestion that she could continue to move back until she was not focused on any aspect of her past, or she could choose to pay attention to some particular TV set or banks of sets, as she chose. She was then given the suggestion that, just as it was difficult for her to focus on the particular TV with the accident amongst all the other TVs from the distance she was at, any time she needed to have perspective, she could put the memory of the accident in its proper perspective as she had just done. This intervention was successful in ameliorating the patient's symptoms. This intervention was not just a cognitive reframe of the experience in which she was helped to interpret the event differently or give a new meaning to it; the intervention actually consisted of symbolically suggesting that there was a structural place where the memory could be held and no longer attended to. The patient was helped to view the experience within a greater context of life experience through suggestion in the form of images.
2. A 9-year-old girl had repeating nightmares of a fiendish horror series murderer who wore a bag over his head. Once again, the goal was to take the intrusive image, treat it as a figure and create a ground that would alter the threat of the image and decouple it from the meaning it had for the child. She was asked to visualize a Hollywood studio, sit next to the director, view the stage hands, lighting people, prop people, etc., and then watch the character come out, trip and fall, and tear his paper bag. She was helped to view several takes to make one scene, and was provided a context and ground for her image so that she could no longer see the original figure without the new ground which had comical aspects. She was helped to consciously re-realize an existing schema related to movie production and the image was treated as a frame in a movie about making a movie. The combination of relaxation, comedy and repeated exposure to the stimuli with different meanings allowed for the image to be assimilated and the fear response extinguished. The one time intervention was successful on follow-up.
3. The patient was a 60-year-old twice-married male with a childhood history of emotional abuse and neglect, including rape during latency years. He was raised by his paternal aunt and uncle because of his parents' poverty. The presenting symptoms were that, upon relaxing or going to sleep, he would be flooded with motoric impulses to cry and scream and he would manifest the motor movements of such with no sound. He would feel helpless in the grip of these behaviors. The patient kept having the impression of hearing in his head, his aunt and uncle accusing him of being a cry baby and other negative associations whenever he would try to process his feelings and thoughts in therapy. Using the same technique outlined in the first example, he was instructed to create an image of seeing himself as a young boy with his aunt and uncle making those statements to him and place that image in a TV set. He was then instructed to place images of himself in various positive roles with others, as well as examples of mastery and achievement, in other TV sets along side the set holding the uncomfortable memory. As before, the patient was instructed to view the entire collection of images/movies and realize who he was and what his life was about. Patient reported at the following session that by utilizing the technique often he was able to reduce that intrusive sense of his aunt and uncle criticizing him to a point where he was able to refocus his attention on a positive sense of self. This has continued to be the case.
4. A 49-year-old single female with a history of insulin dependent diabetes mellitus, peripheral vascular disease, and a left below-the-knee amputation was referred for chronic pain. In the course of the interview it became apparent that the patient was experiencing a complicated bereavement related to the deaths of her parents many years before, particularly her fathers. Her current medical situation and the death of a sister a year earlier led her to feel all alone and activated feelings of being an orphan and activated her guilt of not being present when her father died. She felt guilty for not staying in the hospital with him as he requested; her father died a few hours after this request. A spontaneous image of her father the last time she saw him in the hospital would occur when she felt lonely. The affect generated by this image was a cold lonely feeling that triggered a depressive feeling in return. She was asked to assemble many different memories of times with her father, remembering positive times and seeing all those memories as a collage that represented her relationship with her father, and that all those images could become photos in a photo album. Through suggestion, she was helped to realize that all those memories and feelings of having been loved and cared for were still present within her. It was also suggested that whenever she looked at her photo album of her relationship with her father she could again experience what she had once felt. She was given the additional suggestions that all she had lost were things which never had happened; and that the memories of the other times with her father and how those memories felt as she touched them with her mind, were hers for all time. She was recently able to go and put flowers on father's grave without crying.

The Procedure

Control over negative images that are dominating the psyche can be achieved by gaining distance, disidentifying (Assagiolli, 1976) and/or dissociating from those images. To accomplish this the individual must gain perspective and become aware of the process of attending to the images. The therapist's task is to facilitate the patient leaving the moment in order to experience the flow of time and thus create space for a new process or psychic occurrence to take place. The technique of having the client visualize a traumatic experience on a television, for example, as opposed to witnessing it, creates psychological distance and facilitates selfawareness of being an observer.

1. The first step is to identify the nature of the intrusive imagery by assessing for type of trauma and ego-strength to tolerate procedure. The patient is asked to witness the image and describe the nuances. The act of intentionally conjuring up the image suggests the possibility of attaining some mastery and influence.

2. The intrusive image is then targeted to become the figure in a new figure ground or gestalt. The therapist then has to determine what kind of ground is needed to create a gestalt that by its nature symbolizes the assimilation of the intrusive image and accommodation of the patient's cognitive schemes about self and the world.

3. As part of the process, a suggestion is given to put a boundary around the intrusive image. This could be a TV set as in Cases One and Three, the borders of a photograph as in Case Four, or even a frame within a movie as in Case Two. The idea is to symbolically limit the image of the historical event to a space and locale rather than having it fill the entire awareness of the internal universe, and paradoxically be an eternal happening. This parceling of space creates opportunity for something new to emerge. The boundary also creates distance, promotes dissociation and suggests that the event is happening or has happened elsewhere.

4. A ground is then selected that will by it's nature reveal the figure to be only a transient object of attention which could recede into the ground very easily with a new figure emerging. The ground should be made up of numerous other images that convey and suggest the intended target experience. In Case One, the goal was to restore the patient's basic assumptions about the world and her place in it, and promote accommodation of existing cognitive schemes that dealt with her sense of vulnerability. She needed to be reminded of who she was and the rich multi-faceted life that she lived, and how the distressing experiences were but brief moments in her life. In the second case, the goal was to restore the child's sense of order and safety in the world by educating her about the reality of her image and helping her remember that it was a fragment of a movie. The intervention changed her association with the image. The goal of the third case was to facilitate a new sense of self through promoting assimilation of different images of self and the accommodation of a new cognitive scheme of self. In Case Four, the goal was to promote integration of memories forgotten and synthesize all memories to create a composite pleasant schema.

5. The next goal is to promote mastery through having the patient practice choosing what will be figure and what will be ground. This exercise in focusing allows the patient to symbolically demonstrate the capacity not only to pull the thread of an event out of the fabric of time, but also to re-weave it so it is not noticeable amongst the other threads. This would be focusing on one TV screen as opposed to another, focusing on several TVs at once, or looking at different photos in a collage or book.

6. Finally the patient is given the suggestion that whenever the intrusive image occurs, s/he only has to see that image against the ground created in the session and begin to manipulate the entire image in ways that make sense to her/him.

Cautions

This technique is not for individuals who are experiencing overwhelming affect by exposure to the intrusive recurring stimuli. The individual must have enough ego strength to be able to tolerate looking at the image, knowing that you, the therapist, are standing by to help. This technique should not be used with those traumatized individuals where the image is enough of a trigger for the conditioned response to break through the hypnotic state and lose the therapeutic rapport, or state of concentration, absorption and susceptibility to suggestion.

In Closing

This technique is an example of how hypnosis can be used to facilitate cognitive interventions to restore the flow of time within consciousness and allow for learning within a Piagetian model of accommodation and assimilation. The intrusive image is worked with in such a way as to embed it within a larger image so that there is new context and new meaning. This technique is a structural intervention in that its main focus is to create a figure/ground. The hypnotic state allows for directed attention and facilitation of metabolizing of not only the affect but an integration of diverse images that in a dialectical process allows for the formation of a new world image that in itself becomes a new cognitive scheme.

References

Araoz, D. L. (1985). The new hypnosis. New York: Brunner Mazel

Assagiolli, R. (1965). Psychosynthesis. New York: Viking Press

Bakan, P. (1980). Imagery raw and cooked: A hemispheric recipe. In J. E. Shorr, G. E. Shobel & P. Robin et al (Eds.), Imagery: It's many dimensions and applications. Los Angeles: American Association of Mental Imagery

Davidson, L. M. & Baum, A. (1989, August). Chronic stress and combat exposure. Paper presented at the meeting of the American Psychological Association, New Orleans

Hammond, D. C. (1990) Handbook of Hypnotic Suggestions And Metaphors. NY: Norton

Holroyd, J. (1987) How hypnosis may potentiate psychotherapy. American J Of Clinical Hypnosis, 29,194-200

Holroyd, J. (1989) Hypnotherapy with a stroke patient. International J of Clinical and Experimental Hypnosis, 37, 120-127

Horowitz, M. (1970). Image formation and cognition. New York: Appleton-Century-Crofts

Horowitz, M. (1976). Stress Response Syndromes. New York: Aronson

Jannoff-Bulman, R. (1992). Shattered Assumptions: Towards a New Psychology of Trauma. New York: The Free Press

King, D. L. (1983). Image Theory of Conditioning, In Sheikh, A. S. (Ed.) Imagery: Current Theory Research, and Application. NY: J. Wiley & Sons

Korn, E. R. & Johnson, K. (1983). Visualization: The uses of imagery in the health professions. Homewood: Dow Jones-Irwin

Kreitler, H. & Kreitler, S. (1972) The model of cognitive orientation: Towards a theory of human behaviour. British J of Psychology. 63(1) 9-30

Kroger, W. S. & Fezler W. D. (1976). Hypnosis and behavior modification: Imagery conditioning. Philadelphia: J. B. Lippincott Company

Lang, P. (1979). A bio-informational theory of emotional imagery. Psychophysiology, 16, 495-512

Lusebrink, V. B. (1990) Imagery and Visual Expression In Therapy. New York: Plenum

Klinger (1980). Therapy and the flow of thought. In J. E. Shorr, G. E. Sobel, P. Robin, & J. A. Connella (Eds.), Imagery: It's many dimensions and applications. New York: Plenum

Kosslyn, S. (1980). Image and mind. Cambridge, MA: Harvard University Press

Kroger, W. S. & Fezler W. D. (1976). Hypnosis and behavior modification: Imagery conditioning. Philadelphia: J. B. Lippincott Company

Lazarus, A. (1984). In the mind's eye. New York: Guilford

Lazarus, A. (1976). Multi-modal therapy. New York: Springer

Neisser, U. (1976). Cognition and reality. San Francisco: Freeman

Piaget J. (1952). Origins of Intelligence in Children. New York: International Universities Press

Singer, J. L. & Pope, K. S. (1978) The use of imagery and fantasy techniques in psychotherapy. In J. L. Singer & K. S.. Pope (Eds.), The power of human imagination. New York: Plenum

Shiekh A. & Schaffer, J. T (1979) (Eds.) The potential of fantasy and imagination. New York: Brandon House

Shorr, J. E. (1986) Techniques in Psycho-Imagination Therapy. In Sheikh, A. (Ed.), Anthology Of Imagery Techniques. Milwaukee: American Imagery Institute

Torem, Moshe (1992) Therapeutic Imagery Enhanced by Hypnosis. Psychiatric Medicine, 10,4 1-12

van der Kolk, B.A., McFarlane, A. C. (1996) The Black Hole of Trauma. in van der Kolk, B.A., McFarlane, A. C. & Weisaeth, L. (Eds.), Traumatic Stress. NY: Guilford

Wilson, J. P. (1989) Trauma Transformation and Healing: An integrative Approach to Theory, Research and Post-Traumatic Therapy. NY: Brunner Mazel

Psychosomatik

Vorgehen bei psychosomatischen Patienten

Meiss (2001, in: Revenstorf und Peter, Hypnose in der Psychotherapie, Psychosomatik und Medizin) geht bei psychosomatischen Störungen von folgenden theoretischen Annahmen aus:

- Fehlregulation der Informationsverarbeitung, Rhythmusverlust
- Einseitige Aufmerksamkeitsfokussierung
- Unausgewogenheit zwischen Denkwesen und Fühlwesen
- Alexithymie oder eine andere Wahrnehmungsstörung?
- Psychosomatische Erkrankungen sind oft die Folge
    - von psychophysiologischen Fehlsteuerungen
    - im Zusammenhang mit grundlegenden Lebenseinstellungen
    - und über längere Zeit bestehenden Lebensumständen.

Eine langsame, schleichende Entwicklung macht die Unterschiede nicht mehr wahrnehmbar und verwischt die Zusammenhänge. Es handelt sich um eine wiederholte Darbietung körperlicher Symptome in Verbindung mit hartnäckigen Forderungen nach medizinischen Untersuchungen trotz derer wiederholten negativen Ergebnissen. Sind aber somatische Störungen vorhanden, dann erklären sie nicht die Art und das Ausmass der Symptome, das Leiden und die innere Beteiligung der Patienten. Die Folge ist gewöhnlich beträchtlich gesteigerte Suche nach persönlicher oder medizinischer Betreuung oder Zuwendung. Der Schmerz tritt in Verbindung mit emotionalen Konflikten oder psychosozialen Problemen auf. Diese sollen schwerwiegend genug sein, um als entscheidende ursächliche Einflüsse zu gelten. Störung oder Schmerz stellen eine Schutzfunktion für die gesamte Person dar und können als Warnsignal, das auf einen früheren oder aktuellen Mangel hinweist, verstanden werden.

Diagnostik und Therapie

Sowohl aus diagnostischen als auch aus therapeutischen Überlegungen wird eine Beobachterperspektive eingeführt: Der Patient soll sich eine Person vorstellen, die die gleiche Störung hat, wie der Patient selbst.

Therapeutische Schritte:
- I.   Vorbereitung: Aktivierung der Trance
- II. Aktivierung der Beobachterperspektive
- III. Erweiterung: eine Person, die solche Störung nie bekommt
- IV. Nutzung der „symptomfreien Person" als Ressource

Für Menschen, die auf solch einen direkten Weg keinen Zugang zu derartigen inneren Bildern erreichen können, bietet sich ein indirekteres Vorgehen an, z.B. indem der Patient angeleitet wird, sich ein Tier vorzustellen, welches das bestehende Problem verkörpert. Nachdem dieses Tier intensiv imaginiert wird, soll die Perspektive gewechselt werden, hin zu einem Tier, welches das Symptom nicht kennt und es nicht bekommt. Dieses zweite Tier soll dann das erste beobachten. Auf diese Weise kann ein neuer Blickwinkel geschaffen werden.

Noch indirekter ist die Vorstellung einer Landschaft. Die Arbeit mit Symbolen und Metaphern nimmt dabei einen hohen Stellenwert ein. Durch eine Modifikation der ideomotorisch entstandenen inneren Bilder kann auch das Schmerzempfinden moduliert werden. So kann der Schmerz eine Farbe zugeordnet bekommen und durch Verändern der Farbe eine neue Qualität des subjektiv erlebten Schmerzes erreicht werden. Durch Trainieren, auch im Sinne eines Konditionierungsprozesses, wird eine Generalisierung der Erfahrung und damit eine neue Ressource geschaffen.

Schlafstörungen

An der Universität Tübingen wurde 2007 unter der Leitung von Dr. Angelika Schlarb ein Gruppenprogramm zur Verbesserung der Schlafqualität (Schlarb: „Schlaftraining", unveröffentlichtes Manual, Eberhard-Carls-Universität Tübingen) konzipiert und evaluiert. Es besteht aus sechs Sitzungen und ist vor dem Hintergrund verhaltenstherapeutischer Konzepte aufgebaut.

Ziel des Programms ist einerseits die Vermittlung relevanten Wissens, bspw. hinsichtlich der Regeln für einen guten Schlaf (Psychoedukation) sowie das Bewusstwerden des eigenen Verhaltens durch das Führen eines Tagesbuchs (Selbstbeobachtung). Die Hypnotherapie soll andererseits dem Erreichen eines Entspannungszustandes dienen sowie im weiteren Verlauf durch die Anwendung von Selbsthypnose individualisiert werden.

In der ersten Sitzung findet vorrangig die Psychoeduktion statt, in deren Rahmen auch grundlegendes Wissen zum Schlaf („Schlafarchitektur) vermittelt wird. Des Weiteren erhalten die Teilnehmer einen Theorieinput über die Entstehung und Aufrechterhaltung von Schlafstörungen. Durch einen Selbsttest werden sie angeregt, sich mit den bereits funktionie-renden Schlafregeln zu beschäftigen. Auch die Gestaltung des Schlafraums wird erörtert und es sollen Ideen für die Umgestaltung gesammelt werden. Es wird zudem Wert darauf gelegt, ein Ritual vor dem Zubettgehen zu entwickeln, ehe in einer Gruppentrance ("Ast im Fluss") neue innere Bilder der Leichtigkeit eingeführt werden. Dies ist im Zusam-menhang mit den zuvor erklärten Mechanismen der Schlafstörung zu verstehen, da die meisten Betroffenen mit viel Anstrengung gegen ihr Problem angehen wollen. Zwischen jeder Sitzung ist ab sofort ein Schlafprotokoll zu führen, in dem die "Regeln des guten Schlafs" täglich betrachtet und in ihrer Einhaltung beurteilt werden. Ergänzend sollen die Teilnehmer ein "Kleines Glückstagebuch" führen, in das durch eine Art Alltagstrance jeder Tag Revue passieren soll und fünf Glücksmomente herausgefiltert werden. Eine wichtige Hausaufgabe besteht in der regelmäßigen Rezeption der mitgegebenen Trance. Auch hierüber wird Tagebuch geführt.

Nachdem beim ersten Treffen die Informationsgabe im Vordergrund stand, ist die *zweite Sitzung* der Entspannung ge-widmet. Die Teilnehmer erhalten die Anleitung einer modifizierten Version der Progressiven Muskelrelaxation (PMR) und bekommen den Auftrag, dies in den kommenden Wochen im Sitzen (nicht im Bett!) und nur tagsüber zu üben. Ein weite-rer Schwerpunkt dieser Sitzung besteht in einer frei erweiterbaren Liste mit mehr als 230 Tätigkeiten, die der Teilnehmer hinsichtlich des positiven Charakters einschätzen soll. Die Stunde wird ebenfalls mit einer Trance ("Schlafbaumtrance") abgeschlossen. Die Hausaufgaben und Tagebücher bestehen weiterhin und werden in den Gruppen besprochen.

Die dritte Sitzung steht unter der Überschrift "Gelassenheit" und beinhaltet eine Einführung in die Theorie der Achtsam-keit. Die "Rote-Ballon-Trance" stellt den hypnotherapeutischen Part dar.

In *Sitzung vier* werden Möglichkeiten zur Stressreduktion thematisiert. Hier bilden verhaltenstherapeutische Modelle der Stressentstehung den Hintergrund, ehe die "Wanderer-Trance" die Stunde abschließt.

Sitzung fünf beschäftigt sich mit der Fragestelle, wie man Probleme wirksam lösen kann. Hier wird die anfangs erklärte Theorie der Einflussfaktoren auf Schlafstörungen aufgegriffen, als vermittelt wurde, dass Alltagssorgen einen starken Einfluss auf die Schlafqualität haben. Ziel ist auch in diesem Modul die Förderung der Selbstbeobachtungs- und beurtei-lungsqualität. Des Weiteren steht ein Problemlöse-Plan zur Verfügung, der das strukturierte Herangehen ermöglichen soll. Die Teilnehmer werden zudem instruiert, sich ein Ruhebild zu suchen und Möglichkeiten der Anwendung zu eruie-ren. Ehe es dann um die strukturierte Beschäftigung mit den eigenen Ressourcen und Stärken geht, erfolgt die "Ritter-rüstungstrance".

Die *sechste Sitzung* ist mit dem Thema "Veränderungen" überschrieben. Es erfolgt zuerst eine theoretische Einführung in die Auswirkungen der Implementierung von Veränderungen im Alltag auf sozialer, kognotiver, emotionaler und behavioraler Ebene. Die Teilnehmer sollen dann ihren eigenen Koffer packen, in dem sie all die Dinge aufführen, die sie von dem vorliegenden Programm mitnehmen. Die Trance der letzten Stunde ist die "Geschichte vom Schlafland und vom Wachland".

Zur Wirksamkeit fanden im Untersuchungen im Rahmen von Diplomarbeiten statt, jedoch sind bei der Autorin keine veröffentlichten Wirksamkeitsnachweise zu finden. Darüber hinaus existiert eine Version für Kinder, ein Vorgehen für Jugendliche und ein Training für Eltern von kleinen Kindern mit Schlafstörungen.

Walter, H; Lesch, OM; Stöhr, H; Grünberger, J; Gutierrez-Lobos, K (2006). Reaction to Pain Stimulus Before and During Hypnosis Measured by Pupillary Reaction

American Journal of Clinical Hypnosis, 48:2-3, 145-152
Reprinted with permission from the American Society of Clinical Hypnosis (www.asch.net).

The aim of this study was to investigate the analgesic effects of hypnotic pain control on experimental pain by measuring pupil reac-tions as an objective psycho-physiologic parameter. Twenty-two healthy volunteers (11 female and 11 male) aged between 22 and 35 years participated in the study. Pupil diameter was measured as baseline measurement (i.e., static measurement) in the non-hypnotic and in the hypnotic state. Pupil diameter changes to a standardized pain stimulus were measured in the non-hypnotic and hypnotic state and compared. Additionally, a Fourier analysis of pupil oscillations reflecting central nervous activation during the static measurement (25.6 sec) was calculated. During the hypnotic state the pain related pupil dilation was significantly smaller than during the non-hypnotic state. Pupil oscillations were significantly reduced during hypnosis.

Pain affects non-conscious physiological processes as well as cognitive, emotional ones. Previously, the Gate Control Theory of Melzack and Wall (1965) promoted the concept that painful stimuli are influenced on the spinal level as well as in the brain by emo-tional and cognitive processes. Pain perception is modulated by activation of the reticular formation, located within the limbic system and cortical areas, leading to emotional and cognitive responses that then influence descending fibers. An overview on functional imaging by Derbyshire (1999) provides the present knowledge of alterations in brain function during pain and focuses attention on the major role of the anterior cingulate and somatosensory cortices (see also Derbyshire, Whalley, Stenger, & Oakley, 2004).

Pupillary dilation is a characteristic, non-conscious sign of acute pain, like other physiological measures (e.g. increases in heart rate and blood pressure, as well as palmar hyperhidrosis, hyperventilation, hypomotility, flight response). The smooth muscles of the iris are innervated parasympathetically and sympathetically. Mydriasis is controlled by the dilator muscle, innervated primarily by sympathetic fibers. Pupil constriction (miosis) is controlled by the sphincter muscle, which primarily receives parasympathetic innervation.

Hypnosis is associated with relaxation and pupil constriction, while pain perception is followed by pupil dilation (Biller, 1997). During visual fixation and with constant, moderate, ambient light, pupils tend to be of equal and constant size. One method to trace physiological responses to pain is a software-supported measurement of pupil diameter changes. The autonomic activation measured by static and dynamic pupil measurement and the central activation measured by a Fourier analysis of all the minor pupil oscillations (usually less than 1 mm variation in size) can be tracked.

Laboratory investigations of pain stimuli are restricted to acute pain because of technical and ethical reasons. Shortcomings are therefore (1) that pain can only be induced for a short time; (2) that subjects are less emotionally involved (knowing that the pain is experimental); and (3) that the pain is expected and known to be tolerable. This different response to a sudden and unexpected painful event remains as a limitation of all experimental pain research.

In 1990, Evans investigated hypnosis effectiveness in different types of pain (Evans, 1990). For acute pain, he recommended hypnotic suggestions focusing on anxiety-reduction and emphasis on minimizing the importance of the pain. For chronic pain, Evans suggested directly confronting the pain under hypnosis, dealing with both the pain's physical and psychological effects on the patient (Evans, 1990). Based on these and similar findings, we generally have two principle methods for pain control: The symptom-related and the problem-related approach.

In the authors' view, the symptom-related pain control suits for an acute intervention (accidents, acute pain of any kind) and focuses on analgesia and symptom relief only (relief of acute pain and anxiety). It deliberately does not take into consideration that pain is a warning sign of the body and the aim is to get rid of the pain. Therefore, it can only be applied acutely. If pain continues, mere symptom relief can no longer be the method of choice. In these patients, it is necessary to search for etiological factors to find the reasons for the individual pain sensation.

The problem-related approach attempts to gain control over pain and over problems contributing to the persistence of pain. It fits well for treatment of chronic pain, because it directly addresses pain reduction as well as the problems associated with, or related to, the specific chronic pain. These problems can include fear of death as in chronic cancer pain, general anxiety if a pain does not diminish gradually, or a fear of immobility as in chronic rheumatism.

This study aimed at investigating the pupil reactions to pain stimuli in a non-hypnotic and hypnotic state. As a result of a hypnotic trance, the balance of the autonomic nervous system is shifted toward the parasympathetic side. This effect has mainly been cited in teaching textbooks (e.g., Kossak, 1993) and is widely accepted, but it has not been a major subject of scientific concern. If the assumption is correct, then the pupil dilating effect of pain is expected to be less pronounced during a hypnotic state than in a non-hypnotic state of consciousness because the pupils´ dilating muscles predominantly receive input from the sympathetic system, and constriction is due to parasympathetic activity.

Method

Participants

Twenty-two healthy, medication-free participants, aged 22 to 35 years, volunteered for the study (11 female and 11 male participants) after having been informed of both the study design and procedures, as well as about possible risks. All participants were selected from an available group of 110 persons who had been tested previously with the Stanford Hypnotic Susceptibility Scale Form C. The scores of the group used in the current study had been ascertained to be 8 or more. We chose this highly susceptible group because hypnotic susceptibility is postulated, though contradicted by Barber (1996), to be a good predictor of hypnotic sensory analgesia (Weitzenhoffer & Hilgard, 1962; Hilgard 1965; Hilgard & Hilgard 1975).

Design

We used a repeated measures design with subjects serving as their own controls, and we performed four measurements: baseline, pain reaction (non-hypnotic state), baseline (hypnotic state) and pain reaction in hypnosis. First, for baseline, the static pupil measurement was taken with the head in a fixed position and with open eyes (measurement 1). After administration of the pain stimulus (0.5 seconds) on the right hand, the dynamic pupil measurement followed (measurement 2). Third, a hypnotic trance was induced, and baseline was measured after eye opening (measurement 3) and after deepening and induction of glove anesthesia. The participants again opened their eyes, placed their heads in the fixed position for pupil measurement and the pain stimulus was applied on their right hand (for 0.5 seconds). During the pain stimulus (0.5 seconds), the dynamic pupil measurement was taken (measurement 4). In order to exclude diurnal variation, all participants were tested at the same time (between 1:00 and 2:00 p.m.). Pupil oscillations were also recorded and calculated with a Fourier analysis.

Pain Induction

Several methods exist for experimental pain induction. Methods such as pain in duction by pressure, heat, cold, ice water and frozen alcohol spray have been utilized (Hilgard, Morgan, & Mac Donald, 1975; Hilgard & Hilgard, 1975; Crawford, Knebel, & Vendemia, 1998).

Prior to this study, and with different participants, we had undertaken a test series in which we used an ice spray (di-methyl-ether) which had been proven to be effective and safe (no allergic reactions). To elicit pain in this study, we again used di-methyl-ether in our investigation. After the (software-guided) baseline static pupil measurements we delivered a focused application of the ice spray for half a second (minus 50 Celsius) on the back of the right hand. The pain reaction was then measured with dynamic pupil measurement.

Hypnosis Induction

For the pain control, we did not focus on the affective component of pain (which can be expected to be rather low in an experimental setting); instead, we used a glove anesthesia metaphor. After the induction period with eye closure, rapport, pacing, leading and its repetition, we used direct and indirect relaxation suggestions (e.g., "while you feel the contact of your body to the chair, you may feel relaxed and perceive a special kind of inner freedom"; "the easier you breathe in and out, the more relaxed you will become..."). Once participants had been hypnotized, we utilized the laboratory situation (e.g. "the science laboratory is the place where you can ask yourself questions... the place where you can really be curious," etc.) and we used further suggestions of relaxation for trance deepening already indicating the sensory detachment to come (e.g., while leaning back, you can leave your body and conscious mind here, asking questions, receiving answers, while letting your inner self go to a place where you can feel safe and fine, where you can relax even more deeply; doing all these things at the same time, you are able to just leave your right hand here to become more and more unsusceptible"). Finally a short metaphor of glove anesthesia (..."remember the feeling or imagine a glove that is much too tight...and you have put it on your hand...") was used to develop sensory dissociation and replace it by a feeling of numbness on the back of the right hand where later the pain stimulus was applied. The script was standardized and each participant underwent the same hypnotic session during which the measurements took place (i.e., no recordings were used). Hypnosis was always provided by the same person, an experienced therapist, trained in classical hypnosis and Ericksonian approaches to clinical hypnosis. The only variable parameter was time, but this was minimal (plus or minus 5 minutes).

Pupil Measurement

The method of measuring static (baseline) and dynamic (stimulus dependent) papillary reaction has been published elsewhere (Grünberger, Linzmayer, Grünberger, & Saletu, 1992). With a fixed head position, a camera which is connected to a computer, measures over a period of 25.6 seconds the vertical pupil diameter (static pupil measurement). Subsequent to baseline measurements, a pain stimulus of minus 50 degree Celsius for 0.5 seconds was applied, followed by the dynamic pupil measurement (i.e., latency, relative and absolute change, and half-life time of the change). Additionally, a Fourier analysis calculated the oscillations of the pupil. During the 25.6 seconds of the static measurement, the oscillations were also recorded, reflecting the activation of the brain.

Before calculating the Fourier analysis, blinking of the eyelids was excluded. This was achieved by a technique called the "Grünberger'sche Glättung," which means that a computer program continuously compares each incoming signal's value with the next one, calculating the difference between these values. If the calculated difference exceeds a predefined reference value, the incoming signals are continued to be recorded until the values are within the reference range again. Both values, which mark the start and the end of an eye blink, are then connected linearly. Thereby, the values which exceed the range are excluded from further data processing. For the Fourier analysis, five individual frequency bands: 0.0 to 0.2, 0.21 to 0.4, 0.41 to 0.6, 0.61 to 0.8, 0.81 to 1 Hz. and also the whole power spectrum was used (Grünberger, Linzmayer, Grünberger & Saletu, 1994).

Results

As the analysis of the data by Levene test showed that the data were not normally distributed, we chose non-parametric tests for data analysis. To compare the dependent variables of 22 subjects and four measurements each (baseline, pain stimulus, baseline-hypnosis and pain stimulus-hypnosis), we used the Wilcoxon-Test (Sachs, 1972). Wilcoxon is the most useful test to see whether the values in two samples differ in size. It resembles the median test in scope but it shows a higher sensitivity.

A statistically significant reduction of the baseline value (the last measured value before stimulus application) was found when the pre-hypnotic and the hypnotic conditions were compared ($z = -1.96$, $p < 0.05$). We found that the pain stimulus was significantly reduced during hypnosis when compared to non-hypnosis when measured by pupil dilation.

In comparing pupil dilation in the two groups, the pain-induced *maximal* pupil dilation (i.e. maximal pupil diameter change) differed significantly between the measurements before and during hypnosis ($z = -3.20$, $p < 0.01$; $z = -2.29$, $p < 0.05$, Wilcoxon-Test). The decrease of the area under the curve, which represents the maximal dilation of the pupil after pain, was significant ($z = -1.83$, $p < 0.05$). The *absolute* pupil diameter change represents the difference between the initial value and the minimal stimulus value. The pain related absolute pupil diameter change was less during the hypnotic state when compared to the non-hypnotic state ($z = -2.07$, $p < 0.05$; Wilcoxon-Test).

As arousal is related to pupil oscillations, the Fourier analysis showed that the oscillation amplitudes decreased during the hypnotic state (representing a central nervous deactivation) in the frequency band of 0.0 to 0.2 Hz. Also, the power spectrum of the oscillation amplitudes decreased during the hypnotic state ($z = -2.17$, $p < 0.05$; $z = -1.82$, $p < 0.05$)

Discussion

After exposure to pain stimuli, the changes in pupil diameter before and during hypnosis show significant differences. The finding, that the constrictive effect of hypnosis can be detected in the baseline measurement values (non-hypnotic and hypnotic state) and even under the dilating effect of pain, indicates the deactivation of the autonomic nervous system during hypnosis. This finding is in accord with the clinical and research observations, showing that hypnosis with relaxing suggestions can lead to attenuation of arousal (Spiegel, Bierre, & Rootenberg, 1989). The sympathetic nervous system deactivation, directly associated with a shift toward an activation of the parasympathetic system, is reflected by psychophysiologic reactions typical for relaxation.

As predicted, the baseline pupil diameter was smaller during the hypnotic state when compared to the non-hypnotic state. In the non-hypnotic state, the pain stimulus resulted in an average pupil dilation of 4.4 mm, while in the hypnotic state the dilation was only 3.85 mm. We interpret this finding to be a physiological process characteristic for hypnosis. We are tempted to relate these findings to prefrontal and frontal activations found in neuroimaging studies (Walter et al., 1994; Walter, 1994a; Rainville, Duncan, Price, Carrier & Bushnell, 1997; and Rainville et al., 1999). Functional imaging correlating brain activation and subjectively perceived pain intensity showed the areas activated are the anterior cingulate, the prefrontal cortex, and frontal cortical areas (Coghill, McHaffie, & Yen, 2001). We are well aware that studies have to be done confirming these findings and relating them to other measurement methods.

The oscillation frequency analysis of a band 0.0 to 0.2 Hz and of the power spectrum including all frequency bands showed a significant decrease of the amplitudes after the pain stimulus during the hypnotic state. Both findings indicate a decrease of arousal which can be interpreted as an expression of the relaxed hypnotic state and presumably also of the reduced pain perception. The results of this study indicate that the often cited "vagotonus" achieved by hypnosis is able to alter autonomic functions in response to hypnotic suggestions.

This study belongs to the category of basic research whereby its value for clinical hypnosis can only be indirect. In this study, we focused on analgesia, while in clinical hypnosis pain control is achieved by various additional processes. Association and imagination techniques, utilizing the situation, and a modeling of the affective components of pain, to name only a few techniques, will often generate success, as emphasized in the recent overview by Feldman (2004).

Non-pharmacological adjuncts have been suggested as an efficient safe means of reducing discomfort and adverse effects during medical procedures (Lang et al., 2000). According to a separate analysis of the Lang et al. (2000) data, using hypnosis reduced the cost of intravenous sedation in the procedure room by $130 per patient. In addition, hypnosis cut procedure room time by 17 minutes, even though the hypnotic relaxation technique itself required 10 minutes to administer. In addition, hypnosis had a long-lasting effect on pain and anxiety; study researchers observed that even 4 hours after the start of the procedure, hypnotized patients were doing much better. Our results provide scientific evidence for hypnosis as an adjunct in pain relief. With this study, the authors hope to encourage the use of hypnosis by contributing to the demonstration of the reliability of hypnotic interventions for pain control.

References

Barber, J. (1996). *Hypnosis and suggestion in the treatment of pain*. New York: W.W. Norton.

Biller, J (Ed.) *(1997) Practical neurology*. Philadelphia: Lippincott, Williams & Wilkins.

Coghill, R. C., McHaffie, J. G., & Yen, Y. (2001). Supraspinal correlates of interindividual differences in pain sensitivity. *Neuroimage, 13*, 873.

Crawford, H. J., Knebel, T., & Vendemia, J. M. C. (1998). The nature of hypnotic analgesia: Neurophysiological foundation and evidence. *Contemporary Hypnosis, 15*(1), 22-33.

Derbyshire, S. W. G. (1999). Imaging the Brain in Pain. *American Pain Society Bulletin*, May/June 1999, 9/3. Retrieved May 30, 1999, from www.ampainsoc.org/pub/bulletin/may 99/researc.htm.

Derbyshire, S. W. G., Whalley, M. G., Stenger, V. A., & Oakley, D. A. (2004). Cerebral activation during hypnotically induced and imagined pain. *Neuroimage, 23*(1), 392-401.

Evans, F. J. (1990). Hypnosis and pain control. *Australian J of Clinical and Experimental Hypnosis, 33*(1), 1-10

Grünberger, J., Linzmayer, L., Grünberger, M., & Saletu, B. (1992). Pupillometry in clinical psychophysiological diagnostics: Methodology and proposals for application in Psychiatry, *Israel J of Psychiatry and Related Sciences*, 29(2), 100-113.

Grünberger, J., Linzmayer, L., Grünberger, M., & Saletu, B. (1994). Eine neue methode zur messung der zentralen aktivierung: Fourier analyse der pupillenoszillation bei depressiven patienten. [A new method to measure central activation: Fourier analysis of pupil oscillations in depressed patients]. *Wiener Klinische Wochenschrift*, 106(6), 164-170.

Feldman, J. B. (2004). The neurobiology of pain, affect and hypnosis. *American J of Clinical Hypnosis, 46*(3), 187-200.

Hilgard E. R. (1965). *Hypnotic susceptibility*. New York: Harcourt, Brace & World

Hilgard, E. R., & Hilgard, J. R (1975). *Hypnosis in the relief of pain*. Chicago: Kaufmann.

Hilgard, E. R., Morgan, A. H., & Mac Donald, H. (1975). Pain and dissociation in the cold pressor test: A study of hypnotic analgesia with "hidden reports" through automatic key pressing and automatic talking. *J of Abnormal Psychology*, 84(3), 280-289.

Kossak, H. C. (1993). *Lehrbuch hypnose, kapitel 25 [Hypnosis textbook, chapter 25]*. Weinheim, Germany: Beltz Psychologie Verlags Union.

Lang E. V., Benotsch, E. G., Fick, L. J., Lutgendorf, S, Berbaum, M. L., Berbaum, K. S., Logan, H., & Spiegel, D. (2000). Adjunctive non-pharmacological analgesia for invasive medical procedures: A randomized trial. *Lancet, 29*, 355 / 9214, 1486-90

Melzack, R. & Wall, P. (1965). Pain mechanism: A new theory. *Science, 50*, 971-979.

Rainville, P., Hofbauer, R. K., Paus, T., Duncan, G. H., Bushnell, M. C., & Price, D. (1999). Cerebral mechanisms of hypnotic induction and suggestion. *J of Cognitive Neuroscience*, 11(1), 110-125.

Rainville, P., Duncan, G. H., Price D. D., Carrier B., & Bushnell M. C. (1997). Pain affect encoded in human anterior cingulate but not somatosensory cortex. *Science, 277*, 968-971.

Sachs, L. (1972). *Statistische auswertungsmethoden [Methods of statistics]*. Berlin-Heidelberg-New York: Verlag Springer.

Spiegel, D., Bierre, P., & Rootenberg, J. (1989). Hypnotic alteration of somatosensory perception. *American J of Psychiatry, 146*(6), 749-754.

Walter, H., Podreka, I., Hajji, M., Musalek, M., Passweg, V., Suess, E., Steiner, M., & Lesch, O.M. (1994). Brain blood flow differences between hypnosis and waking state. Communicazioni scientifiche di psicologia generale. *Hypnosis and Suggestion: Cognitive and Psychophysiological Aspects. 12*, 41-52.

Walter, H. (1994). It needs a forebrain to get hypnotized. *The International Society of Hypnosis. Newsletter*, Feb.1994, *16*, 2, 22.

Weitzenhoffer, A.M. & Hilgard, E. R. (1962). *Stanford Hypnotic Susceptibility Scale, Form C*. Palo Alto, CA: Consulting Psycholological Press.

Hypnotherapie bei Kindern und Jugendlichen

Cohen, D; Olness; K; Colwell S. & Heimel, A. (1990). Entspannung und mentales Vorstellungstraining in der pädiatrischen Sprechstunde. Selbsthypnose in der Behandlung von 505 Kindern und Jugendlichen.

Hypnose und Kognition, Nr. 7 (1); 30-40.
Nachdruck mit Genehmigung der M.E.G.: Hypnose und Kognition (www.meg-hypnose.de)

Zusammenfassung:

Der Artikel stellt Ergebnisse hypnotherapeutischer Interventionen bei 505 Kindern und Jugendlichen dar, die von vier Kinderärzten während eines Jahres behandelt wurden; der Zeitraum der Nachuntersuchung betrug 4 bis 24 Monate. Behandelt wurden Enuresis und Encopresis, akute und chronische Schmerzen, Asthma, Verhaltensstörungen, Fettsucht und Angst.

Bei Anwendung strenger Kriterien zur Überprüfung der Fortschritte und im Bewusstsein, dass einige der Zustände chronisch sind, hält die Forschungsgruppe fest, dass 51% der behandelten Kinder und Jugendlichen ihre Probleme vollständig bewältigten, dass darüber hinaus 32% erhebliche Verbesserungen aufwiesen, dass 9% anfangs/oder graduelle, positive Veränderungen erreichten - und dass 7% ohne sichtbare Änderung oder Verbesserung blieben. Bereits dreijährige Kinder wandten erfolgreich Selbsthypnosetechniken an. Mit zunehmendem Alter der Kinder wuchs die Routine im Umgang mit der Selbsthypnose. Bemerkenswert war eine gegenläufige Korrelation (p < .001) zwischen der Anzahl von Besuchen und dem klinischen Erfolg, was den Schluss nahe legt, dass eine Vorhersage der Erfolgsbereitschaft des Klienten nach vier oder weniger Sitzungen möglich ist.

Hypnose und therapeutische Techniken, die mit ihr zusammenhängen, waren und sind Teil alter und moderner Zivilisationen (Olness 1981, Tinterow 1970, Tart 1972). Hypnotische Phänomene, welche auch Kinder einschlossen, waren wahrscheinlich integraler Bestandteil vorwestlicher Kultzeremonien und Stammesriten und lassen sich durch Aktivitäten wie rituelle Tänze, Gesänge, meditative Übungen, Sandzeichnungen usw. kennzeichnen; Zeugnisse dieser Vorgänge sind in der Literatur, in Skulpturen und Malereien überliefert (Olness 1981, Tinterow 1970, Tart 1972). Die frühe Verwendung hypnotischer Phänomene zur Behandlung von Kindern begegnet uns in der Arbeit von Franz Mesmer gegen Ende des 18. Jahrhunderts, der Arbeit von John Elliotson mit Hypnoanalgesie um 1840 (Elliotson 1843) und vieler anderer.

Die Arbeit von Milton Erickson - in den fünfziger und sechziger Jahren - betont die natürlichen Fähigkeiten von Kindern zur Aktivierung spontaner Tranceressourcen (Erickson 1958). In der zweiten Hälfte unseres Jahrhunderts lebte das Interesse an Hypnose und den damit verbundenen alternativen Therapien deutlich auf. Dies ist ablesbar an der höheren Anzahl von Berichten über unterschiedliche klinische Anwendungen von Hypnose (Olness & Gardner 1978, Martin 1983). Diese Berichte geben Zeugnis von einer sinnvollen Anwendung auf vielen Gebieten der medizinischen und psychotherapeutischen Arbeit mit Kindern und Jugendlichen. Es betrifft die allgemeine Pädiatrie, die Schmerzkontrolle (Adolsek & Novik 1980, Olness 1981, Zeltzer et al. 1979), die Verhaltensstörungen sowie neurotische Symptome, Enuresis und Encopresis (Johnson 1981), Migräne und unbestimmte Kopfschmerzen (Olness & McDonald 1981), Drogenmissbrauch (Baumann 1970), pädiatrische Notfallmedizin (Kohen 1986), Unterleibsuntersuchungen (Kohen 1980), Hämophilie sowie chronische bzw. unheilbare Krankheiten (LeBaw 1970, Gardner 1976).

Generell besteht ein Mangel an langfristigen Nach-Untersuchungen in der Behandlung von Kindern und Jugendlichen, was die individuelle Psychotherapie, die Familientherapie, die Gruppentherapie, das Bio-Feedback und die Hypnotherapie betrifft. Die zahlreichen klinischen Krankheitsberichte zu verschiedenen therapeutischen Interventionen konzentrieren sich auf die Interpretation und theoretische Aufbereitung, die die Wahl einer Therapie begründen; Followup-Untersuchungen zu den möglichen Ergebnissen fehlen. Kindertherapeuten und anderen Experten aus diesem Bereich mangelt es an indikatorischen Richtlinien, um empfehlende Aussagen über Art und Dauer therapeutischer Behandlungen für Kinder und Jugendliche machen zu können.

Hypnose ist definiert worden als ein veränderter Bewusstseinszustand, der normalerweise (aber nicht immer) Entspannung einschließt und in dem ein Individuum seine Konzentration auf eine bestimmte Idee oder ein bestimmtes Bild richtet, um ein Ziel zu erreichen oder ein persönliches Potential zu maximieren (Olness & Gardner 1978, Gardner & Olness 1981). Viele klinische Beobachter haben die Bedeutung der sinnlichen Vorstellungskraft (Imagination) und ihrer grundlegenden Rolle bei der Hypnose - insbesondere bei Kindern - bemerkt (Olness 1981, Tinterow 1970, Elliotson 1843, Braid 1889/1960). Selbsthypnose (bei Kindern) wird als Entspannungs-Imaginations-Übungen definiert, in denen sowohl die Fähigkeit zur (körperlichen) Entspannung als auch die Fähigkeit zum Gebrauch und zur Steigerung der sinnlichen Vorstellungskräfte geübt und vertieft wird. Entwicklungspsychologische Daten und klinische Beobachtungen legen den Schluss nahe, dass die Produktion internaler Sinneseindrücke eine natürliche Ressource von Kindern und Jugendlichen ist.

Die Untersuchungsergebnisse lassen die allgemeine Schlussfolgerung zu, dass genau diese Fähigkeiten mit der Geschwindigkeit und dem Erfolg verbunden sind, mit denen Kinder Selbsthypnose anwenden und zur Verbesserung ihrer Situation benutzen (Olness 1981). Die 505 behandelten Kinder wurden in jedem einzelnen Falle dazu angeleitet, sich körperlich zu entspannen und ihre imaginativen Fähigkeiten in ihre eigene Behandlung einzubringen.

Methode

Von vier Kinderärzten wurde ein einheitliches Datensammelblatt für Patienten entwickelt, die in Selbsthypnose instruiert wurden. Die vier beteiligten Kinderärzte beziehen hypnotherapeutische Techniken regelmässig in ihre Arbeit ein. Die gesammelten Daten betrafen folgende Punkte: 1) Art des vorgestellten Problems; 2) bisherige therapeutische Massnahmen; 3) angewandte hypnotische Induktionstechniken; 4) vom Patienten beschriebene Imagination; 5) Anzahl der Termine beim Therapeuten; 6) Behandlung; 7) Dauer der Nachuntersuchung. Die Patienten wurden mit "0" eingestuft, wenn keinerlei Veränderung des klinischen Zustands beobachtet oder berichtet wurde, mit "1", wenn sie zu Anfang der Behandlung Verbesserung zeigten, das Selbsthypnosetraining zu Hause jedoch nicht durchführten, mit "2", wenn sich die Probleme mindestens um 50% reduziert hatten und mit "3", wenn das Problem vollständig gelöst war. Zwei Jahre später wurden die Daten aller 505 Patienten noch einmal komplett vom Hauptautor überprüft.

Ergebnisse

Es gibt ein breites Spektrum von Problemen, für welche die an der Untersuchung beteiligten Kinderärzte Hypnotherapie vorschlugen. Die größte Problemgruppe bestand aus 257 Kindern mit nächtlichem Bettnässen; die kleinste Gruppe bestand aus 5 Übergewichtigen Kindern. 115 Patienten wurden während der Behandlungsphase nur einmal gesehen. Bei ihnen ging es um akute Probleme wie Schmerzen durch Wundnähte oder Angst, verbunden mit bevorstehenden Unterleibsuntersuchungen. 73 Kinder hatten eine oder mehrere Sitzungen mit Nachuntersuchungen nach 6 bis 12 Monaten. 126 Kinder kamen mehrere Male und die Nachprüfung erfolgte in einem Zeitraum von 12 Monaten oder mehr. Bei 191 Kindern erfolgte das Follow-Up über einen Zeitraum von 1-6 Monaten. Patienten, die ihr Problem gelöst hatten und die, die sich dazu entschieden hatten, nicht mehr in die Praxis zu kommen, wurden telefonisch befragt. 37 Kinder bzw. 7,3% der Patienten in Kategorie 1 praktizierten die Selbsthypnose in der kinderärztlichen Praxis, nicht jedoch zu Hause. 46 Kinder lernten die Selbsthypnose relativ rasch und zeigten Besserung, brachen das Training jedoch aus folgenden Gründen ab: 1. Ungenügende Motivation, z.B. trocken zu werden oder an Gewicht zu verlieren; 2. Spürbarer Nutzen durch die Beibehaltung der Symptome (sekundärer Gewinn) und 3. Störung durch die Eltern oder andere Familienmitglieder beim häuslichen Selbsthypnosetraining. Im Kontext des letzten Punktes hörten die Kinder oft dann auf, Entspannung und Imagination (Selbsthypnose) zu praktizieren, wenn die Eltern häufig danach fragten bzw., auf dem üben bestanden. Vermutlich wurden hierdurch die Kinder in der Erfahrung bestärkt, dass das Selbsthypnosetraining doch nicht "ihrer" Kontrolle unterliegt. Der ansteigende Ergebniserfolg stand in einer Wechselbeziehung zum ansteigenden Alter, ausgenommen eine Abweichung zwischen dem 7. und 8. Lebensjahr.

Mehr als die Hälfte der Patienten, die ihre Probleme bewältigten, wurden nur ein oder zweimal in der Praxis gesehen und die Nachkontrolle erfolgte anschließend über das Telefon. Von den Patienten, die anfänglich Verbesserungen erzielten, ihr Selbsthypnosetraining (RMI) jedoch zu Hause nicht fortführten, waren 62% viermal oder häufiger in der ärztlichen Praxis erschienen. Andererseits benötigten von den Patienten, die einen vollständigen Erfolg bei der Bewältigung ihrer Probleme erreichten, nur 24% vier oder mehr Praxisbesuche ($p < .001$).

Zu den spezifischen Symptomen
Bettnässen

Das nächtliche Einnässen ist ein Problem, das dem Kinderarzt und Kinderpsychologen häufig vorgetragen wird (Gardner & Olness 1981). Im Allgemeinen ist keine ausgedehnte Untersuchung oder Behandlung angezeigt, es sei denn, Krankengeschichte und körperliche Untersuchung offenbarten organische Probleme. Die Mehrzahl von Bettnässern - über das 5. Lebensjahr hinaus - kann nicht mit definierbaren organischen oder psychologischen Ursachen in Verbindung gebracht werden. Untersuchungen legen nahe, dass solche Behandlungsmethoden am erfolgversprechendsten sind, welche die Eigenverantwortung des Kindes in Bezug auf den Erfolg verstärken (Gardner & Olness 1981, Marshall et al. 1973). Es gibt eine Reihe von Berichten über die erfolgreiche Anwendung von Hypnotherapie bei bettnässenden Kindern (Zeltzer et al. 1979, Olness 1975, Collison 1975, Baumann & Hinman 1974).

45% von 257 Patienten überwanden ihr Bettnässerproblem, wobei ein trockenes Bett an 30 aufeinanderfolgenden Tagen und eine Nachuntersuchung nach 12 Monaten ohne Rückfall als Erfolg definiert wurde. 32% der Patienten mit nächtlichem Bettnässen waren mehr als 50% der Zeit trocken. Die Ärzte haben in diesem Zusammenhang vermerkt, dass Patienten der Kategorie 1 und 2 wegen des elterlichen Drucks ihre Selbsthypnoseübungen nicht praktizierten.

Asthma

Die Veränderung von Lungenfunktionen durch Hypnose bei Erwachsenen ist anhand von Messungen beschrieben worden (Luparello et al. 1970, Phillipps et al. 1972). Von ähnlichen Asthma-Studien bei Kindern ist nichts bekannt. Über Husten, Räuspern und Keuchen bei Kindern als Folge von Suggestion ist berichtet worden (Collison 1975). Es gibt Untersuchungen über die Einstellung des Hustens als Reaktion auf Suggestion in Hypnose, jedoch ohne die damit verbundenen Messungen von Lungenfunktionen. Die RMI-Selbsthypnose wurde erfolgreich bei sechs jugendlichen Asthmatikern angewandt (Zeltzer et al. 1981). 70% von 40 Asthma- Patienten befanden sich in der Kategorie 2 und 20% in der Kategorie 3. Die Patienten in der Kategorie 2 hatten eine verringerte Morbidität mit weniger Ausfällen in der Schule, Aufnahmen in Notfallstationen oder Arztbesuchen. Die Patienten der Kategorie 3 berichteten über keine weiteren Symptome.

Unterleibsuntersuchungen

Die Mehrzahl der Patientinnen, die gynäkologisch untersucht wurden, hatten bereits eine Untersuchung in einer Teenager-Klinik (Kohen 1980). Der Anlass für die Untersuchung reichte von jährlichen Untersuchungen des Abstriches bis hin zur Überprüfung von Schwangerschaftsdiagnosen. 30 Patientinnen hatten sich vorher noch keiner Unterleibsuntersuchung unterzogen und 56 hatten bereits mindestens eine hinter sich. 97% oder 84 von 86 Patientinnen wurden in Kategorie 2 oder 3 eingeordnet, und zwar in Bezug auf eine verringerte Anspannung während der Unterleibsuntersuchung. Patientinnen mit früheren Unterleibsuntersuchungen berichteten spontan, dass sie Entspannungs- Imaginations-Übungen während der Unterleibsuntersuchungen den Vorzug geben würden. 16% der Patientinnen mussten zu einer weiteren oder mehreren Untersuchungen kommen und jede von ihnen fragte nach der RMI und fühlte sich mit den RMI-Übungen bei den weiteren Unterleibsuntersuchungen wohl. Die durchschnittliche Anzahl der Praxisbesuche für die Patienten der Kategorie 0 war 3,6; bei Kategorie 1 waren es 4,9, bei Kategorie 2 waren es 4,3 und bei Kategorie 3 waren es 2,6, wobei mehr als die Hälfte aller Patienten der Kategorie 3 nur ein oder zwei Praxisbesuche in Anspruch nehmen mussten.

Kopfschmerzen

70% von 27 Patienten mit wiederkehrenden Kopfschmerzen bewältigten ihre Symptome vollständig und 30% erzielten eine Reduktion in der Häufigkeit von 50% oder darüber. Diese Ergebnisse befinden sich in Übereinstimmung mit anderen klinischen Berichten über die Anwendung von RMI bei Kopfschmerzen und besonders bei Migräne (Olness & McDonald 1981). Diese Resultate bestätigen klinische Erfahrungen und die Empfehlung der Anwendung von RMI, wenn die medizinische Untersuchung eine organische Erklärung für wiederkehrende Kopfschmerzen ausgeschlossen hat.

Verhaltensstörungen

Hierunter wurden folgende Symptome erfasst: Ticks, Schlafwandeln, stockendes Sprechen, Fingernägelkauen, nächtliches Schaukeln und Daumenlutschen. 82% erlernten und wendeten die Selbsthypnose RMI gut an und reduzierten dabei die Häufigkeit ihres Symptoms erheblich oder eliminierten es vollständig (48%).

Encopresis (Einkoten)

Bei Kindern mit Encopresis wurde die Selbsthypnose als begleitende Therapie eingebracht, um in erster Linie die Fähigkeit des Kindes zu fördern, den gesamten Behandlungsplan aktiv zu bewältigen, der zuweilen Einläufe und Diätänderungen beinhaltete. 12 von 19 dieser Kinder wiesen während des folgenden Untersuchungszeitraumes eine signifikante Besserung auf.

Angst

Angst geht mit vielen anderen pädiatrischen Krankheiten und Massnahmen einher. Besonders ausgeprägt war der Ausdruck allgemeiner psychogener Angst auch bei zwei Teenagern mit Spritzenphobien, die zur Vermeidung schrieen und weinten und Spritzen in die Venen aufgrund negativer Erfahrungen abwehrten. Weniger häufig waren Jugendliche mit Krebsphobien, die sich in einer zwanghaften Aufmerksamkeit oder verbalen Ausbrüchen über unbedeutende oder nicht vorhandene körperliche Veränderungen manifestierten. Zwei dieser Patienten hatten kürzlich den Tod eines nahen Familienangehörigen miterlebt. Die Personifizierung der Krebsfurcht kumulierte mit der üblichen Konzentration auf körperliche Veränderungen in der frühen Jugendzeit und dem Prozess des Trauerns. Unterschiedliche medizinische Vorgänge stellten weitere angstauslösende Situationen dar. Alle Patienten zeigten eine signifikante Verringerung ihrer Symptome durch Selbsthypnose (RMI).

Schmerz

Die Quantifizierung der Schmerzverringerung ist generell schwierig (Hilgard & Hilgard 1975, Kroger 1971, Crasilneck & Hall 1975). 19 von 36 Patienten (53%) mit einem primären Schmerzsymptom berichteten vom vollständigen Verschwinden des Schmerzes, wobei das Ausbleiben des Schmerzes subjektiv (Bericht) oder objektiv (Beobachtung) bestimmt wurde. Weitere 16% konnten die Schmerzintensität beeinflussen (modulieren).

Übergewicht / Fettleibigkeit

Nur einer von fünf Patienten war in der Lage, den gewünschten Gewichtsverlust unter Anwendung des RMI zu halten.

Diskussion

Die Analyse von 505 Kindern und Jugendlichen mit unterschiedlichen Verhaltensstörungen zeigte die Bedeutung einer repräsentativen, langfristig angelegten Untersuchung sowie die inhärenten Schwierigkeiten, selbst für Kliniker mit großer Initiative, auf. Die langfristige Nachuntersuchung von Patienten wird erschwert durch die mangelnde Bereitschaft von Fachleuten aus dem Gesundheitswesen, Zeit zu investieren und noch wichtiger, aus einigen ihrer unvermeidlichen Fehler zu lernen. Langfristige Nachuntersuchungen von Patienten, die sich mit experimentellen Interventionen einverstanden erklärten, sind nicht repräsentativ. Patienten, die sich selbst selektieren, kooperieren vielleicht besser als die allgemeine Population oder müssen vielleicht für ihre Besuche in der Praxis nichts bezahlen.

Diese Studie lässt keine Verallgemeinerung auf die Gesamtheit der Population zu. Selbsthypnose, Entspannungs-Imagination (RMI), wird noch nicht gut genug verstanden oder als routinemässige therapeutische Möglichkeit angenommen. Diese Studie unterstreicht das Bedürfnis, Verhaltenstherapeuten darin zu ermutigen, festzustellen, wie viele ihrer Patienten eine therapeutische Behandlung abschließen. Man vermutet, dass die Zahl der Ausfälle hoch ist. Sollte es ein gegenseitiges Einstimmen professioneller Therapeuten auf die Kinder und deren Familie vor der Therapie geben? Selbsthypnose (RMI) unterstreicht die Kommunikation auf dem Interessens- und Entwicklungsniveau des Kindes, ist empfänglich für die Wünsche des Kindes und konzentriert sich auf seine persönlichen Bewältigungsfähigkeiten und Kompetenzen. Das verträgt sich weder mit der Persönlichkeit noch mit den Wünschen aller Eltern und Kliniker. Dieser Artikel berichtet über die Therapie-Ergebnisse bei 505 pädiatrischen Patienten, denen aufgrund ihrer Verhaltensprobleme Selbsthypnose (RMI) vermittelt wurde. Die Beobachtungen unterstützen folgende Annahmen:

(1) Selbsthypnose - Entspannungs-Imaginations-Übungen - ist ein nützliches Instrument zur Bewältigung einer großen Anzahl klinischer pädiatrischer Probleme.

(2) RMI bedarf weder langer Besuche in der Praxis noch einer lang anhaltenden Behandlung. Der Erfolg ist oft schon nach vier oder weniger Sitzungen sichtbar. Falls nach vier Kontakten keine positive Veränderung eintritt, liegt es nahe, dass wahrscheinlich diese therapeutische Technik nicht geeignet ist.

(3) Die Erfolgsrate bestätigt die Anwendung von Selbsthypnose (RMI) als sinnvolle Zusatzbehandlung und als eine primäre therapeutische Möglichkeit bei Störungen wie Bettnässen, Kopfschmerzen, gynäkologischen Untersuchungen und Angst.

(4) Der Erfolg in der Problembewältigung der Patienten scheint mit dem Alter zu korrelieren und nimmt mit diesem zu. Während sich dies als günstig für die Probleme erwies, die in dieser Studie untersucht wurden, wurde ausserdem berichtet, dass einzelne kleine Kinder Selbsthypnose erfolgreich einsetzen können (Gardner & Olness 1981).

(5) Vermehrter elterlicher Druck zu üben führte bei den Kindern meist zum Einstellen der RMI-Übungen. Bei diesem therapeutischen Vorgehen liegt jedoch die Betonung auf der eigenen Kontrolle und Bewältigung seitens des Kindes und elterliche Hinweise stehen damit nicht im Einklang.

(6) Patienten und Eltern berichten, dass sich der therapeutische Erfolg generalisierend auf andere Gebiete im Leben des Kindes ausweitete.

Kenntnisse und Training zur Anwendung von RMI könnten sich als eine nützliche und willkommene Ergänzung des therapeutischen Instrumentariums vieler Kliniker in der Behandlung von Kindern und Jugendlichen erweisen. Mit wachsender Beachtung und Erfahrung in der therapeutischen Anwendung und ihren Ergebnissen sowie mit wachsendem Interesse an kreativen Prospektivstudien auf diesem Gebiet wird sich die RMI (Hypnosetherapie) zu einem klarer definierten Gebiet entwickeln, sowohl im Bereich wissenschaftlicher Untersuchungen als auch in der klinischen Praxis.

Literatur

Andolsek, K. & Novik, B. (1980). Use of hypnosis with children. J of Family Practice, 10, 503

Atkeson, B.M. & Forehand, R. (1978). Parent behavior training for problem children: An examination of studies using multiple outcome measures. J of Abnormal Child Psychology, 6, 449-460

Braid, J. (1889/1960). Neurohypnology: Or the Rational of Nervous Sleep (revised as Braid on Hypnotism). New York: Julian Press.

Bramwell, M.M. (1956). Hypnotism: Its History, Practice and Theory (reissued with new introduction). New York: Julian Press

Baumann, F.W. (1970). Hypnosis and the adolescent drug abuser. American J of Clinical Hypnosis, 13, 17-21

Baumann, F.W. & Hinman, F. (1974). Treatment of incontinent boys with nonobstructive disease. J of Urology, 111, 114-116

Collison, D.R. (1970). Hypnotherapy in the management of nocturnal enuresis. Medical J of Australia, 1, 52-54

Collison, D.R. (1975). Which asthmatic patients should be treated by hypnotherapy? Medical J of Australia, 1, 776

Crasilneck, H.G. & Hall, J.A. (1975). Clinical Hypnosis: Principles and Application. New York: Grune & Stratton

Dikel, W. & Olness, K.N. (1980). Self-hypnosis, biofeedback, and voluntary peripheral temperature control in children. Pediatrics, 66, 335

Davids, A. & Salvatore, P. (1976). Residential treatment of disturbed children and adequacy of their adjustment: A followup study. American J of Orthopsychiatry, 42, 62-73

Elliotson, J. (1843). Numerous Cases of Surgical Operations without Pain in the Mesmeric State. Philadelphia: Lea and Blanchard.

Erickson, M.H. (1958). Pediatric hypnotherapy. American J for Clinical Hypnosis, 1, 25- 29

Erickson, M.H. (1980). The Collected Papers of Milton H. Erickson on Hypnosis, Vol IV. (ed by E.L. Rossi). New York: Irvington Publishers

Gardner, G.G. (1976). Childhood, death, and human dignity: Hypnotherapy for David. International J of Clinical and Experimental Hypnosis, 24, 122-139

Gardner, G.G. & Olness, K.N. (1981). Hypnosis and Hypnotherapy with Children. New York: Grune & Stratton

Goldsmith, H. (1962). Chronic loss of bowel control in a nine-year- old child. American Jounral of Clinical Hypnosis, 4, 191-193

Haber, C.H., Nitkin, R. & Sheneker, L.R. (1979). Adverse reactions to hypnotherapy in obese adolescents. A developmental viewpoint. Psychiatric Quarterly,51,55-63

Hilgard, E.R. & Hilgard, J.R. (1975). Hypnosis in the Relief of Pain. Los Altos, Calif.: William Kaufman

Hogan, M., Olness, K.N. & MacDonald, J. (1985). Voluntary Control of Auditory Evoked Potentials by Children. American J of Clinical Hypnosis, 3, 91-94

Jacob, T., Magnusson, M.G. & Kemper, N.M. (1972). A followup of treatment terminators and remainders with long-term and short-term symptom duration. Psychotherapy: Theory, Research and Practice, 9, 139-142

Johnson, R.L. (1981). Use of hypnosis with enuretic adolescents. J of Current Adolescent Medicine, May

Koch, E. (1973). Observation on followup contacts with former child analytic patients. J of the American Academy of Child Psychiatry, 12, 223-246

Kohen, D.P. (1980). Relaxation / mental imagery (self-hypnosis) and pelvic examinations in adolescents. J of Developmental and Behavioral Pediatrics, 1(4)

Kohen, D.P. (1986). Applications of relaxation mental imagery (self hypnosis) in pediatric emergencies. Int J of Clinical and Experimental Hypnosis, 34(4), 283-294

Kroger, W.S. (1971). Clinical and Experimental Hypnosis. Philadelphia: Lippincott

LaBaw, W.L. (1975). Autohypnosis in hemophilia. Haematologia, 9, 103

Levine, M. (1981). The schoolchild with encopresis. Pediatric Review, 2, 285-290

Lewis, M., et al. (1980). The undoing of residential treatment: A followup study of 51 adolescents. J of the American Academy of Child Psychiatry, 19, 160-71

Luparello, R., Leist, N., Lourie, C.H., et al: Interaction of psychological stimuli and pharmacologic agents on airway reactivity in asthmatics. Psychosomatic Medicine, 32,509

Martin, J. (1983). Hypnosis gains legitimacy, respect in diverse clinical specialities. JAMA, 249, 319-321

Marshall, S., Marshall, H.J.H. & Richards, P.L. (1973). Enuresis: An analysis of various therapeutic approaches. Pediatrics, 52, 813-817

Mason, R.O. (1897). Educational uses of hypnotism: A reply to Prof. Lightner Witmer's Editorial in Pediatrics for January 1, 1897. Pediatrics, 3, 97-105

Masten, A. (1979). Family therapy as a treatment for children: A critical review of outcome research. Family Process, 18, 323-35

Olness, K.N. (1975). The use of self-hypnosis in the treatment of childhood nocturnal enuresis. Clinical Pediatrics, 14, 273

Olness, K.N. (1976). Autohypnosis in functional megacolon in children. American J of Clinical Hypnosis, 19, 28-32

Olness, K.N. (1981). Hypnosis in pediatric practice. Current Problems in Pediatrics 12,8

Olness, K.N. (1981). Imagery (self hypnosis) as adjunct therapy in childhood cancer. American J of Pediatric Hematology/Oncology, 3, 313-321

Olness, K.N. & Conroy, M. (1985). A pilot study of voluntary control of transcutaneous oxygen by children. International J of Clinical and Experimental Hypnosis, 33(1), 1-5

Olness, K.N. & Gardner, G.G. (1978). Some guidelines for uses of hypnotherapy in pediatrics. Pediatrics, 62, 228-233

Olness, K.N. & MacDonald, J. (1981). Self-hypnosis and biofeedback in the management of juvenile migraine. J of Developmental and Behavioral Pediatrics, 2(4),

Olness, K.N., McParland, F.A. & Piper, J. (1980). Biofeedback: A new modality in the management of children with fecal soiling. J of Pediatrics, 96, 505-509

Philipps, R.L., Wilde, J.S. & Day, J.H. (1972). Suggestion and relaxation in asthmatics. J of Psychosomatic Research, 16, 193

Silber, S. (1968). Encopresis: Rectal rebellion and anal anarchy? J of the American Society of Psychosomatic Dentistry and Medicine, 15, 97-106

Tart, C. (Ed.) (1972). Altered States of Consciousness. Garden City, NY: Anchor Books.

Tinterow, M.M. (1970). Foundations of Hypnosis from Mesmer to Freud. Springfield, Ill.: Charles C Thomas.

Zeltzer, L., Dash, J. & Holland, J.P. (1979). Hypnotically induced pain control in sickle cell anemia. Pediatrics, 64, 533-535

Zeltzer, L., LeBaron, S. & Barbour, J. (1981). Hypnosis, asthma control, and compliance in adolescents, J of Allergy and Clinical Immunology

Anbar, RD & Slothower, MP (2006). Hypnosis for treatment of insomnia in school-age children: a retrospective chart review.

BMC Pediatrics 2006, 6:23
Nachdruck des open-source-documents ist ausdrücklich erlaubt. Zitierweise: *doi:10.1186/1471-2431-6-23*

Abstract

Background: The purposes of this study are to document psychosocial stressors and medical conditions associated with development of insomnia in school-age children and to report use of hypnosis for this condition.

Methods: A retrospective chart review was performed for 84 children and adolescents with insomnia, excluding those with central or obstructive sleep apnea. All patients were offered and accepted instruction in self-hypnosis for treatment of insomnia, and for other symptoms if it was felt that these were amenable to therapy with hypnosis. Seventy-five patients returned for followup after the first hypnosis session. Their mean age was 12 years (range, 7–17). When insomnia did not resolve after the first instruction session, patients were offered the opportunity to use hypnosis to gain insight into the cause.

Results: Younger children were more likely to report that the insomnia was related to fears. Two or fewer hypnosis sessions were provided to 68% of the patients. Of the 70 patients reporting a delay in sleep onset of more than 30 minutes, 90% reported a reduction in sleep onset time following hypnosis. Of the 21 patients reporting nighttime awakenings more than once a week, 52% reported resolution of the awakenings and 38% reported improvement. Somatic complaints amenable to hypnosis were reported by 41%, including chest pain, dyspnea, functional abdominal pain, habit cough, headaches, and vocal cord dysfunction. Among these patients, 87% reported improvement or resolution of the somatic complaints following hypnosis.

Conclusion: Use of hypnosis appears to facilitate efficient therapy for insomnia in school-age children.

Background

Insomnia is defined as difficulty in falling asleep, prolonged nighttime awakenings, or insufficient amount or quality of sleep, which affects daytime functioning, despite adequate opportunity for sleep [1,2]. Daytime somnolence associated with insomnia in childhood and adolescence may cause impairment in attention, cognition and memory, which can adversely impact academic performance [2]. In children, insomnia typically is not a primary condition [2], but rather associated with psychological or medical conditions, such as anxiety [3], depression [4], pain [5], asthma and cystic fibrosis [6].

Insomnia affects a large proportion of school-age children. In a survey published in 1997, parents of 987 New York State elementary school children, ages 5–12 years, reported that 11% of their children had difficulty falling asleep, 7% had nighttime awakenings, 17% had difficulty awakening in the morning, and 17% were tired in the daytime [7]. In a 1994–1995 survey of 2,339 US adolescents, 12–16 years of age, 23% reported difficulty with falling asleep or nighttime awakenings once a week or more, and 39% reported frequently waking tired [8]. Insomnia in elementary-school children often involves complaints about nighttime fears and anxiety-provoking dreams [3,9,10]. Sleep disturbances during adolescence can occur as a result of differing bedtimes on school nights as opposed to non-school nights, inadequate parental supervision, environmental factors including use of television and the internet, and consumption of alcohol or caffeine [2]. Adolescents also experience an apparent biologically based delay in the timing of sleep onset and awakening, associated with their pubertal status, which can cause a conflict with the social demands for early morning schooling [11-13]. Treatments for insomnia include cognitive behavioural therapies and pharmacologic therapies [1,2]. However, there is a lack of data regarding the efficacy of pharmacologic agents in the management of children with insomnia [14]. The following types of cognitive behavioural therapies are appropriate for school-age children:

(1) Stimulus-control therapy is intended to teach the child to associate the bed with sleep. With this modality, the child goes to bed only when sleepy, uses the bedroom only for sleep, has a regular wake time regardless of the duration of sleep, and avoids daytime napping [15].

(2) Sleep restriction therapy initially reduces the

Table I: Diagnoses of children who reported insomnia n = 75

	n
No additional diagnosis	11
Pulmonary	
Asthma	22
Vocal cord dysfunction	6
Dyspnea	3
Cystic fibrosis	2
Habit cough	2
Chest pain	1
Other medical	
Headaches	18
Allergies	9
Gastroesophageal reflux	6
Functional abdominal pain	5
Tics	2
Cerebral palsy	1
Osteogenesis imperfecta	1
Ulcerative colitis	1
Psychological	
Anxiety	21
Attention deficit disorder	9
Asperger's syndrome	1
Obsessive compulsive disorder	1
29 children had more than one diagnosis	

amount of time in the bed to the estimated time spent asleep, and then the time is increased in increments every week until optimal sleep duration is achieved [1,2,15].

(3) Relaxation therapies, including imagery training, meditation, hypnosis, progressive muscle relaxation, and biofeedback [1,2].

(4) Education regarding sleep needs and consequences of poor sleep can help decrease anxiety regarding the inability to fall asleep [1,15].

(5) Sleep-hygiene education emphasizes correction of extrinsic factors that may affect sleep, such as pets, television, room temperature, or exercise [1,15].

Most published reports regarding the use of hypnosis as a cognitive therapy for insomnia have involved adults. Instruction of self-hypnosis for relaxation in two sessions to 18 subjects between 29 and 60 years of age was shown to be more effective in improving insomnia than use of nitrazepam or placebo [16]. Among 45 subjects between 23 and 67 years of age, the use of four 30-minute sessions to instruct hypnosis for relaxation and sleep hygiene education was shown to be more effective with insomnia than stimulus- control or placebo therapy [17]. The insomnia of 3 of 6 subjects between 26 and 61 years of age improved following 6 sessions of hypnosis instruction and reinforcement, including two initial sessions that had a total duration of 210 minutes [18]. Single case reports of improvement of insomnia with the aid of hypnosis in children have been published [10,19,20]. Because children are adept at using hypnosis [20], a non-pharmaceutical intervention without side-effects, we chose to study its effect on insomnia in a larger pediatric population. The purposes of this study are to document psychosocial stressors and medical conditions associated with development of insomnia in a large series of school-age children and to report use of hypnosis for this condition.

Methods

A retrospective chart review was undertaken for patients treated for insomnia at the SUNY Upstate Medical University Pediatric Pulmonary Center between 1998 and 2005. Insomnia was defined for this study as trouble falling asleep for more than 30 minutes at least once a week, or nighttime awakening at least once a week. Patients reporting poor quality sleep without associated sleep onset delay or nighttime awakening, or those diagnosed as having central or obstructive sleep apnea were excluded. All 84 patients who reported insomnia were offered and accepted the opportunity to be instructed in self-hypnosis. Of these, 9 were lost to follow-up after the first hypnosis session and were excluded from the analysis. The diagnoses of the remaining 75 patients (57% male) are shown in Table 1, including 39% of the children who had more than one diagnosis. Forty nine percent of the patients were referred for evaluation of pulmonary symptoms. The remaining patients were referred for treatment with hypnosis of non-pulmonary somatic complaints (23%), anxiety (14%), or insomnia (14%). The average age was 12 years (range, 7–17). The average duration of insomnia prior to hypnosis was 3 years (range, 6 months – 5 years). Pharmacologic therapy had been utilized for the insomnia in 11% of the patients, including diphenhydramine (5 patients), amitriptyline (2 patients), clonidine (2 patients), and melatonin (1 patient).

Information was collected regarding the nature of the insomnia, as described by the children's self-reports at the beginning of the first session of hypnosis instruction (duration of symptom, frequency of difficulty with falling asleep and/or nighttime awakenings), re sons cited by the children for the insomnia, and frequency of the hypnotic intervention. Outcome of the intervention was assessed based on the children's self-reports within a month of the last hypnosis session, and when available, children's reports at later times. Resolution of insomnia was defined as sleep onset delay of less than 30 minutes and decreased frequency of nighttime awakenings to less than once a week. No systematic objective measurement strategy for insomnia was utilized before or after the hypnosis intervention, such as a sleep diary or parental observation. Assessment of intervention effectiveness was based on the patients' subjective reports. Patients were evaluated for their respiratory complaints by a thorough review of their history, physical examination, laboratory investigations, pulmonary function testing, and radiological imaging. Medical therapy was prescribed for pulmonary conditions, when indicated. Patients were offered hypnosis for insomnia if they reported this symptom. Also, they were offered hypnosis for respiratory or other symptoms if it was felt that the complaints were amenable to therapy with hypnosis [21-24]. Those who expressed interest were instructed in selfhypnosis techniques by the pediatric pulmonologist. Selfhypnosis instruction typically was provided in one or two 15 to 60 minute sessions.

Table 2: Examples of imagery intended to resolve insomnia

Imagine spending time in your relaxation place until you become tired.

Imagine going to sleep, and notice how you become tired and can fall asleep more easily as you watch yourself falling asleep.

Imagine a master control room in which there are switches or levers that control everything that you do. Find the control panel for your sleep. Change the control panel slowly towards the sleep position, and notice how you become sleepy as this occurs.

While you are in hypnosis, tell yourself that you are becoming sleepy.

The first session included: (1) A description of hypnosis; (2) demonstration of two or three induction techniques; (3) employment of a favorite place imagery and progressive relaxation while in hypnosis in order to achieve relaxation; and (4) development of imagery intended to resolve the insomnia (Table 2). When appropriate, imagery regarding other symptoms was suggested. Patients were encouraged to practice self-hypnosis at bedtime on a nightly basis for at least 2 weeks, and on as needed basis thereafter. If the insomnia did not resolve after the first session, patients were offered a second session during which they were taught how to use hypnosis in order to gain insight into potential stressors. Insight generating techniques included dream analysis, if the patients' sleep was disturbed by nightmares [10], talking about their stressors while in hypnosis, or hypnotic typing using the technique of automatic

106

Table 3: Children's stated reasons for their insomnia n = 75

	Number reporting	Average age (yrs.) +/- S.D.
Stressed by academic issues	21	13.1 +/- 2.1
Fears (being alone, darkness, dying, nightmares, or kidnapping)	19	10.4 +/- 2.4
Stressed by expectations of parents	15	12.6 +/- 2.0
Stressed by parental separation or divorce	11	12.5 +/- 2.7
Difficulty with peers	9	13.4 +/- 3.4
Environmental distraction (e.g. noise in bedroom)	4	10.3 +/- 1.9
Abuse in early childhood	4	13.3 +/- 1.9
Worries about own health	3	12.0 +/- 1.0
Recent move of child with family	3	11.7 +/- 2.5
Loss of significant person (as a result of move or death)	3	11.7 +/- 3.8
Can't stop thinking	2	14.0 +/- 4.2
Upset they cannot fall asleep	2	12.0 +/- 1.0
Blames self for maternal suicide	1	12
Worried about sexual orientation	1	12
Reasons cited only following use of hypnosis for insight		
Worried about safety of family	5	13.2 +/- 1.6
Worried about growing up	2	14.0 +/- 1.6
Too sensitive to other people's fears	1	12

word processing [25]. Sleep hygiene education was provided to patients only if they reported during this session that their sleep was disturbed by environmental factors. Provision of additional sessions was offered to patients with issues amenable to clinical hypnosis other than insomnia. Formal testing for psychological disorders was not utilized as such testing is not used routinely at our Pulmonary Center. Hypnotizability was not assessed because there is little evidence to support the clinical utility of hypnotisability scales with children [20]. This report involved a retrospective chart review without identification of patients, thus exemption was given from review by the SUNY Upstate Medical University Institutional Review Board.

Results

The 75 children's stated reasons for insomnia are listed in Table 3. Younger children were more likely to report that the insomnia was related to their fears (t-test, $p < 0.001$). Following the development of insight using hypnosis, some children concluded that their worries might be addressed with the thoughts and plans listed in Table 4. One session of hypnosis instruction was provided to 35% of the patients, two sessions to 33%, and three or more sessions to 32%. All of the patients demonstrated successful use of hypnosis induction techniques and favourite place imagery during their first hypnosis instruction session. Follow-up after hypnosis instruction was provided for less than a month in 23% of the cases, for 1–3 months in 33%, and for more than 3 months in 44%.

Of the 70 patients reporting difficulty with sleep onset, 77% reported nightly difficulty, 17% reported difficulty 4–6 nights/week, and 6% 2–3 nights/week. Table 5 shows the baseline and outcome data of these patients within a month of the last hypnosis session based on whether the referral diagnosis was insomnia without an associated diagnosis, insomnia with anxiety or attention deficit disorder only, or insomnia associated with a medical condition. Only 10% of the patients reported no reduction in the time required for sleep onset. Of the 21 patients reporting nighttime awakenings, including 16 who also had difficulty with sleep onset, 23% reported nightly awakenings, 33% reported awakenings 4–6 nights/week, and 43% 2–3 nights/week. Among these patients, 52% reported resolution and an additional 38% reported improvement of the awakenings within a month of the last hypnosis session. No patients reported recurrence or worsening of insomnia after the first month following the hypnosis intervention among the 77% who were followed for more than a month Somatic complaints amenable to hypnosis were reported by 41% of the patients. These symptoms included chest pain, dyspnea, functional abdominal pain, habit cough, headaches, and vocal cord dysfunction. Among these patients, 87% reported improvement or resolution of the somatic complaints following hypnosis.

Table 4: Children's thoughts and plans following development of insight regarding their stressors n = 19

	Number reporting
Their fears about their family's safety were unfounded	4
Tutoring at school for a specific subject would be helpful	4
Discussion regarding parents' expectations with their parents would be helpful	3
They should talk with their friends about their feelings	3
They should "go with the flow" rather than become distressed by events	2
Their friends can be trusted	1
They have an ability to control what worries them	1
They should be "more positive"	1

Discussion

In this report, insomnia resolved in the majority of the patients after one or two instruction sessions. Thus, in order to achieve a high rate of improvement, it appears that fewer therapy sessions involving hypnosis may be required than has been suggested for adults [16-18]. The improvement rate in this study is similar to the 85% success rate reported in controlled studies of combinations of behavioral interventions for sleep disturbances in children [15]. Self-hypnosis may be of benefit for insomnia because of its effects in reducing physiologic arousal [20]. Additionally, the patients may have improved because their presleep thoughts were altered by the employed hypnotic imagery and/or derived insights. The new thought patterns may have redirected patients from their usual anxiety provoking thoughts, thus leading to more calm [26]. Further, sleep disturbances may have been reduced as a result the high rate of improvement in the patients' somatic complaints following use of hypnosis. The children's frequent report that their insomnia resulted from issues relating to school, parents, peers, and fears is similar to previous reports of common thought patterns in children with insomnia [27], as well as in adults who report intrusive and worrisome thoughts as the most common reason for their insomnia [28]. Use of hypnosis as a way to generate insight may have been helpful in resolving the insomnia for some of the children. Patients with medical diseases may be more prone to insomnia because they spend more awake time in their bedrooms as result of their illnesses. Thus, they learn to associate the bedroom with non-sleep activities [29]. Also, these individuals may worry about their health and impact of poor sleep on their condition. These thoughts may further aggravate their insomnia [29]. It is notable that in this study those who reported insomnia in association with other medical conditions improved at the same rate as those with insomnia only.

It is unlikely that the results of this study were attributable to chance because the average duration of insomnia was 3 years, while the reported improvement occurred within a month of the intervention. However, in the absence of a controlled study, it is not possible to conclude that improvement of the patients' insomnia required an hypnosis intervention or generation of insight. Potential confounders include the attention patients received as part of the therapeutic interaction, or effects of relaxation or derived insight independent of the hypnotic state. Further, the patients' self-reports regarding their insomnia and changes in their symptoms may have been inaccurate. For example, patients with insomnia often underestimate the time they sleep, overestimate the amount of time it takes them to fall asleep, and can misperceive sleep as wakefulness [29]. Also, patients may have reported improvement in order to please their physician. Thus, future studies of the effects of hypnosis in children would benefit from use of control groups, as well as systematic objective assessment of the patients' sleep patterns, such as based on parental observation, or at least utilization of patient sleep diaries that are kept contemporaneously during the time of study [28]. Additionally, future studies might include patients reporting poor quality sleep, without associated sleep onset delay or nighttime awakening, who were excluded from the current study, as well as systematic follow-up periods of longer than a month following hypnosis. Hypnosis techniques can be used for pre-school children. However, they need to be modified appropriately for the child's developmental age [30]. Further, hypnosis for insomnia with pre-school children should take into account that causes of insomnia in young children usually are different than for older children [27]. For example, sleep problems of pre-school children are more likely to involve issues related to interactions with their parents [27]. Prior to initiation of cognitive behavioral therapy for insomnia it should be determined that the sleep problem is not a symptom of another medical problem such as obstructive sleep apnea or a seizure disorder [15]. The choice of therapy most appropriate for an individual patient should be based on the reason for insomnia as well as the child's ability to cooperate with the therapy [9].

Conclusion

This report demonstrates that instruction in hypnosis, and insight derived from its use, appear to facilitate efficient therapy for insomnia in school-age children as young as 7 years.

References

1. Silber MH: Chronic insomnia. N Engl J Med 2005, 353:803-810.
2. Glaze DG: Childhood insomnia: why chris can't sleep. Ped Clin N Amer 2004, 51:33-50.
3. Stores G: Practitioner review: assessment and treatment of sleepdisorders in children and adolescents. J Child Psychol Psychiatry 1996, 37:907-925.
4. Johnson EO, Chilcoat HD, Breslau N: Trouble sleeping and anxiety/ depression in childhood. Psychiatry Res 2000, 94:93-102.
5. Miser AW, McCalla J, Dothage JA, Wesley M, Miser JS: Pain as a presenting symptom in children and young adults with newly diagnosed malignancy. Pain 1987, 29:85-90.
6. Mindell JA, Owens JA, Carskadon MA: Developmental features of sleep. Child Adolesc Psychiatr Clin N Am 1999, 8:695-725.
7. Blader JC, Koplewicz HS, Abikoff H, Foley C: Sleep problems of elementary school children. A community survey. Arch Pediatr Adolesc Med 1997, 151:473-480.
8. Knutson K: The association between pubertal status and sleep duration and quality among a nationally representative sample of US adolescents. Am J Hum Biol 2005, 17:418-424.
9. Navelet Y: Insomnia in the child and adolescent. Sleep 1996, 19(Suppl 3):S23-S28.
10. Linden JH, Bhardwaj A, Anbar RD: Hypnotically enhanced dreamingto achieve symptom reduction: a case study of 11 children and adolescents. Am J Clin Hypnosis 2006, 48:279-289.
11. Mercer PW, Merritt SL, Cowell JM: Differences in reported sleep need among adolescents. J Adolesc Health 1998, 23:259-263.
12. Carskadon MA, Acebo C: Regulation of sleepiness in adolescents: update, insights, and speculation. Sleep 2002, 25:606-614.
13. Glaze DG, Rosen CL, Owens JA: Toward a practical definition of pediatric insomnia. Curr Ther Res Clin Exp 2002, 63(Suppl B):B4-B17.
14. Reed, Findling: Overview of current management of sleep disturbances in children. I: Pharmacotherapy. Curr Ther Res Clin Exp 2002, 63(Suppl B):B18-B37.
15. Owens JA, Palermo TM, Rosen CL: Overview of current management of sleep disturbances in children. II: Behavioral interventions. Curr Ther Res Clin Exp 2002, 63(Suppl B):B38-B52.
16. Anderson JAD, Dalton ER, Basker MA: Insomnia and hypnotherapy. J Royal Soc Med 1979, 72:734-739.
17. Stanton HE: Hypnotic relaxation and the reduction of sleep onset insomnia. Int J Psychosomatics 1989, 36:64-68.
18. Becker PM: Chronic insomnia: outcome of hypnotherapeutic intervention in six cases. Am J Clin Hypnosis 1993, 36:98-105.
19. Jacobs L: Sleep problems of children: treatment by hypnosis. NY State J Med 1964, 64:629-634.
20. Olness K, Kohen DP: Hypnosis and Hypnotherapy with Children. 3rd edition. New York: The Guilford Press; 1996.
21. Anbar RD: Self-hypnosis for management of chronic dyspnea in pediatric patients. Pediatrics 2001, 107:e21 [http://www.pediatrics.org/cgi/content/full/107/2/e21].
22. Anbar RD: Self-hypnosis for treatment of functional abdominal pain in childhood. Clin Pediatr 2001, 40:447-451.
23. Anbar RD: Hypnosis in pediatrics: applications at a pediatric pulmonary center. BMC Pediatr 2002, 2:11 [http://www.biomedcentral.com/content/pdf/1471-2431-2-11.pdf].

24. Anbar RD, Geisler SC: Identification of children who may benefit from self-hypnosis at a pediatric pulmonary center. BMC Pediatr 2005, 5:6 [http://www.biomedcentral.com/content/pdf/1471-2431-5-6.pdf].

25. Anbar RD: Automatic word processing: a new forum for hypnotic expression. Am J Clin Hypnosis 2001, 44:27-36.

26. Harvey AG, Payne S: The management of unwanted pre-sleep thoughts in insomnia: distraction with imagery versus general distraction. Behav Res Therapy 2002, 40:267-277.

27. Howard BJ, Wong J: Sleep disorders. Pediatr Rev 2001, 22:327-342.

28. Harvey AG, Tang NKY, Browning L: Cognitive approaches to insomnia. Clin Psychol Rev 2005, 25:593-611.

29. Smith MT, Huang MI, Manber R: Cognitive behavioral therapy for chronic insomnia occurring within the context of medical and psychiatric disorders. Clin Psych Rev 2005, 25:559-592.

30. Sugarman LI: Hypnosis: teaching children self-regulation. Pediatr Rev 1996, 17:5-11.

Hypnose in der Somatik

Ein klassischer Anwendungsbereich hypnotischer Techniken ist der Einsatz in der somatischen Medizin. Bis Mitte des 18. Jahrhunderts Lachgas zur Betäubung der Patienten in Mode kam, wurde Hypnose weltweit zur Vorbereitung und Begleitung von Operationen und schmerzhaften Behandlungen eingesetzt. Heute finden derartige Techniken in der pre- und perioperativen Phase sowie in der flankierenden Behandlung von Krebspatienten Einsatz, werden aber auch ergänzend oder alternativ zur gewöhnlichen Betäubung in zahnärztlichen Praxen eingesetzt. Insbesondere bei ängstlichen / phobischen Patienten kann der Arzt mittels Hypnose einen besseren Zugang und eine konstruktive Baisis bei vormals behandlungsunwillige Menschen finden. Weiterhin ist das Wissen um die suggestive Wirkung des Arzt-Patienten-Kontaktes hilfreich, um einen guten Kontakt herzustellen und negative Effekte, bspw. durch eine wenig empathische Vermittlung einer Diagnose oder Prognose, zu verhindern.

Hermes, Trübger, Hakim und Sieg (2004: Perioperativer Einsatz von medizinischer Hypnose - Therapieoption für Anästhesisten und Chirurgen. Der Anaesthesist 4; 326-333) stellten in ihrer Übersichtsarbeit heraus, dass Hypnose kein Ersatz für die etablierten anästhesiologischen Verfahren sind, jedoch eine interessante zusätzliche Therapieoption zur Minderung der Nebenwirkungen, Risiken und Kontraindikationen sind.

Faymonville, Mambourg, Joris, Vrijens, Fissette, Albert, und Lamy (1997: Psychological approaches during conscious sedation. Hypnosis versus stress reducing strategies: A prospective randomized study. Pain 73; 361-367) verglichen in ihrer Studie Stress-reduzierende Strategien mit hypnotischen Interventionen zur Reduzierung der Unannehmlichkeiten während eine plastischen chirurgischen Eingriffs. 60 Patienten wurden randomisiert und mussten vor, während und nach der Operation verschiedene Empfindungen bewerten. Ängste und Schmerzen waren während und nach der OP in der Hypnosegruppe deutlich reduziert, das Wohlbefinden war höher und die Vitalzeichen stabiler.

Fallbericht: Reduzierung der Blutungen unter Narkose

(Ortwin Meiss, Milton Erickson Institut Hamburg)

Eine Patientin mit einem Gewicht von 139kg bei einer Größe von 1,69 m suchte mich auf, um ihr mittlerweile gesundheitsschädigendes Gewicht zu reduzieren. Sie gab als Zielgewicht 75kg an, was in Bezug auf ihre Körpergröße realistisch erschien. Über die Aufarbeitung verschiedener zum Teil traumatischer Erfahrungen veränderten sich ihr Essverhalten und mit dem Gewicht zusammenhängende Lebensgewohnheiten. Sie entwickelte Lust sich mehr zu bewegen, kaufte sich ein neues Fahrrad und, nachdem sie mehr als 40 kg Gewicht abgespeckt hatte, begann sie regelmässig zu joggen. Da sie sich offensichtlich der 90 kg Grenze näherte, bereitete ich sie darauf vor, dass es ebenso zu Veränderungen in ihrem Privatleben kommen könne. Konkret sagte ich ihr: „Bereiten sie sich darauf vor, sie verlieren die Hälfte ihrer Freundinnen. Es muss nicht, aber es könnte so kommen." Sie reagierte erstaunt und versicherte, sie habe ausschließlich gute Freundinnen, die sie durchweg unterstützen würden, und ihr immer gut zugeredet hätten und sich mit ihr über die bisher errungenen Erfolge freuen würden. Ich versicherte ihr, es könne sich tatsächlich alles weiter positiv gestalten, dennoch solle sie vorbereitet sein, falls sie plötzlich von einigen ihrer Freundinnen ungewöhnliche negative Reaktionen bekommen würde.

Als sie die 90 kg Marke unterschritt, und sie unter das Gewicht einiger derer kam, die ihr bisher gut zugeredet hatten, krachte es in ihren Beziehungen. Manche ihrer Freundinnen warfen ihr vor, sie sei manisch und solle endlich die übertriebenen Sportaktivitäten einschränken, andere behaupteten, sie habe sich zu ihrem Nachteil verändert, sei mit ihrer übertriebenen positiven Einstellung nicht mehr zu ertragen und brachen den Kontakt ab. Ich versicherte der Patientin, dass es zwar schmerzhaft sei zu erleben, wie sich andere von einem zurückzögen, weil sie offensichtlich positive Veränderungen nicht ertrugen, dass sie aber sicher sein könne, dass jede verflossene Beziehung eine andere nach sich ziehe, die dann oft viel befriedigender sei, und dass persönliches Wachstum manchmal mit dem Verlust von Beziehungen verbunden sei.

Notwendigkeit kosmetischer Operationen

Als die Patientin die 75kg Grenze erreichte, war das Resultat eher ernüchternd. Wenn jemand von einem Gewicht von 139kg auf 75kg abspeckt, muss er die Erfahrung machen, dass die Haut ausgeleiert ist, und sich große Hautfalten bilden, in denen sich der Schweiss sammelt und die dadurch wund scheuern. Die Patientin war somit gezwungen nicht nur aus ästhetischen Gründen sondern auf Grund medizinischer Notwendigkeiten kosmetische Operationen durchführen zu lassen. Sie fand einen engagierten kosmetischen Chirurg, bei dem sie sich gut beraten und aufgehoben fühlte. Insgesamt waren drei Operationen notwendig, wobei die zweite als der bedeutendste Eingriff angekündigt wurde. Die erste Operation verlief ohne Komplikationen, war jedoch mit einem erheblichen Blutverlust verbunden. Die zweite Operation werde richtig blutig, eröffnete der Operateur, und die Patientin fragte mich an, ob man da nicht irgendetwas mit Hypnose verändern könne. Ich bestätigte ihr, dass wir da etwas machen könnten und sie erschien für eine weitere Sitzung. Ich bereitete entsprechend auf die zweite OP vor, und bekam nach der Operation einen aufgeregten Anruf von ihrem Chirurgen mit der Frage, was ich mit der Patientin gemacht hätte. Diese habe nicht geblutet.

Reduktion der Blutungen unter Narkose mit Hilfe von Metaphern und Geschichten

Das für den behandelnden Arzt erstaunliche Ergebnis ergab sich über die Arbeit mit einer Geschichte, die der Patientin in Trance erzählt wurde. Ich erzählte ihr von einem Haus, dass verschönert und repariert werden soll, und in das die Handwerker hinein gehen. Das Haus steht im Katathymen Bilderleben für die eigene Person, wird also von einem Patienten mit der eigenen Person gleichgesetzt, eine Geschichte über ein Haus also auf die eigene Person bezogen.

„Und zu Beginn haben sie sich das Haus genau angesehen und genau Skizzen gemacht, so dass sie genau wissen, was am besten zu tun ist, und optimal vorbereitet sind. Und sie haben die besten Werkzeuge, denn es sind Handwerker, die etwas von ihrem Fach verstehen, die perfekt ausgebildet sind, und die ihren Beruf lieben (die Patientin hatte mir erzählt, der Chirurg sei richtig begeistert von seinen eigenen Zeichnungen gewesen und habe einen sehr kompetenten Eindruck gemacht). So wählen Sie einen guten Zeitpunkt, wo Sie sich Raum du genügend Zeit geschaffen haben, und wissen alle Voraussetzungen sind geschaffen, so dass Sie beste Bedingungen haben, alles zu reparieren und zu verschönern, was Sie reparieren und verschönern wollen (dies kann die Patientin auf sich selbst beziehen, da sie sich überlegt hat, wann der beste Zeitpunkt für die Operation ist. Man beachte, dass das innerhalb des Textes das "sie" meist sowohl auf die Handwerker wie auch auf die eigene Person "Sie" bezogen werden kann). Und bevor sie dann mit der Verschönerung und der Reparatur anfangen, beginnen Sie auch in dem Haus die besten Voraussetzungen zu schaffen, damit sie richtig gut arbeiten können. Und bevor sie beginnen, beginnen Sie erst einmal das Wasser abzustellen, Sie stellen einfach die Wasserzufuhr ab, drehen alle Hähne und Zuleitungen zu, Sie stoppen einfach jeden Zufluss, drehen die Ventile zu, verschließen alles perfekt und Sie beginnen dann, das Wasser langsam aus den Leitungen abzulassen, alle Zuleitungen werden verschlossen. Sie erlauben sich einfach vor dem Beginn der Arbeit ganz das Wasser abzustellen und mehr und mehr das Wasser abzulassen, so dass das Wasser langsam aus den Leitungen läuft, immer weniger Wasser in den Leitungen ist, und die Leitungen langsam trocken laufen (diese Vorstellung wird von den Klienten unbewusst mit der Blutzirkulation in Verbindung gebracht. Die Patienten brauchen diesen Bezug keinesfalls bewusst herzustellen. Vielmehr ist eine unbewusste Verknüpfung ohne ein bewusstes Reflektieren vorzuziehen, damit der Patient das zu angestrebte Ergebnis nicht durch negative Vorstellungen, Ängste und Zweifel „hoffentlich klappt das auch, was ist wenn es nicht funktioniert" in Frage stellt).

Und so wie Sie das Wasser abstellen und die Leitungen trocken laufen, beginnt sich das ganze Wasser im Keller zu sammeln, und die Leitungen laufen trocken und werden immer trockener und irgendwann so trocken, dass alles Wasser verschwunden ist und sich im Keller sammelt. Und es ist gut wenn das Wasser von der Oberfläche verschwindet, und an schönen Tagen, wo die Sonne scheint, werden die oberflächlichen Schichten des Bodens alle trocken und während man tiefer und tiefer sinkt (dies kann die Patientin mit der Vertiefung der Narkose verbinden), sinkt das Wasser tiefer und tiefer und sammelt sich tief unten im Boden (damit wird eine Verknüpfung zwischen Narkosevertiefung und der Reduzierung der Blutzirkulation geschaffen). Und es ist gut zu wissen, irgendwann sind die Leitungen alle knochentrocken und die Handwerker können so optimal ihre Arbeit beginnen und alles optimal in Ordnung bringen. Sie können so entspannt sein und so sicher denn Sie wissen, unter diesen guten Voraussetzungen lässt sich das Haus richtig gut renovieren, denn alles Wasser ist im Keller und die Leitungen sind richtig trocken, und so kann man so gelöst und locker die Handwerker ihre Arbeit machen lassen, denn man weiß, dass sie qualifiziert sind, sie richtig gut zu tun. Und als Besitzer eines Hauses kann man dann ganz woanders hingehen. Irgendwo wo man sich wohl fühlt, weit weg von dem Ort wo gearbeitet wird. Vielleicht hin zu einem schönen Urlaubsort, wo man gerne ist und sich entspannen kann, die man genießen kann, wo man sich wohl fühlt, oder hin in eine schöne Erinnerung, wo man sich erlaubt noch einmal ganz da zu sein, noch einmal ganz dort einzutauchen, die man noch einmal genießt in ihrer Schönheit und sich erlaubt, all das Schöne noch einmal wahrzunehmen. Und man darf neugierig sein, zu welcher schönen Erfahrung das Unbewusste einen führt. Und man darf so lange bleiben, bis das Haus fertig renoviert und verschönert ist. Bis zu diesem Zeitpunkt bleibt man einfach da, wo man sich wohl fühlt (Der Patientin wird das Angebot gemacht, sich von dem Geschehen zu entfernen und sich zeitlich und örtlich zu dissoziieren) Und erst wenn die Handwerker ihre Arbeit beendet haben und sie merken, alles ist optimal gelaufen, erst dann beginnen sie das Wasser wieder anzustellen, die Ventile langsam wieder zu öffnen, alle Hähne wieder aufzudrehen (Eine Verknüpfung zwischen der Beendigung des chirurgischen Eingriffs und der Blutzufuhr wird hergestellt). Sie mehr und mehr aufzudrehen und das Wasser beginnt wieder zu fließen und die Leitungen beginnen sich langsam wieder zu füllen. Und es ist schön dann wieder zurückzukommen in ein frisch renoviertes und verschönertes Haus (die Dissoziation wird zurückgenommen). Es dann wieder zu betreten und festzustellen, es ist richtig gut geworden. Und sich dann umzusehen und zu sehen, was sich alles verändert hat. Und sich da neu einzurichten. Sich neu einzurichten und sich in den renovierten Räumen wohl zu fühlen. Zu wissen die Arbeit hat sich gelohnt, und Du kannst das Ergebnis genießen (ein positives Endergebnis wird suggeriert)."

Die Beschreibung des Endergebnisses variiert je nach Art des Eingriffes. Wenn das Resultat nach der Operation eher unklar ist oder mit einem Verlust eines Körperteil oder Körperorgans verbunden ist, sollte dies berücksichtigt werden. Die vorliegende Anleitung zur Operationsvorbereitung ist also entsprechend auf die Besonderheiten des jeweiligen Patienten anzupassen.

Fallbericht: Behandlung einer Zahnbehandlungsangst
(Ortwin Meiss, Milton Erickson Institut Hamburg)

<u>Einleitung</u>
Zahnärzte sind immer wieder mit Patienten konfrontiert, die mit unangemessenen und übersteigerten Ängsten auf die zahnärztliche Behandlung reagieren. Es ist oft nicht ersichtlich, warum diese Patienten scheinbar grundlos Widerstände entwickeln, Behandlungsversuche boykottieren und zudem übermässig schmerzempfindlich sind. Manche Behandler werten die Angst des Patienten als persönlichen Angriff auf die eigene ärztliche Kompetenz: "Der Patient vertraut mir nicht, unterstellt mir, dass ich ihn schlecht behandle, will mich nerven, etc." Misslingen trotz vielfältiger Bemühungen mehrere Behandlungsversuche, ist man geneigt, den Patienten zum Teufel zu wünschen.

Der vorliegende Artikel hat zum Ziel, Ursachen und Hintergründe für ein derartiges Patientenverhalten verständlich zu machen und Methoden aufzuzeigen, die diesen Patienten helfen. An Hand des Falles einer zahnbehandlungsphobischen Patientin werden die therapeutischen Strategien beschrieben, die die Patientin in die Lage versetzten, die Behandlung ohne Ängste und sonstige Beschwerden durchzustehen. Zu Beginn wird der psychodynamische Hintergrund der phobischen Reaktionen erläutert. Im Anschluss folgt die Erarbeitung der Behandlungsstrategie, die letztendlich erfolgreich war. Schließlich werden die konkrete Umsetzung dieser Strategien und deren Verknüpfung mit zukünftigen Behandlungen dargestellt.

Die Patientin bat mich wegen eines bevorstehenden Zahnarztbesuches um Hilfe. Sie hatte seit Jahren notwendige Zahnarzttermine hinausgeschoben und immer wieder abgesagt. Einige Behandlungsversuche, die stattgefunden hatten, mussten vorzeitig abgebrochen werden, da die Patientin Todesängste und Erstickungsanfälle entwickelte. Sie beschrieb sich selbst zudem als äusserst schmerzempfindlich. Da sie beabsichtigte, für längere Zeit ins Ausland zu gehen, wollte sie die notwendige Sanierung ihrer Zähne unbedingt hinter sich bringen. Sie hatte eine Zahnärztin gefunden, die überaus vorsichtig und verständnisvoll agierte, dennoch war es nicht möglich gewesen, mit der Behandlung zu beginnen.

1. Die psychodynamischen Hintergründe der Ängste

Die Ängste waren nach dem Tod ihrer Mutter entstanden, die an einem Krebsleiden im Luftröhrenbereich gestorben war. Von diesem Zeitpunkt an fürchtete sich die Patientin vor jeder ärztlichen Untersuchung, vor allem wenn in verstärktem Masse die Apparatemedizin eingesetzt wurde. Besonders schlimm war es, wenn eine Behandlung wie beim Zahnarzt im Mund und Luftröhrenbereich stattfand. Die Patientin hatte sich von Kindheit an stark mit ihrer Mutter identifiziert und sich während ihrer Krankheit in ihre ausweglose Lage hineinversetzt und die Todesängste und die begründete Angst irgendwann zu ersticken nachempfunden. Da sich ihr Vater überfordert zeigte, übernahm sie die Betreuung und fühlte sich verantwortlich. Die Mutter bat ihre Tochter mehrfach, sie aus dem Krankenhaus nach Hause zu holen, was diese gegen den Willen der behandelnden Ärzte nicht durchsetzen konnte und wohl auf Grund von Gefühlen der Überforderung auch nicht wollte.

Da die Tochter am Todestag und in der Sterbestunde nicht anwesend war, plagten sie Schuldgefühle, nicht genügend geholfen und ihre Mutter im entscheidenden Moment allein gelassen zu haben. Immer wieder stellte sie sich vor, wie furchtbar es gewesen sein musste, alleine ohne Beisein eines Familienmitglieds zu sterben und dabei das Gefühl zu haben, zu ersticken. Diese intensiven lebhaften Vorstellungen und ihre unbearbeiteten Schuldgefühle erschwerten es ihr, sich von diesen als traumatisch erlebten Erfahrungen zu lösen. Die phobischen Symptome entstanden typisch für viele Phobien über Assoziationsbrücken. In der traumatischen Situation vorhandene Situationsvariablen werden mit bestimmten Vorstellungsbildern und emotionalen Reaktionen assoziiert. Gleiche oder ähnliche Situationen bzw. Situationsvariablen lösen die emotionalen Reaktionen wieder aus. Dieser Prozess ist automatisiert entzieht sich bewusster Kontrolle, und ist dem Patienten in der Regel nicht bewusst. Die Apparatemedizin assoziierte die Patientin, in Identifikation mit der Mutter, mit Gefühlen des Überwältgtwerdens und übertrug diese Gefühle auf zahnärztliche Instrumente.

Weiterhin zeigte sie phobische Reaktionen in anderen Bereichen, wo sie sich einer "überwältigten" Technik gegenübersah, z.B. wenn sie Auto fuhr und auf der Autobahn einen größeren Lastwagen neben sich hatte. Dann hatte sie das Gefühl, erdrückt zu werden, und fürchtete, die Kontrolle über den Wagen zu verlieren, insbesondere wenn sie alleine im Auto sass und selbst fahren musste. Bei Beginn einer zahnärztlichen Behandlung entwickelte sie augenblicklich einen trockenen Mund und konnte nicht anders, als die Behandlung abzubrechen, um etwas zu trinken. Auch hier bestand ein Zusammenhang zum Leiden der Mutter, die in den letzten Wochen vor ihrem Tod künstlich ernährt wurde, und unter starkem Durst und trockenem Mund litt, da sie keine Flüssigkeit zu sich nehmen durfte. Immer wieder hatte sie ihrer Tochter gesagt: "Wenn ich nur etwas trinken könnte".

Die Position in Rücklage während der zahnärztlichen Behandlung verstärkten die Hilflosigkeitsempfindungen und Gefühle der Wehrlosigkeit. Die Arbeit im Mund- und Rachenbereich provozierte Würgereize und Erstickungsgefühle. In Identifikation mit ihrer Mutter assoziierte sie die Behandlung nicht mit einer kurativen Massnahme, die wieder zur gesunden Funktion ihrer Zähne führen würde. Sie empfand sie vielmehr als lebensbedrohliche Situation, und entwickelte Panikreaktion und ihre Todesängste. Eine Behandlung war trotz behutsamstem Vorgehens der behandelnden Zahnärztin nicht durchführbar. Mehrere Versuche waren gescheitert. Da weder Zeit für eine Aufarbeitung der traumatischen Erfahrung noch für eine hypnotherapeutische Vorbereitungssitzung vorhanden war, bot ich ihr an, sie zum Zahnarzt zu begleiten. Dies mit der Ziel, zu verhindern, dass sie während der Behandlung die unverarbeitete, traumatische Erfahrungen aktivierte.

2. Kognitive Prozesse bei der Schmerzwahrnehmung und Planung der Interventionsstrategien

Bei der Planung der Interventionsstrategien ist es nützlich, sich zuerst zu verdeutlichen, wie die zu behandelnden Probleme zustande kommen, und auf welche Weise sie der Betroffene aktiviert. Der Patient erlebt die phobische Reaktion als ein überwältigendes ich-fremdes Ereignis, dem er hilflos ausgeliefert ist. Oft schildert er es, als würde die Phobie hinterrücks über ihn herfallen. Es ist dem Patienten meist nicht bewusst, welche kognitive und emotionale Prozesse sich in ihm vollziehen und seine Phobie entstehen lassen. Der/die TherapeutIn sollte die Phobie als aktive Leistung des Patienten sehen und sich fragen, welche mentalen Strategien zu dem phobischen Verhalten führen. Wenn man sich diese Strategien bewusst macht, lassen sich leicht Behandlungsstrategien entwickeln, die die phobischen Reaktionen verhindern. Ähnliches gilt für die Schmerzüberempfindlichkeit. Die empfundenen Schmerzen interpretiert der Patient als Auswirkung der durchgeführten Eingriffe und weniger in Zusammenhang mit seinen Ängsten und seiner übermässigen Fokussierung auf den behandelten Körperbereich. Das es über kognitive Prozesse möglich ist, Schmerzen sowohl zu verstärken wie auch ausblenden zu können, ist für viele Patienten ein neuer Gedanke. Verschiedene Faktoren beeinflussen die Schmerzwahrnehmung und Schmerzverarbeitung.

Focussierung der Aufmersamkeit

Schmerzüberempfindliche Patienten unterscheiden sich von guten Schmerzbewältigern durch die unterschiedliche Aufmerksamkeitsrichtung während der Behandlung. Während der schmerzunempfindliche Patient seine Aufmerksamkeit von der schmerzenden Stelle wegbewegt und auf andere Körperteile richtet oder sich auf die Umgebung, wie Bilder an der Wand, Hintergrundmusik oder auf innere angenehme Vorstellungen und Erinnerungen konzentriert, fokussiert der Ängstliche, schmerzempfindliche Patient genau auf den Bereich, der behandelt wird, und spürt so auch den kleinsten Schmerzreiz. "Die ganze Welt versinkt im Backenzahn", wie einer meiner zahnarztphobischen Patienten bemerkte. So wie man sich auf die Empfindungen in den Finger-spitzen konzentrieren kann, während man sie vorsichtig aneinander reibt, und dabei sensibel für kleinste Empfindungen wird, ist der phobische Patient auf den schmerzenden Bereich konzentriert. Daraus kann man folgern, dass die Schmerzsensibilität des Patienten reduziert werden, wenn es gelingt, seine Aufmerksamkeit von der Stelle wegzubewegen, die behandelt wird.

Ängstliche Überwachung der Behandlung

Ängstliche Patienten sind motiviert, die Behandlung zu überwachen, da sie wenig Vertrauen in den Behandler entwickeln. Gründe für dieses Verhalten sind oft negative Erfahrungen bei früheren Behandlungen oder in anderen Situationen, wo sie sich jemandem anvertrauen mussten. Dieses Misstrauen fördert die Fokussierung auf den schmerzenden Körperbereich. Der Patient glaubt unbewusst, den Behandler kontrollieren zu müssen, und erlebt den Eingriff nicht als Hilfe sondern fühlt sich durch die Behandlung geschädigt. Einem der Behandlung gegenüber misstrauisch eingestellten Patienten wird alles helfen, was in ihm positive Vorstellungen über den Behandlungsverlauf entstehen lässt und ihm das Gefühl gibt, dass die Behandlung Gutes bewirkt.

Verstärkung der Schmerzempfindlichkeit durch Gegenwartsorientierung

Empfindungen verstärken sich, wenn man ganz im gegenwärtigen Erleben verweilt und sich nicht auf den die Situation umgebenden Kontext oder mit Vergangenem oder mit Zukünftigem beschäftigt. Dies ist bei sexuellen Aktivitäten angenehm und erregend und intensiviert die sexuellen Empfindungen, bei der Zahnbehandlung verstärkt sich jedoch dadurch die Schmerzsensibilität. Schlechte Schmerzbewältiger beschreiben die Behandlung oft als endlos und haben kein Gefühl für die zeitliche Begrenzung des Eingriffs. Sie versinken im Moment, im "Hier und Jetzt". Gute Schmerzbewältigern sind in ihrer Orientierung auf die Zeit ausserhalb der Behandlung orientiert, überlegen sich, was sie danach machen oder versetzen sich in vergangene Ereignisse, die angenehm waren, wie z.B. Urlaubserinnerungen. Viele Zahnärzte sind im Wissen um dieses Phänomen bestrebt, den Patienten auf die Zeit nach der Behandlung zu orientieren, fragen ihn nach seinen Plänen für den Rest des Tages oder versprechen Kindern ein Geschenk nach Abschluss der Behandlung.

Bewertung der Schmerzreize und der Behandlung

Eine schmerzinduzierende Behandlung wird von Patienten in Abhängigkeit von der Bewertung der Behandlung sehr unterschiedlich empfunden. Hat der Patient die Vorstellung, dass die Behandlung Gutes bewirken wird, und ein lange bestehender Missstand behoben wird, wird er weniger über die entstehenden Schmerzen klagen; anders ist es, wenn er sich durch die Behandlung geschädigt fühlt oder anzweifelt, dass sie ihren Zweck erfüllt. Untersuchungen zur Schmerzwahrnehmung belegen die Bedeutung der Schmerzbewertung für die Schmerzempfindung. Schwerste Kriegsverletzungen wurden von Frontsoldaten anders empfunden, als ähnlich Verletzungen betroffener Zivilisten, die z.B. durch Autounfälle verursacht waren. Während die Verletzung für den Frontsoldaten oft das Ende seines Kriegseinsatzes bedeutete und sicherstellte, dass er im Gegensatz zu vielen seiner Kameraden nach Hause kommen und den Krieg überleben werde, bewertete eine Zivilist die gleiche Verletzung als Katastrophe.

Assoziation des Eingriffes mit Erinnerungen und Vorstellungen

Erinnerungen an erlebte schmerzhafte Behandlungen verstärken die Schmerzempfindlichkeit und führen zu Ängsten und Verspannungen. Dagegen sind angenehme Vorstellungen und Erinnerungen nicht mit Schmerzempfindungen assoziiert und aktivieren ein schmerzinkompatibles Reaktionsmuster. (Wie wichtig Erinnerungen an vorherige Erfahrungen, für die Verarbeitung und Interpretation des Eingriffs sind, zeigte sich bei einer meiner Klientinnen, deren Binddarmnarbe ein Jahr nach der Operation immer noch nicht heilen wollte. Sie fühlte sich von den Ärzten während der Operation missbraucht und sexuell belästigt. In der Therapie erinnerte sie sich, wie der Großvater sie im Alter von neun Jahren sexuell missbraucht und sie mit Klammern und anderen Gegenständen sadistisch traktiert hatte. Nach der Bearbeitung dieser Erfahrung heilte die Wunde innerhalb kürzester Zeit.) In dem hier diskutierten Fall hatte die Klientin ihre Symptome vor allem über die Identifikation mit ihrer Mutter erworben. Auffällig war ihre Reaktion bei Beginn der Behandlung einen trockenen Mund zu bekommen und das Empfinden, keine Luft zu bekommen und sterben zu müssen.

Hilflosigkeit und Ausgeliefertsein

Die schmerzphobischen Reaktionen beinhaltete Gefühle der Hilflosigkeit und des Ausgeliefertseins. Somit wird dem Patienten alles helfen, was ihm das Gefühl gibt, die Behandlungssituation beeinflussen zu können. Es ist eine häufig zu beobachtendes Phänomen, dass Patienten, die in ihrer Kindheit, Jugend oder zu späterer Zeit extreme Gewalt- und Missbrauchserfahrungen durchleiden mussten, die mit extremen Gefühlen von Hilflosigkeit und Ausgeliefertsein begleitet waren, derartige Empfindungen in der Behandlungssituation wiedererleben. In dem hier geschilderten Fall aktivierte die Patientin die phobischen Reaktionen und Gefühle vor allem, wenn sie sich alleine fühlte, da ihre Mutter sich ebenfalls allein und ausgeliefert fühlte.

Durchführung der Behandlung: Orientierung auf Zukünftiges

Es wurde vereinbart, sich direkt vor Beginn der Behandlung bei der behandelnden Zahnärztin zu treffen. Die Patientin war bei meinem Eintreffen schon anwesend und wirkte nervös und fahrig. Ich sprach über ihren bevorstehenden Auslandsaufenthalt und dass es angenehm sei, in dem Wissen zu reisen, dass die Zähne in Ordnung seien, was implizierte, dass sie die Zahnbehandlung vor Reisebeginn durchführen würde. Weiterhin sprachen wir über die direkt im Anschluss an die Behandlung folgenden Aktivitäten, und ich fragte sie, ob wir nach der Behandlung noch Zeit hätten, darüber zu sprechen "wie gut es gelaufen ist." Mit dieser Formulierung wird impliziert, die Patientin die Behandlung nicht nur überstehen wird sondern es auch noch gut laufen wird.

Begleitung und Beistand

Bei Beginn der Behandlung betonte ich: "Ich bin bei Dir, ich bin jetzt bei Dir, ich bin während der Behandlung bei Dir, und bin nach der Behandlung bei Dir!" Damit sollte verhindert werden, dass sie über Gefühle alleine zu sein, mit dem Trauma verbundene Assoziationen aktivierte, denn ihre Mutter war alleine ohne Anwesenheit eines Angehörigen gestorben.

Fokussierung auf schmerzfreie Körperbereiche

Sie nahm auf dem Stuhl Platz und ich sprach von dem, was sie fühlen könne im Bereich ihrer Hände und Beine, um sie abzulenken und daran zu hindern, ihre Aufmerksamkeit auf den Mundbereich zu richten. "Mach es Dir bequem! Sitzt Du gut? Liegen Deine Arme bequem? Ist es bequem für Deine Beine?"

Assoziation der Behandlung mit Positiven Vorstellungen und Hypnoseinduktion

Als die Zahnbehandlung begann, sass ich am Kopfende des Behandlungsstuhls etwas zurückgesetzt zwischen der Helferin und der Zahnärztin, der ich sagte, sie solle sich nicht allzu sehr wundern über den Unsinn, den ich erzählen würde. Das Wichtigste sei, dass es funktioniere. Sie erwiderte: "Sie können erzählen, was Sie wollen, wenn hier mal etwas funktionieren würde, wäre es ein Wunder!" Es folgte die eigentliche therapeutische Intervention, die eine in einer Anekdote eingebaute Tranceinduktion enthielt. Ich erzählte der Patientin parallel zur Behandlung folgende Geschichte:

"Montags morgens kommt immer meine Putzhilfe, dann klingelt sie, und ich mache ihr die Türe auf. (Die Zahnärztin fordert die Patientin auf, den Mund zu öffnen, und die Patientin macht ohne Probleme den Mund auf.) Denn ich bin immer erleichtert, wenn sie kommt, weil nun alles sauber und in Ordnung gebracht wird. Und als erstes schaut sie sich alles in Ruhe an. (die Zahnärztin verschaffte sich derweil ein Bild von den behandlungsbedürftigen Zähnen, die der geöffnete Mund offenbarte). Dann legt sie ihre Instrumente zurecht. (Die Zahnärztin sortiert derweilen ihre Instrumente) Und dann holt sie den Staubsauger und schaltet den Staubsauger ein (der Bohrer wird eingeschaltet), und das nervt mich, und nervt mich so, daß ich denke: Du kannst einfach den Raum verlassen und Dich von da entfernen, wo gearbeitet wird. Und wie ich im Flur stehe, da höre ich ihn immer noch, und das nervt mich, das nervt mich so, daß ich mir sage: Du kannst einfach noch weiter weggehen, Du kannst einfach die Wohnung verlassen, kannst alles hinter Dich lassen, als würde man Türen hinter sich schließen, und die Treppe hinuntergehen.

Und wie ich die Treppe hinuntergehe, merke ich: Du kannst tiefer und tiefer gehen (gleichzeitiges Absinken der Stimme), Stufe für Stufe tiefer und tiefer hinab. Und ich merke, während Du Stufe für Stufe tiefer gehst, immer tiefer hinab, hörst Du es immer weniger. Und es hört auf, mich zu nerven. Und weil ich es immer weniger höre, und es angenehm ist, es immer weniger zu hören, sage ich mir: Du kannst noch tiefer gehen, noch tiefer, Stufe für Stufe noch tiefer, und es wird leiser und leiser, und ich beginne mich wohler und wohler zu fühlen, je tiefer ich gehe. Denn ich sage mir: Du kannst einfach weggehen, weiter und weiter weggehen, Dich entfernen von Dingen die Dich stören, und Du kannst Dich dabei wohler und wohler fühlen, es einfach hinter dir lassen."

Bei diesen Formulierungen handelt es sich um eine eingestreute Direktiven, das "Du" ist doppeldeutig und kann als etwas, was ich zu mir selbst sage, oder als Aufforderung an den Patienten verstanden werden. Sind es für den Patienten relevante Botschaften, bezieht er sie unbewusst auf sich selbst.

"Und indem ich tiefer und tiefer gehe, komme ich endlich unten an und öffne die Haustüre und trete auf die Eppendorfer Landstraße. (Die beschriebene Umgebung ist der Patientin bekannt.) Und ich sehe die Menschen, die dort einkaufen, und ich sehe die Autos, die dort parken. Und schließlich wird es mir auch dort zu laut, und ich weiß: Du kannst es dir noch angenehmer machen! Und so gehe ich durch den Torweg in den Park, wo ich wirklich Ruhe habe, mich auf die schönste Bank setzen kann, und wo ich weiß: Du kannst es genießen, die Augen zu schließen und geschlossen zu haben, und die Sonne durch die geschlossenen Augen auf Dich scheinen zu lassen." (Die Patientin blickt derweil mit geschlossenen Augen in die Behandlungslampe über ihr.)

Ziel dieser Sequenz ist die positive Konotierung der Behandlung und der Aktivierung positiv gefärbter schmerzinkompatibler Assoziationen zu den einzelnen Behandlungsschritten sowie die Dissoziation von den Schmerzempfindungen. Mit der erzählten Geschichte und den durch diese angeregten Vorstellungen, aus dem Raum zu gehen, Türen zu schließen, sich Stufe für Stufe zu entfernen, das Haus zu verlassen und von der Strasse durch den Torweg in den Park zu gehen und dort auf der Parkbank die Augen zu schließen, wird die Patientin indirekt angeregt, sich innerlich von dem Behandlungsgeschehen zu entfernen. Im Folgenden wird die Dissoziation weiter verstärkt, indem die Behandlung mit einer erfolgreichen Dienstleistung verglichen wird, und die Patientin animiert wird, den Körper quasi zur Reparatur zu geben.

"Es ist so angenehm, wenn man jemandem vertrauen kann. Und da sage ich mir: Du kannst ganz woanders hingehen, oder einfach auf der Bank sitzen, die Augen schließen, träumen und dich an angenehme Erfahrungen erinnern. Und dabei beginnen zu träumen, von Urlauben in den Tropen (die Patientin liebt die Tropen und verbindet mit ihnen angenehme Erinnerungen) oder von anderen Erlebnissen, die so angenehm waren."

Die Patientin wird aufgefordert, sich innerlich noch weiter wegzuträumen, Kontrolle und Überwachung aufzugeben und sich angenehmen Erlebnisse und Empfindungen zu zuwenden. Gleichzeitig fördern die Erzählungen über Urlaubserlebnisse nicht nur eine körperliche, örtliche Dissoziation sondern auch ein zeitliche Dissoziation (von der Gegenwart weg hin zu vergangenen und zukünftigen Urlaubserfahrungen).

"Denn in den Tropen ist es warm und feucht, es ist immer genug Feuchtigkeit da, und es regnet, und das ist angenehm, so viel Wasser, so viel Feuchtigkeit zu haben, wie man will. (diese Suggestion soll den mit dem Ursprungstrauma verbundenen Empfindungen, einen trockenen Mund zu bekommen, entgegen wirken). Und es ist so schön, wenn man Handwerker zu Hause hat, und jemand aufpaßt, daß alles in Ordnung ist und alles so gemacht wird, wie man es haben möchte. (Mit höherer Tonlage:) Ich passe auf! Es läuft alles prima! (Mit kurzem Blick in die Mundhöhle:) Das sieht sehr gut aus! Denn auf einen guten Handwerker kann man sich wirklich verlassen. Der weiß so viel mehr als man selbst über das, was zu reparieren ist, und wie es repariert werde kann. (Überflüssiger Speichel wird abgesaugt.) Und vor einiger Zeit benötigte ich einen Klempner, der für einen kurzen Moment die Leitung abstellte, um sie besser reparieren zu können, damit das Wasser im Anschluß freier fließen kann. Es ist gut, wenn jemand wirklich Bescheid weiß, und etwas von den Dingen versteht, die er tut. Und Wasser macht so angenehme Geräusche, man kann sich erinnern an die Geräusche von Wasserfällen und Gewittern in den Tropen, die die Luft reinigen. Denn nach einem Regenfall hat man diesen weiten, freien Blick in die Ferne, diese Weite und Freiheit die dadurch entsteht, und neues Leben beginnt zu wachsen."

Diese Vorstellungen und Bilder werden ihr angeboten, um Assoziationen von Freiheit und Leben zu aktivieren, die mit den mit der phobischen Reation verküpften Erstickungs- und Engegefühlen und der Todesangst unvereinbar sind. Während all dem versicherte ihr immer wieder, dass ich bei ihr sei und aufpasse, lobte sie für ihre Fähigkeit, die Behandlung zu unterstützen und durchzuhalten, und kommentierte zwischendurch die Behandlungen der Zahnärztin als erfolgreich.

Transfer des Behandlungserfolgs auf zukünftige Behandlungen

Um sicher zu stellen, dass das positive Ergebnis, dass der Patient mit Hilfe des Therapeuten erzielt, bei zukünftig folgenden Behandlungen auch ohne therapeutische Begleitung erreichbar ist, werden die neuen, positiven Erfahrungen mit Elementen zukünftiger Behandlungssituationen verknüpft. In einer zukünftigen Behandlung auftretende Reize werden als Auslöser für die Schmerzbewältigungsstrategien und die positiven Assoziationen genutzt, die der Patient in der durch den Therapeuten begleiteten Behandlung entwickelt hat. Man spricht in diesem Zusammenhang auch von posthypnotischen Suggestionen, die man dem Patienten für die zukünftige Behandlung gibt. (Posthypnotische Suggestionen beruhen auf einem Alltagsphänomen. Wollen wir beispielsweise sicherstellen, am nächsten Morgen beim Verlassen des Hauses etwas Bestimmtes zu erinnern, verwenden in der Regel die folgende Strategie. Wir stellen uns vor, was wir am nächsten Morgen tun werden und verknüpfen dies mit dem Prozess des Erinnerns. "Wenn ich meine Tasche packe, wird mir einfallen.")

Folgende posthypnotische Suggestionen wurden in dem folgenden Fall verwendet und am Ende der Behandlung während der Reorientierung des Patienten aus der Trance eingestreut. "Sie haben alles wunderbar bewältigt, und sie haben gelernt, daß Sie Fähigkeiten haben, die Sie bisher noch nicht kannten. Und Sie brauchen nicht zu wissen, wie ihr Unbewußtes in Zukunft diese Fähigkeiten erinnern wird. Sie brauchen nicht zu wissen, wie Sie zu dieser angenehmen Erfahrung und ihren Fähigkeiten zurückfinden werden, genau dann wenn Sie es brauchen. Ob es das Gefühl ist, sicher in dem Behandlungsstuhl zu sitzen, oder das Gefühl die Lehne des Stuhles zu spüren. Ob man sich bewußt oder unbewußt erinnern wird, an jemanden, der einen begleitet. Es ist nicht nötig, zu bemerken, wie das Wissen kommt, daß andere Menschen bei einem sind und einen begleiten in Gedanken oder in dem sie da sind. Es kann Sie interessieren, wie sie diese Ruhe und Entspannung finden. Ob es die Stimme ihrer Zahnärztin oder ihres Zahnarztes ist, die so beruhigend wirkt, oder ob es die Orte der Ruhe und Entspannung sind, die sie für sich finden. Sie können einfach neugierig sein, wodurch Sie merken, daß Sie vertrauen und den Körper zur Reparatur abgeben können. Denn Sie werden selbst weit weit weg gehen, tiefer und tiefer weggehen hin zu angenehmen Erfahrungen. So daß Sie sich erinnern, wie es ist, Türen zu schließen und Treppen hinunter zu gehen, Stufe für Stufe, tiefer und tiefer, weiter und weiter weg. Ob es Geräusche sind oder Dinge, die Sie sehen, wie die Lampe des Behandlungsstuhls, die Sie erinnern kann, an Urlaube oder andere angenehme Erlebnisse, wie genau ist nicht so wichtig. Denn wenn Ihr Unbewußtes all das für sie tut, werden Sie bemerken, daß Sie wieder zu ihrer Beweglichkeit und vollständigen Wachheit zurückfinden, weil die Behandlung jetzt gleich zu ende ist." - (Klientin reorientiert sich) "Das haben sie wirklich prima gemacht." (Explizites Lob der Patientin auch von Seiten der Zahnärztin)

Insgesamt dauerte die Behandlung eineinhalb Stunden. Statt ein Zahn, wie beabsichtigt, wurden zwei Zähne behandelt, die beide schwerwiegende Schäden aufwiesen. Nach der Behandlung war die Patientin beschwerdefrei.

Resumee

In diesem Fall wurde das dem phobischen Verhalten zugrunde liegende Trauma nicht bearbeitet. Die erfolgreiche therapeutische Strategie bestand vielmehr in der Aktivierung von Ressourcen und positiven Assoziationen, die mit der ursprünglichen traumatischen Situation unvereinbar waren. Die bei der Zahnbehandlung auftretenden Stimuli (medizinische Technik, Rückenlage, Arbeit im Rachenbereich, etc.), die das traumatische Erlebnis ausgelöst hatten, wurden mit positiven Assoziationen verknüpft, wodurch die Assoziationsbrücken zwischen der Behandlungsituation und dem Tod der Mutter unterbrochen wurden. Bei den folgenden Behandlungen war die Patientin in der Lage, eigenständig und ohne therapeutische Hilfe ihre erfolgreichen Schmerzbewältigungsstrategien und die erarbeiteten positiven Assoziationen zu aktivieren. Phobische Reaktionen traten nicht mehr auf.

Riegel, B (2009). Adjuvanter Einsatz der Hypnotherapie in der Behandlung onkologischer Patienten

Zusammenfassung

Es handelt sich um die ausführliche Version eines Artikels, der in der „Deutschen Heilpraktikerzeitschrift" (4/2009: 36-38) erschienen mit dem Titel „Hypnotherapie in der Behandlung onkologischer Patienten: Eine sinnvolle Ergänzung" erschienen ist.

Der Artikel zeigt die Möglichkeiten hypnotherapeutischer Interventionen in der unterstützenden Krebsbehandlung auf. Hypnotherapie wird dabei ausdrücklich nicht als Ersatz für eine medizinische Behandlung verstanden, sondern soll eingebettet in eine umfassende somatische Therapie erfolgen. Ausgehend von den Annahmen der Psychoonkologie wird der hypnotherapeutische Ansatz erklärt. Es folgt die beispielhafte Darstellung des Vorgehens anhand von Fallgeschichten, ehe Anregungen für den konkreten Einsatz gegeben werden.

Psychoonkologie

Nach den Angaben des Robert-Koch-Instituts wird in Deutschland jährlich bei mehr als 400.000 Menschen eine Krebserkrankung diagnostiziert [1]. Durch die Fortschritte der schulmedizinischen Ansätze konnten die Überlebensraten in den letzten Jahrzehnten deutlich erhöht werden. Dies bedeutet jedoch auch, dass die Patienten nicht nur mit den Krankheitssymptomen, sondern auch mit den behandlungsbedingten Belastungen konfrontiert werden. Weis [2] geht daher davon aus, dass unabhängig von der Art der Krebserkrankung etwa ein Drittel psychoonkologische Betreuung benötigt.

Die Psychoonkologie hat sich innerhalb der letzten 30 Jahre als Teilgebiet der Onkologie entwickelt und in den Industrieländern zunehmend an Bedeutsamkeit gewonnen. Inhaltlich geht es dabei um die Beschäftigung mit den relevanten psychologischen und sozialen Auswirkungen einer Krebserkrankung sowie die Krankheitsverarbeitung.

Watzke et al. [3] nennen drei Kategorien psychischer Beeinträchtigungen bei Krebspatienten:

1. Veränderungen der Körperintegrität und des Befindens. Hiermit sind erkrankungs- und behandlungsbedingte Beschwerden gemeint, v.a. Schmerzen sowie Behinderungen und Folgeprobleme. Im Rahmen der Schmerztherapie werden hier insbesondere Visualisierungsübungen und hypnotherapeutische Verfahren zur Behandlung genannt.
2. Störung des emotionalen Gleichgewichts durch neue oder verstärkte Gefühle, aber auch durch innere und äußere Bedrohungen.
3. Veränderungen im Selbstkonzept durch Autonomie- und Kontrollverlust, durch ein verändertes Körperschema und Selbstbild, durch Ungewissheit über den Krankheitsverlauf sowie die Auswirkungen auf das Alltagsleben.

Psychoonkologische Interventionen können in jeder Behandlungsphase ergänzend zur medizinischen Diagnostik und Therapie indiziert sein und sowohl im stationären wie auch im ambulanten Rahmen eingebettet sein [3]. Insbesondere das interdisziplinäre Curriculum der Weiterbildung Psychosoziale Onkologie (WPO) bietet in die Deutschland die Qualifizierung und Spezifizierung von Fachleuten im psychosozialen Bereich an. Watzke et al. führen folgende Zielsetzungen psychoonkologischer Interventionen an:

- Verbesserung von krankheits- und behandlungsbedingten Symptomen (v.a. Schmerzen, Übelkeit, Schlafstörungen),
- Reduktion von Angst, Depression, Hoffnungs- und Hilflosigkeit,
- Verbesserung der Krankheitsverarbeitung und der Selbstwirksamkeitserwartung und Förderung des Selbsthilfepotentials,
- Hilfen bei Problemen des Körperbilds und der Sexualität
- Verbesserung der Kommunikation zwischen Patient, Partner und Angehörigen,
- Verbesserung bzw. Erhalt der familiären und sozialen Integration,
- Verbesserung der Kooperation mit den Behandlern.

Der vorliegende Artikel beschäftigt sich im Schwerpunkt mit dem Einsatz hypnotherapeutischer Verfahren zur Linderung der krankheits- und behandlungsbedingten Symptome, aber auch zur Verbesserung des Copings und der Harmonisierung innerpsychischen Milieus.

Hierfür wird zu Beginn eine Einführung in die Grundprinzipien der Hypnotherapie gegeben, ehe anhand von Fallgeschichten spezielle Vorgehensweisen und Einsatzmöglichkeiten diskutiert werden. Abschließend wird der Einsatz imaginativer Verfahren beschrieben und beispielhafte Interventionen aufgezeigt.

Hypnotherapie

Hört man den Begriff „Hypnose", werden vielfältige Assoziationen geweckt. Manche halten es für eine wirksame Therapiemethode, andere für ein Showelement, in dem die Teilnehmer willenlos gemacht werden.

Obwohl man zumeist von „Hypnose" liest oder hört, ist der fachlich korrekte Ausdruck „Hypnotherapie". Sie gilt als eines der ältesten Heilverfahren der Menschheit, wurde allerdings erst ab dem 18. Jahrhundert systematisch untersucht und angewendet.

Man kann Hypnose als einen veränderten Bewusstseinszustand definieren, der durch die Induktionstechnik des Therapeuten oder des Klienten selbst herbeigeführt wird und eine Kommunikation mit dem Körper und den seelischen Strukturen gestattet [4].

Infolge dieser (im Übrigen leicht erlernbaren) Techniken kann der Klient einen Trance-Zustand erreichen, welcher sich durch unwillkürliches Erleben auszeichnet. Je mehr der Klient sich auf die eigenen Gefühle, Empfindungen und inneren Bilder konzentrieren kann, desto intensiver wird dieser Zustand der Selbst-Versunkenheit erlebt. Man kann es mit einem intensiven Tagtraum vergleichen, der jedoch zielgerecht eingesetzt wird.

Die moderne, wissenschaftlich fundierte Hypnotherapie geht in großen Teilen auf den amerikanischen Arzt Milton H. Erickson (1901-1980) zurück. Erickson prägte einen individuellen Ansatz, in dem zumeist auf die direktiven und manipulativen Suggestionen der klassischen Hypnose verzichtet wurde. Zudem wird im Rahmen der Kurzzeittherapieprinzipien ziel- und ressourcenorientiert gearbeitet. In einer ganzheitlichen Sichtweise werden neben der aktuellen Lebensphase der Klientin auch deren soziale Besonderheiten berücksichtigt. Erickson [5] definierte Hypnose als einen Zustand fokussierter Aufmerksamkeit, in dem eine erhöhte Bereitschaft besteht, neue Ideen aufzunehmen und zu integrieren.

Eine ericksonianische Grundannahme besteht in der Überzeugung, dass der Klient, bzw. dessen Unbewusstes, bereits genug Informationen, Fähigkeiten und Ressourcen zur Lösung des Problems besitzt. Diese können dann in der hypnotischen Trance aktiviert und zielgeleitet eingesetzt werden. Die gesamte Behandlung wird somit für den jeweiligen Klienten „maßgeschneidert". Über die verschiedenen Einsatzmöglichkeiten der Hypnotherapie sei beispielhaft die auch als wissenschaftlich fundiert anerkannte Raucherentwöhnung [6][7] oder die Bewältigung von Ängsten [8][9] genannt.

Hypnotherapie bei Krebserkrankungen

Erickson [5] sieht es aufgrund der Historie der Therapie somatischer und psychischer Erkrankungen als logische Folge an, dass man auch in der terminalen Phase bei Krebserkrankungen eine Kombination aus medizinischer und psychologischer Behandlung bevorzugen sollte. Dabei legt er explizit dar, dass Hypnotherapie eine hilfreiche Ergänzung ist, nicht aber der Ersatz einer somatischen Intervention. Auch Barabasz und Watkins [10] betonen, dass Hypnotherapie einen Effekt auf die sekundären Folgen der

Krebserkankung hat und der Fokus auch nur auf der Linderung dieser Erscheinungen liegen sollte. Die Autoren zitieren eine richtungsweisende Studie von Spiegel, in der 86 Krebspatienten mit einer zehnjährigen Katamnese untersucht wurden. Es zeigte sich bei denjenigen, die Selbsthypnose erlernten, eine 50%ige Reduktion des Schmerzerlebens, aber auch eine um durchschnittlich eineinhalb Jahre verlängerte Lebensdauer.

Der Mechanismus der Aufmerksamkeitsverlagerung weg von einem unangenehmen Stimulus ist in der Humanmedizin wohlbekannt und bildet die Basis des Einsatzes hypnotherapeutischer Techniken in der Krebsbehandlung. Es geht dabei jedoch nicht um die Heilung der Krankheit, sondern vielmehr um eine Beachtung der individuellen Bedürfnisse des Patienten, um eine Steigerung des Wohlbefindens zu erreichen.

So beschreibt Feldman [11] den Einfluss negativer Emotionen (Ärger, Traurigkeit und Angst) auf die Schmerzintensität und nennt Ergebnisse aus Untersuchungen mit bildgebenden Verfahren, die eine Wirksamkeit des hypnotherapeutischen Vorgehens nahe legen. Der positive Effekt von Suggestionen auf die Verarbeitung des Schmerzes und damit auf die Stimulation beteiligter Hirnareale wird auch von Jensen [12] bestätigt. Hypnotherapeutische Verfahren blicken dabei auf eine lange Geschichte der Schmerzbehandlung zurück, wie Hammond [13] darlegt.

Um den Einsatz der Hypnotherapie zu illustrieren, sei nun ein von Erickson veröffentlichtes Fallbeispiel aufgeführt, ehe die zur Anwendung gekommenen Techniken kurz diskutiert werden.

Hypnotherapeutische Schmerzkontrolle

Erickson [14] schildert die Behandlung eines Patienten, der durch die Entfernung eines Tumors im Gesichtsbereich unter starken Schmerzen sowie den Folgen der Strahlentherapie litt. Erickson gibt ihm für die Falldarstellung den fiktiven Namen ‚Joe'. Er war ein Florist, der sich mit viel Hingabe und Leidenschaft eine große Firma erarbeitet hat. Joe hatte als Kind sein Taschengeld gespart, um sich einige Pflanzen zu kaufen und hat sich an deren Wachstum erfreut. Später hatte er damit soviel Geld verdient, dass er sich ein kleines Stück Land kaufen konnte. Schließlich ist er zum führenden Floristen einer großen Stadt aufgestiegen.

Erickson sah Joe erstmals in der Klinik, in der Joe nach seiner Operation behandelt wurde. Es wurde vermutet, dass er noch etwa einen Monat zu leben hat. Er litt unter starken Schmerzen, so dass auch die Medikation keine hinreichende Linderung mehr bieten konnte. In ihrer Verzweiflung baten die Angehörigen Erickson um Hilfe, wenngleich sie nicht von der Wirksamkeit der Hypnose überzeugt waren. Sie gaben ihm zudem den Hinweis, in Joes Anwesenheit diesen Begriff nicht zu verwenden.

Joe konnte zum Zeitpunkt des ersten Treffens nicht sprechen, sondern schrieb kurze Sätze auf ein Blatt Papier. Die von Erickson genutzte Technik illustriert das indirekte Vorgehen in der Hypnotherapie eindrucksvoll. Es fand weder eine explizite Tranceinduktion statt, noch wurden dem Patienten direkte Suggestionen gegeben. Das Vorgehen Ericksons ist in der Folge gekürzt und in Übersetzung aus dem Englischen durch den Autor dieses Artikels dargestellt.

Joe, ich möchte mit Ihnen sprechen. Ich weiß, dass Sie ein Florist sind; dass Sie Pflanzen aufziehen und ich bin auf einer Farm aufgewachsen und liebe es ebenfalls, Blumen wachsen zu sehen. Ich werde eine Menge Dinge zu Ihnen sagen, aber ich werde nicht über Blumen reden, denn da wissen Sie viel mehr als ich. Das ist es nicht, was Sie wollen. Und während ich spreche, können Sie es sich bequem machen und ich möchte, dass sie es bequem haben, wenn Sie mir zuhören, wie ich über eine Tomatenpflanze spreche. Darüber zu sprechen, ist eine seltsame Sache und macht einen neugierig. Jemand bringt einen Tomatensamen in den Boden. Jemand verspürt Hoffnung, dass der Samen zu einer Tomatenpflanze wird.

Der Samen saugt das Wasser auf, was nicht schwer ist, weil der Regen Wohlbefinden und alles Nötige bringt. Dieser kleine Samen, Joe, schwillt langsam an und bringt kleine Sprosse hervor und Sie können mir einfach zuhören und neugierig sein, was Sie wirklich lernen können. Die Tomatenpflanze wächst wirklich langsam. Man kann es nicht hören, man kann es nicht sehen, aber sie wächst. Das erste kleine Blatt, die ersten kleinen feinen Haare auf dem Stamm. Diese kleinen Haare, die auch auf den Blättern sind und dafür sorgen, dass sich die Pflanze gut und wohl fühlt. Man kann es nicht wachsen sehen, man kann es nicht fühlen. Und ein weiteres Blatt kommt zum Vorschein und dann noch eins. Vielleicht fühlt sich die Tomatenpflanze wohl und friedlich, wenn sie wächst. Jeden Tag wächst sie ein bisschen mehr. Und das ist so bequem, Joe, der Pflanze beim Wachsen zuzusehen, aber es nicht zu sehen oder zu fühlen, aber zu wissen, dass für diese kleine Tomatenpflanze alles immer besser wird. Wie sie sich bequem in alle Richtungen ausbreiten kann. Joe, Sie können eine Art des Wohlfühlens erleben. Sie wissen, Joe, eine Pflanze ist eine wundervolle Sache und es ist so angenehm, sie schön, darüber zu sprechen, als wäre sie ein Mensch. Wenn so eine Pflanze Gefühle hätte, ein Gefühl der Bequemlichkeit, würde so eine Pflanze schöne Gefühle haben, mit so großer Hoffnung das Verlangen erwecken, in diese sonnenverwöhnte Tomate hinein zu beißen. Es ist so angenehm, einen gefüllten Bauch zu haben, diese wundervolle Empfindung, wie ein durstiges Kind, und man kann ein Getränk wollen, Joe. Das ist es, wie die Tomate sich fühlt, wenn der Regen fällt und alles abwäscht, so dass man sich wohl fühlt. Ich mag den Gedanken, dass die Tomatenpflanze weiß, wie man jeden Tag das maximale Wohlbefinden erreichen kann. So machen es alle Tomatenpflanzen. Joe, ich bin auf einer Farm aufgewachsen und denke, dass so eine Tomatenpflanze eine wundervolle Sache ist. Denke daran, Joe, wie in diesem kleinen Samen, der so friedlich schläft, eine wunderschöne Pflanze steckt, die noch wachsen muss und solch interessante Blätter und Früchte entwickelt. Sie sind so wunderschön, so farbenfroh, dass man wirklich glücklich sein kann, wenn man den Samen ansieht. Denke an diese wundervolle Pflanze, schlafend, ausruhend, friedlich.

Mit dieser Geschichte konnte Erickson nicht nur den Rapport zu Joe herstellen, sondern auch die Wünsche und Gefühle des Patienten metaphorisch aufgreifen. Joe wollte schmerzfrei sein und sich besser fühlen, so dass er sich mit dem Samen und der Pflanze identifizieren konnte und die Ideen aufgriff, die in sein Weltbild passten. Erickson berichtet, dass sich die Schlafqualität tatsächlich gesteigert hat und Joe nach einiger Zeit nach Hause entlassen werden konnte. Dort lebte er noch einige Monate, ehe er friedlich verstarb.

Erickson hat den Patienten nach diesem ersten Besuch nur zwei weitere Male gesehen und ihn dabei unterstützt, diese einfachen Trancetechniken selbst anzuwenden. In der Folge hat Joe an Gewicht gewonnen und ist mit einer deutlich geringeren Dosis an Schmerzmitteln ausgekommen.

Neben dem genannten indirekten Vorgehen ist insbesondere das Angebot zur Identifikation gegeben worden. Hierfür war es nötig, eine bildhafte Vorlage zu bieten, in der sich Joe sich einfach wieder findet. Für einen passionierten Floristen scheint da ein Beispiel aus der Pflanzenwelt sinnvoll, wenngleich es sich nicht um eine Blume handelte. Erickson hat die Tomate gewählt, um einerseits auf ein bekanntes Konzept zurückzugreifen (Samen, aus denen etwas natürlich wächst), andererseits aber auch zur Vermeidung der rationalen Kontrolle des Patienten. Hätte er das Wachstum einer Blume gewählt, wäre eine hohe Chance gegeben, unabsichtlich Fehler einzubauen, die dann eher Reaktanz hervorrufen. Es ist zu vermuten, dass der Patient durch die Inhalte der Konversation verwirrt wurde, da es sich nicht um die übliche, erwartete Arzt-Patient-Interaktion handelte. Die Bedeutsamkeit von Konfusion, insbesondere in der Arbeit mit Schmerzpatienten, legte Erickson an anderer Stelle dar [15].

Weiterhin lässt sich eine Analogie zwischen dem Aussehen einer Tomate („hochroter Kopf") und dem entstellten Gesicht des Patienten erkennen. Somit werden mit der Geschichte zwei Dinge erreicht: Der Gedanke der Hoffnung und des natürlichen Wachstums wird wortwörtlich eingepflanzt und die bislang ausschließlich negative Wahrnehmung des erkrankten Körperteils bekommt eine neue Konnotation.

Weiterhin wurden indirekten Suggestionen zu Schläfrigkeit und Wohlbefinden gegebenen. Dies basiert auf der Annahme, dass Joes bewusster Verstand auf direkte Suggestionen mit Abwehr reagiert hätte, das Unbewusste jedoch sehr gut auf die verbalen und metaphorischen Angebote einging.

Auf diese Weise verhalf Erickson Joe dazu, passager eine Möglichkeit der Aufmerksamkeitsfokussierung zu erlernen, was in diesem Falle als wirksame Schmerzkontrollstrategie angesehen werden kann. Der Patient konnte somit eine mentale Repräsentanz von Entspannung, Schmerzfreiheit und Ruhe entwickeln, die in der Folge einen hilfreichen Einfluss im Sinne einer Palliativbehandlung hatte.

Barabasz und Watkins [10] gehen darüber hinaus davon aus, dass neben den psychischen (v.a. Motivation) auch die physischen Ressourcen des Patienten mobilisiert werden können, wenn hypnotische Visualisierung und imaginative Techniken eingesetzt werden. Im folgenden Fallbeispiel wird gezeigt, wie eine innere Repräsentanz der körperlichen Abwehrkräfte durch Selbsthypnose geschaffen wurde.

Die Macht der inneren Bilder

Die erste Fallgeschichte illustriert den therapeutischen Einsatz der Hypnose, wohingegen die folgende Darstellung einen Weg aufzeigt, durch mehr Bewusstsein über die inneren Bilder einen Neubewertung im Sinne eines Reframings [16] zu erreichen.

Snyder [17] beschreibt, wie ihr durch die Diagnose Brustkrebs der Boden unter den Füßen weg gezogen wurde und sie den Eindruck gewann, alle bis dahin selbstverständlichen Strukturen im Leben lösen sich auf. Erst langsam wurde ihr bewusst, dass sie nicht zu den Brustkrebsopfern gehören möchte, sondern zu den Überlebenden. Die dafür nötigen Ressourcen fand sie in der engen Zusammenarbeit mit den Angehörigen des Gesundheitssystems, aber auch in einer Selbsthilfegruppe sowie durch die eigene Auseinandersetzung mit der Erkrankung. Dabei wurde ihr bewusst, dass jede Frau ihre eigenen Fähigkeiten hat, mit einer derartigen Diagnose umzugehen. Die Stärke der Autorin bestand in einer metaphorischen Sprache, durch die sie Gefühle in Bilder übersetzen und damit zu einem besseren Umgang mit dem affektiven Erleben beitragen konnte.

Nach der Erfahrung der Autorin sind Geschichten besonders dann hilfreich, wenn sie auf der Realität basieren. Revenstorf et al. [18] beschreiben die intendierte Wirkung einer therapeutischen Geschichte als die Möglichkeit, Aufmerksamkeit zu fesseln, dabei aber auch eine direkte oder indirekte Mitteilung zu geben. Es wird auf die Selbstorganisation des Individuums vertraut, die individuell relevanten Aspekte herauszufiltern und zu verarbeiten. Freund [19] geht auf die Wirkweise von Geschichten und Märchen intensiver ein und zeigt die verschiedenen Einsatzmöglichkeiten auf.

Snyder [17] stellt in ihrem Artikel zwei ihrer eingesetzten Geschichten dar. Die erste beschreibt ihr Erleben während der Strahlentherapie. Zu Beginn nahm Snyder das Gerät als groß und ängstigend wahr, bis ihr der zuständige Techniker nüchtern sagte, diese Maschine habe bereits viele Leben gerettet. Seitdem hatte sie eine eher hoffnungsvolle Einstellung während der Behandlung entwickelt und das Gerät als potenziellen Retter betrachtet. Weiterhin hat sie die Strahlentherapie als Schneefall imaginiert, der ihre Haut kühlt, während innen drinnen die Krebszellen verbrennen. Am Ende wird das Schmelzwasser des Schnees die Reste wegspülen.

Die zweite Geschichte ist lösungsorientiert und ermöglicht eine modifizierte Sicht auf das, was derzeit im Körper passiert (Übersetzt aus dem Englischen durch den Autor):

Wir wissen, dass Krebszellen schneller wachsen als gesunde Zellen. Dies tun sie, weil sie egoistisch sind und meinen, sie sind besser als anderer Zellen. Also fahren sie die Ellbogen aus und schieben sich ihren Weg frei, so dass sie mehr Ressourcen verbrauchen, als sie eigentlich benötigen. Sie stopfen alles in ihr nimmersattes Maul und teilen sich letztlich, um zu einer immer größeren Gruppe Hooligans anzuwachsen, die die Nachbarschaft verunsichern. Damit wird die Situation für die eigentlichen Anwohner immer ungemütlicher.

Zum Glück gibt es eine wunderbare Lösung für das Problem, die zudem unglaublich einfach ist: Gib ihnen was sie wollen! Sie wollen alles fressen, was ihnen in den Weg kommt, während die gesunden Zellen sehr wohl auswählen, was sie benötigen und was sie wieder ausspeien. Diese Millionen gesunder Zellen in unserem Körper haben mit der Zeit Mechanismen entwickelt, zusammenzuarbeiten und entstehende Fehler zu beseitigen.

Es entsteht also ein umfassendes Liefersystem, um den großen Hunger der Krebszellen zu stillen. Man nutzt somit ihren Appetit, um sie zu besiegen. Und man kann sehen, wie es funktioniert. Vorsichtig wird Gift in das Liefersystem geleitet, wie flüssiger Tod, der sanft durch die Leitungen fließt, bis hin zu den einzigen Zellen, die ihn essen werden. Man kann fast hören, wie das zersetzende Feuer in den Bäuchen der Hooligans brennt. Die giftige Nahrung wird nicht lange brauchen, bis die Krebszellen zu Boden sinken, während die gesunden Zellen davon nicht betroffen sind. Es spielt keine Rolle, wo die Hooligans sich aufhalten, weil der Mob zum Buffet läuft, sobald die Glocke läutet. Und während man sich von dieser Geschichte und den dazugehörigen inneren Bildern wieder entfernt, kann man in der Ferne beinahe die schmatzenden, betrunkenen und zu Boden sinkenden Hooligans hören, wie sie kämpfend, über Mülltonnen stolpernd, aus der Nachbarschaft verschwinden. Gift zu Gift: Der Krebs findet seine Lösung.

Der theoretische Hintergrund dieser Visualisierungen, aber auch der „Übersetzungsarbeit" von Affekten in Metaphern und Geschichten ist weithin bekannt und wurde auch durch die Hirnforschung überzeugend belegt [20]. Es zeigte sich dabei, dass in Trance ein deutlich effektiveres Lernen möglich ist und trotz der reinen mentalen Vorstellung dieselben Hirnareale aktiviert werden, wie es bei einem realen Erleben der Fall ist. Zudem gilt es als bestätigt, dass durch Trancearbeit auch die unbewussten vegetativen Körperprozesse beeinflusst werden können.

Über die Gestaltung, Entstehung und Einsatzmöglichkeiten therapeutischer Geschichten informiert Hammel [21] ausführlich.

Die Anwendung imaginativer Verfahren

Die von Snyder genannten Techniken basieren zwar auf den psychotherapeutischen Vorkenntnissen der Autorin, jedoch ist jeder Mensch in der Lage, mit Imagination zu arbeiten und einen so genannten Trancezustand zu erreichen. Daher werden in der Folge einfache Prinzipien der Selbstbeeinflussung genannt, die ausführlicher bereits anderer Stelle dargelegt wurde [9].

Die dargestellten Techniken können als Anregung verstanden übernommen werden, jedoch sollte der ericksonianische Gedanke der Individualität jedes Klienten bedacht werden.

Es handelt sich bei der Trance um ein Alltagsphänomen. Viele Menschen kennen etwa die Situation, mit Kopfschmerzen oder Verspannungen nach Hause zu kommen und dann fasziniert einen spannenden Film anzusehen oder ein fesselndes Buch zu lesen und dabei die Schmerzen zu „vergessen". Oder man fährt im Auto übers Land und ist nach einiger Zeit überrascht, wie weit man bereits gefahren ist, ohne es bewusst zu registrieren. Trance ist also ein natürlicher Zustand, der mittels Entspannung oder Selbsthypnose erreichbar ist und damit konstruktiv eingesetzt werden kann.

Einige Menschen befürchten, nicht mehr zurückzufinden und in dem Trance-Zustand „gefangen" zu sein. Dies ist eine unrealistische Angst, denn wenn man einen Tagtraum denkt, so kann es schon sein, dass man die „Zeit vergisst", jedoch wacht man spätestens dann auf, wenn etwas unerwartetes um einen herum passiert (z.B. laute Geräusche). Im Normalfall verabschieden wir uns aber einfach von unserer angenehmen Auszeit und kehren wieder ins Hier und Jetzt zurück.

Die Sprache der Trance: Bilder, Töne und Gerüche

Trance ist ein äußerst produktiver Zustand, der es uns ermöglicht, eigentlich unbewusste Prozesse zu beeinflussen. Das Trancebewusstsein hat jedoch eine andere Sprache als das Alltagsbewusstsein. Während wir im Alltag mit dem Kopf entscheiden und vernünftige Argumente der Wirtschaftlichkeit und Machbarkeit zu Rate ziehen, lässt sich die unbewusste Kommunikation eher mit dem „Bauchgefühl" vergleichen. Oftmals verspüren wir so Botschaften des Vorbewussten, etwa das Gefühl, mit einer Situation sei etwas nicht in Ordnung. Gefühle werden generell eher in Bildern oder Sinneseindrücken vermittelt, denn das ist die Sprache des Vorbewussten oder Unbewussten.

Dabei hat jeder Mensch einen speziellen, dominanten Sinneskanal. Wenn Sie bspw. an eine schöne Situation des letzten Urlaubs zurückdenken, was kommt Ihnen zuerst in den Sinn? Sehen Sie etwas? Hören Sie bestimmte Geräusche? Können Sie etwas riechen oder schmecken? Vielleicht auch eine Wahrnehmung über den Tastsinn? Je nachdem, welcher Sinneseindruck Ihnen zuerst und dominant erscheint, können Sie Ihren bevorzugten Kanal bestimmen: Sehen, Hören, Riechen, Schmecken oder Tasten. Über diesen Kanal erreichen Sie auch das Unbewusste am besten. Das bedeutet, dass Sie sich als ein vornehmlich visuell orientierter Mensch Dinge vor dem inneren Auge vorstellen sollten, während die auditiv geprägten Personen eher etwas vor dem inneren Ohr imaginieren sollten, z.B. die blaue Farbe des ruhigen Meeres vs. das kaum hörbare Rauschen der kleinen Wellen und des Windes. Nun gilt auch für den Inhalt der Sprache die Besonderheit des Bildhaften: Mit abstrakten Begriffen (z.B. „Es sind 19,5°C mit Wind von Nordost") kann das Unbewusste nicht viel mit anfangen, wohl aber mit einer bildhaften Umschreibung, die Assoziationen weckt (z.B. „Die Sonnenstrahlen streicheln sanft die Haut und ein leichter Wind sorgt für eine angenehme Kühle im Nacken"). Weiterhin ist die Sprache der Trance immer positiv. Da wir in Bildern denken, können wir uns Verneinungen nicht vorstellen. Jeder kennt das Beispiel: „Denke nicht an einen rosaroten Elefanten" – Und alle sehen kurz eben jenen rosaroten Elefanten. Bedeutsamer ist dies in der Trance am Beispielen wie: „Ich werde mit jedem Atemzug ruhiger und lasse die Dinge kommen und gehen" (=positiv formuliert) im Gegensatz zu „Ich bin nicht mehr so schrecklich unruhig und höre die störenden Geräusche nicht mehr". Stellen Sie sich also stets ein positiv formuliertes Ziel vor, nicht nur die Verneinung des Negativen.

Experimentieren Sie doch einfach ein wenig, indem sie gezielt ausprobieren, was Ihnen hilft, möglichst intensive Vorstellungen und Tagträume zu erzielen.

Vorübungen

Im Alltag befinden wir uns selten in einer entspannten Ausgangslage, weswegen sich die folgende kleine Übung anbietet, sich ein wenig in Richtung Entspannung zu bewegen. Denn gerade für Selbsthypnosetechniken gilt: „Je lockerer und ausgelassener ich bin, desto besser komme ich zum Ziel."

Bewusstes Atmen

Setzen oder legen Sie sich bequem hin. Atmen Sie wiederholt und bewusst ein und aus. Werden Sie sich bewusst, wie der Vorgang des Einatmens mit Anspannung und der des Ausatmens mit Entspannung verbunden ist. Achten Sie dabei nicht nur auf das angenehme Gefühl der wohltuenden Entspannung, sondern auch darauf, wie sich langsam ein Wärmegefühl ausbreitet.

Wenn Sie mögen, können Sie nun den Rhythmus des Atmens verändern: Zählen Sie beim Einatmen langsam bis drei und dehnen Sie das Ausatmen, indem sie dabei langsam bis fünf zählen. Achten Sie darauf, wie auf diese Weise das Gefühl entstehen kann, dass man langsam in die Unterlage / die Lehne hinein sinkt. Genießen Sie diesen Zustand, so lange Sie mögen und kehren danach ins Hier und Jetzt zurück.

Auf einer derartigen Ateminduktion aufbauend ist nun eine Entspannungsübung möglich. Ein Beispiel hierfür ist die Körperinventur nach Tausch [22].

Leg Dich auf den Boden, so dass es bequem für Dich ist. Schließ Deine Augen. Nimm einige tiefe Atemzüge...Ich führe Dich nun durch eine Erfahrung, die ich „Bewusstseins - Inventur" nenne. Dabei lenk Dein Bewusstsein nacheinander auf die verschiedenen Körperbereiche. Der Sinn dieser Übung ist: Du wirst Dir der möglichen Spannungen, die in Deinem Körper sind, bewusst. Bitte bewerte oder beurteile dies nicht. Wenn Du die Spannungen wahrnimmst, ohne zu bewerten, mindern sie sich. Es ist ferner wichtig, Deine Gedanken vollständig auf den Körper zu konzentrieren, keine anderen Gedanken zu haben.

Wir fangen mit den Füßen an. Nimm ganz einfach wahr, wie sich die verschiedenen
Körperteile anfühlen, ob entspannt, angespannt, oder was Dir sonst daran auffällt.

Bring nun Dein geistiges Bewusstsein hinunter zu dem linken Fuß. Wie fühlt sich Dein linker Fuß an? Wie fühlen sich Deine Zehen an?...Wie Deine Fußsohle?...Wie fühlt sich Deine Wade an?...Dein Knie?...Dein oberes Bein?...Deine Hüfte?

Jetzt bring Dein Bewusstsein zu dem rechten Fuß. Zu den Zehen...zu der Fußsohle...Nimm einfach wahr, mach eine Inventur von dem, was in Deinem Körperteil passiert. Geh weiter zu Deiner Wade...zu Deinem Knie...zu Deinem oberen Bein...und zu Deiner Hüfte...Nun bringe Dein Bewusstsein zu Deinem Bauch...zu Deinem Gesäß...Wiederum einfach nur beobachtend,... wahrnehmend. Stelle Dir bei jedem Körperteil die Frage, wie er sich anfühlt. Und dann antworte Dir das, was Du spürst.

Wie fühlt sich Deine Brust an?...Deine Wirbelsäule?...Die Gegend um Deine Schulterblätter? Jetzt bringe Dein Bewusstsein zu Deiner linken Hand herunter...in die Finger... Handinnenflächen... Unterarm... oberen Arm und Schulter... Gehe nun rüber zur anderen Hand.

Bewege Dein Bewusstsein jetzt zu Deiner Schulter... zu Deinem Hals... und in Deinen Kiefer. Beobachte, ob Dein Kiefer angespannt oder entspannt ist. Lass die Lippen leicht geöffnet. Nun bringe Dein Bewusstsein in Deine Wangen hinein... Und jetzt, für einen kurzen Moment, bewege Dein Bewusstsein in Dein eigenes Gehirn, zu Deinen eigenen Gedanken. Nimm ganz einfach wahr, wie sie Dir durch den Kopf gehen, ohne sie in irgendeiner Weise zu bewerten und auch, ohne sie zu verfolgen. Nimm sie einfach so wahr, als würden sie in einem Radio oder auf einem Fernsehschirm ablaufen...

Und nun nimm wahr, wie Du Dich jetzt fühlst... Atme noch einmal tief durch... Und wenn Du Dich gut fühlst und soweit bist, öffne langsam Deine Augen.

Aufbauend auf oder ergänzend zu der Entspannungsübung können nun Märchen, Geschichten oder Anekdoten genutzt werden, um eine erwünschte Botschaft zu vermitteln. Eine Sammlung findet man bei Hammel [21] oder auch bei Peseschkian [23].

Fazit

Es konnte gezeigt werden, dass die wissenschaftlich fundierte, moderne Hypnotherapie einen wichtigen Beitrag im Rahmen eines Behandlungskonzeptes zur Krebstherapie leisten kann. Sowohl in den Fallgeschichten als auch durch die Studienlage wird deutlich, dass die Arbeit mit Trance die Copingstrategien des Patienten verbessern kann, eine Reduktion der Schmerzen erzielt und die mit der Erkrankung einhergehenden psychischen Beschwerden lindert.

Es ist abschließend hinzuzufügen, dass Hypnotherapie einerseits individuell gestaltet werden soll und ausschließlich von qualifiziertem Fachpersonal durchzuführen ist, um hilfreich zu sein und von vornherein einer übermäßigen Erwartungshaltung des Erkrankten entgegen zu wirken.

Literatur

[1] Robert Koch-Institut & Gesellschaft der epidemiologischen Krebsregister in Deutschland e.V. Krebs in Deutschland 2003-2004. Häufigkeiten und Trends. Verfügbar unter: http://www.ekr.med.uni-erlangen.de/GEKID/Doc/kid2008.pdf [10.09.2008]

[2] Weis, J. Bedarf an psychosozialer Versorgung von Tumorpatienten. Theoretische Aspekte zum Begriff des Bedarfs und der Problematik der Bedarfsplanung. In: Koch, U & Potreck-Rose (Hrsg.), Krebsrehabilitation und Psychoonkologie, Berlin: Springer; 1990; 113-123.

[3] Watzke, B; Schulz, H; Koch, U & Mehnert, A. Psychotherapeutische Versorgung in der Onkologie. PsychotherapeutenJ; 2008; 4; 328-336.

[4] Riegel, B. Raucherentwöhnung mit Hypnose: Methoden in Theorie und Praxis. Saarbrücken, VDM; 2007.

[5] Erickson, MH. Hypnosis in Painful Terminal Illness. The American J of Clinical Hypnosis, 1959; 1; 117-121

[6] Riegel, B. Mehr Vielfalt durch Rauchstopp. Hypnotherapeutische Raucherentwöhnung. Onlinejournal für systemisches Denken und Handeln; Juni 2007.

[7] Riegel, B. Hypnotherapeutische Raucherentwöhnung in der Schwangerschaft. Die Hebamme; 2007; 20; 269-271.

[8] Riegel, B. Hypnotherapie: Kein Hokuspokus. Deutsche Angstzeitschrift; 2007; 38; 24-26

[9] Riegel, B. Selbsthypnose beeinflusst Verhalten und Erleben. Deutsche Angstzeitschrift; 2007; 40; 12-18.

[10] Barabasz, A & Watkins JG. Hypnotherapeutic Techniques 2E. New York, Hove: Brunner & Routledge; 2005.

[11] Feldman, JB. Expanding Hypnotic Pain Management to the Affective Dimension of Pain. American J of Clinical Hypnosis; 2009; 51:3; 235-254.

[12] Jensen, MP. The Neurophysiology of Pain Perception and Hypnotic Analgesia: Implications for Clinical Practice. American J of Clinical Hypnosis; 2008; 51:2; 123-148.

[13] Hammond, DC. Hypnosis as Sole Anesthesia for Major Surgeries: Historical & Contemporary Perspectives. American J of Clinical Hypnosis; 2008; 51:2; 101-121.

[14] Erickson, MH. Interspersal Hypnotic Technique for Symptom Correction and Pain Controll. The American J of Clinical Hypnosis, 1966; 8; 198-209.

[15] Erickson, MH. The Confusion Technique in Hypnosis. The American J of Clinical Hypnosis; 1964; 6; 183-207.

[16] Bandler, R & Grinder, J. Reframing. Ein ökologischer Ansatz in der Psychotherapie (NLP). Paderborn: Junfermann; 2000.

[17] Snyder, M: Cancer Boundaries: Notes on Becoming Familiar while Staying Intact. ASCH-Newsletter Fall 2008; 3-11.

[18] Revenstorf, D; Freund, U. & Trenkle, B. Therapeutische Geschichten und Metaphern. In: Revenstorf, D & Peter, B. (Hrsg.) Hypnose in Psychotherapie, Psychosomatik und Medizin. Manual für die Praxis. Berlin, Heidelberg: Springer Verlag; 2001; 240-268.

[19] Freund, U. Wirkfaktor Grimm: Märchen in der Hypnotherapie. In: Revenstorf, D & Peter, B. (Hrsg.) Hypnose in Psychotherapie, Psychosomatik und Medizin. Manual für die Praxis. 2. Auflage. Berlin, Heidelberg: Springer Verlag; 2008; 332-344.

[20] Halsband, U (Hrsg.). Hirn und Hypnose. Hypnose und Kognition. 2004; 21 (1+2).

[21] Hammel, S. Handbuch des therapeutischen Erzählens – Geschichten und Metaphern in Psychotherapie, Kinder- und Familientherapie, Heilkunde, Coaching und Supervision. Stuttgart: Klett-Cotta; 2009.

[22] Tönnies, S. Entspannung, Suggestion und Hypnose. Heidelberg: Asanger; 2003.

[23] Peseschkian, N. Der Kaufmann und der Papagei. Orientalische Geschichten als Medien in der Psychotherapie. Fischer: Frankfurt am Main; 1979.

Leistungssteigerung im Sport

Mentales Training

Sportliche Hochleistung basiert auf drei Komponenten:

1) hohe körperliche Fitness
2) hohe technisch-taktische Fähigkeiten
3) psychische Faktoren (z.B. Motivation, Konzentration, Siegeswillen). Diese sind gemäß des Hypnotherapiekonzepts als hochspezifische Tranceprozesse zu verstehen, die sportliche Hochleistung durch zieldienliche Aufmerksamkeitsfokussierung möglich machen.

Sportlicher Leistung erfordert komplexe sensomotorische Aktivität. Dies sind situativ abgestimmte dynamische Prozesse (Wahrnehmungs-, Beobachtungs-, Koordinations-, Feedback- und Entscheidungsprozesse), die eine Konstruktion und Umsetzung eines motorische Outputs innerhalb von Millisekunden ermöglichen.

Leistungsoptimierung: Von der Sensorik zur Motorik

Der Organismus reagiert schnell, präzise und unmittelbar auf Wahrnehmungsprozesse. Für ihn macht es keinen Unterschied, ob die mentalen Abläufe leistungsoptimierend sind oder nicht. Suboptimale Fokussierung auf Ebene der Sinnesmodalitäten führt also zu suboptimalen Bewegungsabläufen! Durch Fokussierung der Aufmerksamkeit und der Wahrnehmung auf die Lösung (Tor) und nicht auf das Problem (Tormann), kann vorab das sensorische Input zieldienlich ausgewählt werden.

Mentale Probleme: Mit der „schlaffen Hand" zur Niederlage

Optimale und suboptimale Wahrnehmungsfokussierungen spielen aber nicht nur auf sensorischer Ebene eine entscheidende Rolle, sondern auch auf der mentalen Ebene (z.B. Motivation und Einstellung). Bildhaft-metaphorische Beschreibungen geben Aufschluss darüber, wie sich die Sportler selbst erleben und ob eine optimale oder eine suboptimale Fokussierung vorliegt/ vorlag.
Im Fokus der Aufmerksamkeit sollte das Erleben von Kraft, Koordination und Präzision liegen!

suboptimal ☹	optimal ☺
- „auswärts sind wir um eine Klasse schwächer"	- „ich bin über mich hinausgewachsen"
- „meine Rückhand kam heute nicht"	- „sie spielt traumhaft"
- „ich hatte eine schlaffe Hand"	- „er spielt mühelos"

Die drei Kategorien von Leistungsbeeinträchtigungen

1) Leistungsbeeinträchtigungen in der optimalen Wettkampfbewegung Beeinträchtigungen in dem Erlernen oder dem Ausführen von erlernten und automatisierten sportrelevanten Bewegungsmustern.
2) Leistungsbeeinträchtigung in der optimalen Wettkampforientierung Leistungsbeeinträchtigungen, die im Zusammenhang mit motivationalen, emotionalen oder kognitiven Faktoren stehen.
3) Leistungsbeeinträchtigung in der Regeneration und Rehabilitation Beeinträchtigungen, die Sportler nicht direkt in ihrer Leistung einschränken, sondern die regenerative/ rehabilitative Prozesse erschweren oder behindern.

Ziel des mentalen Trainings:

Verbesserung der mentalen Fokussierung, um eine Verbesserung der Bewegungssteuerung und Bewegungsausführung zu erreichen.

Lidgett, DR (2000). Enhancing Imagery Through Hypnosis: A Performance Aid for Athlets.

American Journal of Clinical Hypnosis 43:2; 149-157
Reprinted with permission from the American Society of Clinical Hypnosis (www.asch.net).

This value of imagery in sports is widely acknowledged. The contribution of hypnosis to enhancing athletes' performance is also recognized, but the value of hypnosis in enhancing imagery has little recognition. The reason for this neglect is explored. The study used Martens' Sport Imagery Questionnaire, which asked the participants to image 4 different situations in their own sport-practicing alone, practicing in front of others, watching a teammate, and competing. Participants reported their subjective impression of vividness on four dimensions—visual, auditory, kinesthetic, and affective. The 14 athletes participating imaged each situation in and out of hypnosis—half of the time the imagery in hypnosis came first and half after. The participants reported that the imagery under hypnosis was more intense for each dimension and more intense for each situation. Whether the imagery was done under hypnosis first or after was not significant. The findings suggest that hypnosis substantially enhances imagery intensity and effectiveness.

Introduction

While imaging has long been a part of the training routines of athletes, the contribution of hypnosis in enhancing the intensity of imaging is less recognized. Most psychotherapists recognize that hypnosis enhances imagery, but in sports, little use seems to be made of this enhancement. The standard American textbooks on sport psychology almost completely neglect this use of hypnosis. Athletes seem to put hypnosis on the fringe of respectability, its potential rarely recognized or realized.

Value of imagery

Almost all sport psychology textbooks encourage the use of imagery. Martens (1982) lists a number of uses for imagery-developing and practicing motor skills and strategies, setting goals and motivating achievement, learning to control emotions, focu ing or con-centrating energy and attention, and increasing self confidence and self awareness. His appendix tabulates the results of 31 studies in which imagery was used to enhance athletic performance. Many athletes have endorsed the use of imagery. Suinn (1993) cites skier Jean-Claude Killy, golfer Jack Nicklaus, tennis pro Chris Evert, high jumper Dwight Stones, and defensive end Bill Glass. Greg Louganis (1995) describes his use of imagery in learning a new dive (p. 113-4) and before each dive in competition (p. 207). The fact that these athletes believe that imagery helps their performance suggests, but does not prove, that imagery is valuable in enhancing performance. Weinberg (1981) and Feltz and Landers (1983) reviewed the literature assessing the effects of imagery on performance.

Although they found some studies in which imagery had no effect and even a negative effect on performance, both reviews support the use of imagery. Feltz and Landers found that imagery had the least effect for strictly strength tests (M = .20), more for motor tasks (M = .43), and the most effect for performances with a cognitive component (M = 1.44). Since these two reviews, the research has been generally supportive of imagery in a wide variety of sports (Martin and Hall, 1995 - beginning golfers; Highlen and Bennett, 1983 - successful athletes; Isaac, 1992 - trampolinists; Rodgers, Hall, & Buckhotz, 1991 - figure skaters; Davis, 1990 - elite ice hockey performers; Burhans, Richman, & Bergley, 1988 - middle distance runners; and Van Gyn, Wenger, & Gaul, 1990 - sprinters). On the other hand, one study (Tenenbaum, Bar-Eli, Hoffman, & Jablonovski, 1995) found that imagery decreased leg strength. It might be noted that Feltz and Landers (1983) found that strength performance was the least susceptible to imagery.

Hypnosis' Contribution

The value of hypnosis in enhancing imagery is more recognized in the professional literature than in sport psychology textbooks. Taylor, Horevitz, and Balague (1993), for example, suggest that hypnotically-enhanced imagery can increase self confidence by generating success imagery, improving body awareness, and dealing with performance blocks. After reviewing four equivocal stud-ies, Onestak (1991) concludes that "hypnosis has the potential to facilitate mental practice by enhancing imaginative ability." Two of the studies (Barber & Wilson, 1977, and Spanos, Ham, & Barber, 1973) found that imagery can be enhanced by instructions on how to think and imagine as much as by a hypnotic trance. The other two studies found that hypnosis facilitates imagery.

Sanders (1967) found that the hypnotic imagery produced more detailed descriptions than waking-state imagery. Howard and Reardon (1986), the only one of Onestak's four studies in which participants visualized athletic activities, found that adding hypnosis to cognitive restructuring enhanced both performance and muscle growth. Liggett and Hamada (1993) describe the use of imagery under hypnosis in helping gymnasts perfect tricks. In one case a gymnast perfected a double back flip with a full twist in a trance, first by visualizing the flip in slow motion, then imaging the correct timing at successively increasing speeds until he could image the flip at full speed. Prior to the hypnotic imagery he could very rarely stick a landing. After, he was able to stick it five consecutive times, and was able to include this flip in his floor routine.

These examples tend to confirm the statement of Taylor et al. (1993) that hypnotic imagery "can enhance motor learning... through low-level innervations in the muscles." Hilgard (1986, p. 110-111) proposes that hypnosis tends to draw on the right brain functions of imagination, emotion, and gestalt. This is supported by my work with a gymnast who, six months before, had injured himself on a dismount. Intellectually he knew he had done the dismount successfully many times, but when he came to do it, something stopped him. In a trance he was taken back to the meet in which the injury occurred and asked to image himself doing the trick successfully several times. He then imaged the dismount at the home gym, and at an upcoming important competition. After this one session, he was able to perform the dismount for the first time in six months. While non-hypnotic imagery had not helped, the much more vivid (his subjective evaluation) hypnotic imagery effected an emotional change which enabled him to overcome the block. (When emotions and intellect collide, emotions generally win!) The current study was inspired by my experience that imagery under hypnosis seems substantially more vivid and effective than imagery in a simple relaxed state. I found no studies which attempted to measure this increase.

Method

This study compared the subjective intensity of imaging under hypnosis with non-trance imagery. To suggest a wide applicability of hypnotic imagery this study included athletes of a wide variety of ages and sports, each using imagery in his or her own sport.

Participants

The 14 participants included 6 females and 8 males. The participants imaged activities in their own sport: distance running (4 partici-pants, ages 26, 30, 33, & 39), gymnastics (3 participants ages 12, 14, & 15), soccer (2 participants, ages 17 & 26), golf (age 25), mountain biking (age 22), rugby (age 30), tennis (age 18), and water polo (age 18). All were proficient enough to compete at re-gional, intercollegiate, or interscholastic levels.

Test Instrument

The test instrument was adapted from the Sport Imagery Questionnaire of Martens (1982) as presented in Weinberg and Gould (1999, pp.278-9). Martens' instrument allows a straight forward assessment of participants' subjective reactions to imaging in the participant's own sport. Martens' instrument asks participants to vividly imagine themselves in four separate situations in their own sport—practicing alone, practicing with others, watching a teammate, and participating in a competition. For each situation, the participant rated the subjective clarity or intensity of the imagery on four dimensions:

1. Visual (How vividly did you see yourself doing this activity?)
2. Auditory (How clearly did you hear the sounds of doing this activity?)
3. Kinesthetic (How well did you feel yourself making the movements?)
4. Affective (How clearly were you aware of your mood?).

The imaging rating was on a 5-point scale from (1) No image present to (5) An extremely clear and vivid image. For each of the four situations, four scores were obtained for imaging in a trance and four more out of a trance. Moran (1993) and McKelvie (1995) reviewed a variety of instruments measuring the vividness of mental imagery. None of the reviewed instruments asked athletes to image several activities in their own sport and to assess Martens' four aspects of the imagery. Although the psychometric properties of Martens' instrument have not been developed, for a survey such as this one, the validity of asking participants to rate their own subjective reactions seems obvious. How better to assess subjective reactions?

Training Procedure

Participants were told that I was investigating the differences between imagery in and out of hypnosis. I avoided any suggestion that hypnosis affected the vividness of the imagery. I briefly described the characteristics of a trance and answered any questions about hypnosis. Each participant was hypnotized individually with a progressive relaxation induction (See Hammond, 1988, p.22) followed by a variety of deepening techniques. While each participant was in a trance, I made three suggestions. The first was a rapid reinduction suggestion to use in the experimental procedure. The second suggestion established a signal to come out of a trance. The third suggestion gave the participant a signal to come out of the trance at any time the participant might want.

All of these suggestions were rehearsed several times to enable the participants to enter a trance rapidly and deeply for the experimental part of the study. I tested susceptibility and trance depth by suggesting that the entranced participant's arm would stay in any position in which I put it, and that the participant would not be able to move it even when brought out of the trance until I clapped my hands. All of the participants passed these two tests. These tests are similar to two of the ten tests used in the Harvard Test of Susceptibility (Shor & Orne, 1962) and the Stanford Hypnotic Susceptibility Scale (Weitzenhofer & Hilgard, 1959). Hilgard (1965) reports that the arm rigidity test correlates 0.83 with the rest of the Stanford Scale, and the post hypnotic suggestion correlates 0.60 with the rest of the scale. By passing these two tests participants indicated at least a moderate susceptibility—enough to rapidly enter a reasonably deep hypnotic trance.

Explaining the Procedure

In the experimental session, I explained that I would read descriptions of four different situations. The participant would be asked to keep eyes closed for about 30 seconds and to image each situation as vividly as possible—to think of a specific example of the situation, the people involved, the place, the time—to imagine being in that situation as much as possible using all the senses—to make the image as real and include as much detail from the imagination as possible. An accurate appraisal would help assess any differences between imagery in and out of hypnosis. After completing each imagining, I would ask for a rating on four dimensions of the imagery by giving me a number that best describes the image.

1 = No image present
2 = Not clear or vivid, but a recognizable image
3 = Moderately clear and vivid image
4 = Clear and vivid image
5 = Extremely clear and vivid image

The Experimental Procedure

For half of the participants, I then induced a trance with the hypnotic reinduction procedure taught in my training program. (The other half of the participants imaged the first situation out of a trance. Their procedure was the same except for the trance.) The description of the first situation was read. After allowing about 20 seconds for imaging the situation, I asked each of the four questions measuring the visual, auditory, kinesthetic, and mood intensity. For each question, the participant gave a number score from 1 to 5. The participant was then brought out of the trance and asked to image the same situation and again to assess the four dimensions. (The other half of the participants were then put in a trance and asked to image the same situation.) The two imagings (in a trance and out of a trance) of each situation were done before imaging the next situation. For each participant, the imagings for the four situations alternated between first imaging in a trance and first imaging out of a trance. Thus, if the first imaging of the first situation was done in a trance, the first imaging of the second situation was done out of a trance, etc., through the four situations. Thus half of the participants imaged the first and third situations first in a trance, and the second and fourth situations first out of a trance.

The other half of the participants imaged the first and third situations out of a trance first and the second and fourth situations first in a trance. Martens' procedure allowed 1 minute to image each situation. In pretesting the protocol, 20 seconds seemed an adequate length of time for imaging. In my experimental sessions, participants were asked after the first pair of images if the time allowed was adequate. If they asked for more time, I allowed 30 seconds on later situations. If 20 seconds was more than enough, the time was shortened to 15 seconds. After the imagery in all four situations had been assessed, I explained the purpose and the rationale of the study, showed the participants their own scores, and answered any questions.

Results

As expected, participants' mean imagery ratings were higher in the hypnosis condition (M = 3.91) than in the standard imagery condition (M = 2.34), p < .001. The main effect of hypnosis was statistically—and practically—significant in each of the 16 analyses, p < .01. In all cases, imagery ratings were higher in the hypnosis condition. The effects of order (hypnotic imagery first or second) were not significant. The results suggest that hypnosis is able to enhance the subjective intensity of imagery, in several sensory dimensions, in a variety of sports, and in situations involving practice, observing others perform, and competition. When in a trance these athletes saw, heard, and felt a situation more vividly and were more involved emotionally. This result is probably not surprising to those familiar with hypnosis. The surprise is that so few athletes take advantage of this phenomenon.

Discussion

It is not clear why hypnotic imagery is not more widely used in sports. Perhaps the main reason is a lack of information about its value. Hypnosis is not generally included in sport psychology programs, and often not in other psychology programs, so few sport psychologists become knowledgeable or experienced in this area. While psychotherapists and physicians have long accepted hypnosis as a treatment technique, I have found that many athletes and their coaches still seem to regard it with a jaundiced eye, generally unaware of its possible contribution.

Hypnotic imagery and performance

While this study strongly suggests that hypnosis enhances imagery, it does not establish that visualization under hypnosis enhances actual performance. The research on imagery (Epstein, 1980; Singer et al., 1993), however, confirms the intuitive feeling that the more vivid the imagery, the more performance is enhanced. Smith (1987) and Singer, et al. (1993) have two recommendations for effective sport imagery. First, that the image be colorful, realistic, and involve the appropriate emotions. Second, that the athlete be physically and mentally relaxed. Since both of these conditions characterize trance imagery, hypnosis can be expected to provide a productive addition to imagery.

Additional research

There are alternate explanations about the subjective increase in imagery vividness. Although every effort was made to keep the participants from knowing or fulfilling my expectancies about the effects of hypnosis on imagery, experimenter bias and participant expectancies may have contributed to these findings. They are unlikely to be the whole explanation since the effect was so consistent and significant among subjects. Further, rather than expecting an increase, most participants, when shown their scores, were quite surprised at the increase in vividness under hypnosis. (While as a scientist I must be concerned about the exact cause, as a practitioner it is less relevant whether the increased effectiveness comes from hypnosis or the expectancies.)

In addition to testing the effects of hypnotic imagery on performance, a number of other areas could be explored. Perhaps certain dimensions of imagery relate more strongly than others to enhanced performance. Singer et al. (1993), for example, suggest that the kinaesthetic and emotional dimensions are of the most concern. It is clear from this study that these dimensions were enhanced under hypnosis. While the participants were not selected on the basis of hypnotizability and probably varied in the extent of their hypnotizability, all members of this convenience sample were sufficiently hypnotizable to experience enhanced imagery under hypnosis. Perhaps less hypnotizable athletes would not benefit as much from imaging in a trance. It might appear that it is necessary to have a hypnotist around whenever an athlete wants to benefit from hypnotic imagery. One athlete I expected to use in this study indicated vivid imagery both in and out of hypnosis. After the scoring, he admitted that he routinely imaged under selfhypnosis. I did not include his data since I was not comparing the vividness of imagery under self-hypnosis vs. hetero-hypnosis - that study can also come later. Nor did I think it appropriate to teach him to image without self-hypnosis. This lagniappe suggests that a hypnotist may not be necessary for effective imagery when athletes can learn selfhypnosis.

Summary

In summary, while imagery has an established place in athletic training, the contribution of hypnosis to imagery might well be more widely recognized and utilized. Perhaps in time research such as this study will help to dissipate the ignorance about and prejudice against hypnosis, and its advantages will be more widely used in enhancing imagery.

References

Barber, T.X. & Wilson, S. C. (1977). Hypnosis, suggestions and altered states of consciousness: Experimental evaluation of the new cognitive-behavioral theory and the traditional trance-state theory of "hypnosis." Annals of the New York Academy of Science, 296, 34-47.

Burhans, R. S., Richman, C. L., & Bergley D. B. (1988). Mental imagery training: Effects on running speed performance. International J of Sport Psychology, 19, 26-37.

Davis, H. (1990). Cognitive style and non-sport imagery in elite hockey performance. Perceptual and Motor Skills, 71,795-801.

Epstein, M. L. (1980). The relationship of mental imagery and mental rehearsal to performance of a motor task. The J of Sport Psychology, 2, 211-230.

Feltz, D. L. & Landers, D. M. (1983). The effects of mental practice on motor skill learning and performance: A meta-analysis. J of Sport Psychology,5, 25-57.

Hammond, D. C. (Ed.) (1988). Hypnotic induction and suggestion: An introductory manual Des Plaines, Illinois: American Society of Clinical Hypnosis.

Highlen, P. S. & Bennett, B. B. (1983). Elite divers and wrestlers: A comparison between open- and closed-skill athletes. J of Sport Psychology, 5, 390-409.

Hilgard, E. R. (1965). Hypnotic susceptibility. New York: Harcourt Brace Jovanovitch.

Hilgard, E. R. (1986). Divided consciousness: Multiple controls in human thought and action (Expanded Edition). New York: John Wiley.

Howard, W. L. & Reardon, J. P. (1986). Changes in the self-concept and athletic performance of weight lifters through a cognitive-hypnotic approach: An empirical study. American J of Clinical Hypnosis, 28, 248-257.

Isaac, A. (1992). Mental practice—Does it work in the field? The Sport Psychologist, 6, 192-198.

Liggett, D. R. & Hamada, S. (January 1993). Enhancing the visualization of gymnasts. American J of Clinical Hypnosis, 35, (3), 190-7. (A shorter version of this paper appears as Liggett, D. R. & Hamada, S. [March 1992]. Hypnosis: A key to effective visualization. U. S. Gymnastics Technique, 12, 20-2.)

Louganis, G. (1995). Breaking the surface. New York: Random House.

Mahoney, M. J. & Avener, M. (1977). Psychology of the elite athlete: An exploratory study. Cognitive Therapy and Research, 1, 135-141.

Martens, R. (1982). Imagery in sport. In M. L. Howell & A. W. Parker (Eds.), Proceedings of the Australian Sports Medicine Federation International Conference. Vol. 8. Sports Medicine: Medical and Scientific Aspects of Elitism in Sport, 213-230.

Martin, K. A. & Hall, C. R. (1995). Using imagery to enhance intrinsic motivation. J of Sport and Exercise Psychology, 17, 59-67

McKelvie, S. J. (1995) Vividness of visual imagery (Special issue). J of Mental Imagery. NYC: Brandon House.

Moran, A. (1993). Conceptual and methodological issues in the measurement of mental imagery skills in athletes. J of Sport Behavior, 15, 3, 156-170.

Onestak, D. M. (1991). The effects of progressive relaxation, mental practice, and hypnosis on athletic performance: A review. J of Sport Behavior,14, 4 ,247-282.

Rodgers, W., Hall, C., & Buckholz, E. (1991). The effect of an imagery training program on imagery ability, imagery use, and figure skating performance. J of Applied Sport Psychology, 3, 109-125.

Sanders, S. (1967). The effect of hypnosis on visual imagery. Dissertation Abstracts International, 30, 2936B.

Shor, R. E. & Orne, E. C. (1962). Harvard group scale of hypnotic susceptibility. Palo Alto: Consulting Psychologists Press.

Singer, R. N., Murphy, M., & Tennant, L. K. (1993). Handbook of research on sport psychology: A project of the International Society of Sport Psychology. New York: Macmillan.

Smith, D. (1987). Conditions that facilitate the development of sport imagery training. The Sport Psychologist,1, 237-47.

Spanos, N. P., Ham, M. W., & Barber, T. X. (1973). Suggested ("hypnotic") visual hallucinations: Experimental and phenomenological data. J of Abnormal Psychology, 81, 96-106.

Suinn, R. M. (1993). Imagery. In R. Singer, M. Murphey, & L. Tennant. Handbook of research on sport psychology. New York: Macmillan. 492-510

Taylor, J., Horevitz, R., & Balague, G. (March 1993). The use of hypnosis in applied sport psychology. The Sport Psychologist, 7,1, 58-78.

Tenenbaum, G., Bar-Eli, M., Hoffman, J. R., & Jablonovski, R. (1995). The effect of cognitive and somatic psyching-up techniques on isokinetic leg strength performance. J of Strength and Conditioning Research, 9(1), 3-7.

Van Gyn, G. H., Wenger, H. A., & Gaul, C. A. (1990). Imagery as a method of enhancing transfer from training to preformance. J of Sport and Exercise Psychology, 12, 366-375.

Weinberg, R. S. (1981). The relationship between mental preparation strategies and motor performance: A review and critique. Quest, 33, 195-213.

Weinberg R. S. & Gould, D. (1995). Foundations of sport and exercise psychology. Champaign, IL: Human Kinetics.

Weitzenhofer, A. M. & Hilgard, E. R. (1959). Stanford hypnotic susceptibility scale, Forms A and B. Palo Alto: Consulting Psychologists Press.

Morton, PA (2003). The Hypnotic Belay in Alpine Mountaineering: The Use of Self-Hypnosis for the Resolution of Sports Injuries and for Performance Enhancement.

American Journal of Clinical Hypnosis. 46:1; 45-51
Reprinted with permission from the American Society of Clinical Hypnosis (www.asch.net).

The author, an experienced alpine mountaineer, sustained several traumatic climbing injuries over a two-year period. This article describes her multiple uses of selfhypnosis to deal with several challenges related to her returning to successful mountain climbing. She used self-hypnosis for physical healing and to enhance her motivation to resume climbing. While training for her next expedition, she successfully utilized self-hypnotic techniques to deal with acute stress and later post-traumatic symptoms that had emerged related to her climbing injuries. She describes her use of hypnotic ego-strengthening, mental rehearsal, age progression, and "Inner Strength" as well as active-alert trance states. Her successful summitting of Ecuador's Cotopaxi at 19,380 feet was facilitated by "The Hypnotic Belay" which permitted her to secure herself by self-hypnosis in addition to the rope used to secure climbers. In 1994, the author returned to the Cascade Mountains where she had been injured three years earlier and reached the summit of Mount Shuksan. This time she was secured by "The Hypnotic Belay".

Introduction

Alpine mountaineering is a complex and strenuous sport. Some consider it one of humankind's riskiest endeavors. It involves negotiating mountainous routes through snow and the ice of glaciers as well as the ascent of rock routes in a glaciated environment. Such journeying to cold, high places where the air is thin requires lengthy preparation for the most severe conditions conceivable. The climbing experiences I have had (dating back to 1976) have impressed upon me the importance of preparing my mind as thoroughly as my body. I have been reminded many times that the trickiest moves on any climb are the mental ones: the psychological gymnastics that keep terror in check. Several years ago I discovered that self-hypnosis could be a powerful tool in all phases of a climbing expedition: training, climbing, and recovering from injury.

My First Technical Alpine Ascent

My first technical alpine ascent began around 2:00 a.m. one August morning in the Cascade Range of northern Washington State. My goal was the summit of Mount Baker, a dormant, snow-covered volcano. Under the full moon, the snow crystals twinkled with a blue light. As we climbed the last steep ice wall beneath the summit, I was acutely aware that the consequences of a fall on this near vertical slope would be serious if not disastrous. I was able to focus the energy of this high anxiety and utilize it in an intense outpouring of effort. This effort far exceeded that which I had ever directed into any other physical or mental challenge I had experienced. As my legs and lungs labored, I entered an altered state that has been referred to by many athletes as a "flow" state (Csikszentmihalyi, 1988) or being in the "zone". I reached the summit, signed the geological register and immediately wanted more. That's when I set the goal of climbing in the Bolivian Andes.

Climbing in the Bolivian Andes

By June of 1991, after intensive study and practice of technical climbing techniques, glaciology, mountain weather, high altitude physiology, route finding, rescue techniques, and intensive physical training, I was enjoying a month long climbing expedition in the Cordillera Real of the Bolivian Andes. Our base camp was located at 15,000 feet. The second night in base camp I awakened shivering. It was only 10 below zero and my sleeping bag was rated as effective to 30 below. The next day I noticed that my throat was scratchy and a little sore, but I wrote it off to the high altitude and the arid climate. The next morning our alarms went off at 1:00 a.m., and we prepared for our first major ascent of the many peaks over 17,000 feet in this area. To reach the place where we had cached our climbing equipment the previous day, we took a narrow trail in the dark night, up through a mile of glacial rubble and silt. Although we could not see beyond the range of our headlamps, we all knew that stepping on a bootlace at the wrong time would have resulted in a fast tumble down the hill into the open crevasses and ice caves of the glacier that was 1,500 feet directly beneath us. While we climbed, the ice in the glacier creaked and groaned loudly from time to time as if to remind us of its presence. We roped up and began our ascent in the dark. After an hour of rhythmic, steady climbing, I thought I could hear what sounded like a radio playing. I knew our cook had a radio back in camp, but I couldn't imagine that someone had brought it along for the climb. As we gained altitude, I noticed that my left ear was aching and throbbing. The higher we climbed, the more the pain intensified. It felt as though I were having a chopstick shoved into my ear. I began to feel my strength and stamina ebbing and shivered uncontrollably from the cold whenever we took a break for water. When I began to feel dizzy, I knew something was not right, but I waited until we reached the ridge to say anything about it. From the ridge we could finally see the summit of Pequeno Alpamayo, the mountain we were climbing. It seemed so close, yet so far away.

As the others in the climbing team took the opportunity to eat snacks and organize their gear for the final ascent, I did some soul searching. As long and as hard as I had prepared for this expedition, I knew that my present physical condition would make me a liability to the rest of the team. I was in intense pain, couldn't hear very well, couldn't seem to stay warm, and felt dizzy. I informed the leader of our climbing party that I would wait here on the ridge while the others went for the summit. From my perch on the ridge, I watched the rest of the team climb, took a few pictures, cried, and prayed. After we descended to our base camp, my symptoms persisted. Being ill in the mountains in a third world country, thousands of miles from the nearest doctor I could trust was an experience that triggered my deepest survival instincts. I hiked out of the mountains accompanied by our Bolivian cook, and I made the long trip back to the United States. A few days later an ear, nose, and throat specialist told me that it had been a wise move on my part to stop climbing when I did. The symptoms I had been experiencing were due to an upper respiratory infection that, combined with the altitude gain, had caused a condition called "barootitis". The rapid unequalized change in pressure between my outer and middle ear had caused my left eardrum to hemorrhage. Consequently, I had sustained a 30% hearing loss in my left ear. I realized that it could have been worse. A part of me felt that my decision had been a wise one, but another part struggled with nagging thoughts that I had been weak or lacking in toughness or courage. I knew of many climbers who achieved their goals at the expense of frostbitten toes and fingers. But I was certain that I was not willing to become hearing impaired just to reach the top of a mountain. In spite of some feelings of demoralization, I recuperated and planned a smaller-scale climbing adventure for the following summer.

Climbing in the Cascades

Eleven months later, as I was leading the approach to Mount Shuksan, in the northern Cascade Mountains, I encountered fallen debris on our route. This required my finding a way around it. I chose an uphill route around the debris, and as I began to descend on the steep and rainy wet slope, my feet began slip out from under me. The 80 pound pack on my back made it extremely difficult to maneuver myself so that I could regain my balance. The toes of my boots became stuck and immobilized in the debris in a tra ersing position, whereas the rest of my body and pack were drawn by the pull of gravity into facing downhill. I felt completely helpless, as I could not free my feet. Both my ankles began to twist and the torque and pain intensified until there were two loud pops and I fell face down. From the moment I began to slip, everything seemed to be in slow motion.

When my face hit the ground I told myself silently that I would just have to get up, brush myself off, and go on. I must have lain still and silent for a moment or two, because a member of the climbing party asked, "Are you okay?" in a tone of voice that seemed to indicate that he had doubts about whether or not I would even respond. He took my cumbersome pack off and then attempted to help me to stand. I could not put any weight on my left foot and putting weight on my right foot was extremely painful. Having sprained both my ankles on numerous other occasions, I knew this was more than a sprain. My climbing partners cached their packs a short distance away. As one of them carried my pack out, the other carried me out on his back. I felt as if I had let them down, that I had failed because I should've handled the situation differently. I kept running the scenario over and over again in my mind, trying to figure out what happened and how I could have prevented it.

Hours later, the emergency room doctor informed me that I had fractured the fibula and torn ligaments in my left leg and severely sprained my right ankle. They put a temporary cast on and recommended that I have the necessary surgery performed in New Orleans where I lived. A few weeks after the surgery I began eight weeks of physical therapy. During this time I noticed that in spite of noticeable progress in terms of the range of motion and strength of my left leg, I was experiencing some exaggerated fears that seemed related to the fall I had experienced. I felt as if I were reliving the fall in slow motion, over and over. I was even afraid to step off a curb because in my mind I kept seeing the image of the X-ray of my fractured fibula as I had seen it in the emergency room. I was still holding on to an image of the broken bone, and I was acting out of that perception. I knew that if I wanted to climb again, I would have to address both my fears and the image of the broken bone. As I had not as yet developed enough confidence in my self-hypnosis skills, I consulted with a colleague trained in clinical hypnosis and requested a hypnotic session for help with the persistent image. In the hypnotic session, I obtained a new image: a mental X-ray of the bone fracture site as completely healed. I visualized this in selfhypnosis often, and before long I was back to training for my next climb.

Climbing in Colorado

I kept it simpler than usual the next summer and went rock climbing in Colorado. There I climbed longer and more difficult routes than ever before. After this injury-free climbing trip I decided I was ready to begin preparing for an expedition to Ecuador to climb snow-covered volcanoes that were over 19,000 feet. My goal was to exceed my previous climbing altitude record of 17,000 feet. Despite a diligent and rigorous physical training schedule and preparation, I noticed that I was experiencing a disconcerting level of anxiety about the approaching expedition. I also began to have nightmares about it. At different times throughout the day and night I would experience flashbacks of the creaking sound of the glaciers in the dark, the feeling of defeat I experienced on that ridge in Bolivia, and the acute pain of my leg breaking on Mount Shuksan. I was also having frightening images of losing my balance on a dangerously steep slope, falling into a crevasse, being injured, or getting buried in an avalanche.

The flashbacks and frightening intrusive images were disturbing my sleep and my waking hours. I discovered that I was constantly in a hypervigilant state and that no amount of physical conditioning succeeded in reassuring me. I knew I would not be able to safely complete the upcoming expedition in this state of mind. By this time I had completed more training in clinical hypnosis and had incorporated it much more into both my private practice and my personal life. So, I reflected momentarily on what approach I might take with a patient who presented with the same symptoms I was living with. I proceeded to write down every aspect of alpine mountaineering, both past and future, that was triggering my anxiety. After assessing the nature and content of my nightmares, flashbacks and fears I designed a hypnotic script that targeted those fears with ego-strengthening suggestions (Fromm & Kahn, 1990; Hammond, 1990; Kahn & Fromm, 1992). Some of the suggestions were: I am focused, relaxed and strong. My body will adjust to each new demand. As I calm my mind with relaxed, conscious breathing, my body will reach its peak efficiency and awareness. I can access feelings associated with peak physical performances—the marathon, the triathlons, the century. I designed these suggestions so that I could use them during my training and preparation as well as during the expedition itself. I knew that a certain degree of anxiety could be useful motivation for my training and performance. I wanted to enhance my ability to reduce and manage my anxiety so as to approximate my "zone of optimal function" or ideal performing state (Unestahl, 1981).

I also incorporated my "Inner Strength" symbol (McNeal & Frederick, 1993), a blue flame, into my self-hypnosis regime for sensoryi-magery conditioning. I had first accessed this symbol during a group induction at an American Society of Clinical Hypnosis Workshop in Philadelphia. I found that I could use the dynamic image of the blue flame for focusing and for accessing a state of calm, determined readiness, confidence and strength. I gave myself the post-hypnotic suggestion that at any time I needed or wanted to, I could access the image of the blue flame with my eyes open, in an alert and active state (Banyai & Hilgard, 1976; Wark, 1990) and turn up the flame, so to speak, with each breath. I thought it would be helpful to link this coping strategy to those moments when I needed to bolster my determination or to enhance my stamina. I discovered later that I could mentally turn up the flame and actually feel warmer on the mountain. I decided it would wise to reinforce the self-hypnotic work I was doing with some hetero-hypnosis.

I faxed my hypnosis consultant a copy of my assessment of anxiety triggers and the suggestions I had designed. I gave her the freedom to add, subtract, or modify the suggestions. In the single reinforcing hetero-hypnotic session that followed I recall an added suggestion that invited me to "drift forward in time and see yourself on the mountain, noticing how climbing is so effortless and fun that you just have to giggle out loud". After this session I knew in every cell of my body that I had an effective strategy for focusing and organizing my energies for this expedition. My nightmares and flashbacks subsided. I could think about conditions I might encounter on the climb and feel confident about my ability to respond effectively. Dealing with the fears related to the previous climbing injuries with self-hypnosis reinforced with two sessions of hetero-hypnosis had transformed the meaning of those experiences.

The confidence I gained in this process was greater than ever before. Not only did I have an expanded awareness of my mental and physical resources, but now I also trusted my unconscious (Napier, 1990). I used imagery and suggestions in my training to help me mentally simulate alpine conditions, even though I was training in New Orleans, which is a few feet below sea level. For example, as I ran up and down the Mississippi River levee with a pack on my back, I told myself that I was negotiating a dangerous crevasse field. I would walk up the emergency stairwells of downtown highrises with a pack, telling myself that I was approaching the summit. While lifting weights, I'd close my eyes and tell myself that I was pulling myself up a steep wall of ice. I'd access the image of the blue flame and feel as if my body were turbo-charged. I discovered that I could easily and spontaneously go into an alert trance state during training. When I did that, everything just flowed, and I experienced a buoyant and expansive state of mind. The combination of self-hypnosis and rigorous physical training resulted in a highly effective psychophysiological conditioning. The focused use of self-hypnosis helped me to master and focus anxiety. Together with a realistic and healthy fear of the genuine objective hazards involved in alpine mountaineering, I felt an authentic confidence that I could venture even further and higher in this sport.

Climbing in Ecuador

I arrived in Ecuador feeling confident and ready to take on the volcanoes. I continued to use self-hypnosis during our acclimatization. Our ascent of Cotopaxi began at 1:00 a.m. During our first hour of ascent, which began at 14,000 feet, I kept marvelling at how effortless the climbing seemed, and at one point I felt an irresistible urge to giggle out loud. Each of my team members was at least 25 feet away from me on the rope, so I chuckled to myself and made a conscious connection with the consultant's suggestion to me months before. As we climbed through the night, I periodically accessed the image of the blue flame via "active-alert trance" and would turn up its intensity when needed. I used the suggestion, "You are focused, relaxed and strong" throughout the 20 consecutive hours of climbing. As we negotiated our way through icefalls and crevasse fields, I experienced feelings of awe and wonder instead of terror and dread. In spite of climbing to an altitude close to 20,000 feet for 20 consecutive hours in windy, stormy conditions, this was the "easiest" and most enjoyable climbing experience I'd ever had. I knew that my performance had been aided and secured by selfhypnosis.

The Hypnotic Belay: Security and Identity

I understand more fully now that I was on "The Hypnotic Belay." "Belay" is a climbing term that refers to the procedure of securing a climber by the use of a rope. In addition to the rope that linked me to my climbing partners, I was "secured" by selfhypnosis. Our entire climbing party reached the summit of Cotopaxi at 19,380 feet. Now I was ready to deal with the last of my alpine unfinished business. It was time to return to Mount Shuksan (where I had broken my leg three years earlier) for a corrective experience. Six months after the Ecuador adventure, I returned to the Cascade Mountains, having continued my use of self-hypnosis to enhance mental and physical conditioning. This time I'd talked my twin brothers into joining me. I paused on our approach and our descent at the spot where I had fallen and reflected on all the learning that had come about as a result of resolving the effects of that injury.

Then we successfully summitted Mount Shuksan. By that time, my integration of the principles of hypnotic communication had become so much a part of my identity and so ubiquitous, that you even might find yourself wondering whether all three of us were on "The Hypnotic Belay".

References

Banyai, E. I., & Hilgard, E. (1976). A comparison of active-alert hypnotic induction with traditional relaxation induction. J of Abnormal Psychology, 85, 218-224.

Csikszentmihalyi, M. (1988). The flow experience and its significance for human psychology. In M. Csikszentmihalyi & I.S. Csikszentmihalyi (Eds.), Optimal experience: Psychological studies of flow in consciousness (pp. 15-35). Cambridge, MA: Cambridge University Press.

Fromm, E., & Kahn, S. (1990). Self-hypnosis: The Chicago paradigm. New York: Guilford Press.

Hammond, D. C. (1990). Ego-strengthening: Enhancing esteem, self-efficacy, and confidence. In D.C. Hammond (Ed.), Handbook of therapeutic suggestions and metaphors, pp. 109-151. New York: W.W. Norton.

Kahn, S. & Fromm, E. (1992). Self-Hypnosis, personality and the experiential method. In E. Fromm. & M. Nash (Eds.), Contemporary hypnosis research (pp. 390 – 405). New York: Guilford Press.

McNeal, S., & Frederick, C. (1993). Inner strength and other techniques for egostrengthening. American J of Clinical Hypnosis, 35: 170-178.

Napier, N. J. (1990). Recreating your self . New York: W.W. Norton & Co. Unestahl, L., & Bundzen, P. (1996). Integrated mental training-Neuro-biochemical mechanisms and psycho-physical consequences. Hypnos. Vol. XXIII, No. 3 pp. 148-158.

Wark, D. M. (1990). Advanced comprehension suggestions for an alert trance. In D.C. Hammond (Ed.), Handbook of therapeutic suggestions and metaphors (p.450). New York: W.W. Norton.

Ablauf einer hypnotherapeutischen Sitzung

Erickson und Rossi (1976) beschreiben Hypnose in einem *Fünf-Phasen-Paradigma*, das sowohl für explizite, formale Hypnose als auch für indirekte (,konversationelle') Induktion gilt. Auf die Fokussierung der Aufmerksamkeit folgt zunächst ein Außerkraftsetzen des gewohnten Bezugsrahmens. Die ermöglich nach Ericksons Sicht auf das Lernen („Es müssen Lücken in den bestehenden Denkstrukturen geschaffen werden, damit dort neue Inhalte und Muster Platz finden", Erickson & Rossi, 1981) die notwendige Stimulation interner Suchprozesse und impliziter Verarbeitungen, aus denen schließlich veränderte Erlebnis- oder Verhaltensweise resultieren.

Neben der Außerkraftsetzung alltäglicher Denkmuster vor der hypnotischen Bearbeitung ist die Möglichkeit eines (vorläufigen) Schutz der hypnotischen Bearbeitung durch Amnesie oder Ablenkung bei belastenden Inhalten nach der hypnotischen Trance kennzeichnend für diese Art der therapeutischen Arbeit.

Das folgende Schema (nach Revenstorf, 2003) stellt den Rahmen einer Sitzung mit formeller Tranceinduktion dar, wenngleich anzumerken ist, dass Erickson selbst nur etwa 25% seiner hypnotherapeutischen Behandlungen mit dieser Art der Trancearbeit durchführte, während der weit größere Teil von einem indirekten Vorgehen gekennzeichnet ist. Ein alternatives Ablaufmodell findet sich unten („Kompetenz eines Hypnotherapeuten")

1. Herstellung von Rapport

2. Vorgespräch
- Zielklärung
- Beseitigung negativer Erwartungen (Willenlosigkeit und Manipulation)
- Beseitigung unrealistischer Erwartungen („Wahrheitsdroge", passive Kur)

3. Induktion und Vertiefung eines Trance-Zustandes
- Orientierung auf Trance (Einbeziehung individueller Vorerfahrungen, z.B. Autogenes Training)
- Eventuell Destabilisierung des alltäglichen, gewohnten Bezugsrahmens
- Fokussierung der Aufmerksamkeit
- Intensivierung der Vorstellung
- Ratifizierung („Bestätigung") der Trance (z.B. Handlevitation)

4. Therapeutische Nutzung
Utilisation („Nutzbarmachung") von Trancephänomenen und inhaltliche Bearbeitung
- Progression-Regression
- Assoziation-Dissoziation
- Transformation

5. Reorientierung
- Posthypnotische Suggestion (Transfer in den Alltag),
- Bahnung der nächsten Trance
- Eventuell Amnesie-Suggestion (bzw. Ablenkung)
- Rücknahme bestimmter Phänomene (veränderter Muskeltonus und Blutdruck, Reorientierung)

Nachgespräch
- weitere Ratifizierung der Trance (z.B. Feststellung von Zeitverzerrung)
- eventuell Schutz der intrahypnotischen Bearbeitung zwecks impliziter Konsolidierung

Literatur:
Erickson, M. H. & Rossi, E. L. (1976). Two-Level Communication and the Microdynamics of Trance and Suggestion. American J of Clinical Hypnosis, 18, 153-171
Erickson, M. H. & Rossi, E. L. (1981). Hypnotherapie. Aufbau - Beispiele - Forschungen. München: Pfeiffer.
Revenstorf, D. (2003). Expertise zur Beurteilung der wissenschaftlichen Evidenz des Psychotherapieverfahrens Hypnotherapie. Universität Tübingen

Kompetenz eines Hypnotherapeuten

Es handelt sich hier um einen Text, der in der Deutschen Angstzeitschrift (2007, Nr 39: 22-25) im Rahmen einer Serie zur Hypnotherapie bei Angststörungen erschienen ist. Daher wird bezieht sich die Darstellung der Kompetenzfaktoren auf Angsterkrankungen, ist aber auch für den Einsatz in anderen Anwendungsgebieten anwendbar.

Milton H. Erickson betonte stets, dass ein Therapeut im Grunde nicht viel machen muss, denn der Klient „arbeitet" während der Trance: „At best operators can only offer intelligent guidance and then intelligently accept their subjects behavior" (in Rossi, 1980)

Ganz so einfach ist es jedoch nicht, den richtigen Behandler zu finden. Es gibt verschiedene Merkmale, mit deren Hilfe man einen kompetenten Therapeuten erkennen kann. Gerl (1998) führt an, dass seriöse Behandler nicht nur Hypnose anbieten, sondern auch andere Therapieverfahren in ihrem Repertoire haben. Eine fundierte Ausbildung gehört ebenso dazu wie regelmäßige Weiterbildung. Ferner macht Gerl darauf aufmerksam, dass im telefonischen Erstkontakt zahlreiche Hinweise zu finden sind. So kann ein angebotener Termin in unmittelbarer zeitlicher Nähe oder ein Drängen des Therapeuten auf eine Behandlung auf einen Mangel an Klienten hindeuten.

Zur Frage der nötigen Kompetenzen, die ein Hypnotherapeut mitbringen sollte, schlägt der Autor (Riegel, 2006) ein Modell vor (siehe Abb.1). Obwohl man als Klient nicht jede einzelne der unten beschriebenen Komponenten überprüfen kann, sollte man sich bei der Therapeutenwahl nicht nur von persönlicher Sympathie, sondern auch vom fachlichen Hintergrund des Behandlers leiten lassen.

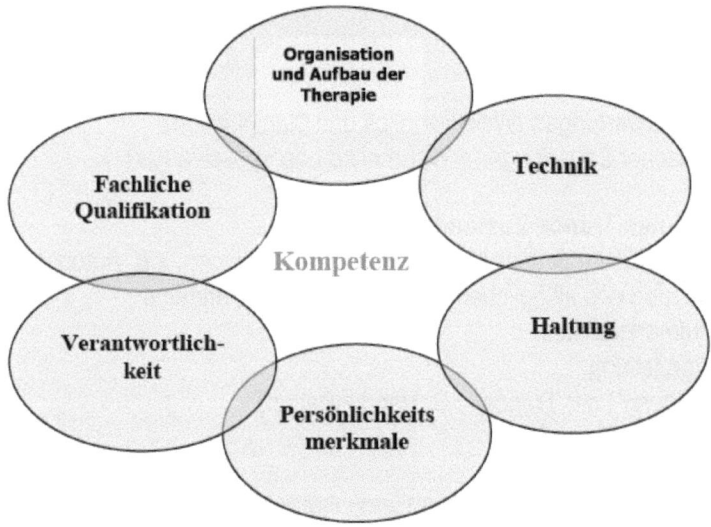

Abbildung 1: Kompetenzfaktoren

Organisation und Aufbau der Therapie
Unter diesen Faktor fallen Merkmale, die den Ablauf der Therapie sowie die administrativen Aufgaben des Therapeuten betreffen. Ihm oblieg die Aufgabe, die Therapie zu planen, zu lenken, zu überwachen und dafür zu sorgen, dass der Klient sich in seinen Wünschen und Vorstellungen eines optimalen Therapieverlaufs respektiert sieht. Auf diesen Aspekt wird gesondert in einem eigenen Abschnitt eingegangen.

Technik
Die moderne Hypnotherapie ist keine Therapieschule, wie beispielsweise die Verhaltenstherapie, sondern versteht sich eher als schulenübergreifende Technik. Dabei ist nicht nur die Fähigkeit des Therapeuten zur Induktion einer Trance gemeint. Es gibt zahlreiche Techniken, die teilweise ihren Ursprung in anderen therapeutischen Verfahren haben, teilweise aber auch spezifisch der Hypnotherapie nach Milton Erickson entstammen. Beispiele dafür sind

- Pacing und Leading: Der Therapeut sollte dem Klienten in dessen Ansichten, Werten und Wahrnehmung folgen („pacen"), und an den richtigen Stellen durch Interventionen in meist kleinen Schritten Änderungen im Erleben und Verhalten des Klienten bewirken („leading").
- Indirekte Methoden: Ein Kennzeichen klassischer Hypnose ist das direktive Vorgehen („Sie werden müde, ihr Arm wird schwer, Sie fühlen sich wohl"). Man weiß mittlerweile, dass dies eher Widerstand beim Klienten weckt und weniger effektiv ist, als das indirekte Vorgehen. Dabei wird dem Klienten weniger suggeriert (Suggestion = Einflüsterung), sondern es werden eher sprachliche Angebote unterbreitet, die der Klient annehmen kann oder auch nicht. Bei geschickter Formulierung erreicht der Therapeut sein Ziel, ohne dass der Klient das Gefühl hat, ihm werde etwas befohlen (z.B. „Achten Sie darauf, wo im Körper schon so eine angenehme Entspannung zu spüren ist...und wenn Sie einen Teil gefunden haben, der schon entspannt ist, dann erlauben Sie sich, neugierig zu sein, wie es dieser Entspannung gelingen kann, sich auszubreiten"). Dies ermöglicht ein zielorientiertes Arbeiten, welches mit dem Erleben des Gegenübers stimmig ist.
- Metaphorische Sprache: Unser Gehirn denkt in Bildern. Daher liegt es nahe, ihm auch sprachliche Bilder anzubieten. Wenn ein Kind beispielsweise nicht einschlafen kann, weil es Angst vor Monstern im Zimmer hat, wäre eine direktive und nicht hirngerechte Suggestion: „Du hast keine Angst, mit jedem Atemzug wird die Angst kleiner". Hilfreicher ist es dagegen, zusammen mit

dem Kind ein Bild zu entwickeln, welches in dessen Erfahrungshorizont passt und überzeugend wirkt, z.B. wie das Kind die Monster – ähnlich wie sein Spielzeug – vorm Schlafengehen in eine Kiste packt, diese fest verschließt und in den Schrank packt, so dass es über Nacht dort sicher ist. Eine andere Möglichkeit ist das Modifizieren des angstauslösenden Stimulus. Auf diese Weise kann ein großes, furchterregendes Monster zu einem kleinen, witzigen, grünen Wesen schrumpfen, indem weniger ängstigende Anteile in der Vorstellung betont werden.

Haltung

Dieses Konzept umfasst sämtliche Haltungen, die einen Therapeuten auszeichnen sollten. Diese Haltungen sind auf mehreren Ebenen für den Klienten spürbar. So gibt es allgemeine Haltungen, die in jeder Therapieschule zu finden sind, als auch für die Hypnotherapie spezielle und Haltungen, wie die Übernahme des Klientensystems („Die Welt wertfrei aus dessen Augen sehen") und das Nutzbarmachen der Einstellungen und Verhaltensweisen des Klienten (Utilisation). Damit ist auch klar, dass ‚Macht' kein Merkmal moderner Hypnotherapie ist, da der Therapeut sich am Klienten orientiert und der Auffassung folgt, dass nur Interventionen wirksam sind, die in dessen Welt integriert werden können. Außerdem sollte der Therapeut eine zuversichtliche Haltung einnehmen, aber auch gelegentlich einen skeptischen Part vertreten (advocatus diaboli).

Verantwortlichkeit

Der Therapeut übernimmt mit der Behandlung durch Hypnose eine besondere Verantwortung. Zusätzlich zu den in anderen Therapieformen bestehenden Gefahren, gibt es bei der Arbeit mit Trance noch weitere Aspekte zu beachten, die vor allem durch die äußerst intime Art des Umgangs mit dem Patienten zu begründen sind. Dies spiegelt sich in zwei Merkmalen wider:

- Bewusstheit besonderer Verletzlichkeit
- Schutz des Klienten

Insbesondere bei Menschen mit Angststörungen kann der durch Hypnose implizierte Kontrollverlust eine negative Auswirkung auf das therapeutische Bündnis haben. Daher fällt dem Behandler die Aufgabe zu, hypnotherapeutische Interventionen mit besonderer Sorgfalt auszuwählen und einzuführen, um dem Klienten ein produktives Einlassen auf diese besonderen Therapietechniken zu gestatten. Möglichkeiten dafür sind der Einsatz von Entspannungs- oder Imaginationsübungen zu Beginn der Therapie.

Persönlichkeitsmerkmale

Dieses Konzept bezieht sich auf keine erlernbaren Merkmale, sondern auf die Persönlichkeit des Therapeuten. Die Arbeit mit Hypnose nach Erickson erfordert einige Persönlichkeitsmerkmale, die sich mit der Zeit sicherlich verändern lassen, die aber im Grunde in der Persönlichkeitsstruktur verankert sind. Ein Therapeut sollte sich eigener Schwächen in diesen Bereichen bewusst sein. Dies sind ‚Mentale Flexibilität', ‚Sensitivität' und ‚Kreativität'.
Ein etwas aus diesem Rahmen fallendes Merkmal ist ‚Prestige'. Man kann sich seinen Ruf erarbeiten, wobei es eine Streitfrage ist, ob das Prestige in vollem Umfang von Bedeutung ist. Erickson selbst verzichtete sogar auf sämtlichen äußeren Glanz seiner Praxis und beschränkte die Wirkung der Therapie auf seine Person, nicht auf besondere Räumlichkeiten.

Fachliche Qualifikation

In den Medien kursieren Vorurteile, die von Kritikern der Hypnotherapie immer wieder vorgebracht werden: Hypnotherapeuten seien keine integren Personen und manipulieren ohne therapeutischen Auftrag und Kontrolle an ihren Patienten herum (Kossak, 1993). Dabei ist es kaum empfehlenswert, ohne eine therapeutische Grundausbildung seine Tätigkeit mit Hypnose zu beginnen. Demnach sind die Menschen, die eine hypnotherapeutische Fortbildung absolviert haben, bereits praktizierende Psychologen, Ärzte, Heilpraktiker oder ähnliches. Um eine Anerkennung als Hypnotherapeut zu erlangen ist also eine grundlegende und ausführliche Ausbildung nötig, in der Selbsterfahrung und die Fähigkeit, sein eigenes Handeln zu reflektieren im Vordergrund stehen. Neben der Milton-Erickson-Gesellschaft (MEG) bietet auch die Deutsche Gesellschaft für Hypnose (DGH) eine fundierte Ausbildung. Der Begriff „Hypnotherapie" ist daher rechtlich geschützt, um seriöse von weniger seriösen Anbietern unterscheiden zu können.

Ablauf einer Sitzung

Es liegt in der Natur dieses individuellen Ansatzes, dass es unmöglich ist, eine Hypnose-Sitzung in ein Schema zu pressen. Dennoch soll hier der theoretisch geplante Ablauf einer Sitzung nach Kossak (1993) grob schematisch dargestellt werden. Natürlich variiert dies auch noch je nach dem therapeutischen Hintergrund des Behandlers. Steht beispielsweise eine Verhaltenstherapie im Vordergrund, können hypnotherapeutische Techniken nach Bedarf als zusätzliche Einheit in eine Stunde eingebaut werden. Im Folgenden soll jedoch eine ausschließlich hypnotherapeutisch ausgerichtete Sitzung dargestellt werden.

1. Indikation: Auswahl der geeigneten Hypnose-Methode, z.B. durch die Frage: Auf welchen Sinneskanälen ist der Klient gut zu erreichen? Dies kann der Therapeut durch verbale oder nonverbale Signale des Klienten erkennen: Beschreibt er das Blau des Meeres scheint er/sie ein visueller Typus zu sein. Spricht er/sie vom Meeresrauschen, lässt sich ein eher auditiver Zugang vermuten. Weitere Möglichkeiten sind leichte körperliche Reaktionen, die beim Ansprechen des einen oder anderen Sinneskanals zu erkennen sind.
2. Vorbereitung des Klienten: Aufklärungsgespräch, eventuell Abbau von Vorurteilen oder erste Tranceübungen.
3. Interventionsphase unter Hypnose:
   a) Einleitungsgeschichte zur Vorbereitung der Imagination
   b) Induktion: Einleitung der Trance

131

c) Ruheszene: Entspannungszustand wird durch die individuelle Ruheszene des Klienten intensiviert (Ruheszene wurde im Vorgespräch genau exploriert)

d) Therapie: wenn verschiedene Signale (physiologische Reaktionen, Sprachmitteilungen etc.) zeigen, dass der Klient in einem Trancezustand ist, können erforderliche Hypnosetechniken therapeutisch wirksam eingesetzt werden.

e) Rückführung des Klienten aus der Hypnose

f) Nachbesprechung, eventuell Weiterbearbeitung des therapeutischen Geschehens → Weiterplanung der Therapie

g) Hausaufgaben: Behandlung wird dadurch intensiviert, dass der Klient therapeutische Aufgaben erhält

Eine Sitzung dauert in der Regel, wie im psychotherapeutischen Bereich üblich, 45 – 60 Minuten, wobei auch diese Dauer leicht variieren kann, da jeder Klient in jeder Sitzung ein unterschiedliches Tempo hat und nicht minutiös aus der Trance herausgerissen werden kann.

Evaluation von Therapieerfolgen

Auf gemeinsamen Antrag der MEG und der DHG hat der Wissenschaftliche Beirat Psychotherapie (WBP: maßgebliches Kremium für die Anerkennung psychotherapeutischer Methoden, *Anm. d. A.*) 2006 über die Anerkennung der Hypnotherapie als wissenschaftlich fundiertes Verfahren entschieden. Dabei konnten überzeugende Beweise für die Wirksamkeit im Bereich der Sucht- und Schmerzbehandlung gebracht werden, während andere Störungsbilder noch weiter erforscht werden müssen. Insbesondere im Bereich der Angststörungen existieren neuere Effektivitätsbelege, die noch nicht in das Gutachten des WBP einbezogen worden sind.

Die Behandlung von Prüfungsängsten ist ein Anwendungsgebiet, in dem die Wirksamkeit der Hypnotherapie als gesichert angesehen werden kann. In mehreren Studien zeigte sich die hypnotherapeutische Behandlung bei verschiedenen Personengruppen (z.B. Krankenschwestern, Studenten) sowohl der unbehandelten Kontrollgruppe als auch unterschiedlichen Vergleichsgruppen (Biofeedback; kognitiv-verhaltenstherapeutische Kurzzeitbehandlung) überlegen. Neben einer Reduktion der Prüfungsangst zeigte sich auch eine Verbesserung auf kognitiver, affektiver, physiologischer und Verhaltens-Ebene, die Effekte waren zudem zeitlich stabil.

In einer anderen Studie wurde die Behandlung einer spezifischen Phobie (Angst vor Schlangen) im Vergleich zu einer Kontrollgruppe untersucht. Nach neun Sitzungen war eine deutliche Reduktion der Angst messbar. Dieses Ergebnis konnte auch nach einem Monat noch beobachtet werden. Ähnliches gilt ebenso für die Angst vor öffentlichem Sprechen, wobei lediglich zwei Sitzungen nötig waren, um auch nach drei Monaten noch eine signifikante Verbesserung der Problematik nachzuweisen. Nachhaltige Effekte konnten zudem in der Behandlung diffuser und generalisierter Ängste gesichert werden.

Zur Überwindung von Höhenangst führte Knössel (1999) eine Studie an der Universität Konstanz durch, in der die vergleichsweise kurze Durchführung einer hypnotherapeutischen Behandlung mit guten Ergebnissen deutlich wird. Personen mit Akrophobie (Höhenangst) wurden in nur drei Sitzungen angeleitet, das Bild einer anderen Person zu verinnerlichen, die bereits das kann, was der Klient noch erreichen möchte (z.B. entspannt von einem Balkon aus dem 6. Stock auf die Straße schauen). Diese imaginierte Person ist somit als positive Ressource zu sehen, die dem Klienten zuerst in der vorgestellten angstauslösenden Situation zur Seite steht und später auch in der Realität vor das innere Auge geholt wird. Auf diese Weise können physiologische und emotionale Prozesse positiv verändert werden, so dass ein besseres Bewältigen der ängstigenden Situation möglich wird. Zusätzlich haben die Klienten eine Audiokassette zum selbstständigen Üben der Imaginationstechnik bekommen – ein Vorgehen, dass sich in der Hypnotherapie bewährt hat.

Neben diesen wissenschaftlichen Studien existieren zahlreiche Fallstudien, die Methodik und Effektivität der Hypnotherapie illustrieren. Ebell und Schuckal (2004) ermöglichen mit ihrem Buch „Warum therapeutische Hypnose" einen Einblick in die Arbeit zahlreicher deutscher Praktiker.

Zusammenfassung

Dieser Artikel hatte das Ziel, die Hypnotherapie transparenter zu machen, in dem der fachliche Hintergrund eines seriösen Behandlers erläutert und beispielhaft der Ablauf einer Sitzung skizziert wurde. Bei der Betrachtung der wissenschaftlichen Fundierung dieser Behandlungstechnik wird deutlich, dass zahlreiche Studien existieren, die eine Wirksamkeit der Therapie verschiedener Angststörungen nahe legen. Damit kann sich die moderne klinische Hypnotherapie von den als „esoterisch-magisch" anmutenden Hypnose-Anbietern distanzieren und differenzieren, um in der öffentlichen Betrachtung das Ansehen als eine wirkungsvolle Kurzzeitbehandlung, bzw. als fruchtbare Ergänzung anderer Therapieformen, zu stärken.

Literatur

Ebell, H. & Schuckal, H. (Hrsg.) (2004). *Warum therapeutische Hypnose?* München: Richard Pflaum Verlag.

Gerl, W. (1998). *Moderne Hypnose. Hilfe durch das Unbewusste.* Stuttgart: Trias Verlag.

Knössel, S. (1999). *Hypnosetherapie bei Höhenangst (Akrophobie).* Unveröffentlichte Diplomarbeit an der Sozialwissenschaftlichen Fakultät der Universität Konstanz.

Kossak, H.C. (1993). *Lehrbuch Hypnose.* Weinheim: Beltz Psychologie Verlagsunion.

Riegel, B. (2006). *Was macht einen Hypnose-Therapeuten kompetent? – Eine qualitative Studie.* München: Grin Verlag.

Rossi, E.L. (Hrsg.) (1980). *The collected papers of Milton H. Erickson on hypnosis. Vol.1 – Vol. 4.* New York: Irvington Publishers.

Übungen

1) Erleben des persönlichen Wohlfühlortes / Einer guten Erfahrung / Einer erfolgreich gemeisterten Situation / Erleben von Aktivität

Diese Übung stellt eine grundlegende Technik für die Psychotherapie („Sicherer Ort") im allgemeinen und der Hypnotherapie im Speziellen dar. Zum Einüben empfiehlt sich das hier dargestellte Vorgehen als Zweierübung.

Vorgespräch:

- ✓ Angenehme Erfahrung schildern lassen
- ✓ dabei möglichst viele Sinneskanäle abfragen:
  VAKOG (visuell, auditiv, kinesthätisch olfaktorisch, gustatorisch)
- ✓ auf genaue Formulierungen achten
- ✓ Notizen machen

Tranceinduktion:

- ✓ angenehme Ausgangslage schaffen („Mach es Dir bequem" etc)
- ✓ Umgang mit Störungen beachten („Die Gedanken kommen und gehen, wie Wolken an einem Sommerhimmel vorbeiziehend" oder „Man hört die anderen Stimmen und man hört sie nicht, wie ein Autoradio, dass man leise und laut drehen kann" oder „Man nimmt die anderen Geräusche wahr, und weiß doch, dass man nur bei sich ist") → Kreativität beim Einarbeiten von äußeren Störreizen ist gefragt, anstatt Geräusche o.ä. zu übergehen (cave: Negative Formulierungen, z.B. „Du hörst den Baulärm nicht", bewirken zumeist das Gegenteil).
- ✓ Induktionsbild anleiten, z.B. „Eine Treppe, die vom Hier und Jetzt hin zur eigenen Wahrnehmung führt" oder „ein Fahrstuhl, mit dem man in sein Inneres fährt." Oder: „Man sitzt in einem Kino, langsam wird das Licht gedimmt und der Film geht los, ein ganz besonderer Film...und manchmal dauert es etwas, bis man sich auf den Film eingestellt hat".
- ✓ Auf körperliche Veränderungen achten (Atemrhythmus, Muskeltonus, Augenbewegungen).

Trance:

- ✓ Die angenehme Situation des Vorgespräches „aufbauen" und dabei in der entsprechenden Reihenfolge die Sinneseindrücke suggerieren.
- ✓ Auf eine permissive Sprache achten („Erlaube Dir..." „Sei neugierig..." „Es kann sein, dass...")
- ✓ Positive Formulierungen nutzen (z.B.: „Die Entspannung wird spürbar" statt „Die Unruhe ist nicht mehr so stark")
- ✓ Zeit lassen, Tempo beachten („Langsam geht manchmal schneller").
- ✓ Bei Unsicherheiten nachfragen (JA = nicken oder Bewegung eines Fingers; NEIN = Kopfschütteln oder bewegen eines anderen Fingers), z.B. „Kannst Du XY schon wahrnehmen?"

Exduktion:

- ✓ Den Weg der Induktion „zurückgehen", z.B. Kino: „Der Abspann läuft, man kann bei sich und um sich herum mehr Bewegung wahrnehmen, das Licht geht langsam an"
- ✓ Posthypnotische Suggestionen, z.B. Kino: „Und man weiß, dass man sich an den Film jederzeit erinnern kann, wenn man es will... Man kann ihn sich noch mal ansehen oder auf DVD ausleihen" „Das Unbewusste kann diese Erfahrung nutzen, ohne dass der bewusste Verstand dies jetzt schon wissen muss."
- ✓ Körperliche Aktivität anregen, z.B. Strecken und Recken.
- ✓ Genug Zeit zur Reorientierung geben.

2) Die Stellvertreter-Technik

Diese Technik kann für verschiedene Problemstellungen genutzt, z.B. für den Umgang mit psychosomatischen Störungen, Spannungskopfschmerzen oder anderen Blockaden.

Ziel ist die Einführung einer Beobachterperspektive, um Informationen über die eigene Person zu gewinnen, die auf anderem Wege nur schwer zugänglich wären.

1. Schritt:

Aktivierung einer leichten Trance, z.B. durch eine Ateminduktion. Der Klient soll sich auf seine Atmung konzentrieren und nichts verändern, sondern lediglich beobachten, wie sich der Brustkorb hebt und senkt und der Atem allein dadurch ruhiger und gleichmäßger wird.

2. Schritt:

Nach der Aktivierung einer leichten Trance wird der Klient angeleitet, sich ein Tier vorzustellen, das perfekt zu seinem Problem passt. Man bittet ihn, dies von außen zu sehen und sich eine Beschreibung geben zu lassen: *„Wie sieht das Tier aus, wie verhält es sich, wie reagiert es? Wo trifft man es an?"*

3. Schritt:

Dann fragt man nach den Gefühlen und dem Befinden des Tieres: *„Wenn Du wüsstest, was mit dem Tier los ist, was es fühlt und wie es ihm geht; was könnte das sein? Wie lebt es und wie ist sein Verhältnis zu anderen? Wie ist es, so zu leben und zu empfinden?"*

4. Schritt:

Man leitet den Klienten an, sich ein anderes Tier vorzustellen, welches gar nicht zu dem genannten Problem passt und welches dieses Problem nicht bekommen könnte. Auch hier wieder beschreiben lassen.

5. Schritt:

Genauere Beschreibung des Tieres: *„Was ist das für ein Tier? Welche Eigenschaften und Einstellungen hat es, wie lebt es und welche Einstellung hat es zu anderen?"*

6. Schritt:

Identifikation mit diesem Tier: *„Wenn man so lebt, wie fühlt man sich? Wo genau spürt man dies? Was für ein Lebensgefühl ist es?"*

7. Schritt:

Ratschlag: *„Wenn das zweite Tier dem ersten einen Ratschlag geben würde, wie es seine Situation verändern kann, was würde es sagen? Und wie würde das erste Tier darauf reagieren?"*

3) Mentales Training

Das hier vorgestellte Vorgehen liegt in zwei Versionen vor: Mentales Training im Sport und bei der Prüfungsvorbereitung. Es handelt sich jeweils um eine konversatorische Trance, d.h. der Klient spricht während der Hypnose.

Beispieltext für die Induktion einer leichten Trance:

Such Dir am Boden einen Punkt und visiere ihn an...Schau einfach auf diesen Punkt und erlaube Dir neugierig zu sein, wann dieser Punkt beginnt, sich zu verändern...das können ganz minimale Veränderungen sein...vielleicht werden die Konturen unscharf, oder er beginnt zu tanzen, oder seine Form zu verändern...wie als wenn man hindurch schaut und trotzdem bemerkt, wie sich erste kleine Veränderungen ergeben...Und dann achte darauf, wie die Empfindungen um die Augen herum sich inzwischen verändert haben...manche Menschen bemerken eine angenehme Schwere, wenn sie so auf diesen Punkt starren...andere Menschen haben das Gefühl, dass die Augen leicht anfangen zu brennen, so dass es angenehm wäre, die Augen zu schließen...Einfach darauf achten, wann es angenehm wäre, die Augen zu schließen...um dann die Augen zu schließen...so dass es angenehm ist und man sich entspannen kann...Auf die Atmung achten...wie sie mit jedem Atemzug ruhiger und gleichmäßiger wird... ruhig und gleichmäßig atmen...mit jedem Atemzug ruhiger und gleichmäßiger.

(1) Mentales Durchspielen in Trance
- Suggestionen, dass dieser angenehme Trancezustand jederzeit wieder erreichbar ist
- beginnen, das Umfeld (Platz, Feld) wahrzunehmen und zu beschreiben (VAKOG)
- sich die Szene wie ein Beobachter vorstellen und visualisieren, was da alles geschieht
- den Spielverlauf vor dem inneren Auge sehen; darauf achten, ob die Perspektive passt
- Visualisieren aller physischen Elemente (Schläger, Ball etc), die nötig sind
- Vorstellen, wie man sich in der mentalen Umgebung bewegt; eine Spielszene durchspielen
- Die Muskelbewegungen spüren, sich in Zeitlupe vorstellen, wie sich der Körper kraftvoll und passend bewegt

(2) Prüfungsvorbereitung
- Ausgangspunkt ist das Ende der Prüfung: Man hat die Prüfung zur vollsten Zufriedenheit bestanden
- Was genau muss passiert sein? Was bedeutet „zur vollsten Zufriedenheit" (Note? Performance? Kontakt zum Prüfer?)
- Wenn man auf der Zeitachse zurückgeht, wie ein Video, was man zurückspult: Wie ist die Prüfung verlaufen?
- Wenn man am Anfang der Prüfung angelangt ist: Mit welcher Einstellung muss man in eine Prüfung gehen, damit sie so endet? Wie fühlt sich das an? Wie sieht man sich?
- Gibt es ein inneres Bild / eine Metapher oder ähnliches, was eben diese Einstellung verkörpert?
- Noch einmal die gelungene Prüfung imaginieren, diesmal in die „normale" Richtung; nochmals darauf achten, wie es sich anfühlt.

Posthypnotische Suggestionen

- Auslöser finden, die in der imaginierten Situation eintritt (Sport: z.B. wenn man die Sportschuhe anzieht, in einem bestimmten Ritual / Prüfung: Armbanduhr berühren, das Lehrbuch ein letztes Mal zuschlagen)
- „Immer dann, wenn [Auslösesituation] eintritt, kann dieses Körpergefühl wieder eintreten...Dieses Gefühl [bestimmendes Erleben der Trance] kann wie von selbst auftreten, ohne dass man wissen muss, wie das gelingt...immer wenn [Auslösesituation] eintritt, kannst Du Dich daran erinnern, wie gut sich das anfühlen kann, wenn alles so gelingt, wie man es sich wünscht...Einfach die richtige Einstellung aktivieren, ohne dass man weiß wie, wenn [Auslösesituation] eintritt.

Trance-Exduktion mit Verwirrung/Überladung

Und Du weisst, dass Dein Unbewusstes ganz bewusst helfen kann, wenn Du das Bewusstsein unbewusst nutzen kannst, auf all das zuzugreifen, was in dem Unbewussten schlummert, ohne dass das Bewusste weiß, wie genau das Unbewusste helfen kann...Bewusst oder unbewusst genau wissen, was das Richtige ist...Sich alle Zeit nehmen, die man braucht, um sich langsam hierher zurück zu orientieren...Den richtigen Moment abwarten...wohl wissend, dass man all das, was man braucht auch schon hat...darauf achten, welches Körperteil sich zuerst bewegt...So wie es richtig ist...sich strecken und mit all dem Wissen, das man nicht bewusst wissen muss, wieder hierher zurück kommen.

Glossar

Affektbrücke: Aufgreifen eines bestimmten, aus der aktuellen Situation heraus nicht verstehbaren Affektes, sowie dessen Verstärkung und Rückführung in die passende Situation der Vergangenheit

Amnesie: (scheinbare) Vergessen eines Tranceinhaltes im bewussten Zustand. Es bestehen keine/kaum Erinnerungen daran.

Analgesie: Schmerzunempfindlichkeit, analog zur Anästhesie

Armlevitation: Das ideomotorische Heben eines Armes ohne bewusste Steuerung.

Dissoziation: Das Abspalten bestimmter Prozesse des Erlebens und Empfindens.

Future-Pacing: Ein zukünftiges erwünschtes Ereignis wird in Trance durchgespielt und an dabei imaginierte Details gekoppelt.

Ideodynamik, Ideosensorik: Prozesse und Empfindungen, die als unwillkürlich und nicht gesteuert erlebt werden.

Leading: Das „Führen" des Patienten besteht z.B. im Einführen neuer Aspekte. Leading sollte nur im Zusammenspiel mit einem ausführlichen Pacing erfolgen.

Katalepsie: Bewegungsunfähigkeit einzelner Körperpartien.

Mesmerismus: Das „Magnetisieren" von Patienten i.S. von Franz Anton Mesmer.

NLP: Neurolinguistisches Programmieren umfasst eine Sammlung an Techniken, die u.a. auf Ericksons Erkenntnissen basieren.

Pacing: Das Eingehen und „Folgen" in die Erlebenswelt des Patienten.

Positive / negative visuelle / auditive / taktile Halluzinationen: Das Erleben von Dingen auf verschiedenen Sinneskanälen, die in der Realität nicht vorhanden sind (positiv), bzw. das Verkennen derartige Dinge (negativ).

Posthypnotische Suggestionen: Suggestionen, die in der Trance erteilt werden, aber ihre Wirkung erst danach entfalten sollen. Sie erfolgen zumeist in einer ‚wenn…dann…'-Form.

Progression: Das imaginierte Voranschreiten in der Zeit.

Rapport: Kontakt zwischen Therapeut und Klient.

Regression: Zurückgehen in der Zeit innerhaln der Trance.

Reframing: Dinge in einen anderen Kontext bringen und dadurch neue Bewertungen schaffen.

Seeding: Analog zum Priming werden bestimmte Aspekte auf unbewussten Kanälen, wie durch therapeutische Geschichten, eingeführt und erst später tatsächlich thematisiert.

Suggestibilität: Hypnotisierbarkeit, Fähigkeit auf (hypnotische) Suggestionen zu reagieren.

Therapeutisches Tertium: Die Dyade Patient/Therapeut wird durch das Konstrukt des Unbewussten zum Tertium erweitert.

Yes-Set: Mittels Fragen, die der Klient leicht mit ‚ja' beantworten kann, wird eine positive (Ja-) Haltung induziert, die dann das Eingehen auf Veränderungsvorschläge erleichtert.

Zeitverzerrung: Trancephänomen, bei dem das Gefühl für den realen Verlauf der Zeit verloren geht.

Mit freundlicher Genehmigung der
American Society of Clinical Hypnosis

Mit freundlicher Unterstützung und Genehmigung der MEG:

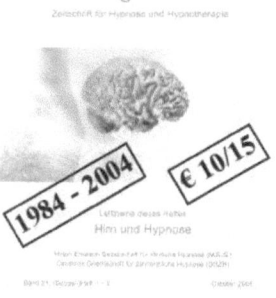

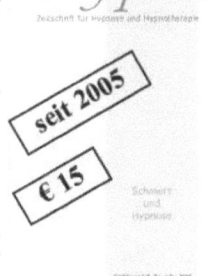